OS EVANGELHOS
À PROVA DA HISTÓRIA

Dados Internacionais de Catalogação na Publicação (CIP)
(Câmara Brasileira do Livro, SP, Brasil)

Bioul, Bruno
  Os Evangelhos à prova da história : lendas piedosas ou relatos verídicos? / Bruno Bioul ; tradução João Batista Kreuch. – Petrópolis, RJ : Vozes, 2020.

  Título original: Les Évangiles à l'épreuve de l'histoire : légends pieuses ou récits véridiques?
  Bibliografia.
  ISBN 978-85-326-6334-4

  1. Bíblia. N.T. Evangelhos – História dos eventos bíblicos I. Título.

19-30496   CDD-226.061

Índices para catálogo sistemático:
1. Evangelhos : Introduções   226.061

Cibele Maria Dias – Bibliotecária – CRB-8/9427

BRUNO BIOUL

OS EVANGELHOS À PROVA DA HISTÓRIA

Lendas piedosas ou relatos verídicos?

Tradução de João Batista Kreuch

EDITORA VOZES

Petrópolis

© 2018, Groupe Elidia
Éditions Artège
10, rue Mercoeur – 75011 Paris
9, espace Méditerranée – 66000 Perpignan

Título do original em francês: *Les Évangiles à l'épreuve de l'histoire – Légendes pieuses ou récits véridiques?*

Direitos de publicação em língua portuguesa – Brasil:
2020, Editora Vozes Ltda.
Rua Frei Luís, 100
25689-900 Petrópolis, RJ
www.vozes.com.br
Brasil

Todos os direitos reservados. Nenhuma parte desta obra poderá ser reproduzida ou transmitida por qualquer forma e/ou quaisquer meios (eletrônico ou mecânico, incluindo fotocópia e gravação) ou arquivada em qualquer sistema ou banco de dados sem permissão escrita da editora.

CONSELHO EDITORIAL

Diretor
Gilberto Gonçalves Garcia

Editores
Aline dos Santos Carneiro
Edrian Josué Pasini
Marilac Loraine Oleniki
Welder Lancieri Marchini

Conselheiros
Francisco Morás
Ludovico Garmus
Teobaldo Heidemann
Volney J. Berkenbrock

Secretário executivo
João Batista Kreuch

Editoração: Leonardo A.R.T. dos Santos
Diagramação: Sheilandre Desenv. Gráfico
Revisão gráfica: Alessandra Karl
Capa: Felipe Souza | Aspectos
Ilustração de capa: A Dúvida de Tomé, 1599, Caravaggio.

ISBN 978-85-326-6334-4 (Brasil)
ISBN 979-10-336-0578-2 (França)

Editado conforme o novo acordo ortográfico.

Este livro foi composto e impresso pela Editora Vozes Ltda.

É necessária uma vontade extraordinária de não crer para imaginar que Jesus nunca tenha existido realmente e, mais ainda, para imaginar que não tenha dito as palavras que se conservaram dele – as quais não teriam a mínima chance de terem sido "inventadas" por alguém que vivesse naquela época.

TOLKIEN, J.R.R. *Lettres*, p. 473-474.

Sumário

Lista de abreviações, 9

Introdução, 11

Parte I – A Palestina no tempo de Jesus: O quadro político, econômico e religioso, 17

A chegada de Roma, 19

A instalação de Herodes pelos romanos, 21

A sucessão de Herodes, 23

A influência de Roma e suas hesitações, 25

Os Estados de Filipe e Antipas, 27

A economia palestina no primeiro século de nossa era, 33

A situação religiosa: múltiplas escolas de pensamento, 35

Uma sociedade em crise, 50

Parte II – Jesus Cristo existiu? O estudo de fontes textuais e arqueológicas, 59

As fontes politeístas, 61

Fontes judaicas, 72

Fontes cristãs, 83

  A) O Novo Testamento, 84

    A1) As Cartas de Paulo, 84

    A2) Hebreus, as Cartas Católicas e o Apocalipse, 86

  B) Escritos apócrifos, 88

  C) As obras dos primeiros padres apostólicos, 90

Fontes arqueológicas, 96

Parte III – Os Evangelhos são documentos históricos?, 107

O que o termo "evangelho" abarca?, 109

Os textos evangélicos: o estabelecimento do texto, 112

Parte IV – Os Evangelhos: uma história verossímil? Alguns exemplos, 123

O Evangelho segundo São Lucas, 126

    1 O prólogo de Lucas, 129

    2 O nascimento de João Batista e o de Jesus – A data do nascimento, 131

    3 O censo de Quirino, 137

    4 A genealogia de Jesus, 160

    5 Os irmãos e irmãs de Jesus, 163

    6 Outros exemplos, 168

O Evangelho segundo São João, 171

    1 Quem é o autor do Quarto Evangelho?, 172

    2 Indícios pequenos e muito significativos, 174

    3 O Relato da Paixão, 178

    4 A ressurreição é um evento histórico?, 197

Parte V, 201

Conclusão, 203

Anexo 1, 219

    Lista dos papiros mais antigos, 219

    Lista das unciais mais antigas, 220

    Lista das unciais mais famosas, 220

Anexo 2 – Nomes próprios e nomes geográficos nos Evangelhos, 223

Referências, 229

Lista de abreviações

At – Atos dos Apóstolos

AJ – Flávio Josefo, *Antiguidades Judaicas*

Ap – Apocalipse

GJ – Flávio Josefo, *Guerra Judaica*

1Cr – Primeiro Livro das Crônicas

2Cr – Segundo Livro das Crônicas

CIL – *Corpus Inscriptionum Latinarum*

1Clem – Primeira Carta de Clemente

1Cor – Primeira Carta aos Coríntios

2Cor – Segunda Carta aos Coríntios

Cl – Carta aos Colossenses

Dt – Deuteronômio

Esd – Esdras

Ex – Êxodo

Gl – Carta aos Gálatas

Hb – Hebreus

ILS – *Inscriptiones Latinae Selectae*

Tg – Carta de Tiago

Jo – Evangelho segundo São João

Lc – Evangelho segundo São Lucas

1Mc – Primeiro Livro dos Macabeus

2Mc – Segundo Livro dos Macabeus

Mc – Evangelho segundo São Marcos

Mq – Livro de Miqueias

Mt – Evangelho segundo São Mateus

Nm – Livro dos Números

Ne – Neemias

1Pd – Primeira Carta de Pedro

Fm – Carta a Filêmon

2Rs – Segundo Livro dos Reis

Rm – Carta aos Romanos

2Sm – Segundo Livro de Samuel

1Ts – Primeira Carta aos Tessalonicenses

1Tm – Primeira Carta a Timóteo

Introdução

O obscurantismo não reside na fé que recebe, com confiança, as informações bíblicas. Começa quando uma crença leva a uma recusa de informação e confronto.
D. Bergèse.

É próprio das ideologias não precisar procurar a verdade, mas decidir a priori *como ela deve ser.*
J. Lévêque e R. Pugeaut.

Um dos sintomas mais evidentes de uma sociedade que perdeu suas referências é a recorrente controvérsia que anima a cada ano os debates a propósito dos presépios expostos nos espaços públicos para celebrar o Natal. Quer sejamos a favor ou contra os presépios, a questão subjacente é a da aceitação do sagrado cristão, aberta e deliberadamente colocada à vista de todos para mostrar um apego a uma história, a uma crença, a um costume ou uma prática multicentenária que moldou a paisagem política, econômica e sociocultural dos países e tradição cristã. Alguns são hostis a essa prática por pura ideologia sectária, mas muitos se conformam a ela, porque aos seus olhos, trata-se apenas de uma bela e piedosa lenda que já faz parte dos encantos do Natal: um recém-nascido, colocado em uma manjedoura, entre um burro e um boi, tendo consigo sua mãe e seu pai adotivo, sendo adorado por pastores pobres e por magos ricos do Extremo Oriente: não há nada de muito agressivo ou de problemático nisso. Pelo contrário, surge daí uma certa atmosfera de paz e serenidade, como um parêntese de tranquilidade em meio à trepidação diária de uma vida cada vez mais exigente e mortal.

No entanto, é de uma lenda que se trata? Não há por trás dessa narrativa edificante uma parte de verdade? Pode-se, de fato, mergulhar na leitura dos Evangelhos que relatam essa história, e muitas outras mais, colocando-se a pergunta: E se isso fosse verdade ou, pelo menos, se essa história for verossímil? Nosso propósito será, portanto, mostrar que, na impossibilidade de se estabelecer a autenticidade absoluta das narrativas evangélicas, não é impossível demonstrar sua probabilidade histórica, e que ela é objetiva e historicamente aceitável.

Os Evangelhos são quatro livros do Novo Testamento que contam as "boas-novas" (εὐαγγελία, *euangelia*) trazidas por Jesus Cristo a todas as pessoas. São documentos que reúnem testemunhos orais e escritos sobre a vida de Jesus de Nazaré e a pregação dos apóstolos. Eles podem ser descritos como livros teológicos e missionários, garantidos por testemunhas oculares com testemunho sincero. Seus autores não procuraram fazer história no sentido técnico e moderno do termo, mas anunciar o que Jesus de Nazaré fez e ensinou durante sua vida. Como tais, os Evangelhos são documentos históricos que pertencem à história. Mas também são histórias que contam uma história. A história é o conhecimento válido ou verdadeiro, cientificamente elaborado, do passado humano. É constituída pelo estudo textual dos fatos que estão diante de nós. Ela tenta entendê-los e explicá-los. Esses fatos são mais ou menos complexos, mais ou menos objetivos, são humanos e são... passados. Para reconstituí-los, o historiador dispõe de uma documentação que apresenta três características fundamentais: é quase sempre indireta, incontrolável e incompleta. Com efeito, como os fatos observados se produziram, em sua grande maioria, muitos anos, e até mesmo séculos ou milênios antes da existência do historiador, este só os alcança por um ou mais intermediários que são, na maioria das vezes, humanos, e que, consequentemente, deformam os fatos sem que seja possível determinar com precisão a medida e a natureza dessa deformação. O historiador é incapaz de julgar e verificar o grau de precisão das observações dos outros e compensar a falta de dados que ele somente pôde preencher parcialmente por meio de reflexões e raciocínios mais ou menos fundamentados. Consequentemente, a verdade histórica é frágil, relativa e contingente. No entanto, ela não é essa "mentira que ninguém nega" denunciada por Napoleão. A história também é uma narrativa de fatos, ações ou eventos, reais ou imaginários. Ela se parece, então, com um relato, um romance, uma ficção, um conto ou uma fábula. J.R.R. Tolkien, o famoso autor de *O senhor dos anéis*, professor de língua e literatura inglesa na Universidade de Oxford (Merton College), acreditava que os Evangelhos contêm um conto de fadas ou uma história de um gênero mais vasto que engloba toda a essência dos contos de fadas[1].

---

1 Tolkien, 1949, p. 201-204. Que não se entenda mal o sentido dado por Tolkien ao termo "conto de fadas": para ele, a marca de um verdadeiro conto de fadas é que ele deve começar e terminar alegremente, apesar de todos os contratempos sofridos e as dificuldades vivenciadas, e essa alegria está inteiramente contida no conceito de "eucatástrofe" que ele inventou. Portanto, para Tolkien, que era profunda e autenticamente católico, "o Evangelho é um conto de fadas que tem a mais, em relação a outras histórias, o fato de ter *efetivamente* acontecido no mundo" (Xavier De Brabois, 2004). G.K. Chesterton (1908, p. 17) falava de "romance" para designar "a necessidade dessa mistura de familiar e incomum" que caracteriza o cristianismo.

A plausibilidade indica algo verossímil, algo que "parece verdadeiro" em uma história, isto é, aquilo que tem a probabilidade da verdade, que é crível ou aceitável. Essa noção era, para Aristóteles, característica do trabalho do poeta, ou seja, a "mimesis poética"[2]. Desde o sábio filósofo, a plausibilidade caracteriza todas as obras poéticas ou de ficção, ela se concebe como o que é provável, como recorda Andrée Mercier. Ela oferece ao poeta a possibilidade "de alcançar uma representação mais geral, unificada e significativa do real", o que dá à narrativa do poeta uma superioridade filosófica em relação à do historiador. A plausibilidade, portanto, aplica-se, em primeiro lugar, a uma narrativa fictícia, a um romance. Podemos então usá-la para caracterizar uma narrativa histórica? Em outras palavras, podemos considerar tal narrativa qualificando-a como "provável" sem, contudo, compará-la *de facto* a uma ficção, o que seria paradoxal? Pode-se responder a isso afirmativamente com a condição de que o termo seja utilizado de maneira específica. Com efeito, ao contrário da história fictícia do poeta de Aristóteles — ou qualquer outra narrativa ficcional cuja probabilidade repousa "na conformidade dos eventos e das personagens às crenças, opiniões e representações do real em vigor, [e que] implica igualmente na organização lógica da narrativa que unifica as ações e as articula com as características dos personagens", como bem aponta André Mercier — o texto do historiador, por sua vez, "depende da sucessão muitas vezes desarticulada e acidental dos fatos". Portanto, a plausibilidade de uma narrativa histórica não é medida em termos de sua lógica interna (tudo é organizado perfeitamente e sem problemas), mas em sua relação com a realidade. Nesse sentido, a plausibilidade da narrativa histórica constitui um *grau de verdade* colocado em uma "escala virtual" que vai do falso ao verdadeiro, passando pelo plausível (que é suscetível de se produzir ou de se reproduzir de acordo com a crença da maioria) e o provável ou o possível (que é suscetível de produzir ou de se reproduzir realmente, o que é concebido como não contraditório com a realidade). Não se trata, portanto, de uma contraverdade ou de uma falsidade e isso nada deve a qualquer julgamento ou avaliação relativista. Pode-se, por exemplo, examinar, verificar e avaliar a plausibilidade de um documento ou de uma narrativa histórica à luz do que já se sabe de outros lugares sobre esse documento ou essa narrativa, isto é, "recontextualizando-a". Dizer que uma narrativa histórica é plausível é reconhecer-lhe uma qualidade pela qual os eventos que ela relata, mesmo que sejam considerados pouco críveis, aparecem do modo como realmente aconteceram em relação ao que se sabe, ademais, do contexto histórico geral.

Assim, interrogar-se sobre a plausibilidade dos Evangelhos é estabelecer o grau de autenticidade e credibilidade (ou, inversamente, o grau de falsidade e inverossimi-

---

2 Sobre essa noção aristotélica da verossimilhança e sua evolução posterior, cf. Mercier, 2009.

lhança) dos fatos que eles mencionam, examinar sua conformidade com a realidade, isto é, a coerência com a lógica do universo a que pertencem, estudando-os com muito cuidado, ou seja, fazendo o que os historiadores chamam de crítica externa e crítica interna, estabelecendo e controlando sua identidade e, por fim, avaliando seu crédito. Isso requer decompor os fatos relatados nas histórias evangélicas entre as coisas reais que se podem identificar e a reinterpretação que o historiador pode propor na ausência de fatos brutos.

* * *

Os Evangelhos falam de Jesus de Nazaré. Além disso, antes de passar a examiná--los, é necessário interrogar-se sobre sua vida e seus ensinamentos. Portanto, antes de avaliar a plausibilidade histórica dos Evangelhos deve-se primeiro considerar o contexto histórico geral em que Jesus evoluiu, em seguida perguntar-se sobre a existência do personagem. Pode-se razoavelmente dizer – ou negar – que existiu na Palestina, no século I da nossa era, sob os reinados de Herodes o Grande, de Augusto e de Tibério, um judeu de nome Jesus (que significa "Salvador"), nascido em Belém, que passou a maior parte de sua vida em Nazaré e que, denunciado pelas autoridades religiosas de sua nação, morreu em Jerusalém sob golpes dos soldados por ordem de um prefeito conhecido pelo nome de Pôncio Pilatos?[3] É, portanto, por meio de uma apresentação do quadro político e religioso, seguida do estudo das fontes textuais referentes a Jesus de Nazaré, que começaremos nosso ensaio.

Em um segundo momento, analisaremos os relatos evangélicos para determinar se os fatos que trazem são verdadeiros, plausíveis ou inventados. Deixemos enfatizado desde o início que seus autores tomaram liberdade para escrever sua história, mas que essa liberdade não é uma *infidelidade*; eles procederam a uma seleção dos eventos (Jo 20,30; 21,25) e os apresentaram de acordo com uma maneira de narrar que lhes

---

3 É sempre benéfico informar-se sobre o modo como se constrói a dimensão histórica (e/ou a lenda) de um personagem: o que sabemos realmente sobre ela? De onde vêm as informações? Quem são seus autores? Quais são seus objetivos? Etc. Sobre isso, é interessante ler o panfleto satírico escrito em meados do séc. XIX pelo inglês Richard Whately, *Podemos provar a existência de Napoleão?* (Vendémiaire, col. Généalogie) porque se trata aí de uma "reflexão sobre a verdade na história, sobre a memória e o boato, sobre propaganda e doutrinas oficiais, sobre o que achamos que sabemos e os meios que temos para verificar, sobre as estratégias de comunicação dos Estados e a tirania da informação forçada" (contracapa), que recoloca a questão da historicidade de Jesus em perspectiva. A existência de fontes (textuais ou materiais) e seu estudo científico são elementos cruciais constitutivos de qualquer obra histórica. É por isso que é importante saber utilizá-los bem e explorá-los de forma correta quando se trata de examinar a realidade histórica de Jesus. Afinal, o famoso Bar Kokhba, figura emblemática da Segunda Revolta Judaica (132-135) que obrigou Roma a empreender uma guerra de três anos ao custo de pesados sacrifícios, só é realmente conhecido graças a escritores cristãos (Justino e Eusébio) e judeus (Talmude). Nada há nos autores pagãos! (Dião Cássio talvez tenha falado disso em sua *História Romana* (livro 69), mas só restaram fragmentos que não mencionam isso). E, no entanto, ninguém hoje questiona sua existência (que seria comprovada, além disso, por manuscritos ou moedas).

é própria, com seu estilo e seus hábitos literários. Devemos então relembrar como os textos dos Evangelhos foram estabelecidos e sob quais critérios foram autenticados. Finalmente, apresentaremos alguns exemplos extraídos dos Evangelhos de Lucas e de João que, apesar das aparências, são consistentes com o que a história da Palestina do século I de nossa era nos permite conhecer. Nosso objetivo não é estabelecer a falibilidade ou a infalibilidade histórica dos Evangelhos, mas considerar se eles são, ao menos, verossímeis, e se essa verossimilhança é cientificamente aceitável até que uma prova em contrário seja produzida.

Ficaríamos muito honrados se o nosso trabalho pudesse tocar tanto os crentes quanto os não crentes. Os primeiros encontrarão nele – pelo menos é o que esperamos – algo que venha enriquecer seu conhecimento histórico sobre esse período-chave da história humana – independente da opinião que se tenha sobre as origens do cristianismo – ou algo que possa diminuir suas dúvidas, ou ainda fornecer respostas ao seu questionamento sobre esse ou aquele aspecto particular da vida de Jesus de Nazaré ou sobre o lugar que as narrativas evangélicas ocupam na historiografia antiga em geral. Os segundos serão capazes de encontrar alimento para suas reflexões pessoais por meio da crítica correta e equilibrada dos argumentos propostos e das posições adotadas pelo autor. Longe de ser exaustivo, nosso trabalho se insere em um percurso construtivo de diálogo e enriquecimento mútuo pelo confronto de ideias (novas e antigas) que merecem receber nossa atenção por alguns instantes e o tempo de examiná-los sem *a priori* ideológicos ou partidários. Teremos alcançado nosso objetivo se, em seguida, pudermos incorporar as observações de uns e de outros para produzir um trabalho mais acabado e ainda mais equilibrado.

* * *

Este livro contém muitas notas de rodapé que estão aí para reforçar ou embasar uma declaração ou para permitir que o autor faça um breve comentário sobre uma ou outra posição relacionada a um determinado ponto da exegese ou da história. Nosso trabalho pode ser facilmente entendido sem recorrer a elas sistematicamente.

Gostaríamos de agradecer à Professora Marie Françoise Baslez, que, apesar de profundas diferenças em alguns dos pontos abordados neste livro, gentilmente compartilhou conosco seus comentários e suas críticas sempre construtivas e pertinentes. Foi uma honra dialogar com ela. Um grande agradecimento também à nossa colega Laetitia Fénéon, que reservou um tempo para reler nosso manuscrito e nos beneficiou com suas observações sempre criteriosas.

Parte I
A Palestina no tempo de Jesus
O quadro político, econômico e religioso

A chegada de Roma

Na segunda metade do século II a.C., Roma intensificou sua presença no Mediterrâneo com várias guerras bem-sucedidas e uma ação diplomática muito sutil. A Macedônia se tornou uma província romana em 146 e, no mesmo ano, a cidade de Corinto, uma das mais poderosas e prestigiosas da Grécia, à frente da Liga Aqueia, foi destruída pelo Cônsul Lúcio Múmio Acaico após a derrota da liga em Leucopetra. Na sequência, muitas outras grandes cidades da Grécia foram escravizadas ou se tornaram aliadas de Roma. Em 133, o Rei Átalo III legou seu reino de Pérgamo a Roma, que o tornou o núcleo de sua província da Ásia, que havia sido organizada desde 129 a.C. Em 74 a.C., Mitrídates VI Eupátor (120-63), rei do Ponto, na Costa Sul do Mar Negro, invadiu a nova província romana da Bitínia, sua vizinha, que o Rei Nicomedes IV Filopátor (94-92, depois 90-88 e então 85-74 a.C.) acabara de legar a Roma, necessitando da intervenção do Cônsul Lúcio Licínio Lúculo primeiramente, e, em seguida, de Cneu Pompeu Magno (Pompeu, 106-48 a.C.). Este último recebeu em 67 e também em 66, poderes extraordinários do Senado Romano para restaurar o fornecimento de trigo a Roma, ameaçado pelos piratas cilícios, favorecidos talvez por Mitrídates, antes de expulsar da Ásia Menor o próprio rei do Ponto e pacificar a Síria.

O generalíssimo aproveitou esta campanha do Oriente para constituir e organizar uma série de províncias na Síria e na Ásia Menor: Síria, Cilícia e Ásia – que ele ampliou –, Bitínia e Ponto. Além disso, alguns governantes, aliados de Roma, foram agraciados com o título de "aliado e amigo do povo romano" e seus Estados, tornando-se "clientes", serviram como amortecedores contra as tentativas partas que não cessavam de ameaçar as fronteiras do Leste. Pompeu foi então obrigado a cuidar dos assuntos da Judeia por causa do conflito entre Hircano II (110-30) e seu irmão Aristóbulo II, ambos filhos de Alexandre Janeu e Salomé Alexandra[1], e destes dois últimos com os judeus piedosos

---

1 Seguindo o conselho de seu falecido marido, ela havia retirado do poder seu segundo filho, Aristóbulo II, porque o considerava muito colérico e submisso aos saduceus. Por outro lado, ela se reconciliou com os fariseus a quem deixou a direção da política interna do reino. Ela persuadiu ainda o rei da Armênia, Tigranes – que, aproveitando a fuga do último rei selêucida Antioco XIII, refugiado em Roma, havia tomado toda a Síria e a Celessíria – a não tocar em seu reino. O encontro entre os dois soberanos ocorreu em Ptolemaida, e Tigranes acolheu favoravelmente o pedido da rainha. Deve ser dito também que

de Jerusalém. De fato, com a morte de Salomé Alexandra, Hircano II, o mais velho de seus filhos, sumo sacerdote do Templo de Jerusalém, tornou-se rei. Mas permaneceu na função apenas três meses, porque seu irmão Aristóbulo II, com o apoio dos saduceus e do exército, derrotou Hircano perto de Jericó antes de cercá-lo em Jerusalém. Aristóbulo II tornou-se rei e sumo sacerdote (67-63). Mas, com a ajuda do edomita Antípatro e do rei nabateu Aretas III, e apoiado pelos fariseus, Hircano II tomou a ofensiva contra Aristóbulo a quem finalmente sitiou por sua vez, em Jerusalém. Incapazes de chegar a um acordo, os irmãos resolveram apelar para os romanos na pessoa do novo legado da Síria, Marco Emílio Escauro, um tenente de Pompeu, que estava em Damasco. Este se pronunciou em favor de Aristóbulo e forçou Hircano II e Aretas III a desfazerem o cerco. Acusando, então, o nabateu de ter-lhe extorquido mil talentos, Aristóbulo perseguiu-o e o derrotou em Papyron, uma localidade no Vale do Jordão (At 14,33).

Apelando para a decisão de Escauro, Hircano II voltou-se então para o próprio Pompeu (64 a.C.). Os dois irmãos, pretendentes ao trono, dirigiram-se a Damasco, assim como uma delegação de judeus que não queriam nem um nem outro. No entanto, antes de resolver a questão, Pompeu primeiro quis montar uma expedição contra os nabateus de Petra. Aristóbulo o acompanhou, mas chegando a Dium, uma das cidades da Decápole, ele abandonou Pompeu e se refugiou em Alexândrio (Qarn Sartabe), uma das sete cidadelas construídas pelos reis asmoneus (descendentes dos Macabeus) ao longo do Vale do Jordão e na costa ocidental do Mar Morto. Considerando isso um ato de traição, os romanos perseguiram Aristóbulo, que se refugiou em Jerusalém. Acolhido pelos partidários de Hircano II em 63, Pompeu se apossou da capital do reino após um cerco de três meses. Conquistada a cidade, ele confirmou Hircano em seu ofício de sumo sacerdote e o nomeou etnarca (e não rei), isto é, líder da nação. No entanto, o vasto reino de Alexandre Janeu, que Hircano II tinha herdado, foi drasticamente reduzido e limitado à Judeia, à parte oriental da Idumeia, à Galileia e à Pereia (i. é, a região que está "além do Jordão", a oeste da atual Jordânia), do território ao sul de Pela até a fortaleza de Maqueronte e Arnon. Quanto a Aristóbulo, foi levado com seus filhos para Roma[2]. Além disso, a Judeia veio a encontrar-se de fato sob o controle do governador romano da Síria. Os samaritanos, por sua vez, mantiveram um pequeno Estado em volta de Siquém e do Monte Garizim, e muitas cidades gregas foram devolvidas a seus antigos habitantes, especialmente ao longo da costa do Mediterrâneo e na área conhecida como a Decápole (liga de dez cidades), nove das quais estavam na Transjordânia e uma a oeste do Jordão (Citópolis).

---

havia muito a se preocupar com os romanos que, chegando da Ásia Menor, agora se moviam cada vez mais para o Leste e ameaçavam seu próprio reino.

2 O resto de sua vida não é trivial: sob prisão domiciliar em Roma, ele conseguiu escapar em 57 a.C., e tentou sublevar novamente a Judeia, mas foi derrotado e voltou a ser prisioneiro. Júlio César libertou-o em 49 e o enviou para a Síria com duas legiões para enfrentar Pompeu. Foi lá que Aristóbulo foi envenenado pelos partidários de Pompeu. Mais tarde, Marco Antônio enviou seu corpo para a Judeia, onde recebeu um funeral real.

A instalação de Herodes pelos romanos

O Estado judeu perdera sua independência arduamente conquistada desde a revolta dos Macabeus em 167 a.C. Na realidade, ele nunca mais irá recuperá-la de fato, mesmo quando governado pelo Rei Herodes[1].

Apesar de várias tentativas, Roma não conseguia organizar a Judeia de maneira que garantisse ali a ordem e a paz. Então ela aproveitou a invasão dos partas em 41-40 com os quais o último rei asmoneu Antígono II (40-37 a.C.), Filho de Aristóbulo II, tinha se comprometido, para liquidar a dinastia e instalar em seu lugar um dirigente com quem ela pudesse contar. Herodes, filho de Antípatro, o principal conselheiro de Hircano II, era um edomita judeu de data recente, árabe por parte de sua mãe, chamada Cipros, e foi nomeado por seu pai estrategista da Galileia em 47 a.C. Tornou-se rei por graça de Roma, mas de um reino que ele primeiro teve que conquistar com a ajuda das tropas romanas. Isso deu-se em 37 e, por mais de trinta anos, ele se comportou como Roma desejava: um auxiliar eficaz que recebeu o título de "amigo e aliado do povo romano", capaz de manter a ordem dentro de seu reino e protegê-lo de seus inimigos externos, os partas ou os nabateus. Isto não se deu sem dificuldades: por exemplo, Cleópatra, a famosa rainha do Egito (51-30 a.C.), queria recuperar o que ela considerava legado de seus ancestrais, ou seja, toda a Síria do Sul, Judeia incluída. Mas seu amante Marco Antônio, conhecendo as qualidades de administrador de Herodes, entregou à rainha apenas fragmentos de territórios, sobretudo as famosas plantações de bálsamo em Jericó, à beira do Mar Morto. Da mesma forma, o rei da Judeia entrou em conflito com outro cliente de Roma, o rei dos nabateus, que visava, por sua vez, as ricas terras agrícolas de Hauran. Assim, durante o seu longo reinado (40/37-4 a.C.), Herodes nunca deixou de lidar com seus vizinhos (e inimigos) enquanto conseguia ampliar seu pequeno reino até devolver-lhe as fronteiras de Alexandre Janeu, e mais além, conduzindo uma política cuja fineza deve ser reconhecida. Após a Batalha de Ácio (31 a.C.) de Otávio (futuro Augusto) contra Marco Antônio e Cleópatra, ele jurou fidelidade ao primeiro, que depois de sua vitória não apenas deixou-o no lugar confirmando sua realeza na Judeia, Idu-

---

1 Cf. p. 139.

meia, Samaria, Galileia e Pereia, mas gradualmente estendeu seu reino, confiando-lhe novos e vastos territórios: em 30 a.C. Herodes recebeu o controle das cidades gregas de Samaria, Hipos e Gadara, e todas as cidades da costa (exceto Ascalon); em 23 a.C. ele recebeu Bataneia, Traconítide e Auranítide; em 20 a.C., Gaulanítide. Em suma, em vinte anos, Herodes reconstituiu o antigo reino dos asmoneus, e foi nesse reino, cliente de Roma e relativamente próspero, que Jesus nasceu.

O reinado de Herodes foi politicamente brilhante, mas terrivelmente cruel para com o povo judeu e sua própria família. Obedecendo às ordens de Roma, ele não desenvolveu (quase) nenhuma política externa independente, limitando-se a conduzir os assuntos financeiros e administrativos do reino. Ele era, entre outras coisas, responsável pela cobrança de impostos e pela aplicação das leis: para fazer isso, dispunha de um exército e de uma polícia. Comportando-se como um perfeito agente da política de Augusto no Oriente, ele disseminou os hábitos e a cultura helenística construindo teatros, anfiteatros, pistas de corrida e banhos públicos. Restaurou as muralhas de Jerusalém; adotou técnicas de construção romanas, como o uso do concreto, a abóbada ou a cúpula; fundou ou reconstruiu várias cidades como Sebaste (Samaria), Banias (perto das cabeceiras do Rio Jordão), Cesareia (Torre de Estratão e um templo em uma colina com vista para o porto), Agrippium (Anthedon), Antipatris (Afek) na nascente do Rio Jarcom, Phaaselae (ao norte de Jericó) etc.

Com fins políticos, zeloso por preservar seu reinado, ele se absteve de violar as leis judaicas e, apesar da helenização de seu reino, o culto do Templo permaneceu estritamente judaico. Ele conseguiu inclusive acalmar de certo modo seus oponentes restaurando o Monte do Templo em Jerusalém[2]. Ele construiu ou restaurou uma série de palácios e fortalezas hoje famosas como Massada, Maqueronte, Chipre, Hircânia, Alexândrio ou Heródio. Fora do seu país ou nas cidades não judaicas da Palestina, ele se comportava como um príncipe helenístico. Foi assim que ergueu monumentos públicos em várias cidades gregas como Antioquia no Orontes, Ascalon, Atenas, Berito, Biblos, Quios, Kos, Damasco, Delfos, Laodiceia, Pérgamo, Ptolemaida, Sidônia, Esparta, Trípoli, Tiro etc.[3] Em suma, como afirma Christian-Georges Schwentzel:

> Soberano Janiforme, Herodes quer ser visto ao mesmo tempo como um rei judeu e como um *basileus philhellene*. O objetivo é duplamente diplomático: silenciar, ou pelo menos enfraquecer, a resistência interna, especialmente na Judeia, ao mesmo tempo em que consegue se integrar plenamente, fora, na *koiné*, ou na comunidade cultural, fortemente helenizada, do Mediterrâneo Oriental na época (p. 107).

Isso lhe rendeu, ademais, ser acusado – talvez falsamente, já que era um ótimo diplomata – de preferir os gregos aos judeus.

---

2 A reconstrução do Grande Templo de Jerusalém começou em 20/19 a.C. e durou cerca de sete anos (Laperrousaz, 2007).

3 Cf. a lista apresentada em Schwentzel, 2011, p. 106. Flávio Josefo evoca essas construções e fundações de Herodes, esp., na GJ 1,401-422.

A sucessão de Herodes

Com a morte de Herodes o Grande, o país caiu novamente na anarquia:

> Dois de seus filhos, logo seguidos por um terceiro, correram a Roma para validar testamentos contraditórios de seu pai, ao passo que outros membros da família pediam a administração direta de Roma, e os judeus piedosos pediam o direito de viver de acordo com suas leis ancestrais. Augusto hesitou (parece que o caso se arrastou por vários meses); mas, sem dúvida, avaliou que as particularidades da Judeia ainda não permitiam que ela fosse governada por funcionários romanos. Portanto, ele validou o testamento final de Herodes que previa uma divisão[1].

Assim foi que Herodes Antipas (4 a.C.-39 d.C.) viu-se confiar a Galileia e a Pereia com o título de tetrarca[2]. Ele era, portanto, o governante da terra de Jesus (Lc 3,1; 13,31ss.). Marcos (6,14ss.) fala de seu casamento com Herodíades, casamento incompatível com a Lei judaica, como incessantemente lhe recrimina João Batista. Quando, sob pressão de sua "esposa", ele veio reivindicar junto ao imperador o título de rei, Antipas foi destituído por Calígula e exilado em Saint-Bertrand-de-Comminges (Lugdunum Convenarum). Seu meio-irmão Filipe (4 a.C.-34 d.C.), com o mesmo título, recebeu a parte "libanesa" do reino, bem como a sua dependência no Sul da Síria (Auranítide, Traconítide, Bataneia), uma região onde havia muito poucos judeus. Embora mencionado em Lc 3,1, ele não desempenhou nenhum papel na vida de Jesus e na história do cristianismo primitivo. Quanto ao irmão mais velho, Herodes Arquelau (4 a.C.-6 d.C.), Augusto confiou-lhe o coração do reino, ou seja, a Judeia propriamente dita com a Samaria e Idumeia e o título de etnarca. Arquelau é mencionado em Mt 2,22. Mas Augusto nunca lhe concederá o título de rei, adiando sua coroação continuamente até que ele se mostrasse digno. Ora, de acordo com Flávio Josefo, que o descreve como um monarca brutal e injusto, ele teria permanecido dez anos no cargo antes de ser, também ele, exilado na Gália (Viena), mediante denúncia de seus

---

1 Sartre, 2000, p. 8.

2 Sobre o significado desse título, cf. nota 153, p. 168.

próprios súditos[3]. Seus Estados foram, então, anexados e transformados em província romana, e Roma imediatamente procedeu a um censo sob a autoridade de Copônio e Quirino, sendo este último designado como "juiz e censor dos bens" de Arquelau[4].

A vida de Jesus se desenrolou em uma Palestina dividida territorialmente entre o que dependia diretamente de Roma (Judeia-Samaria-Idumeia) e o que havia sido confiado a príncipes-clientes. Ele mesmo era um súdito do Rei Antipas, aquele que assassinara João Batista (Mt 14,1-12; 6,17-29) e a quem, em seu julgamento, Jesus foi enviado por Pôncio Pilatos, que considerava, com razão, que era quem tinha sobre ele autoridade (Lc 23,6-12).

Esses príncipes-clientes, etnarcas e tetrarcas, dispunham, no entanto, de certa autonomia administrativa devido especialmente ao fato de que os judeus ocupavam um lugar um tanto particular como nação dentro do Império. Sua judaicidade fazia com que não tivessem uma reputação muito boa aos olhos dos politeístas, porque pela coesão de sua comunidade centrada em um monoteísmo absolutamente original e radical, e regulada pela realidade ortopráxica de sua lei, eles se recusavam a associar-se com os não judeus nas manifestações e atividades coletivas que asseguravam a paz social e a sobrevivência do Império. Como a outros povos, César concedeu-lhes direitos que foram confirmados por Augusto e Tibério[5]: os judeus estavam isentos do serviço militar uma vez que eles estavam proibidos de se associar com não judeus no exército e que estavam sujeitos a regras alimentares muito estritas; eles tampouco participavam do culto imperial ou de cultos estrangeiros, nem do desfile das insígnias militares; os jogos pagãos foram proibidos em Jerusalém por causa da nudez dos atletas; os judeus não podiam ser convocados ao tribunal nos sábados; eles eram isentos do pagamento de impostos a cada sete anos (ano sabático). O caráter nacionalista ou mesmo implicitamente xenófobo desses direitos foi considerado privilégio excessivo pelos adversários dos judeus, e certamente não contribuiu para apaziguar seu espírito. Pelo contrário, isso causou um efeito fortemente negativo sobre o modo pelo qual a Judeia foi administrada: os sucessores de Herodes o Grande e os funcionários romanos nunca deixaram de expressar seu desprezo pelos judeus multiplicando as vexações como se lê nos relatos, por exemplo, de Fílon de Alexandria e Flávio Josefo.

---

3 Flávio Josefo, GJ 2,111-117.

4 Flávio Josefo, AJ 18,1-4.

5 Flávio Josefo, AJ 19 10.6. Esses direitos concedidos aos judeus pelos romanos repousam sobre o reconhecimento da Torá como a lei dos judeus, da mesma forma que eram respeitadas as leis de outros povos estrangeiros (peregrinos). Nisto, não há nada particularmente anormal na política "estrangeira" romana.

A influência de Roma e suas hesitações

Na Judeia, a deposição de Arquelau em abril de 6 d.C. e sua substituição por um prefeito romano agindo sob a autoridade do governador da Síria iria provocar, no longo prazo, a primeira revolta judaica (66-74).

Os Estados de Arquelau foram anexados por Roma e confiados ao governador romano da Síria estabelecido em Damasco. Augusto não os transformou em uma pequena província autônoma administrada por um procurador, como Flávio Josefo e Tácito acreditavam, mas em "um distrito da Síria sob a autoridade de um prefeito encarregado de comandar as tropas e administrar as finanças, o que explica o título de procurador atribuído a ele por Josefo"[1]. Este prefeito residiu em Cesareia Marítima, cidade construída em honra do imperador entre 22 e 9 a.C. por Herodes o Grande, que queria torná-la o mais importante porto da Palestina. Como Jean-Pierre Lémonon bem mostrou[2], este prefeito detinha poderes plenos, especialmente o de exercer justiça em nome do imperador em casos que pudessem levar à pena de morte. Essa situação um tanto peculiar da Judeia estava ligada talvez ao fato de que ela estava em grande parte separada da província da Síria, da qual dependia administrativamente, pelos Estados de Antipas e de Filipe. Na época de Augusto, parece que os prefeitos da Judeia eram substituídos a cada três anos: Copônio (6-9), Marco Ambíbulo (9-12), Ânio Rufo (12-15). Com a chegada de Tibério, o mandato deles alongou-se consideravelmente de acordo com uma prática comum deste imperador: Valério Grato (15-26), Pôncio

---

1 Sartre, 1997, p. 344. Originalmente, o procurador é quem administra para outro, é um mandatário. Sob o Império, o título e a função recobrem uma gama muito ampla de serviços diferentes. O procurador é um oficial imperial de classe equestre, escolhido pelo imperador para ocupar-se de um serviço administrativo (p. ex., a anona, o fisco, as minas, o correio, as aduanas etc.) ou enviados aos governadores provinciais para cuidar das finanças. Ele também pode estar à frente de uma pequena província onde acumula todos os poderes: administrativo, financeiro, militar e judicial. O prefeito, pelo menos no Alto Império, é também um oficial de classe equestre (exceto o prefeito da cidade) cuja função é essencialmente militar (mas aqui também há uma grande variedade de funções). Ele é nomeado pelo imperador e pode, pelo menos no início do Império, dirigir uma pequena província. Os Evangelhos falam, na verdade, de "governador" (*hègemôn*) a propósito de Pilatos, que não é absolutamente contraditório, mas enfatiza sua função militar.

2 Cf. p. 186-189.

Pilatos (26-36) permaneceram no cargo cerca de dez anos cada um[3]. É sob este último que se desenrola toda a vida pública de Jesus.

Não se conhece muito bem a organização interna da Judeia na época dos prefeitos romanos. Os habitantes estavam sujeitos, como todos os provincianos, a impostos diretos: o *tributum agri* ou *tributum soli* (que recaía sobre a terra e as colheitas, no valor de 12,5%) e a *capitatio* ou *tributum capitis* (um imposto pessoal calculado com base em censos periódicos). Estes impostos eram cobrados pela administração romana. Assim, o primeiro prefeito romano, Copônio, fez um recenseamento da população, das terras agrícolas e das propriedades em 6 d.C. Este ato que simbolizava a submissão a Roma, despertou fortes reações entre judeus e incentivou o surgimento de uma forte corrente nacionalista que lutou ferozmente contra os romanos: foi esta toda a questão da revolta de Judas o Galileu naquele ano, que é registrada por São Lucas (At 5,37) e Flávio Josefo (AJ 18,1, 20,5,2, 102).

Havia também muitos impostos indiretos cobrados por "fazendeiros" que haviam comprado essa taxa e queriam torná-la mais lucrativa: os publicanos. Daí a má reputação desses homens, considerados pelos judeus como renegados, porque vendidos aos romanos. Além disso, somavam-se requisições de alojamento, de alimentação, forragem, transporte para os funcionários ou tropas em movimento.

Nada, no entanto, mostra que a Judeia tenha sido mais pesadamente taxada ou tributada do que as outras províncias. Roma, como era seu costume, dava uma grande autonomia às suas províncias para administrar todas as áreas da vida cotidiana ordinária bem como as questões religiosas, civis e judiciais (até certo ponto[4]) que eram da responsabilidade do Grande Sinédrio.

---

3 Alguns especialistas argumentam que Pilatos ficou mais tempo ainda, de 19 a 37 (cf. Schwartz, 1992, p. 396-401). Depois de Pilatos, houve ainda Marcelo (36 ou 37, mas não sabemos nada sobre ele), Marulo (37-41), Agripa I (que foi rei da Judeia (de 41 a 44) ao mesmo tempo que cumpria as funções dos prefeitos da Judeia). Então vieram os procuradores: Cúspio Fado (44-46), Tibério Alexandre (46-48), Ventídio Cumano (47-48) ou 48-52), Antônio Félix (52-60), Pórcio Festo (60-62), Lúcio Albino (62-64), Géssio Floro (outono de 64 ou primavera 65-66), Marco Antônio Juliano (66? -70). Então virão os legados (cf. Hadas-Lebel, 2009).

4 Um símbolo sutil, mas muito forte da dominação romana sobre a Judeia era o fato de o prefeito romano manter a guarda das vestimentas sacerdotais do sumo sacerdote, e isso durou até o ano 41.

Os Estados de Filipe e Antipas

Ao contrário da Judeia, que estava sob o controle direto de Roma, os Estados de Filipe e Antipas permaneceram autônomos: eram Estados-clientes. Sua existência havia sido desejada por Roma, cujo Império, graças a Augusto, abrangia toda a Bacia do Mediterrâneo, grande parte da Europa Ocidental até o Danúbio e o Reno, bem como parte das margens do Mar Negro. Esse gigantismo efetivamente impedia que ele tivesse forças armadas suficientes para garantir um mínimo de paz e estabilidade. Era necessário, portanto, economizar suas forças e, para isto, anexar um certo número de territórios que, sem estar plenamente no Império, eram considerados parte constituinte e integrada ao sistema político romano. Essa forma de clientelismo era comumente praticada na vida social da Roma antiga, onde um patrão (*patronus*) oferecia sua proteção a clientes que, em troca, apoiavam seus empreendimentos políticos e militares, e dividiam assim algumas das obrigações de cada uma das duas partes.

Filipe e Antipas eram, portanto, "clientes" do imperador, quer dizer que eles estavam lá pela vontade de Roma e que, em troca, deviam-lhe certo número de "favores" e obrigações. Consequentemente, seu *status* evoluía de acordo com os resultados obtidos: Arquelau, o etnarca, irmão de Filipe e de Antipas, pagou o preço de uma política desastrosa para sua população, e é por isso que ele foi exilado.

O papel primordial desses Estados-clientes era defender suas próprias fronteiras contra ataques externos, livrando assim o Império dessa responsabilidade e poupando suas próprias tropas, tropas que podiam então ser usadas para resolver problemas mais importantes. Assim, os Estados-clientes completavam as forças romanas em suas próprias fronteiras. Por outro lado, eles estavam constantemente sob o controle de Roma. No Oriente, a desintegração total do Império Selêucida provocara o surgimento de uma multidão de pequenos reinos ou Estados que, embora fracos, lutavam constantemente para aumentar, tanto quanto possível, seu território e suas riquezas. Roma, política e diplomaticamente, podia assim contar com o favor de um em detrimento do outro, depois mudar de ideia e reverter completamente o curso dos acontecimentos ou o jogo das alianças. É por isso que os líderes desses Estados-clientes procuraram incansavelmente agradar os romanos. Essa foi a atitude que Herodes o

Grande, adotou com grande sucesso, e foi a atitude seguida por seus filhos que, com exceção, talvez, do tetrarca Filipe, falharam miseravelmente.

O tetrarca Filipe[1], de fato, foi "um príncipe pacífico e moderado". É, em todo caso, como o apresenta Flávio Josefo[2]. Filipe tinha estabelecido a capital de seu pequeno Estado em Cesareia de Filipe, a antiga Banias (Paneion) no Monte Hermon, junto à fonte do Rio Banias (daí também o nome de Banias ou Baniyas que designava a cidade)[3]. Ele também reconstruiu a cidade de Betsaida, a noroeste do Lago de Tiberíades (ou Genesaré), sob o nome de Júlias, onde morreu em 34[4]. Sua existência é mencionada nos Evangelhos unicamente por São Lucas que o cita apenas como uma referência cronológica e geográfica[5]. Seus súditos eram, como já dissemos, em grande parte pagãos, o que explica por que sua cunhagem é diferente da de seus meios-irmãos Arquelau e Antipas, sendo que aqui se vê o busto de Augusto e Tibério, ou o seu próprio, sem uma bandeira real ou qualquer outra insígnia, ao passo que a Lei judaica formalmente proibia qualquer representação de seres vivos. Como Christian-Georges Schwentzel observa: "Filipe ostensivamente mostra que ele não respeita a Lei judaica, mas não podemos dizer, no entanto, que ele a viole"[6], porque sua tetrarquia se situava fora dos limites geográficos em que vigorava a Lei judaica.

Quando Filipe morreu, Antipas pensou que seu sonho de reconstruir o reino de seu pai para seu próprio proveito poderia finalmente ser realizado, e ele estava contando em ter sucesso onde Arquelau falhou, a saber, cingir a coroa real. Ele estava esperando por isso há vinte e oito longos anos. O único título que herdara era o de administrador do Templo, o que lhe dava o direito de supervisionar o que acontecia ali e, em particular, os julgamentos proferidos pelo Grande Sinédrio. É por isso que ele estava em Jerusalém na época do julgamento de Jesus na véspera da grande Festa da Páscoa. E é por isso que também conhecia bem Pôncio Pilatos, porque o prefeito era obrigado a consultá-lo para tudo o que dizia respeito ao culto, à religião e às

---

1 Sua mãe se chamava Cleópatra de Jerusalém e foi a quinta esposa de Herodes o Grande. Baseando-se em uma passagem de Flávio Josefo (AJ 15: 4,2), alguns acreditam que esta Cleópatra de Jerusalém não era outra senão a famosa rainha do Egito, Cleópatra VII. Mas é improvável, pois, se julgarmos pelo próprio Flávio Josefo, Herodes, "há muito tempo indisposto em relação a Cleópatra, que ele considerava funesta a todos, concluiu, nesta circunstância, que ela merecia seu desprezo".

2 Flávio Josefo, AJ 18,4,6; Schwentzel, 2011, p. 201.

3 Cesareia de Filipe é assim denominada no Novo Testamento, p. ex., em Mt 16,13-20; Mc 8,27-30. A cidade será rebatizada de "Neronias Caesarea Sebaste" pelo Rei Herodes Agripa II em 61 (Flávio Josefo, AJ 20,9,4).

4 E cujas ruínas são atualmente trazidas à luz do dia em El-Araj e sem dúvida também em Et-Tell.

5 "No ano quinze do governo de Tibério César, Pôncio Pilatos foi governador da Judeia; Herodes, tetrarca da Galileia; Filipe, seu irmão, tetrarca da terra de Itureia e Traconítide; e Lisânias, tetrarca de Abilene [...]" (Lc 3,1).

6 Schwentzel, 2011, p. 214. Qualquer que tenha sido a identidade de sua mãe, Cleópatra, Filipe, sem dúvida, não era judeu, nem um pouco. Além disso, na época conhecida como "do Segundo Templo", o papel da mãe na transmissão do judaísmo não era o que viria a ser na sequência (cf. Cohen, 1999, p. 13-14, apud Schwentzel, 2011, p. 214).

tradições judaicas: "Naquele dia, Herodes (Antipas) e Pilatos tornaram-se amigos, eles que antes eram inimigos", sublinha São Lucas (23,12).

Como seu pai e seus meios-irmãos, Antipas também conduziu uma importante política urbana, consequência direta de seu *status* de "cliente" de Roma. Assim, ele fortificou a cidade de Séforis e a renomeou como *Autokratis*; cercou de muralhas Betharamphtha, que renomeou Júlias conforme o nome da imperatriz[7]; e acima de tudo, ele fundou, em honra do Imperador Tibério, uma cidade que ele chamou de Tiberíades, às margens do Lago de Genesaré em 23, que então se tornou a capital de sua tetrarquia, e que ele povoou à força, porque seus súditos judeus se recusavam a se estabelecer nela por ter sido construída sobre inúmeras sepulturas[8]. É provavelmente por isso que a cidade de Tiberíades, como a de Cesareia Marítima, não era considerada judaica, isto é, a Lei judaica não se aplicava a ela, mas sim uma cidade helenística.

Em 34, tudo parece confluir para que Antipas aceda à função suprema, o reinado. Tetrarca da Galileia e da Pereia, ele espera obter do imperador os territórios de Filipe, a saber, a Bataneia, Traconítide e Auranítide, e parte do que é chamado de domínio Zenodoro[9], e também os de seu irmão Arquelau, a saber, a Judeia, a Samaria e a Idumeia. Mas, como Filipe morreu sem herdeiros, é Tibério quem toma posse de seus territórios e os anexa à província da Síria, como acontecera no caso de Augusto com os territórios de Arquelau. Antipas não concorda. Ele então arquiteta um "plano" que lhe permitirá alcançar seus objetivos. Se seguirmos o que diz Josefo (AJ 18,4-7), Antipas decidiu ir a Roma por uma razão que Josefo não apresenta, mas que podemos adivinhar, ou seja, receber integralmente a herança de Herodes o Grande, seu pai. Ele para primeiro na casa de seu meio-irmão Herodes Boetos, chamado Herodes Filipe I – para que não haja ambiguidade sobre a pessoa, Josefo especifica que este Herodes Boetos é o filho da filha do sumo sacerdote Simão (Boetos)[10]. Lá ele se apaixona por Herodíades, a esposa de Herodes Boetos, com quem decide se casar em segredo; de fato, este casamento tinha a vantagem de dar a Antipas uma legitimidade adicional à sua reivindicação real na medida em que Herodíades, mulher de seu irmão, mas

---

7 Parece que a cidade foi primeiro chamada Lívias, a partir do nome de Lívia, a mãe de Tibério e a segunda esposa de Augusto, e como Lívia não recebeu o nome de Júlia (Júlia Augusta) pelo testamento de Augusto, que assim queria integrá-lo à *gens Iulia*, houve provavelmente aí uma mudança de nome em 14 d.C.

8 Flávio Josefo, AJ 18,2.3. Foi para Tiberíades que Antipas e Herodíades trouxeram o irmão desta, o futuro Rei Herodes Agripa I, na época sem recursos, e o chamaram de agorânomo com uma soma limitada para viver (AJ 6,2).

9 Zenodoro foi tetrarca de Itureia, uma região localizada ao redor da Planície de Beqa'a, entre o Líbano e o Antilíbano, desde 30 a.C. até sua morte em torno de 20 a.C. Sua tetrarquia passou então para as mãos de Herodes o Grande, enquanto era cobiçado pelos nabateus de Petra.

10 Esse Simão de Boetos tinha sido nomeado sumo sacerdote por Herodes o Grande, para que este pudesse casar com sua filha, Mariane, de extrema beleza, mas de uma posição social inferior ao rei, porque seu pai "Simão era muito obscuro para entrar em sua casa, mas de uma posição, no entanto, muito alta para ser deixado de lado" (Flávio Josefo, AJ 15 9, 3).

também sua sobrinha, era neta de Herodes o Grande, e Mariane a Asmoneia, perfeita síntese feminina entre as dinastias herodiana e asmoneia. Ao se casar com ela, Antipas provavelmente pensou que aumentaria suas chances de sucesso com o imperador. Mas Antipas já é casado com Fasélia, a filha do rei nabateu Aretas IV, e o marido de Herodíades ainda está vivo![11] Retornando a Roma, Antipas envia a pedido da própria mulher, sua esposa Fasélia à fortaleza de Maqueronte, de onde esta ganha o reino de seu pai que, informado sobre a conduta do tetrarca, decide vingar-se da afronta. Com seu exército, ele esmaga o de Antipas, e este desastre é considerado por alguns judeus como "a vontade divina e justa vingança a João, chamado o Batista", persuadidos "de que era para vingá-lo que uma catástrofe se abatera sobre o exército, pois Deus quis assim punir Herodes", explica ainda o historiador judeu[12].

A sequência é conhecida: Antipas casou-se com Herodíades de qualquer maneira, e a levou, com sua filha Salomé, para sua tetrarquia; mas nunca conseguiu convencer o Imperador da razoabilidade de seu pedido, e nunca foi coroado rei. Pelo contrário, foi destituído pelo Imperador Calígula em 39 e exilado no Sul da Gália, onde Herodíades optou por segui-lo, enquanto o imperador lhe tinha deixado a possibilidade de retornar para junto de seu irmão Agripa I em Jerusalém, o que faz supor que Herodes Boetos tenha morrido nesse ínterim[13].

Agripa I era, como Herodíades, neto de Herodes o Grande e Mariane a Asmoneia. Ele tinha, além de sua irmã, dois outros irmãos: Herodes, denominado "Cálcis" e Aristóbulo. Nascido cerca de 10 a.C., o jovem príncipe foi enviado por seu avô a Roma por volta de 5 a.C., onde frequentou a aristocracia romana e se tornou amigo de Druso, filho do Imperador Tibério. Mas em 23, Druso morre envenenado e deixa Agripa I sem apoio real enquanto o príncipe está cheio de dívidas. É quando, de volta à Judeia, em Malatha, com sua esposa Cipros, sua irmã Herodíades convence seu marido Antipas a instalá-lo em Tiberíades na função de agorânomo, onde ele organiza os mercados que funcionam na praça pública. Mas Tiberíades não é Roma! E o jovem

---

11 Daí as constantes reprovações dirigidas a Antipas por João Batista (Mt 14,3-5, Mc 6,17-18, Lc 3,19), porque Herodíades contrariava duplamente a Lei judaica: 1) A esposa não pode divorciar-se de seu marido. 2) De acordo com a lei do levirato (cf. p. 161-162), uma viúva (se é verdade que Herodes Boetos morreria pouco tempo depois) não pode se casar com o irmão do marido se houvesse filhos do primeiro casamento (que é o caso, pois Herodes Boetos e Herodíades tiveram uma filha, Salomé, que se casou com Filipe, o tetrarca).

12 Existe, em conexão com estes episódios da vida de Antipas (morte de Filipe, viagem a Roma, casamento com Herodíades, guerra contra Aretas IV, morte de João Batista) discussões muito animadas sobre a cronologia e arranjo de todos esses eventos.

13 As razões para esse exílio se devem a Agripa I, irmão de Herodíades, a quem esta, com o assentimento de Antipas, havia ajudado nomeando-o agorânomo de Tiberíades antes de se desentender com ele. De fato, Agripa denunciou Antipas a seu amigo, o Imperador Calígula, por estar fomentando uma conspiração com os partas (depois de ter conspirado com Sejano contra Tibério) e secretamente constituindo-se estoques de armas para 70 mil infantes em seu arsenal (AJ 18, 7.250-251).

Agripa fica entediado, e definha a tal ponto que acaba se desentendendo com Antipas (c. 32-33), e depois com seu irmão Aristóbulo, que o denuncia ao legado da Síria, Lúcio Pompônio Flaco, por ter recebido um suborno para defender os interesses de Damasco contra Sidônia em uma disputa fronteiriça levada ao seu amigo legado[14].

Agripa, então, decide retornar a Roma, onde conhece Caio Germânico, o futuro Calígula. Mas, entregue a suas lisonjas, ele esquece toda a cautela e acaba declarando em alto e bom som que ele deseja que Tibério morra para que seu amigo Caio se torne imperador. Isso valeu-lhe seis meses de prisão até que Tibério viesse a falecer. Calígula, uma vez tornado imperador (37-41), libertou seu amigo e recompensou seu apoio dando-lhe os antigos Estados de Filipe, o tetrarca, e mais o principado de Cálcis, localizado no Antilíbano. Mas Calígula foi assassinado em 41. Sempre segundo Josefo (19), Agripa, vivendo mais em Roma do que em seu pequeno reino, convence o futuro Imperador Cláudio, o tio de Calígula, a aceitar a púrpura que os pretorianos lhe oferecem, o que o medroso Cláudio acabará fazendo "fingindo-se de rogado, enquanto o faz de livre e espontânea vontade", enfatiza o historiador judeu. Como recompensa, ele atribuirá a Agripa novos territórios, a saber: a Judeia, a Samaria, a cidade de Cesareia e a de Abila, no Antilíbano[15]. Por outro lado, Agripa renuncia ao principado de Cálcis que retorna a seu irmão Herodes, chamado "de Cálcis", com o título de rei. Para completar, o Senado (na verdade, o imperador) lhe confere o título de *rex amicus e socius populi romani* (amigo do rei e companheiro do povo romano). Os privilégios concedidos aos judeus de Alexandria para viver de acordo com suas leis são estendidos a todos os judeus em todas as províncias do Império.

Em nível religioso, Agripa conta com o partido dos saduceus, um partido pró-romano e muito hostil aos primeiros cristãos. De acordo com os At 12,1-5, o rei perseguiu violentamente os membros da Igreja "eliminando pela espada a Tiago, irmão de João". E quando ele viu a satisfação dos judeus, determinou outra prisão, a de Pedro.

Agripa morre inesperadamente em março de 44 – talvez em setembro/outubro de 43 – depois de apenas três anos de reinado, nos Jogos de Cesareia em homenagem ao imperador, como relatam os Atos (12,20-23) e Flávio Josefo (AJ 19.8,343-352).

Esta morte marca o fim das esperanças de independência dos judeus sob a autoridade de um governante judeu (Agripa descendia dos asmoneus por sua avó, Mariane). A partir de agora todos os seus territórios estão ligados à província romana da Síria, e um novo tipo de governador é nomeado: o procurador, mesmo que suas funções sejam as de prefeito. O primeiro deles é Cúspio Fado e permanecerá no cargo de 44 a 46; é um cavaleiro romano, muito habilidoso de acordo com Josefo (GJ 2.11,6),

---

14 Smallwood, 1976, p. 188; Flávio Josefo, AJ 18, 151-154.

15 Capital da tetrarquia de Lisânias. Cf. p. 140, nota 52 e p. 168.

que restaura a paz em sua província, agitada por problemas causados por um certo Teudas que se proclama um profeta. Ele e seus seguidores são condenados à morte pelo primeiro procurador romano.

A economia palestina no primeiro século de nossa era

Flávio Josefo, evocando a morte de Agripa I, não deixa de assinalar que este último obtinha de suas posses na Judeia, Samaria e Cesareia, mais de doze milhões de dracmas. E se a rainha do Egito, Cleópatra, tem tanto zelo por suas posses judaicas, especialmente as plantações de bálsamo perto de Jericó, é porque, evidentemente, os rendimentos e a qualidade da produção e, portanto, os ganhos que ela obtinha ali, deviam ser consistentes. Assim, tem-se a impressão de que havia, pelo menos para as famílias ricas, reais e sacerdotais, uma grande riqueza e muita opulência.

A mera leitura dos relatos evangélicos já passa a imagem de uma Palestina com condições econômicas globalmente satisfatórias. Setores de atividade como a agricultura, a viticultura, a pesca, a pecuária e o comércio parecem suficientemente desenvolvidos para fornecer à população local condições de vida adequadas às suas necessidades. Maurice Sartre observa que, de acordo com fontes greco-romanas, o país é próspero: o trigo dá um rendimento de 5 para 1, ou mesmo 15 para 1, e o grão é exportado pelos portos de Tiro e Sidônia, o que comprovaria a existência de excedentes relativamente importantes[1]. O vinho também vende bem e conhecemos algumas vinícolas famosas como as de Sharon, do Carmelo, de Gaza, Ascalon ou Lida. O azeite de oliva produzido na Galileia é famoso, assim como o bálsamo e o papiro do Vale do Jordão. A criação, especialmente de ovelhas, é generalizada no Negev ou na Pereia, mas também na Judeia. E ninguém contesta que as águas do Lago de Genesaré são cheias de peixes, para não mencionar as atividades pesqueiras no Mediterrâneo. Quanto às frutas e aos legumes: grão de bico, lentilha, cebola, alho-poró, melão etc., parecem crescer facilmente. Pode-se pensar também que os programas de fundação ou refundação de cidades levados adiante por Herodes o Grande, e seus sucessores proporcionaram a muitos pequenos artesãos a oportunidade de trabalhar regular-

---

1 Sartre, 1997, p. 348-349.

mente para sustentar suas famílias, mesmo que, de modo geral, os ofícios estejam concentrados em Jerusalém.

Toda essa economia rural é, portanto, baseada em artesãos e pequenos agricultores que constituem, até o século I a.C., a classe social básica da sociedade palestina. Mas as coisas parecem estar se deteriorando na virada do século I, em decorrência de uma superpopulação descontrolada e regras de sucessão que causam a fragmentação de pequenas propriedades. Isso irá desembocar em um progressivo endividamento de muitos camponeses que irão, então, engrossar as fileiras do proletariado urbano. Colocam-se como assalariados, diaristas, agricultores ou meeiros a serviço de grandes propriedades de terra da Galileia ou o Vale do Jordão, por exemplo, a maioria nas mãos da aristocracia judaica, mas também estrangeira como testemunha o próprio Josefo, ele mesmo proprietário de um campo na Palestina, sendo que passa a maior parte do seu tempo em Roma[2]. Entre estas duas categorias sociais, ainda existe uma "classe média" de proprietários ricos que usam a mão de obra de agricultores ou assalariados, como os trabalhadores da décima primeira hora ou os rendeiros revoltados de Mateus (20,1-16; 21,33-46), ou os vinhateiros assassinos em Marcos (12,1-12) e Lucas (20,9-19). O endividamento, exacerbado por um sistema tributário exigente, acabará se tornando insuportável e será uma das causas da primeira revolta judaica em 66.

---

2 Flávio Josefo, *Vita*, 422-430.

A situação religiosa: múltiplas escolas de pensamento

Descrever o judaísmo no primeiro século antes e depois de Cristo é quase um desafio, pois a situação geral parece complicada. Isso vai a ponto de o próprio termo "judaísmo", colocar um problema, pois é possível distinguir um judaísmo propriamente palestino de um judaísmo helenístico e de um judaísmo mesopotâmico de língua aramaica. De acordo com Maurice Sachot, o termo, de origem grega, é uma invenção dos judeus da diáspora helenística, ou seja, os judeus que vivem em torno da Bacia do Mediterrâneo e falam grego[1]. Construído a partir do adjetivo Ιουδαῖος (*ioudaios*) Ἰουδαῖσμος (*ioudaismos*) foi moldado sobre o modelo Ἑλληνισμος (*hellenismos*). Por esta denominação, os judeus da diáspora helenística queriam, em primeiro lugar, significar que, dentro do espaço linguístico grego, dois mundos coexistiam, cada um representando um modo bem distinto de ser e de viver em uma sociedade, sendo a Torá o símbolo mais evidente da diferenciação. Mas o sufixo "-ismo" não remete a uma doutrina ou filosofia particular como se fala de platonismo ou aristotelismo: o judaísmo não designa exclusivamente a "religião judaica", mesmo que o aspecto religioso ocupe aí um lugar importante. Aponta mais para uma concepção da existência e uma integração da sociedade que dá aos judeus da diáspora uma identidade comum com os gregos, sem deixar de enfatizar sua especificidade judaica. Também serve para marcar uma diferença entre os judeus da diáspora e os da Palestina, porque embora os primeiros compartilhem com os segundos uma "judaicidade" comum – esse sentimento de pertencer ao povo escolhido por Deus – embora eles se beneficiem dos mesmos privilégios concedidos pelos imperadores romanos, reconheçam em Jerusalém e no seu Templo um lugar único e paguem o imposto anual, eles não compartilham, no entanto, o mesmo território nem a mesma língua.

---

1 Sachot, 1998, p. 24s.

Na época de Jesus, o judaísmo designa a religião dos judeus, e os judeus são aqueles que praticam o judaísmo. É por isso que os prosélitos, isto é, aqueles que se converteram ao judaísmo, são, ao menos teoricamente, reconhecidos como judeus pelos próprios judeus.

Todos os judeus reconhecem a Torá (literalmente "ensino" ou "instrução"), que os cristãos chamam de Pentateuco[2], isto é, os cinco primeiros livros da Bíblia: Gênesis, Êxodo, Levítico, Números e Deuteronômio, como o fundamento de sua religião, mas sua interpretação é controversa, porque o cânon hebraico da Bíblia ainda não está definitivamente fixado: ele o será somente no século II de nossa era. No entanto, todos concordam em reconhecer seu Deus como o único e o criador (monoteísmo). Ele escolheu Israel para ser seu povo, um povo a quem Ele entregará nações pagãs para que reine sobre elas um dia. Para selar esta aliança, Deus deu, por intermédio de Moisés no Monte Sinai, a Torá, isto é, a Lei, que é o sinal tangível desta aliança entre Deus e o povo hebreu, o garantidor da esperança na restauração do reino de Israel e em sua integridade. Esta relação única, esta comunhão entre um povo e seu Deus é a marca dos judeus, cuja testemunha mais visível e prestigiosa é o grande Templo de Jerusalém: é o sinal tangível da unidade do judaísmo e seu santuário único[3]. É por isso que o fato de os samaritanos terem seu próprio santuário no Monte Garizim é a prova óbvia de sua separação do autêntico judaísmo.

A lei é o coração em torno do qual toda a sociedade judaica está organizada[4]. É ao mesmo tempo casuística e apodítica, isto é, por um lado, é uma teologia moral que se ocupa dos casos de consciência (p. ex., o "código da Aliança" em Ex 20,22–23,33), e que, por outro lado, diz respeito a um direito que é consagrado pelo costume (p. ex., os Dez Mandamentos) e que é, portanto, necessariamente verdadeiro, porque a fonte da Lei é o próprio Deus, e Moisés, seu agente humano; obedecer a Ele observando seus mandamentos é fonte de prosperidade, mas afastar-se dele provoca terríveis desastres. Não se trata, contudo, de fardo pesado e difícil de carregar, porque entre os 613 mandamentos listados, muitos já há muito tempo haviam se tornado costumes que funcionavam por si sós[5]. A observância da Lei não é essencialmente impositiva nem puramente formal, é antes motivada pela convicção de que se trata de um dom

---

2 Pentateuco é um termo grego que significa "cinco" (πεντε) "livros" (τευχος), termo que designa o estojo que contém os livros na forma de rolos.

3 Existiu entre 170 a.C. e 71 d.C., em Leontópolis (*Tell El-Yehoudieh*, a "colina dos judeus"), no Delta Egípcio, outro templo judeu, fundado por Onias IV, filho do sumo sacerdote exilado Onias III. Este templo não foi considerado ilegal, mas sua influência não foi muito além de seu ambiente imediato. Foi destruído sob Vespasiano que temia que os judeus se reagrupassem lá após a destruição do grande Templo de Jerusalém em 70 d.C. Flávio Josefo faz menção a isso em sua GJ 7.10,4.

4 Conzelmann & Lindemann, 1999, p. 216-217.

5 O *Dictionnaire encyclopédique du judaïsme* (Paris: Cerf, 1993, p. 252-267) traz a lista desses 613 mandamentos.

de Deus e que, portanto, deve ser respeitada como tal, sem que se busque servir dela egoisticamente para a satisfação pessoal. A Lei não incentiva o legalismo exterior se for bem praticada, isto é, se for motivada pelo "temor de Deus", ou seja, o amor respeitoso que se tem por Ele e pelo reconhecimento da sua glória. Assim, a obediência à Lei deve levar todo judeu piedoso à humildade.

Como toda ortopraxia judaica é centrada na Torá, a reflexão teológica é dominada pelos debates sobre sua correta interpretação. Na verdade, a lei é a expressão escrita da vontade divina e é imperativo para o judeu piedoso saber conformar-se corretamente ao que Deus exige de seu povo para não agir contrariamente à sua vontade. O exemplo do *shabat*, a respeito disso, é muito sintomático: desde os tempos mais antigos, o *shabat*, o sétimo dia da semana, é considerado um dia de descanso. Nenhum trabalho é permitido de acordo com o Livro do Êxodo (20,10; 23,12). As refeições devem ser preparadas no dia anterior, como o maná que era colhido no dia anterior ao consumo. A penalidade para o não cumprimento deste mandamento era a morte por apedrejamento (Nm 15,32-36). Nesse dia, os judeus se reuniam para adorar a Deus, dispunha-se sobre a mesa o pão da oferenda, realizavam-se sacrifícios no Templo, e uma passagem da Torá era lida e comentada nas sinagogas (Mc 6,2, Lc 6,6; 13,10). O *shabat* era, portanto, com a circuncisão, o sinal característico por excelência do judaísmo. As controvérsias que se levantam a respeito da atitude de Jesus e seus discípulos nesse dia sagrado, no entanto, mostram que esse mandamento de guardar o sábado deve ser interpretado apropriadamente, para que possa ser observado da forma mais objetiva possível. Era necessário, portanto, dar-lhe uma leitura casuística, caso a caso, muito detalhada, para determinar o que era realmente permitido e o que não era. Quando Jesus pergunta a seus detratores: "Quem de vós, se seu filho ou seu boi cair num poço, não o levantará imediatamente, em pleno dia de sábado?" (Lc 14,5), o evangelista acrescenta: "E eles não puderam dizer nada em resposta a isso" (v. 6). No entanto, alguns judeus radicais não hesitaram em exigir que "ninguém ajudaria um animal a abater o *shabat*": "e se ele cair numa cova ou num poço, não será retirado de lá num *shabat*" (*Escrito de Damasco*, CD 11,13-14).

Assim, a lei estava sujeita a interpretação! E este era o trabalho de escribas, os "professores" ou "mestres", ou melhor ainda, os "especialistas", cujo modelo era Esdras (Esd 7,6). Seu trabalho foi reunido sob o nome de "Torá oral" ou halaca. Ao contrário dos fariseus que reconheciam ao lado da Lei escrita recebida por Moisés no Sinai, uma Torá Oral também de origem divina, os saduceus recusavam categoricamente qualquer tradição que não estava contida na Lei escrita. Obviamente, também eles interpretavam a lei, mas esta interpretação não tinha caráter vinculante. Esta abordagem dos saduceus, entretanto, desapareceu após a destruição do Templo em 70, e foi a interpretação da Lei segundo os fariseus que se impôs[6].

A sociedade judaica do século I a.C. e d.C. é também modelada pela expectativa do fim dos tempos: Há, na virada de nossa era, toda uma literatura escatológica cada vez mais presente, cujas origens remontam à época do exílio na Babilônia no século VI a.C. A partir do século II, após a dominação dos selêucidas, ela se torna ainda mais apocalíptica, isto é, como aponta Maurice Sartre, é uma literatura que "ajuda os fiéis a compreender o que aconteceu e lhes dá coragem para anunciar uma salvação próxima"[7]. É por isso que, ao lado desta esperança de restauração final do reino judaico terreno, soma-se a de um messias profeta, um mensageiro, um "ungido" de Deus[8], espécie de novo Moisés ou de um rei do tipo davídico, "Filho do homem", intercessor entre Deus e os homens, que vem julgar em nome de Javé.

Deus único, Torá, Templo, *shabat*, circuncisão, escatologia apocalíptica, a espera messiânica: essa unidade visível do judaísmo, no entanto, pouco escondia sua pluralidade interna que se espalhava tanto no tempo como no espaço. Do século III a.C. até a primeira revolta judaica de 66-74 d.C., e mesmo a segunda, a de Bar Kokhba de 132-135, várias escolas ou facções coexistiram mais ou menos pacificamente, na própria Palestina, mas também na diáspora grega e mesopotâmica. Como não havia autoridades religiosas reconhecidas e aceitas por todos para regular uma ortodoxia comum, esses *haireseis* como os chama Flávio Josefo[9], ou seja, as grandes escolas teológicas e ideológicas, rivalizavam mais ou menos entre si para tentar impor sua própria abordagem da Torá. Podemos citar os saduceus, os fariseus, os essênios, os

---

6 Este é um ponto importante para entender o judaísmo hoje, porque depois da destruição do Templo em 70, onde o ofício era principalmente dos saduceus, os judeus passaram a ter apenas um único bem comum: a Torá, cuja interpretação era essencialmente farisaica. Isso explica por que a prática atual do judaísmo chamado Rabínico (inaugurado pelo Rabino Yohanan ben Zakkai em Jâmnia, e cujos sucessores, chamados tanaítas, isto é, "os professores", puseram por escrito na Mishná todos os mandamentos orais a fim de evitar que se perdessem), não tem mais muita relação com o judaísmo do Segundo Templo.

7 Sartre, 1997, p. 351.

8 "Ungido" se diz *meschiya* em hebraico, *christos* em grego. Os reis de Israel (começando com Davi, o primeiro rei que Javé escolheu), os profetas e os sumos sacerdotes eram ungidos com óleo em sinal de seu novo ofício (1Sm 10,1, Lv 8,12). É por isso que os governantes usavam o título de "messias". Por extensão, encontra-se no Antigo Testamento este mesmo título de "messias" aplicado a uma pessoa física ou moral que Javé escolheu para confiar-lhe uma missão (Is 61,1), como, p. ex., o próprio povo de Israel em si (Sl 105,15) ou Ciro, o governante aquemênida, que, no entanto, "não conhece o Senhor" (Is 65,1). A expectativa do "Messias, filho de Davi, rei, salvador dos judeus" é relativamente tardia, já que sua primeira menção aparece apenas em um texto da segunda metade do séc. I a.C., os *Salmos de Salomão* (Sl 17 e 18), que refletem a ação e o destino de Pompeu durante o cerco de Jerusalém em 63 a.C.

9 Flávio Josefo, AJ 18 15-25, mas o quadro de Flávio Josefo é por demais redutivo: o judaísmo do séc. I é muito mais rico e complexo, como veremos. A pesquisa atual também tende a mostrar que esses grupos religiosos judeus do séc. I d.C. podem ser comparados às associações voluntárias greco-romanas, cujo funcionamento era quase idêntico. É talvez nesse sentido que devemos interpretar o termo "os judeus" usado no Evangelho segundo São João ao descrever a paixão de Jesus de Nazaré (Jo 18,38 p. ex.) (cf. Mimouni, 2009, p. 12-19; Schürer, 1979).

zelotas, os samaritanos, aos quais os estudiosos contemporâneos acrescentam as correntes profética, messiânica e batista.

* * *

Os saduceus – A etimologia atual conecta esse termo ao nome de Sadoc, da tribo de Levi, sacerdote vinculado ao serviço da Arca sob os reinados de Davi e Salomão, que fará dele o sacerdote principal. Depois disso, seus descendentes (ou seus seguidores), os "filhos de Sadoc" serão reconhecidos como os únicos sacerdotes legítimos (2Sm 8,7; 15,24; 1Rs 2,35; Ez 40,46; 43,19; 46,15). Dessa forma, os saduceus designam "os partidários do sacerdócio". Esses homens oriundos de determinados círculos sacerdotais, estiveram ligados à família do último sumo sacerdote legítimo, Onias III[10], e em oposição quase constante com os asmoneus, embora deva ser notado que João Hircano e Alexandre Janeu tenham tentado chegar a um acordo com eles. É também sob o reinado de João Hircano I (134-104) que os saduceus aparecem pela primeira vez como tais. Sua atitude em relação à dinastia herodiana era mais sutil, alguns saduceus não hesitando em apoiar o rei, ao passo que outros lhe foram muito mais hostis.

Na virada do século I, os saduceus são politicamente muito influentes. Seus membros são recrutados principalmente nas grandes famílias sacerdotais e aristocráticas da Judeia e da diáspora. De acordo com Josefo, o primeiro sumo sacerdote que oficiou no reinado de Herodes o Grande, Ananel, vinha da Babilônia, e o pai de Mariane II, Simão, que fora sumo sacerdote de 24-5 a.C., provinha de uma família judia de Alexandria[11]. A função de sumo sacerdote é, além disso, preenchida por membros dessa facção, o que explica por que eles estão tão ligados ao serviço do Templo[12]. Na época de Jesus, eles controlam a administração do culto no Templo e o Grande Sinédrio, e se esforçam para encontrar um campo de entendimento com Roma e com os governantes herodianos. As fontes judaicas e cristãs são bastante pobres de informações sobre os saduceus, porque são, em geral, muito hostis a eles. A literatura talmúdica

---

10 Cujo filho, Onias IV, está na origem do templo judaico de Leontópolis (cf. nota 3, p. 36).

11 Flávio Josefo, AJ 15 22, 39, 41, 320-322.

12 Essa é a razão pela qual os saduceus praticamente desapareceram após a destruição do Templo em 70 e que muito pouco se sabe sobre eles. No entanto, a seita judaica dos caraítas, no séc. VIII d.C., parece reivindicar uma herança saduceia contra a corrente rabínica majoritária, talvez para dar legitimidade à sua causa. Não parece haver nenhum escrito propriamente Saduceu entre os Pergaminhos do Mar Morto encontrados perto de Qumran. No entanto, contra a opinião de muitos especialistas, Lawrence H. Schiffmann continua a defender seu argumento de que o texto denominado *Carta haláquica* (4QMMT) bem como o *Rolo do Templo* apresentam forte afinidade com a halaca saduceia (cf. Schiffmann, 1995). Por sua vez, Hanan Eschel, que publicou a Oração pelo bem-estar do Rei Jônatas (4Q448), acredita que este manuscrito encontrado perto de Qumran, teria sido levado para lá de Jerusalém, e que ele reflete um ponto de vista saduceu, favorável aos asmoneus e ao sumo sacerdócio de Jerusalém (cf. Bioul, 2004, p. 89).

considera o termo "saduceu" como sinônimo de "herético"[13]. Na ausência de fontes propriamente "saduceias", é difícil especificar o pensamento e as linhas da teologia desse partido religioso, exceto em oposição aos de seus adversários dos fariseus, por exemplo. Existem, no entanto, vários pontos interessantes:

1) Ao contrário dos fariseus, os saduceus se apegavam escrupulosamente à Lei escrita de Moisés da qual os sacerdotes eram os únicos intérpretes qualificados. Eles consideravam o texto como primordial, sem a necessidade de uma tradição oral, como achavam os fariseus. Isso não os impediu de elaborar uma jurisprudência haláquica[14] à qual eles se referiam frequentemente, sem, contudo, colocá-la no mesmo pé que a Torá. De acordo com os saduceus, Deus já havia falado, e de maneira definitiva e, portanto, era inútil, até mesmo perigoso – se não blasfemo – pretender interpretar a palavra divina como faziam os fariseus com sua Torá oral. Apenas a Lei escrita contava.

2) Eles reconheciam a total liberdade do homem e toda a sua responsabilidade, mas entendiam que Javé não se interessava pelo mundo e pela história. Como resultado, eles não acreditavam na predestinação e, aparentemente, não esperavam um messias. Daí a violenta oposição a Jesus de Nazaré[15].

3) Finalmente, se acreditarmos nos Atos dos Apóstolos (23,8) e em Josefo (AJ 18,16), eles se recusavam a acreditar na ressurreição, nos anjos, nos espíritos e na imortalidade pessoal: "na doutrina dos saduceus, as almas desaparecem ao mesmo tempo que os corpos", escrevia o historiador judeu.

Os fariseus – Ao contrário dos saduceus, cujos escritos desapareceram, sabemos mais sobre os fariseus, seus adversários, graças ao Novo Testamento, a Flávio Josefo e às fontes rabínicas. Sua origem remonta, parece, ao século II a.C., pois são conhecidos desde 150. De fato, sob o reinado de Antíoco IV Epifânio (175-164 a.C.), é constituído um grupo que se opõe à adoção dos costumes gregos, designado com o nome de hassídicos. Esses *hasidim*, isto é, os "piedosos", ou "devotos", não constituíam um bloco coeso e homogêneo, e é possível que os fariseus tenham sua origem em um ramo desse grupo. Na época de João Hircano I, alguns judeus se rebelam contra as pretensões reais e sacerdotais do soberano e se reúnem em um partido político-religioso que recebe o apelido de "fariseu", literalmente "separados

---

13 Paul, 1999.

14 Do hebraico *halakha*, "caminhar". A halaca era a atualização de um princípio da Torá, quer dizer, um comentário de caráter jurisprudencial. Geralmente, esse termo é traduzido por "lei".

15 Enquanto se nota também que muitos fariseus eram favoráveis a Jesus e alguns até se tornaram nazireus (cristãos), como São Paulo, p. ex.

(*Parash* em hebraico, *perishayya* em aramaico)[16]. De acordo com Flávio Josefo (AJ 13,289ss.), os fariseus acreditavam que o ofício real e a função sacerdotal deveriam ser separados. No século I de nossa era, os fariseus se apresentam como um grupo de estrita observância em questões legais, mas politicamente divididos em dois ramos: um segue a linha de Judas o Galileu (cf. p. 45 e nota 31, p. 49) e se opõe feroz e violentamente a qualquer interferência estrangeira nos assuntos internos judaicos; o outro é mais prudente no assunto, desde que o poder não atente contra a sua vida religiosa; eles acreditam que a realização do reino tão esperado pode acontecer, no estado atual das coisas, somente pela oração e a piedade.

Espalhados tanto pelas cidades e aldeias da Judeia e da Galileia quanto na diáspora[17], agrupados em irmandades que levam o nome de *ḥaburot*, os fariseus se agarravam a alguns mestres da lei (escribas) com quem sentiam alguma afinidade e difundiam seu pensamento (Shamai e Hilel foram os mais famosos no séc. I a.C.). De um partido político-religioso sob os asmoneus, eles se tornaram, assim, um movimento espiritual. Eles eram recrutados principalmente nas camadas humildes da sociedade judaica, o que os aproximava das pessoas cujas demandas políticas e aspirações religiosas expressavam. A adoração do Templo não tinha, aos seus olhos, a importância que os saduceus lhe concediam (e por uma boa razão!); mas, por outro lado, eram muito ativos nas sinagogas, lugares ao mesmo tempo de oração e de estudo. Isso pode explicar em parte por que apenas o "judaísmo farisaico" será capaz de sobreviver à primeira revolta judaica (66-74).

Em questões religiosas, seu ideal era marcado pela observância escrupulosa e diária de todos os mandamentos da Lei mosaica e dos menores detalhes da tradição dos antigos. Isso se traduzia na observação dos 613 preceitos (*mitzvot*) (248 ordens e 365 proibições) contidos na Torá[18]. Mas, ao mesmo tempo, eles procuravam estimular o desenvolvimento do pensamento judaico para não se ater exclusivamente à Lei escrita. É por isso que acreditavam que a Torá é a palavra *vivente* de Deus, sempre em ação,

---

16 Mimouni, 2009, p. 17, pensa até que o primeiro significado se referiria a uma designação vinda de fora e o segundo a uma designação vinda de dentro do próprio grupo.

17 São Paulo, natural de Tarso, na Cilícia (atual Turquia), em Fl 3,5, escreve que antes de sua conversão ao cristianismo, ele era "pela Lei, fariseu". No entanto, André Paul colocou – com razão, parece-nos – a questão da relevância desse nome antes da segunda metade do séc. I a.C.: "[...] deixando de lado a informação furtiva de Paulo de Tarso, os fariseus são conhecidos estrita e especificamente pelas evocações deliberadamente caricaturais dos Evangelhos e pelas apresentações demasiado estereotipadas de Josefo. Seu nome não poderia ser um apelativo tardio e *a posteriori*, como talvez o dos essênios?" (in: Héricher; Langlois & Villeneuve, 2010, p. 156).

18 Os fariseus se preocupavam em esclarecer em que condições a Lei deveria ser aplicada em função das diferentes situações que poderiam se apresentar aos fiéis e que o legislador não havia previsto em detalhes. Este é o aspecto casuístico da Lei que mencionamos acima, e que foi essencial no ensino farisaico. A classificação mais famosa desses preceitos é a de Maimônides (séc. XII) em seu *Sefer ha-Mitzvot,* mas a origem remonta muito provavelmente ao Rabino Aquiba nos anos 100-135 (Mimouni, 2009, p. 19).

e que ela se exprime por meio de seus leitores e intérpretes porque, segundo a sua convicção, Javé sempre fala àqueles que escolheu. Por isso, os fariseus atribuíam uma grande importância à Lei oral[19] e consideravam que não era o sacerdote (o *Kôhen*) que tinha autoridade, mas sim a interpretação dos escribas, a quem chamavam de rabinos. Como indica Charles Perrot, com os fariseus, "o exegeta assume o poder"[20]. As características do pensamento farisaico podem ser resumidas da seguinte forma:

1) Os fariseus atribuem especial importância à razão humana no jogo da interpretação das Escrituras, e dão aos seus predecessores no assunto autoridade inquestionável. Eles acreditam que os escribas que sucederam os profetas são suscetíveis, por meio de interpretações, ou mesmo por revelações especiais, de penetrar no desígnio oculto e pré-estabelecido de Deus[21].

2) Eles acreditam na imortalidade da alma, na intervenção dos anjos, na retribuição final, isto é, na recompensa ou punição *post mortem*, e na ressurreição dos mortos (ou de todos os mortos, ou apenas dos justos, não se pode afirmar com certeza).

3) Eles reconhecem a ação da Divina Providência – em outras palavras, Deus conduz a história – mas sustentam que o homem retém seu livre-arbítrio[22].

4) Alguns deles, pelo menos por volta de 43 a.C., época em que foram escritos os *Salmos de Salomão*, aguardavam um messias, um filho de Davi que agiria, sobretudo, por meio da palavra e não pelas armas (Sl 17,23).

Segundo o Novo Testamento, Jesus foi muito severo com os fariseus. Não foi tanto o ensino que ele recriminava (Mt 23,2-3), mas sim a mentalidade e o comportamento deles. Na verdade, o conhecimento que tinham da Lei os enchia de orgulho e a prática da Torá os fazia sentirem-se seguros a respeito de sua salvação (cf. a parábola do fariseu e do publicano em Lc 18,11-12). Sua mentalidade legalista muitas vezes os levava a serem mesquinhos e hipócritas (cf., p. ex., o episódio das espigas arrancadas em Mt 12,1-8; as invectivas contra os fariseus em Mt 23,1-36). Mas, se essas atitudes parecem-nos certamente excessivas, a ponto de, hoje, falarmos de "farisaísmo"

---

19 Que será posta por escrito muito mais tarde, no final do séc. II a.C. na Mishná, a fim de reorganizar o propósito bíblico para abstrair o caráter normativo de suas prescrições relativas a seis domínios (ou ordens): sementes, festas, mulheres, danos, santidade e pureza.

20 Perrot, 1998, p. 167. Mimouni (2009, p. 17) explica que os fariseus, incentivando os debates, desenvolveram um método de investigação jurídica na forma de "questões controversas" entre mestres ou doutores: "Este método consiste no seguinte: após consulta com os 'mestres' ou doutores' e a ratificação por uma maioria qualificada, as decisões dos sábios estabelecem jurisprudência, desenvolvendo assim uma 'Lei oral' ao lado da 'Lei escrita' – que será uma das causas de conflito com os saduceus que reconhecem apenas esta última".

21 Cf, p. ex., Pseudo-Fílon, *Livro de Antiguidades Bíblicas* 28,6, sobre Cenez que começa a profetizar sob a inspiração do Espírito Santo de Deus. Este livro apócrifo, que traz a história do povo eleito de Adão até o Rei Saul, data do séc. III d.C.

22 Flávio Josefo, AJ 18 13: "Eles acreditam que tudo acontece por efeito do destino, mas não privam a vontade humana de qualquer poder sobre ele, porque pensam que Deus temperou as decisões do destino com a vontade do ser humano de se mover em direção à virtude ou ao vício".

ou "farisaico" para designar uma razão ou um comportamento hipócrita, havia, no entanto, fariseus de grande virtude, como Nicodemos e Gamaliel, que esperavam a vinda do Messias e o estabelecimento do reino, ou ainda como o escriba que fala com sabedoria e a quem Jesus respondeu: "Não estás longe do Reino de Deus" (Mc 12,34). Os autores do Novo Testamento, portanto, adotam uma atitude ambígua em relação aos fariseus alternando entre a rejeição total de Mateus, que os apresenta como adversários ferozes de Jesus, e uma posição mais moderada de Paulo e Lucas, este último escrevendo, por exemplo, que alguns fariseus foram ter com Jesus para protegê-lo das más intenções de Antipas que procurava matá-lo (cf. Lc 7,36; 11,37; 14,1; At 5,34; 23,9).

Os essênios – Eles apareceram com destaque no cenário midiático quando, na virada dos anos de 1946/1947, vários restos de manuscritos antigos foram descobertos em uma caverna perto do Mar Morto por um pastor beduíno. Nos anos que se seguiram, foram milhares os fragmentos (às vezes muito substanciais) que foram descobertos ou adquiridos dos beduínos da tribo dos Ta'amireh, e no total, existem cerca de 100 mil fragmentos pertencentes a cerca de 900 manuscritos assim representados e que foi necessário classificar[23]. Uma forte polêmica agitou os círculos biblistas nos anos de 1980 e 1990, durante a qual algumas hipóteses entre as mais estapafúrdias foram emitidas por "pesquisadores" em busca de sensacionalismo, acusando inclusive o Vaticano de ocultar textos que questionariam as origens do cristianismo. Desde os anos de 2000, as coisas se acalmaram e um clima mais sereno permite que especialistas, exegetas e arqueólogos avancem em seu trabalho de interpretação[24].

A etimologia do termo permanece, até hoje, obscura, e várias hipóteses têm sido apresentadas. A palavra é grega: εσσήνοι (*essenoi*) ou εσσαίοι (*essaioi*) ou οσσαίοι (*ossaioi*), o que não deve surpreender-nos uma vez que outro grupo religioso judeu é também, um nome grego: a de cristãos, χριστιάνοι (*christianoi*). Segundo Émile Puech, trata-se da forma grega de *hesed hasidim* que significa "piedosos"[25]. Esses

---

23 Como em toda biblioteca, existem diferentes modos de classificar manuscritos do Mar Morto: p. ex., a classificação por ordem crescente do número do inventário (1Q1, 1Q2, 2Q1, 2Q2 etc.); a classificação por gênero literário (textos legislativos, histórias, livros poéticos, comentários, apocalipses, calendários etc.); classificação de acordo com os livros bíblicos canônicos (Gn, Ex, Lv, Nm, Dt, Is etc.) (cf. Héricher; Langlois & Villeneuve, 2010, p. 48-49).

24 A bibliografia dedicada aos Manuscritos do Mar Morto e ao sítio de Qumran é gigantesca. Remetemos o leitor ao nosso livro Bioul, 2004, bem como a Humbert & Villeneuve, 2006; Paul, 2008; Héricher; Langlois & Villeneuve, 2010. Uma 12ª gruta com manuscritos foi descoberta em janeiro de 2017 por arqueólogos israelenses da Universidade Hebraica de Jerusalém e da Autoridade Israelita de Antiguidades, a oeste do sítio de Qumran. Infelizmente, apesar de um material arqueológico inestimável (cerâmica, uma pulseira de couro para prender os rolos, um pedaço de tecido que era usado para os envolver, um pequeno pedaço de pergaminho jamais utilizado para escrita), nenhum manuscrito foi encontrado.

25 Bioul, 2004, p. 137-138. De acordo com Yizhar Hirschfeld (Bioul, 2004, p. 138), poderia vir da palavra *Hassason Tamar*, que é o nome bíblico de En-Gedi, o sítio que o pesquisador israelense tinha procurado e identificado como o local de retiro dos essênios, ao sul de Qumran, na costa ocidental do Mar Morto. No entanto, André Paul enfatiza que "todas as interpretações do termo são construídas sobre etimologias livres" (in: Héricher; Langlois & Villeneuve, 2010,

hasidim, como vimos, aparecem pela primeira vez sob o reinado de Jônatas Macabeu, por volta de 150 a.C. como um grupo de judeus piedosos, contrários à ascensão do helenismo na sociedade judaica. Para alguns estudiosos, eles provêm da diáspora síria; para outros, da Babilônia; para outros, ainda, mais numerosos, seriam judeus, e mais precisamente hierosolimitas (de Jerusalém). Após a revolta dos Macabeus, os essênios se posicionaram ao lado dos saduceus e dos fariseus como um dos principais partidos teocráticos. Sua influência parecia grande na época de Aristóbulo I, por volta de 104 a.C. e, mais tarde, diminuiu quando eles começaram a se opor cada vez mais abertamente ao sumo sacerdócio asmoneu: para eles, o único sumo sacerdote legítimo só poderia ser um descendente de Sadoc. Eles parecem ter gozado da estima de Herodes o Grande, já que alguns estudiosos veem na existência de uma porta e de um bairro essênio no Monte Sião, em Jerusalém, uma prova da proteção real[26]. Eles desapareceram, como os saduceus, depois da revolta de 66-74. Os essênios são citados por Fílon de Alexandria, Flávio Josefo, Plínio o Velho, Hipólito de Roma e Dião Crisóstomo [27]. Mas eles não aparecem no Novo Testamento, pelo menos não com este nome[28]. O que emerge dessas referências, por vezes divergentes, pode ser resumido da seguinte forma:

1) Este grupo de judeus piedosos vivia uma existência ascética em comunidades espalhadas por toda a Palestina, e pelo menos uma delas ficava perto do Mar Morto.

2) Eles eram celibatários em sua grande maioria (mas também havia pessoas casadas) e não deviam sua perpetuação apenas à chegada de novos candidatos vindos de fora.

3) Os membros eram convencidos de que representavam o verdadeiro Israel e se empenhavam em respeitar as prescrições de pureza da Lei.

4) Eles acreditavam na ressurreição dos mortos.

5) Eles reconheciam o Templo de Jerusalém como o principal local de culto do judaísmo, mas consideravam que ele estava ocupado e profanado por judeus ímpios que faziam sacrifícios e celebravam festas às quais eles se negavam a frequentar.

---

p. 152). Para aprofundar a questão, cf. esp. Herrmann, 1963; Vermes, 1960; 1962. Gallez (2005, t. 1, p. 41-97), não deixa de recordar (entre outras coisas) que "essênios" designa a realeza bem como um corpo sacerdotal masculino (sacerdotes de Artêmis) em Éfeso, que, de acordo com Pausânias (*Periegesis* 8,13, 1), praticava por um ano a pureza e a castidade, renunciando totalmente aos prazeres e cuidados do corpo. Haveria muito a dizer sobre os registros de escritores antigos (Fílon, Josefo, Plínio o Velho) e a presença dos "essênios" em Qumran e nos manuscritos. Nós encaminhamos o leitor interessado a Couvert, 1995 e as obras já mencionadas acima.

26 Pixner, 1992, p. 89-113.

27 Fílon de Alexandria, *Apologia pro Judaeis* (uma obra perdida, mas da qual algumas passagens nos são conhecidas por citações de Eusébio de Cesareia em *Preparatio evangelica* 8 11, *Quod omnis probus liber sit*, 12 75 (apud Eusébio de Cesareia, *Preparatio evangelica*, 8 12); Flávio Josefo, GJ 2,8, AJ 18,1.15; Plínio o Velho, *História natural* 5,15-73; Hipólito de Roma, *Refutação de todas as heresias* 9,26,36-39; Dião Crisóstomo mencionou os essênios em um discurso que agora está perdido, mas que há traços em Sinésio de Cirene, no séc. IV.

28 Constantin Daniel (1967) formulou a hipótese de que os essênios são os herodianos mencionados no Novo Testamento.

6) Eles faziam muitas coisas em comum (refeições, estudo, banhos rituais) e não possuíam riquezas pessoais, porque tudo era dado à comunidade para assegurar seu sustento e para oferecer hospitalidade a seus visitantes.

7) Eles oravam ao nascer do sol e recitavam ações de graças antes e depois de cada refeição. Muitas de suas práticas não deixam de evocar aquelas seguidas pelos primeiros cristãos, mas também existem disparidades muito grandes entre os dois grupos para que pudessem ser assemelhadas como tentaram alguns pesquisadores independentes[29]. A hipótese de que os Manuscritos do Mar Morto encontrados junto ao sítio de Qumran seriam essênios ainda é considerada evidente por muitos estudiosos, mas ela foi severamente abalada pelos mais recentes avanços na pesquisa exegética e arqueológica. Remetemos o leitor interessado no assunto para os trabalhos citados na nota 24, acima.

Os zelotas – Flávio Josefo denomina *Lêstai*, isto é, "brigantes", os partidários de Judas o Galileu[30]. O qualificativo zelote (*qannâ* em aramaico) é um termo técnico amplamente utilizado no período helenístico para designar quem quer preservar a pureza do judaísmo e do país de Israel, seu Templo e seu povo.

Seu líder fundador se chamava Judas[31]. Ele era de Gamala, nas colinas de Golan, e viveu no final do século I a.C. e no começo do século I d.C. Com a morte de Herodes o Grande, ele desencadeou um amplo movimento de insurreição que culminou com a rebelião popular que se seguiu ao censo do ano 6 a.C.: tratava-se de um movimento de reforma político-religiosa visando purificar o país uma vez que este estivesse livre da presença romana, e a restaurar a santidade do Templo, até então sob a influência da elite das famílias sacerdotais. Judas foi provavelmente executado durante a repressão que se seguiu ao ano 6, se entendermos bem o que Lucas quer dizer (At 5,37), mas seu movimento sobreviveu a ele. Escondidos no deserto, os zelotas lançavam operações de guerrilha contra o ocupante romano. Um dos discípulos de Jesus, Simão o Zelota, era provavelmente, como seu apelido sugere, um deles (Lc 6,15, At 1,13). Dois dos filhos de Judas o sucederam, Jacó e Simão, e foram crucificados pelo procurador da Judeia, Tibério Alexandre, entre 46 e 48. Um terceiro filho desempenhou um papel importante durante a insurreição popular sob o Procurador Géssio Floro (64-66) tendo-se apossado da fortaleza de Massada, perto do Mar Morto e instalado zelotas em Jerusalém.

---

29 Cf. a esse propósito Charlesworth (1995, p. 35-37) que lista as semelhanças e as diferenças entre os dois grupos.

30 Flávio Josefo, AJ 20,167ss.; GJ 2,117ss.

31 Ele também é identificado pelos nomes de Judas o Golanita, Judas de Gamala ou Judas ben Hizkiya (filho de Ezequias).

Flávio Josefo especifica que a doutrina de Judas o Galileu era fundamentalmente teocrática[32]. Suas convicções religiosas se aproximavam das dos fariseus, e também ele se esforçava para ser fiel à Lei. Mas tal esforço era acompanhado por um programa "revolucionário" na medida em que ele fazia uma interpretação política de sua fé em Yahweh, o único senhor da terra de Israel. Portanto, os judeus não deveriam aceitar outros mestres em sua casa além de Deus, uma vez que Ele lhes dera esta Terra Prometida para que ela não fosse contaminada pelos cultos pagãos.

Nos anos 50, um movimento mais violento surgiu na Judeia, que se declarava de Judas, mas cujos membros eram verdadeiros assassinos e atacavam qualquer um (esp. os judeus influentes) que aceitava colaborar com os romanos. Eles eram chamados de **sicários**, nome derivado do punhal de lâmina curva (*sica*) que eles sempre carregavam consigo. Durante um tempo, eles se juntaram aos zelotas por ocasião da grande revolta de 66, mas estes logo se afastaram, julgando as pretensões messiânicas deles muito humanas. Um desses sicários, Eleazar ben Yair, resistiu em Massada diante das tropas romanas do legado romano Silva até 73, antes de cometer suicídio, ele e os seus homens, e as mulheres e crianças refugiados, para não caírem vivos nas mãos de seus inimigos.

Os samaritanos – Todo mundo conhece o famoso episódio relatado por São Lucas (10,29-37) do "Bom Samaritano", esse homem que socorre um homem ferido largado semimorto por bandidos na beira da estrada que ligava Jerusalém a Jericó. A intenção do evangelista era mostrar que para Jesus de Nazaré, o amor não tinha limites, especialmente não políticos ou religiosos. Há outros episódios em que os evangelistas mencionam samaritanos (p. ex., a conversa com a mulher samaritana em Jo 4,4, a cura dos dez leprosos em Lc 17,11-18). Se esses exemplos são dados para ilustrar o amor, o perdão e a gratidão, é porque Jesus sabia muito bem que havia uma profunda incompreensão entre os judeus e os samaritanos e grandes disparidades políticas e religiosas.

Por samaritanos se entende tanto os habitantes da cidade de Samaria quanto os fiéis à tradição religiosa samaritana que, como as escavações arqueológicas do Monte Garizim santuário mostraram, está enraizada em tradições locais, ao contrário das alegações da Bíblia Hebraica de Ben Sirac e Flávio Josefo, que os odiavam a ponto de torná-los um povo totalmente não judeu, descendentes de populações alogênicas deportadas para lá pelos assírios nos séculos VIII e VII a.C.[33] Na realidade, os sama-

---

32 Flávio Josefo, GJ 2,8,118.

33 Para uma primeira aproximação bastante acessível, remetemos ao artigo de Arnaud Sérandour, "Les Samaritains à l'époque hellénistique" [Os samaritanos na época helenística] (in: Sérandour, 2009, p. 28-31).

ritanos têm raízes comuns com os judeus, conforme indicam as tradições religiosas mencionadas no Pentateuco.

O termo "samaritano" (hassôm^erônî em hebraico) aparece na Bíblia em 2Rs 17,7-29, após a ruína do reino de Israel, também conhecido como o reino do Norte. Com a morte do Rei Salomão (965-928), e sob seus sucessores imediatos, o reino unificado de Israel se dividiu em dois: o reino de Israel ao norte, com sua capital Samaria, e o reino de Judá ao sul, ao redor de Jerusalém. Esta separação política rapidamente replicou-se em uma desavença religiosa, o reino do Norte opondo-se ao sacerdócio de Jerusalém e exigindo um retorno aos "lugares elevados" santificados pelos patriarcas. De fato, os samaritanos consideravam Moisés como o último profeta do Senhor, e o Monte Garizim como o lugar onde Abraão preparou o sacrifício de seu filho Isaac (Gn 22) e onde Deus decidiu "pôr o seu nome" (Dt 12,5), isto é, torná-lo um lugar sacrificial (Dt 11,29-30). Segundo os samaritanos, foram os próprios judeus que se desviaram da verdade quando Eli, o sacerdote do Senhor, construiu um santuário em Silo[34] e não no Garizim. Eles acusavam os judeus (e Esdras, em particular) de ter reescrito a Torá e ter abandonado o santuário sagrado do Monte Garizim em favor de Jerusalém, porque, de acordo com Dt 27, os filhos de Israel deviam realizar, entre os montes Ebal e Garizim, uma cerimônia de renovação da aliança que é descrita em Js 24. Assim, os samaritanos retomavam em sua vantagem a acusação feita a eles alegando que, ao contrário, eram eles os verdadeiros descendentes dos judeus exilados que retornaram ao país.

Essa disputa se agravou com o tempo: o rei de Judá, Josias (640-609 a.C.), aproveitando-se da fraqueza do poder assírio, destruiu os lugares sagrados dos samaritanos. Depois do exílio, Esdras e Neemias restabeleceram a religião judaica, excluindo os samaritanos porque consideravam que os antepassados deles não eram israelitas e a religião deles era sincrética (Esd 4,1-5; Ne 2,20). O cisma acabou de completar-se definitivamente quando os samaritanos ergueram um templo no Monte Garizim, provavelmente no final do século IV a.C., com a chegada de Alexandre o Grande[35]. A partir de então, os dois povos se tornaram irreconciliáveis; em 168-167, o Rei Antíoco IV promulgou um decreto proibindo qualquer prática de leis ancestrais judaicas: proibição do sábado, circuncisão, sacrifícios tradicionais, leitura dos livros sagrados. De acordo com 2Mc 6,1-2, os samaritanos conseguiram escapar da perseguição do soberano selêucida e a destruição do seu santuário do Monte Garizim ao custo de traição e apostasia, isto é, concordando em "helenizar" sua religião, a saber: dedicar a Zeus Filóxeno (hospitaleiro) o templo de Garizim – enquanto os judeus, ao contrário, se rebelaram contra esse mesmo

---

34 Silo é uma localidade situada a 30km ao norte de Jerusalém.

35 Tomando por base Flávio Josefo em AJ 11,8,4.

tirano. Quando os últimos reconquistaram sua independência graças aos macabeus e aos asmoneus, sob a liderança do Rei João Hircano I, eles destruíram o santuário samaritano em 129-128, e garantiram que ele não fosse mais reconstruído. Foi provavelmente na segunda metade do século II a.C. que a religião samaritana propriamente dita nasce, o que parece confirmar o exame dos manuscritos do Mar Morto.

O Pentateuco Samaritano se difere do Pentateuco judaico (conhecido como o Massorético, isto é, canônico) em cerca de 6 mil passagens. Na sua grande maioria, essas diferenças são mínimas[36], mas outras são mais sérias porque revelam claramente preocupações ideológicas. É, particularmente, o caso do Decálogo, em que um dos mandamentos, na versão samaritana, ordena a construção de um altar para honrar a Deus no Monte Garizim. A teologia dos samaritanos pode ser resumida em cinco pontos:

1) Eles acreditam em um Deus, o de Israel.

2) Eles acreditam em um único profeta, Moisés, considerado o "mestre do mundo".

3) Eles veneram a Torá (ou Pentateuco), o livro sagrado dado por Moisés.

4) Eles consideram o Monte Garizim como o único santuário do único Deus verdadeiro.

5) Eles acreditam no dia da vingança e da retribuição. Podemos acrescentar a expectativa de um Messias, o *Taheb*, que, como Moisés é um profeta que deve surgir a partir da linhagem de José e manifestar-se no Monte Garizim para fundar um reino milenar. Essa adesão aos princípios da Torá faz dos samaritanos observantes piedosos das regras relacionadas ao sábado e às normas de pureza.

Quando começa seu ministério, Jesus recomenda aos seus apóstolos evitar os samaritanos (Mt 10,5[37]), reflexo de uma situação muito real, mas no episódio da samaritana (Jo 4,21-24) ele dá a entender que não haverá mais lugares sagrados dali para diante "nem nesta montanha [Monte Garizim] nem em Jerusalém", porque os verdadeiros adoradores de Deus "adorarão o Pai em espírito e verdade". Apesar de sua ligação com Jerusalém e os judeus ("porque a salvação vem dos judeus", Jo 4,22), Jesus transcende as divisões entre os dois povos, e é por isso que os samaritanos desempenham um papel positivo nos Evangelhos[38].

Existem ainda outros grupos ou movimentos vivendo na Palestina na virada da nossa era. Sua mentalidade e suas doutrinas são, algumas vezes, diferentes ou até divergentes[39]. Podemos citar:

---

36 P. ex., palavras escritas de maneira diferente.

37 Mateus é o único dos evangelistas que menciona essa proibição.

38 No momento de sua ascensão, Jesus envia seus discípulos para testemunhar "a Jerusalém, a toda a Judeia e a Samaria e até os confins da terra" (At 1,8).

39 Uma introdução muito boa foi escrita por Mimouni, 2009, p. 20-27.

1) **Os grupos proféticos**, assim chamados porque seus seguidores se reportavam a um "vidente", que se autoproclamava um "profeta", anunciando os sinais precursores da salvação do povo judeu. Flávio Josefo faz referência especialmente a Teudas (ou Tadeu) nos anos 44-46, a um profeta egípcio anônimo, líder dos sicários que pretendiam derrubar os muros de Jerusalém na época do Procurador Félix (52-60), ou a um samaritano que, por volta do ano 36, havia convencido seus concidadãos de que lhes mostraria o lugar onde Moisés havia enterrado os vasos sagrados do Templo no Monte Garizim[40].

2) **Os grupos messiânicos**, liderados por homens que se proclamavam "reis" ou "ungidos" como Ezequias, o Galileu, no início do reinado de Herodes o Grande, e depois dele, seu filho Judas de Gamala, na morte do soberano e na destituição de Arquelau[41]; Simão o Escravo e Antárgido o Pastor; Simão bar Giora de Gerasa e Menahem ben Judas da Galileia, que supostamente mandara assassinar o último sumo sacerdote em exercício, Ananias, durante a grande revolta de 66; e por último, Simão bar Kosiba, "a Estrela oriunda de Jacó", chefe dos insurgentes da Segunda Revolta Judaica (132-135), o "Messias" há muito aguardado que aproveitou para mudar seu nome para Simão bar Kokhba, o "Filho da Estrela"[42].

3) **Os grupos batistas**, isto é, que praticavam uma forma de batismo[43] ou banho, e que se desenvolveram em toda a Palestina no início do século I d.C. O mais famoso é, sem dúvida, João, o Batista, um parente de Jesus, citado por Josefo (AJ 18,116-118); mas também conhecemos um certo Bano, os sabeus, os masboteus, bem como os "batistas (ou mergulhadores) da manhã" que praticavam rituais da água a cada manhã ao nascer do sol[44]. Esses "batismos" podiam abarcar significados diversos como o perdão e a remissão dos pecados ou a purificação ritual; eles podiam ser dispensados uma vez na vida ou praticados todos os dias. Mas eram conferidos em água viva, corrente e pura. Eles também se diferem do Batismo cristão, que não é apenas um ritual de purificação como os outros, mas é também um rito de iniciação aberto a todos para mudar o coração e a vida.

---

40 Flávio Josefo, AJ 20,97-98, confirmado por Ac 5,36; AJ 20 168-171 e GJ 2 258-264, confirmado por Ac 21, 38; AJ 18 85-87.

41 Sua primeira revolta tendo falhado em 4 a.C., Judas irá aproveitar o vazio criado pela destituição de Arquelau em 6-7 da nossa época, para, associado a um certo Sadoc, voltar a encabeçar uma revolta contra o Prefeito Copônio. Flávio Josefo o considera, então, um "filósofo" uma vez que introduziu "uma quarta seita filosófica" [...] cercada por muitos adeptos [...] filosofia desconhecida antes deles" (AJ 18,1,9-10).

42 Flávio Josefo, AJ 17,271-272; AJ 17,273-276 e GJ 2,57-59; AJ 17,278-281 e GJ 2,60-65; GJ 4,566-584 e GJ 2,433-448.

43 Do grego βαπτίζω, "mergulhar", "imergir".

44 Flávio Josefo, Vita 2,11 fala de Bano de quem foi discípulo durante três anos; Tosephta, Yadaim 2,20.

Uma sociedade em crise

Assim, podemos facilmente perceber que os judeus que viviam na época de Jesus de Nazaré aderiam a várias escolas ou tendências religiosas mais ou menos antagônicas, e essas escolas poderiam ser, por sua vez, subdivididas em correntes diversas e variadas.

Isso parece refletir uma situação religiosa particular que pode ser resumida em dois pontos: o primeiro é ilustrado pelo papel desempenhado tanto pela Torá quanto pelo grande Templo (que algumas correntes consideram ilegítimo ou impuro ou mesmo impuro ou contaminado por sacerdotes ímpios, mancomunados com o invasor estrangeiro). Isso demonstra que, no início do século I de nossa era, *o magistério e a autoridade religiosa judaica estavam em crise*[1]. Vê-se, por exemplo, o que opunha os saduceus aos fariseus sobre o modo de interpretar a Lei: os primeiros achavam que a Torá escrita, transmitida por Moisés, tinha precedência, mas que, para resolver questões sociais ou religiosas que não encontravam resposta na Lei, era necessário recorrer aos sacerdotes (*kôhanim*), cuja autoridade não podia ser questionada. Os segundos consideravam que as pessoas já não seguiam os sacerdotes, sendo, portanto, aos escribas que cabia a difícil tarefa de interpretar os ensinamentos e mandamentos emitidos na Lei escrita, complementando-os por meio dos escritos dos profetas. Assim, para os fariseus, o escriba substituiu o sacerdote, mas apoiando-se na tradição das autoridades antigas. Alguns manuscritos do Mar Morto, denominados "sectários[2]" mostram que outros judeus tinham adotado posição ainda diferente: no *Documento de Damasco,* no *Pesher de Habacuc*[3], no *Pesher dos Salmos* e no *Pesher Mica*, encontram-se

---

1 Assim podemos entender melhor em que o ensinamento de Jesus foi "revolucionário": quando um escriba lhe coloca a pergunta sobre o "primeiro mandamento" a ser observado (em referência à Lei), Jesus responde enunciando dois: amor de Deus e o amor do próximo que lhe é "comparável". Para ele, os dois são indissociáveis. E acrescenta: "Destes dois mandamentos dependem toda a lei e os profetas" (Mt 22,36-40). Para Jesus, a Lei não é mais um absoluto apenas porque é a Lei. E ele, Jesus, veio para "cumpri-la" totalmente.

2 Existem cerca de cem manuscritos desse tipo, cerca de trinta dos quais mencionam o *yahad* ("unidade" ou "aliança"). Poderia tratar-se de um movimento religioso que muitos pesquisadores identificam como os essênios (cf. Paul, 2008, esp. p. 26ss.).

3 O *pesher* (plural: *pesharim*) é um termo hebraico que designa um método de interpretação da Torá que consiste em atualizar as profecias bíblicas, isto é, em considerá-las como se se aplicassem ao tempo presente, ao período

referências a um personagem chamado "Mestre de Justiça" fundador ou refundador de um movimento religioso rigorista que considerava que, não obstante a autoridade imutável da Lei, os textos proféticos desempenharam um papel central na história sagrada do povo escolhido e, de agora em diante, o Mestre da Justiça era quem tinha autoridade como intérprete esclarecido da Torá. Para esses judeus de *Yahad*, a norma foi assim estabelecida à luz da Lei pelos escritos e a tradição de seu líder religioso e seguidores. Quanto a Jesus de Nazaré, Ele se apresenta como tendo toda autoridade (Mc 1,22.27), sem referência a outros rabinos que o teriam precedido e limitando a tradição dos antigos (Mc 7,3ss.; 23,23). Embora retome, à sua maneira, a Lei, Ele deixa claro que já não está submetido a ela como mostram os episódios da mulher adúltera, a questão do sábado ou do imposto.

O segundo ponto diz respeito à sociedade judaica real em que se expande o fosso entre os sacerdotes e a aristocracia de um lado, e as pessoas do outro. Esta *agitação social* é principalmente *devida à preocupação com a pureza* que perpassa toda a sociedade judaica, mas que precisa ser aplicada a cada circunstância de maneiras bem específicas, dependendo se está ligada à classe sacerdotal ou a classes socioprofissionais mais desfavorecidas. Então, é questão de recusar todo contato com o aquilo que pode corromper o fiel: comida, cadáveres, ossos, pagãos etc. Vimos que os principais grupos religiosos judeus apareceram no decorrer do século II a.C. em ruptura com os governantes asmoneus que pretendiam assumir tanto a função real quanto o serviço sacerdotal. De acordo com esses judeus piedosos, era necessário continuar separando os dois poderes. Mas este não era o caso, pois os reis asmoneus continuavam acumulando as duas funções. Portanto, esses grupos, sobretudo os fariseus, compostos em grande parte por leigos, queriam viver como sacerdotes pois o Senhor mesmo havia dito: "Vós sereis para mim um reino de sacerdotes e uma nação santa" (Ex 19,6) e observar à letra os preceitos da Torá que impõem regras particulares de pureza. A partir disso, todos tinham que respeitar as regras levíticas e viver a mais perfeita inocência. Para se proteger de todas as impurezas, os ritos da água se multiplicaram seguindo o que acontecia no mundo helenístico. Mas essas práticas rituais tiveram consequências imediatas e devastadoras sobre a sociedade judaica porque elas a compartimentavam em distintos grupos cujo grau de pureza era diferente, o que impulsionou a fragmentação da sociedade judaica e gerou um antagonismo cada vez mais irredutível com tudo o que lhe era estranho e, *a fortiori*, com as nações, isto é, os pagãos. O povo simples da Judeia e da Galileia (pastores, açougueiros, curtidores, artesãos, médicos, publicanos, estalajadeiros etc.) não tinham condições de seguir todos esses requisitos extremamente rigorosos de pureza ritual por causa de seu próprio trabalho que os

---

contemporâneo.

colocava em contato permanente e direto com cadáveres, materiais impuros ou com os "gentios"[4]. Por outro lado, os saduceus não cessam de zombar dessas práticas rituais exaltadas por seus adversários fariseus, e Jesus irá chocar constantemente os doutores fazendo-se acompanhar abertamente pelos que são considerados os mais impuros (publicanos, adúlteras, samaritanos, oficiais da corte ou soldados romanos), ou visitando as cidades pagãs de Tiro, Sidônia, a Decápole ou a apóstata Samaria.

Muitos consideram, hoje, que a vida de Jesus só pode ser entendida em um contexto geral de crises religiosas, políticas e sociais. Outros, por outro lado, acreditam que o quadro geral da Palestina era relativamente calmo e sereno, com poucos conflitos, e que a mensagem de paz de Jesus de Nazaré é melhor entendida em um contexto livre de tensões do que em um ambiente à beira da explosão. O pesquisador Gerd Theissen interessou-se particularmente pela crise da sociedade judaica do século I a.C. ao século I d.C.[5] Segundo o estudioso alemão, uma crise não tem necessariamente uma conotação inteiramente negativa; de fato, se causa mudança social, essa mudança não significa *de facto* pauperização: uma mudança pode ocorrer a fim de melhorar uma determinada situação. Claramente, uma situação de crise pressupõe apenas mudanças em geral, experimentadas como desestabilização. Em segundo lugar, a crise não implica necessariamente um dualismo entre, por um lado, a crise em si e, por outro, a aparição e a ação de uma figura carismática que busca transformar o sistema para solucionar a crise. Esta é uma possibilidade e não uma certeza, porque esse caráter fascinante pode, pelo contrário, agravar a situação e ser considerado como a expressão da crise e não a sua solução. Além disso, diferentemente de nossas modernas sociedades ocidentais, onde religião, política, economia, cultura, ciência etc. são domínios distintos que constituem um sistema, as sociedades antigas e pré-modernas formavam um corpo onde todos esses componentes estavam intimamente relacionados uns aos outros. Quando se trata de analisar a crise que perpassou o judaísmo no tempo de Jesus, devemos levar em conta todos esses elementos religiosos, políticos, econômicos, culturais etc. para evitar o perigo de analisar o judaísmo do primeiro século apenas à luz de uma crise religiosa a que Jesus teria trazido uma solução recusada pela maioria de seus compatriotas. Finalmente, sobre o personagem Jesus propriamente, a pesquisa sócio-histórica destacou claramente a grande continuidade entre Ele e seus discípulos. Todos se originam do povo simples, eles compartilhavam o mesmo estilo de vida ritmada pelas mesmas festas e eventos religiosos e políticos. As palavras de Jesus, portanto, tinham uma boa chance de serem transmitidas e preservadas corretamente,

---

4 Termo de origem latina: *gentes* designa pessoas que não são hebreus ou israelitas. O equivalente hebraico é *goy* (plural *gôyim*) que se traduz geralmente por "nações", quer dizer os não judeus, os pagãos.

5 Theissen, 1998, p. 125-155.

de acordo com o espírito do próprio Jesus. O contexto local e social subjacente da tradição nazarena revela-se claramente judaico e palestino, o que aumenta as possibilidades de encontrar aí memórias autênticas. No centro do movimento cristão se encontra o próprio Jesus; portanto, falar desse movimento envolve também, e acima de tudo, falar de Jesus.

A pergunta colocada por Gerd Theissen é a seguinte: o surgimento de Jesus deve ser posto em relação com uma crise geral do judaísmo ou é, ao contrário, marcado por uma situação estável e pacífica? Para responder a essa questão, ele inicia uma análise dedutiva revisando quatro perspectivas possíveis da situação social que requerem uma análise ligeiramente diferente: a história social do Império Romano em geral, de Augusto a Cômodo (31 a.C.-192 d.C.); a situação do judaísmo durante este período; a história social da Palestina na época dos prefeitos (primeira metade do séc. I d.C.); o tempo dos prefeitos estudado mais de perto.

O período que vai de Augusto a Cômodo se estende por dois séculos e é justamente considerado por todos os estudiosos como incrivelmente estável: é o tempo da *pax romana* de um império que está se expandindo durante o reinado de Trajano (98-117), da Inglaterra ao Egito e do Marrocos ao Iraque. Com exceção da crise que se seguiu à morte de Nero, não houve guerras civis como Roma havia conhecido no final da República. A vida urbana e rural se desenvolveu, o comércio internacional intensificou-se, e as classes sociais superiores dos vários povos que viviam sob o domínio romano integraram cada vez mais seus interesses com os de Roma. Desenvolveu-se uma cultura supranacional greco-romana, latina no Ocidente e grega no Oriente. É durante este período que a vida de Jesus se desenrola e que o cristianismo se espalha: esta nova religião, primeiro considerada um movimento propriamente judaico e depois como uma seita marginal até a ruptura definitiva no decurso do século II de nossa era, pregava o amor ao próximo, no sentido amplo, que inclui o estrangeiro, o inimigo e o "pecador". Mas uma religião assim poderia se desenvolver unicamente em um contexto de relativa estabilidade?

Quando se estuda de perto a história dos povos submetidos por Roma durante suas conquistas, observa-se que a integração dessas novas populações dentro do *orbis terrarum* sempre foi acompanhada de insurreições e revoltas durante uma primeira fase mais ou menos longa; depois de um período de calma durante o qual as populações recém-submetidas assimilavam o aporte sociocultural do vencedor, como ilustra perfeitamente o exemplo da Gália entre a conquista de César e o reinado do Imperador Cláudio (41-54). Mas o que caracteriza o povo judeu é que sua insubmissão constante durou quase 200 anos desde a chegada de Pompeu (64-63 a.C.). Até a revolta de

Bar Kokhba (132-135), tanto na Palestina quanto na diáspora[6]. Isso dá a impressão de uma tensão latente, permanente, pesada e profunda. Ora, é justamente neste momento que Jesus surge e que se desenvolve o cristianismo primitivo que é, dentro do judaísmo, o único movimento a reconhecer que a expectativa messiânica se cumpriu nele, mas de maneira inesperada e radicalmente nova, já que se trata de um messias sofredor, que foi crucificado pelos romanos sob a denúncia das autoridades do país.

O tempo dos prefeitos romanos é marcado pela surpreendente estabilidade na Judeia. Os problemas causados pela revolta de Judas o Galileu (cf. p. 69-70), que se recusava a pagar impostos para os romanos, parecem ter cessado rapidamente, e a situação se restabeleceu rapidamente. Tácito observa em suas *Histórias* (5.9.2) que o reinado de Tibério foi marcado por uma grande estabilidade: *"Sub Tiberio quies"* (*Sob Tibério, a quietude*), escreve ele. Isso se confirma pela duração relativamente longa do mandato dos prefeitos, um hábito do Imperador Tibério, provavelmente reforçado pela relativa calma que então prevalecia na Judeia. Ao mesmo tempo, observa-se que o Sumo Sacerdote Caifás (18-36) também exerceu suas funções durante um período surpreendentemente longo. A correlação desses dois fenômenos torna possível concluir que o poder romano e as autoridades religiosas judaicas tiveram que chegar a um compromisso para garantir um certo equilíbrio. Uma situação semelhante pode ser vista na Galileia, onde o longo reinado de Herodes Antipas (4 a.C.-39 d.C.) certamente ajudou a aplacar os ímpetos de independência dos messias em potencial. Além disso, a construção de suas duas capitais (Séforis, destruída em 4 a.C. por Varo, que ele reconstruiu, e Tiberíades, criada entre 17 e 20), se elas ilustram a política de helenização crescente da Galileia, buscada pelo tetrarca, atestam, ao mesmo tempo, uma significativa mudança econômica, pois sem dúvida exigiam o uso de mão de obra local ou regional e, portanto, favoreciam a economia e o comércio. Quando se leem os Evangelhos, tem-se a impressão de certa tranquilidade, pelo menos nos campos e nas pequenas cidades que Jesus percorre com seus discípulos, longe do tumulto da capital Jerusalém. Esta vida itinerante, que pode ser interpretada como evidência de desenraizamento social, pode indicar, *a contrario*, uma relativa tranquilidade sem grande risco de ser vítima de banditismo[7] e em que rabinos itinerantes poderia facilmente encontrar abrigo e pernoite, o que atestaria um relativo e modesto excedente que permitia uma subsistência mínima.

O movimento pacifista de Jesus pôde assim encontrar terreno fértil em um contexto certamente não livre de tensões, mas suficientemente pacificado e estável. Há,

---

6 Com, é claro, fases de relativa calma mais ou menos longas, como no reinado de Herodes o Grande (37-4 a.C.) ou depois da Primeira Revolta (66-70). Fora da Palestina, os judeus da Alexandria, p. ex., revoltaram-se sob Trajano (98-117).

7 Mas que existe, com certeza, como o mostra a parábola do bom samaritano em Lc 10,29-37.

porém, alguns conflitos latentes que brotam em decorrência de iniciativas político-religiosas polêmicas da parte de Herodes Antipas e Pôncio Pilatos, e do surgimento de figuras – profetas, messias e revolucionários de todos os tipos – como observamos anteriormente. Nós já discutimos a transferência, por parte de Herodes Antipas, da capital de Séforis para Tiberíades, uma cidade que era considerada impura por ter sido construída sobre um antigo cemitério, o que, *de facto*, excluía os sacerdotes e judeus piedosos, e tornava impuros os judeus que trabalhavam lá ou que foram forçados a se estabelecerem nela[8]. Podemos acrescentar a escolha do nome de Tiberíades, em homenagem ao imperador, ou a determinação do tetrarca de decorar seu palácio com a imagem de animais, infringindo a proibição das imagens que ainda vigorava na época[9], e que pode ser vista como a afirmação da vontade de Antipas de integrar seus Estados ao Império Romano e à cultura helenística. Sem mencionar seu casamento com Herodíades! Pilatos, por sua vez, não deixou de ofender os judeus por iniciativas muito infelizes e de consequências graves: foi o único dos prefeitos romanos que fez cunhar moedas com símbolos pagãos, o *simpulum* (utensílio pagão de libação) e o *lituus* (bastão de presságios) provavelmente para marcar uma política prudente de aproximar a Judeia do mundo romano. Ao que podemos adicionar a história das insígnias ou a do aqueduto, que evocamos à página 188. Em suma, percebe-se por trás desses atos de provocação, uma tentativa de forçar a aculturação para integrar gradualmente a Palestina no ambiente cultural helenístico. Com o consequente surgimento de inúmeros descontentes que não hesitaram em seguir os profetas, messias e revolucionários de todos os matizes que se levantaram para reivindicar, muitas vezes de forma violenta, a independência dos judeus sob o olhar e a autoridade de Yahweh apenas. Assim, sob os prefeitos romanos, a Palestina conhece, de um lado, uma política de aculturação simbólica que tenta gradualmente introduzir os judeus nos símbolos tradicionais do mundo greco-romano, nos cultos pagãos e do imperador, sem que seja necessariamente uma provocação deliberada, e, por outro lado, tem que lidar com líderes de vários tipos que preparam o contra-ataque, com contrassímbolos: o batismo da água como um rito de purificação, o exorcismo para expulsar o impuro, a restauração dos símbolos religiosos desaparecidos.

A crise do judaísmo nos dias de Jesus está, portanto, e acima de tudo, relacionada a uma recusa de se integrar ao Império Romano, cujas causas são certamente profundas e complexas. Elas podem ser resumidas pelo aumento irreparável da lacuna entre as tradições religiosas judaicas e os processos sociais greco-romanos. E esta contradição é experimentada de forma muito diferente, por um lado, pelas pessoas,

---

8 Flávio Josefo AJ, 18 36-38

9 Flávio Josefo, *Vita 65*.

isto é, a população de agricultores, meeiros, trabalhadores, artesãos, escravos, e, por outro, pela aristocracia, isto é, as elites sacerdotais e laicas e os oriundos dos círculos herodianos. Os judeus sempre estiveram convencidos de que seu país, Israel, pertence a Deus; que é, portanto, uma "terra santa" da qual eles têm apenas o usufruto que deve suprir as necessidades de cada um e as de sua família, de acordo com o ideal descrito 1Mc 14,12: "Cada um se sente debaixo da sua videira e da sua figueira, e não haja quem o perturbe". Na Palestina, os partidários dessa "teologia da terra" eram os camponeses livres, meeiros e trabalhadores, que compunham a maior parte da população judaica do século I. Mas, na realidade, essa concepção se deparou com outras formas muito diferentes e mais violentas de legitimação: aquelas que consistiam em afirmar que a terra pertence àquele que a conquistou ou àquele que a comprou, o que, na vida cotidiana, era a terrível e cruel realidade. Isso explica o que apontamos antes, que a partir de então, para atender suas necessidades e pagar seus impostos, os humildes, isto é, os pequenos, tinham que gastar todo o seu trabalho com o risco de endividar-se[10]. Daí se entende, por exemplo, a revolta de Judas o Galileu em 6 d.C., ou as perguntas-armadilhas apresentadas a Jesus sobre o pagamento do imposto ao Templo e ao imperador[11]. Para as pessoas comuns, esses impostos eram percebidos como um fardo, e sua legitimidade era questionada porque ia contra essa "teologia da terra" que acabamos de mencionar. A consequência foi, portanto, ou o desaparecimento de tradições em prazos mais ou menos longos, ou uma reação violenta contra condições de vida difíceis e insuportáveis.

Podemos, assim, entender muito melhor as palavras de Jesus quando proclama nas bem-aventuranças: "Bem-aventurados os pobres, porque deles é o reino dos céus; Bem-aventurados os mansos, porque herdarão a terra", ou quando amaldiçoa os ricos que, "agora saciados, terão fome mais tarde"[12].

Essa contraditoriedade pregnante, que se impõe à alma de maneira patente, também a aristocracia judaica é confrontada com ela: como conciliar tradições religiosas e realidade sociopolítica? Mas sua resposta é diferente, porque para ela, a situação das tradições religiosas apresenta duas faces opostas e incompatíveis: por um lado, elas estão na origem de todos os seus privilégios, em particular os relacionados com o culto do Templo. A aristocracia tinha interesse em mantê-los. Mas, por outro lado, essas mesmas tradições a impedem de se integrar completamente à sociedade greco-romana e, assim, de tornar-se parte da aristocracia imperial das províncias romanas.

---

10 Isso não dizia respeito apenas aos judeus, já que Tácito observa que em 17 d.C., as províncias da Síria e da Judeia pediram ao imperador que reduzisse os impostos, demonstrando que este não era um problema puramente ideológico ou teológico, mas problemas fiscais recorrentes e generalizados (Tácito, *Annales* 1,76,4 e 2,42,8; cf., p. ex., Andreau, 2012).

11 Mt 17,22-27; Mt 22,15-21.

12 Mt 5,3-4; Lc 6,25.

Ora, para Roma era imperativo integrar as classes dirigentes dos povos sujeitos à sua autoridade. A política romana, portanto, consistia em gratificar essas elites com direitos civis, individual ou coletivamente, ou assegurar a seus membros uma ilustre carreira administrativa e/ou militar. No entanto, como vimos, para os judeus, essas perspectivas eram totalmente irrealistas por razões de pureza religiosa. A menos que se tornassem apóstatas como Tibério Alexandre, sobrinho de Fílon, que se tornou procurador da Judeia entre 46 e 48, os jovens aristocratas judeus não podiam servir no exército ou na administração romana. Quanto à comunidade judaica da Palestina, ela não podia ser organizada como uma *polis*[13] helenística normal já que estava destinada a ser um Estado teocrático tendo, como centro, o grande Templo, e como guia espiritual e temporal o sumo sacerdote. Tal Estado era absolutamente inconcebível aos olhos dos romanos, pois seria como um corpo estranho, uma fonte perpétua de problemas insolúveis. A aristocracia judaica, portanto, encontrava-se confrontada com duas opções diametralmente opostas: ou crescer, arriscando desagradar o povo, ou respeitar suas tradições, incorrendo na hostilidade de Roma e, em última instância, em sua própria destruição. A história mostrou que ela sofreu de ambas as formas!

Compreende-se melhor por que, em meio a toda essa agitação a um tempo religiosa, revolucionária, messiânica, apocalíptica ou profética, uma figura como a de Jesus de Nazaré vai ser vítima da desconfiança das autoridades religiosas judaicas e do prefeito romano: "'proclamando-o rei, seus seguidores o colocam entre os 'Messias-usurpadores-agitadores', embora ele afirme sua lealdade em relação às autoridades estabelecidas"[14]. A obra de Gerd Theissen mostra que Jesus não foi um "marginal", mas sim um judeu cujas convicções se situavam no coração do judaísmo de seu tempo. Ele proclamou o Reino de Deus, seu poder e vitória em um futuro próximo, mas era um reino que não era deste mundo. Seus milagres anunciam que a Salvação chegou, que ela está acontecendo *hic et nunc*. Suas parábolas se inspiram na vida cotidiana e são compreensíveis tanto para os doutos quanto para e humildes. Finalmente, e este é o coração de seu ensinamento, ele dá a todos, mas especialmente aos pobres e aos proscritos, a consciência de serem amados por Deus – a quem chama de "Pai" – e serem "o sal da terra" e "a luz do mundo"[15].

Não podemos compreender o profundo significado histórico de Jesus de Nazaré sem nos referirmos à situação do judaísmo do seu tempo, isto é, quando se integra ao Império Romano. Mas um ponto permanece sem resposta: devemos considerá-lo

---

13 A pólis grega é ao mesmo tempo uma cidade, um território e uma comunidade de cidadãos que partilham de um mesmo destino.

14 Sartre, 1997, p. 353

15 Mt 5,13-14.

como uma expressão da profunda crise que abala a sociedade judaica no século I ou, antes, como uma resposta convincente e decisiva? Seus contemporâneos se colocavam a pergunta: seu poder vinha de Belzebu ou de Deus?[16] Nenhuma análise sócio-histórica é capaz de pôr fim a essa controvérsia. A resposta está em nosso coração!

Depois do ano 70 e da destruição do Templo de Jerusalém, restarão apenas dois importantes grupos religiosos judaicos: o farisaísmo, também chamado tannaismo, e o nazarismo ou o cristianismo. O que os diferencia é o reconhecimento ou não de Jesus como Messias e Filho de Deus. Esta oposição radical e irreversível ocorre em primeiro lugar nas escolas religiosas do judaísmo da época, mas depois vai transbordar até invadir a praça pública e afetar não só os membros das comunidades judaicas na Judeia e na diáspora, mas todos os habitantes do Império Romano e do Império Parta. É esse conflito, que se prolonga já por dois mil anos entre o judaísmo e o cristianismo, que ecoam as tão raras menções de autores politeístas que iremos estudar.

---

16 Mt 9,34; Mc 3,22; Lc 11,15.

Parte II
Jesus Cristo existiu?
O estudo de fontes textuais e arqueológicas

As fontes politeístas

De um ponto de vista estritamente histórico, sabemos poucas coisas precisas sobre Jesus, exceto talvez os eventos que ocorreram durante sua prisão e morte (Jo). Para sublinhar este défice documental, Henri-Irénée Marrou escreveu que "estudando [...] a Palestina no primeiro século, temos mais sobre a vida sentimental do Rei Herodes do que sobre a data do nascimento de Cristo"[1]. De fato, o próprio Jesus não escreveu nada, ou pelo menos nada que Ele pudesse escrever chegou até nós[2]. Tudo o que sabemos sobre Ele ou sua existência vem de fontes que podem ser divididas em duas categorias: textuais e arqueológicas.

Os escritos que mencionam Jesus são de três tipos:

1) As fontes politeístas, as mais antigas das quais datam do final do século I e do início do século II d.C.

2) As fontes judaicas (séc. I-V d.C.).

3) As fontes cristãs, que podem ser divididas entre:
- o Novo Testamento, ou seja, os Evangelhos canônicos, o Apocalipse de João, os escritos paulinos e as Cartas Católicas (séc. I-II);
- as fontes apócrifas e gnósticas (séc. II-IV/V);
- os escritos dos antigos Padres da Igreja (séc. I-II).

* * *

À primeira vista, a situação das **fontes politeístas**, essencialmente romanas, é relativamente simples: escritos politeístas contemporâneos de Jesus que falem dele não existem; os que remontam ao início do cristianismo e o evocam são muito raros e dão

---

1 Marrou, 1954, p. 65.

2 Sabemos que Jesus sabia escrever porque João nos diz que na frente da mulher adúltera que queriam apedrejar, ele se abaixou e começou a escrever com o dedo no chão (Jo 8,6 e 8). Sobre a capacidade real de Jesus de ler e escrever (sua alfabetização), cf. os comentários positivamente decisivos: Evans, 2006, p. 35-39; Evans, 2013, p. 80-88.

pouca informação. A razão é simples: "Do ponto de vista de um historiador romano, Jesus de Nazaré e seus discípulos não representavam nenhum tipo de interesse"[3]. A existência de Jesus foi breve (c. 30 anos) e terminou com o suplício ignominioso da cruz! "Como os romanos poderiam ter prestado atenção em um homem que deveria parecer-lhes, ou como o fundador de uma pequena seita oriental, ou como um agitador atuando em uma província distante de seu imenso Império?"[4] A resposta é evidente! A isto pode acrescentar-se, com muita ênfase, que apenas uma parte muito pequena das obras antigas chegou até nós, e que a perda é tal que este desastre cultural tem sido chamado de "o naufrágio da literatura antiga"![5]

Na verdade, para tomar um exemplo dentre os autores que citaremos, poucas pessoas sabem que a obra de Tácito, um dos melhores historiadores romanos, chegou-nos apenas muito parcialmente; assim, seu último trabalho, os *Anais*, que tratam do período dos quatro imperadores da dinastia júlio-claudiana que se sucederam após a morte de Augusto em 14 (Tibério, Calígula, Cláudio e Nero), compreendiam pelo menos dezesseis livros. Destes dezesseis livros, os livros 7 a 10 e partes importantes do 5, 6, 11 e 16 livros se perderam. Portanto, é impossível para nós, pelo menos no momento, saber em detalhes o que eles continham como dados históricos. Voltaremos a isso mais tarde.

* * *

Entre os escritores romanos, as passagens relacionadas a Jesus de Nazaré mais frequentemente citadas provêm das obras de Plínio o Jovem, Tácito e Suetônio.

O documento mais antigo não é obra de um historiador, mas de um advogado e orador talentoso. Trata-se de uma carta de **Plínio o Jovem** (Caio Plínio Cecílio Segundo, 61-115), sobrinho e filho adotivo de Plínio o Velho (Caio Plínio Segundo) que, na qualidade de governador de Bitínia e Ponto na Ásia Menor, escreveu por volta de 111-113 ao Imperador Trajano para lhe expor a atitude que ele adotara em relação aos cristãos, e pedir seu conselho sobre como agir em relação a este caso:

> Enquanto isso, esta é a regra que eu segui para aqueles que foram referidos a mim como cristãos. Eu perguntei a eles mesmos se eram cristãos. Para aqueles que confessaram, perguntei uma segunda e uma terceira vez, ameaçando-os com o suplício; aqueles que perseveraram, eu os executei não importa o que significasse a sua confissão, eu sabia que era necessário punir essa teimosia e essa obstinação

---

3 Stanton, 1997, p. 155.

4 Roux, 1989, p. 13.

5 P. ex., Zieliński, 1927, p. 594; Berger de Xivrey, 1829, p. 19, para citar apenas dois trabalhos antigos.

inflexíveis. Outros, possuídos pela mesma loucura, eu os registrei para serem, como cidadãos romanos, enviados a Roma. Em pouco tempo, como acontece em tal caso, e a acusação se estendendo com o avançar da investigação, vários casos diferentes se apresentaram. Publicamos uma acusação anônima contendo um grande número de nomes. Aqueles que negavam ser cristãos ou tê-lo sido, se invocassem os deuses de acordo com a fórmula que eu ditei a eles e fizessem sacrifícios de incenso e vinho diante da tua imagem, que eu havia trazido para esta intenção com as estátuas das divindades, se além disso eles também blasfemassem a **Cristo** – coisas todas que é, diz-se, impossível de obter daqueles que são realmente cristãos – a esses eu achei por bem libertá-los. Outros, cujo nome havia sido fornecido por um denunciante, disseram que eram cristãos, depois alegaram que não eram mais, que eles tinham sido na verdade, mas deixaram de ser, uns havia três anos, outros há mais anos, alguns inclusive, o teriam sido vinte anos atrás. Todos esses também adoraram tua imagem, bem como as estátuas dos deuses e blasfemaram a **Cristo**. Além disso, alegavam que toda a culpa deles, ou o seu erro, teria se limitado ao hábito de reunir-se em determinados dias antes do nascer do sol, cantar entre eles alternadamente um hino a **Cristo** como Deus, fazer um juramento não para perpetrar algum crime, mas o de não cometer roubo, assalto ou adultério, o de não faltar à palavra dada, de não negar um depósito reclamado em juízo; depois de realizados esses ritos, eles costumavam separar-se e se reunir novamente para tomar alimento, o que, apesar do que se possa dizer, é comum e inocente; esta mesma prática eles abandonaram após o meu decreto pelo qual de acordo com as instruções, eu havia proibido os *hetairas*[6]. No mais, eu achei necessário extrair a verdade de duas escravas que se diziam diaconisas, submetendo-as a tortura. Encontrei apenas uma superstição irracional e desmedida[7] (*Carta a Trajano* 10,96).

Notamos desde o início que Plínio não cita expressamente Jesus, mas ele fala três vezes de Cristo[8] e do culto que lhe é prestado por seus seguidores ("como a um Deus[9]"). No entanto, sabemos pelo Novo Testamento que o termo "Cristo" (ou Messias) é um título reconhecido e atribuído a Jesus (Mt 27,17 e 22, Lc 23,2, Rm 5,6),

---

6 Termo grego que designa uma associação de amigos, de companheiros ou de camaradas.

7 Nisard, 1865.

8 De acordo com uma terminologia encontrada nos escritos cristãos apócrifos do séc. II, isto é, contemporâneos de Plínio, Tácito e Suetônio. Cf. o estudo de nomes no Novo Testamento apresentado por Peter Williams, Diretor da Tyndale House de Cambridge, em uma conferência realizada na Lanier Theological Library em 03/05/2011 [Disponível na Internet].

9 Segundo Étienne Couvert, esta oração pertence à liturgia siro-caldeia; é inclusive um dos hinos mais antigos, o *Lakou Mara* ("A Ti, Senhor"), cantado nas primeiras comunidades cristãs (cf. Covered, 1995, p. 5).

reconhecimento confirmado também por Flávio Josefo[10]. Retornaremos mais tarde a esta identificação. Conhecemos a resposta do imperador a Plínio, que o aconselhará a recusar denúncias anônimas, mas a punir aqueles que persistem em se chamar cristãos.

* * *

Públio Cornélio Tácito (*c.* 54-119/120) é um dos maiores historiadores romanos. Em uma passagem famosa de seus *Anais*, este escritor, que também foi governador da Ásia (112-114), alude à morte de Cristo e à presença de cristãos em Roma. Ele explica como, suspeito de ter incendiado Roma para realizar seus projetos de planejamento urbano, o Imperador Nero desviou de si as suspeitas apontando à sede de vingança popular um bode expiatório, ou seja, os cristãos:

> Mas nenhum meio humano, nem benesses imperiais, nem cerimônias expiatórias, silenciaram o grito público que acusava Nero de ter ordenado o fogo. Para apaziguar esses rumores, ele ofereceu outros culpados e infligiu as mais refinadas torturas a uma classe de pessoas odiadas por suas abominações e a quem o vulgo chamava de cristãos. Este nome vem de Cristo que, sob Tibério, foi condenado à crucificação pelo Procurador Pôncio Pilatos. Reprimida por um momento, essa superstição perniciosa brotou novamente não só na Judeia, onde teve a sua origem, mas também na própria Roma, onde tudo, no mundo, que contém algo de infame e de horroroso, flui e encontra apoiadores. Primeiramente, foram apreendidos aqueles que defendiam sua seita; e, com base nas revelações deles, uma infinidade de outros, que eram muito menos suspeitos de causar o incêndio do que odiados pelo gênero humano. O suplício deles serviu de entretenimento: alguns, cobertos com peles de animais, pereciam devorados por cães; outros morriam em cruzes, ou eram cobertos com materiais inflamáveis, e quando se extinguia a luz do dia, eram queimados no lugar de tochas (*Anais* 15,44[11]).

Aqui também o nome de Jesus não é mencionado, mas o de Cristo. Contudo, a exatidão do historiador romano a respeito de sua morte sob Pôncio Pilatos e o lugar de origem desta "superstição execrável", a saber, a Judeia, não deixa dúvidas sobre a identidade do personagem. Embora os especialistas não concordem a respeito da

---

10 "Como Anás era tal e acreditava estar diante de uma oportunidade favorável, já que Festo estava morto e Albino ainda a caminho, ele reuniu um sinédrio, conduziu perante ele Tiago, irmão de Jesus chamado Cristo, e alguns outros, acusando-os de transgredir a lei, e os fez apedrejar" (AJ 20 200).

11 Burnouf, 1859. Essa reputação de "execrável superstição" de que fala Tácito já durava de longa data, pois o Apóstolo Pedro já faz uma alusão a ela em 1Pd 2,12: "Vivam entre os pagãos de maneira exemplar para que, *naquilo em que eles os acusam de praticar o mal*, observem as boas obras que vocês praticam e glorifiquem a Deus no dia da sua vinda".

natureza e a origem das fontes de Tácito[12], ele é considerado um bom historiador que utiliza de maneira crítica as fontes que emprega, e a autenticidade dessa passagem é geralmente reconhecida por todos os especialistas (embora esteja enganado sobre o título do cargo de Pôncio Pilatos, que era prefeito da Judeia e não procurador[13]).

É de admirar que haja apenas uma menção tão escassa a Cristo em Tácito? Não, claro! A razão é simples: os acontecimentos dos anos 29 a 35, aqueles que se referem especificamente à vida pública de Jesus foram registrados nos livros 5 e 6 dos *Anais*. Ora, do livro 5 subsiste apenas um curto fragmento (cap. 1-5), relativo ao início do ano 29, falando da morte de Lívia, do fortalecimento da tirania de Tibério, das intrigas de Sejano e de algumas decisões tomadas pelo imperador. Quanto ao livro 6, que aborda o fim do ano 31, o 32, 33, 34, 35, 36 e o início do ano 37 (e para na morte de Tibério), mas este também está incompleto; assim, encontramos nele informações sobre assuntos internos romanos dos anos 32 a 37 e assuntos externos (particularmente sobre as províncias do Oriente, e, portanto, da Judeia) dos anos 35 e 36. Portanto, é normal não encontrar menção a Jesus ou Cristo no que foi preservado deste livro já que não havia necessidade, para o autor, de falar sobre essas datas, a morte de Jesus tendo ocorrido em 30 ou 33[14].

Outro escritor romano do início do século II enfatiza a relação entre cristãos e Cristo: é **Suetônio** (Caio Suetônio Tranquilo, cerca de 75/150). Amigo íntimo de Plínio o Jovem, exercia a função de secretário *ab epistolis*, isto é, ele era o responsável pela correspondência do Imperador Adriano e, como tal, tinha acesso aos arquivos palatinos que eram os arquivos imperiais. Em sua *Vida dos Doze Césares*, escrito por volta do ano 120 e totalmente preservado, Suetônio menciona os cristãos a propósito de Nero, em uma série de regulamentações promulgadas por este último:

---

12 Ou ele recebeu suas informações de outro historiador, p. ex., Flávio Josefo; ou as obteve de Plínio o Jovem, com quem se entendia bem; ou ainda, pode ser que seus dados provenham de relatórios policiais sobre os cristãos (cf. Sheldon, 2009, p. 329) ou de documentos oficiais; enfim, é possível ainda que ele tenha relatado o que os próprios cristãos diziam já que esteve com eles, p. ex., quando morou na Ásia.

13 Essa confusão se explica pelo fato de que o cargo de prefeito da Judeia que, precisamente, Pôncio Pilatos ocupava, foi substituído em 44, após a morte do Rei Agripa I, pelo de procurador. J.-P. Lémonon (2007, p. 52-53) ressalta que a mudança de título de prefeito para procurador para designar governadores provinciais ocorreu sob o Imperador Cláudio (41-54). "Corresponde a uma evolução histórica dos governantes de posição equestre", com Cláudio controlando a situação (Tácito, *Annales*, 12,60). Tácito escreve que, por volta de 45, o Imperador Cláudio fez uma consulta ao senado que fortaleceu o poder dos procuradores e que se expressou várias vezes reforçando a autoridade deles. Também indica que "Cláudio [...] fez uma província da Judeia e abandonou o governo a cavaleiros ou a libertados" (Tácito, *Histórias*, p. 5). Uma explicação para o "desprezo" de Tácito a propósito do título de Pilatos é proposta por Dubuisson (1999, p. 131-136), a saber: (1) Que existe um problema gramatical na passagem crítica de Tácito, "*Tiberio imperitante per procuratorem Pontium Pilatum supplicio adfectus erat*" que poderia ser traduzida por "*[Cristo] foi entregue ao suplício quando Tibério governava por intermédio de Pôncio Pilatos, seu procurador*", sugerindo assim que o imperador controlava de perto a evolução da complexa e perigosa província da Judeia; (2) Que Pilatos parece ter tido um *status* especial, o de amigo de César, obtido, sem dúvida, graças a Sejano.

14 Sobre a data da morte de Jesus, cf. Finegan, 1964; Loth, 2003, esp. p. 499-610.

Sob o seu reinado, muitos abusos foram severamente reprimidos e punidos; muitos regulamentos também foram estabelecidos para evitá-los. Ele colocou limites para o luxo. Reduziu as festas públicas a simples distribuições de comida. Ele proibiu a venda de pratos cozidos nos cabarés, com exceção de vegetais e saladas, enquanto anteriormente todos os pratos eram servidos. Ele entregou ao suplício os **cristãos**, uma raça viciada em uma superstição nova e repreensível. Ele pôs fim a excessos dos corredores de bigas que, aproveitando-se de um antigo privilégio, jogavam com fraudes e roubos, correndo em todas as direções. Ele exilou, ao mesmo tempo, as facções de pantomimas e as próprias pantomimas[15].

Ele também menciona, em sua *Vida de Cláudio*, um decreto de expulsão dos judeus de Roma datado dos anos 46-50 em que reporta que: "Como os judeus se sublevavam continuamente por instigação de **Chrestos** (*impulsore Chresto*), ele os expulsou de Roma"[16].

Suetônio usa aqui um termo ligeiramente diferente do que usaram seus amigos Tácito e Plínio o Jovem: *Chrestos* em vez de *Christos*. Em grego, o primeiro significa "honesto", "corajoso", "virtuoso", "bom", "dedicado", "benfeitor", "útil"; o segundo, "ungido", "revestido", "engraxado". O contexto não permite saber se houve um iotismo invertido, isto é, a substituição do "i" por um "e" ou não. Ambos os termos existem em outras partes da literatura cristã[17], e é muito provável que ambos tenham qualificado Jesus entre os primeiros cristãos. Lendo esta passagem, pode-se também ter a impressão de que este Chrestos era um membro da comunidade judaica de Roma particularmente agitado, o que teria justificado sua expulsão. É também concebível que, nessa época, isto é, nos anos 50 e 60, judeus e cristãos estivessem disputando a

---

15 *Vida de Nero*, 16 [trad. franc. Cabaret-Dupaty, 1893, com algumas adaptações de Jacques Poucet, 2001 [http://bcs.fltr.ucl.ac.be/SUET/NERO/trad.html#XV].

16 *Vida de Cláudio*, 25 [trad. franc. Cabaret-Dupaty, 1893, com algumas adaptações de Jacques Poucet, 2001 [http://bcs.fltr.ucl.ac.be/SUET/CLAUD/plan.html].

17 Tertuliano (c. 150-220). *Apologética* 3.5: "A palavra *christianus*, ao contrário, considerando sua etimologia, deriva da palavra "unção". Mesmo se você pronunciar enviezadamente como *chrestianus* – por não ter um conhecimento exato deste nome – significa ao mesmo tempo "doçura e bondade". Desse modo, odiamos em pessoas inofensivas um nome que é igualmente inofensivo". Lactâncio (c. 300), *Institutions divines* 4,7: "Existe entre os homens o nome de Jesus; o de Cristo não é um nome próprio, é uma marca de poder e realeza, e assim os judeus chamam denominam seus reis. Acho que devo explicá-lo, por causa daqueles que o corrompem por ignorância, e que, mudando uma letra, dizem *Cresto* ao invés de *Cristo*. Deve-se observar que o termo "cristão" é, inicialmente, um apelativo criado em Antioquia para designar os seguidores de Cristo, Cristo que não é considerado um título (ungido), mas como um nome próprio. É, para começar, usado mesmo por aqueles que não acreditam nele, como testemunhado pelos escritos de Plínio, Tácito e Suetônio, mas também pelas únicas três passagens do Novo Testamento onde aparece a palavra "cristão": At 11,26; 26,28; 1Pd 4,16. Sobre este tema e muitos outros que dizem respeito à relação entre os cristãos e o Império Romano, cf. Sordi, 1986.

propósito da figura de Jesus[18], o Cristo, e que, mais de uma vez, essas disputas *dentro de uma mesma comunidade* tenham degenerado a tal ponto que o imperador tenha decidido se livrar desses encrenqueiros[19]. Em todo caso, mesmo que essa passagem de Suetônio ponha questões, parece evidente que ele se refira implicitamente a Jesus, e não há nada que justifique o argumento de que, por ele não falar de Jesus de maneira mais explícita significa que Jesus não tenha existido. Este argumento não resiste à análise. De fato, as *Vidas dos Doze Césares* de Suetônio, coleção de biografias dos imperadores, "não são obras históricas no sentido em que o termo é geralmente entendido, porque elas não se ocupam da cronologia e da sequência de eventos senão de maneira bastante aproximativa, cada fato sendo classificado (*grosso modo*) em uma categoria: infância e origem, caráter, aparência física, retrato intelectual, atividades militares, jogos dados ao povo etc. Aqui, mais uma vez, a crítica é quase inexistente[20] [...]". Em uma obra deste tipo, portanto, não há necessidade de mencionar um profeta de uma pequena província oriental do Império, cuja capital seria em breve erradicada e a população expulsa. Quanto à outra grande obra de Suetônio, "Sobre os homens ilustres" (*De uiris illustribus*), um livro dedicado a políticos e guerreiros, a oradores, poetas, gramáticos e retóricos, filósofos etc., restam somente notas relativas aos gramáticos e retóricos, e algumas vidas de poetas, categorias socioprofissionais às quais Jesus não pertencia. Então não há razão para falar sobre isso!

O historiador precisa levar em consideração todos os testemunhos disponíveis a ele, estudá-los separadamente e depois confrontá-los para tirar todas as conclusões possíveis. Quando examinamos cuidadosamente as passagens de Plínio, Tácito e Suetônio, o que podemos obter como informação? A análise desses documentos permite afirmar a existência de um personagem chamado Cristo, pertencente à nação judaica, que foi morto na Judeia sob o reinado de Tibério, quando Pôncio Pilatos era "procurador" da Judeia, e que ele tem discípulos que o veneram como um Deus e que, consequentemente, não oferecem mais sacrifícios aos outros deuses. Se perguntarmos a respeito da identidade de uma pessoa assim aos que nos rodeiam, dando a eles todas essas informações retiradas dos testemunhos dos três autores latinos, qual será a resposta?

---

18 Bardet (2002, p. 228-229), recorda que "as pesquisas dos especialistas mostram cada vez mais claramente que até o séc. II, isto é, após a morte de Flávio Josefo, *os cristãos de origem judaica são judeus* que, no interior do judaísmo [...] afirmam que um messias chegou". Este é, principalmente, o caso dos ebionitas de quem Teodoreto de Ciro (*Histórias Eclesiásticas*) dizia "que eles observavam o sábado de acordo com a Lei judaica e santificavam o domingo de acordo com o nosso costume". Sobre os ebionitas, cf. Couvert, 1995.

19 Os Atos também fazem referência à impaciência do Imperador Cláudio em relação aos judeus de Roma (At 18,2).

20 Grimal, 1965, p. 115.

Outros autores politeístas fizeram referência ao personagem de Jesus, mas de maneira ainda menos explícita. Embora seus testemunhos tomados individualmente não sejam determinantes, no conjunto, eles constituem pistas convergentes que confirmam a existência de Jesus.

Luciano de Samósata (*c.* 120/180) nasceu no Alto Eufrates. Ele viaja como orador itinerante até a Itália e a Gália. Vive, depois, em Atenas, e ocupa um cargo na administração do Egito. Suas obras são reflexões espirituais que muitas vezes querem ser paródicas e nas quais ele particularmente zomba da religião e da filosofia. Assim, em *De morte Peregrini* (A morte de Peregrino), falando da morte de um certo Peregrino Proteu, um grego da cidade de Pario, antes cristão na Palestina e depois cínico, que se imolou em público em Atenas – morte que Luciano de Samósata testemunhou – ele menciona Jesus duas vezes, sem nomeá-lo, nos parágrafos 11 e 13, onde fala das comunidades cristãs da Palestina:

> Os cristãos, você sabe, adoram, até hoje, um **homem** – um personagem distinto (notável) que introduziu seus ritos originais e que foi **empalado** (crucificado) por isso". "Veja, essas criaturas desorientadas começam com a convicção geral de que são imortais para sempre, o que explica seu desprezo pela morte e sua própria devoção voluntária que é tão comum entre eles; em seguida, seu **legislador original** persuadiu-os de que eles eram todos irmãos a partir do momento em que haviam se convertido, negado os deuses da Grécia e adorado o **sábio empalado** (crucificado), e vivendo sob suas leis.

Este testemunho, que data da segunda metade do século II, foi escrito por um homem que viajou muito no Ocidente, mas também, e acima de tudo, no Oriente (Ásia Menor, Antioquia, Egito)[21]. Funcionário imperial sob o Imperador Marco Aurélio, ele conheceu cristãos e conhece, ainda que vagamente, a história de Jesus. Além disso, mesmo que ele não usasse fontes independentes sobre a historicidade de Jesus, ele pode ter recorrido a fontes ou testemunhos cristãos, e mesmo pagãos (Tácito). Infelizmente, Luciano não as cita. Tudo o que se pode observar é que ele não questiona a existência de Jesus, mesmo que continue zombando da religião, inclusive a religiosidade dos cristãos que ele considera excessiva.

* * *

---

21 Luciano também é autor de um livro intitulado Πῶς δεῖ Ἱστορίαν συγγράφειν [*Quomodo Historia conscribenda sit*, ou *Como se deve escrever a história*], no qual ele enfatiza sua preocupação com a precisão histórica: "Tal é, repito, o único dever do historiador: não buscar senão a verdade, ao se dedicar a escrever a história, e negligenciar todo o resto, em uma palavra, a única regra, a medida exata, é não considerar apenas aqueles que o ouvem, mas aqueles que, mais tarde, lerão seus escritos" (§ 39). Cf. p. 127-129.

A carta que **Mara bar-Serapion** escreveu para seu filho nos parece mais interessante. Foi redigida depois de 72/73, isto é, depois da anexação de Samósata pelos romanos (a que o autor se refere), mas antes do século III, a maioria dos especialistas concordam em datá-la do final do século I da nossa era[22]. Ela está conservada hoje em um manuscrito do século VI/VII, na Biblioteca Britânica[23]. Nesta carta escrita para encorajar seu filho que estava na prisão, ele escreve que todos aqueles que condenaram homens justos à morte terminam mal:

> Que benefício os atenienses tiveram com a morte de Sócrates, uma vez que receberam fome e peste como retribuição? Ou os habitantes de Samos queimando Pitágoras, visto que em uma hora todo o seu país foi coberto de areia? Ou os judeus do assassinato de seu **rei sábio**, uma vez que a partir daquele exato momento eles foram privados de seu reino? Porque Deus vingou com justiça a sabedoria dos três: os atenienses morreram de fome; os habitantes de Samos foram irremediavelmente cobertos pelo mar; e os judeus, entregues à desolação, expulsos do seu reino, estão espalhados por todos os países. Sócrates não está morto, graças a Platão; Pitágoras também, graças à estátua de Hera; e o **rei sábio**, graças às novas leis que ele estabeleceu.

Este "rei sábio" dos judeus que foi morto, mas deixou leis, não é nomeado, mas parece tratar-se de Jesus Cristo, evocado em termos não cristãos. De fato, que outro "rei sábio" se revelou por sua sabedoria, foi executado pelos "judeus" pouco antes da dispersão do povo hebreu, estabeleceu novas leis e é considerado um rei, senão Jesus? Em quem mais poderia pensar Mara bar-Serapion?

No entanto, várias observações devem ser feitas[24]. Por que Jesus não é nomeado assim como o foram Sócrates e Pitágoras? De fato, esse "rei sábio dos judeus" poderia muito bem ter vivido na mesma época que Pitágoras ou Sócrates, seis a cinco séculos antes de Jesus! Deve-se notar também que o autor se engana sobre Pitágoras que não foi queimado pelos samianos, mas morreu em um incêndio em Metaponto, no Sul da Itália. Alguns estudiosos, portanto, consideram que este testemunho é inadmissível[25]. Mas também é razoável pensar que o autor escreveu apelando às suas memórias da história, e essa memória falhou em certos pontos como equivocar-se sobre as circunstâncias da morte de Pitágoras ou não se lembrar mais do nome deste "rei sábio" dos

---

22 Cf. esp. Van Voorst, 2000, p. 53-56; Bruce, 1975, p. 114.

23 Sob a classificação BL Add. 14658.

24 Um esclarecimento rápido, mas bem-documentado, pode ser encontrado em: Possekel, 1999, p. 29-30; cf. tb. Beaude, 1983 e os artigos de Ramelli, 2004, p. 77-104; 2009, p. 92-106.

25 É assim para McVey (1990, p. 272), para quem este texto provavelmente foi escrito no séc. IV por um cristão "assumindo a postura de um pagão culto admirador de Jesus e seus discípulos". Alguns até pensaram em um simples exercício de retórica datado da Antiguidade tardia, porque a carta termina na terceira pessoa.

judeus. No entanto, o fato de citar a morte do "rei sábio" (um qualificativo também usado por Luciano de Samósata) em associação com a expulsão de judeus do país não deixa de lembrar a destruição e ruína do Templo de Jerusalém pelos exércitos de Tito apenas quarenta anos depois da morte de Jesus, e mesmo a destruição total da cidade de Jerusalém sob o Imperador Adriano em 130 (se decidirmos datar aquela carta do séc. II). A morte de Sócrates foi, ela também, seguida por infortúnios profundos para os atenienses, como a história da cidade grega no século IV a.C. demonstra. Como exemplo, podemos mencionar a Guerra dos Coríntios ou a Guerra Social (357-355 a.C.) que causou grandes problemas de provisões para a população ateniense[26]. Quanto a Pitágoras, originário de Samos, ele morreu no incêndio da casa de um certo Mílon de Crotona, não por causa de seus concidadãos de Samos, mas de um nobre crotonense, um certo Cílon. No entanto, ele havia deixado sua cidade natal espontaneamente ou obrigado, pois ela era dirigida com mão de ferro por Polícrates, tirano da cidade de 538 a 522 a.C., e seus concidadãos parece que nada fizeram para que ele ficasse.

Finalmente, há referências muito breves a Jesus ou Cristo em Numênio de Apameia, um filósofo grego do século II mencionado por Orígenes[27], em Galeno[28] ou Celso[29].

* * *

A contribuição das fontes politeístas aparece, em seu conjunto, muito pequena. Primeiro, elas são todas mais ou menos tardias em relação à existência de Jesus, e nada prova que se trata de fontes independentes. Em seguida, esses autores, incluindo Plínio o Jovem, embora confrontados com a realidade cristã que está emergindo no Império subestimam o fenômeno da propagação do cristianismo porque na realidade eles, intelectuais e elites da sociedade romana, desprezam este movimento religioso ao qual, para eles, faltava tanto o rigor lógico e a razão crítica quanto a tradição intelectual.

---

26 Cf. p. ex., Mossé, 1962. Pode ter havido uma fome em Atenas logo após a morte de Sócrates, terrível, mas de muito curta duração, ainda famosa na época de Mara bar-Serapion, mas que gradualmente desapareceu das memórias depois. Nunca devemos esquecer que não sabemos tudo sobre o que aconteceu na história humana, longe disso, e que o argumento de que "ninguém falou sobre isso" ou "não há nenhum vestígio em parte alguma" não é científico.

27 "Sabemos que o filósofo Numênio, que esclareceu melhor do que ninguém o que há de mais obscuro em Platão e que havia abraçado a seita pitagórica, muitas vezes cita em seus escritos passagens de Moisés e dos profetas, e faz alegorias bastante verossímeis, como no tratado a que dá o título de *Epops*, em seus livros *Sobre os Números* e *Sobre o lugar*. Ele relata inclusive, no terceiro livro de seu tratado *Sobre o Bem*, uma história de Jesus, sem nomeá-lo, e a toma em um sentido alegórico" (*Contra Celso* 4,51. Apud *Démonstrations évangéliques*. Paris, 1813 [Migne]).

28 "Não seria melhor apresentar uma argumentação apropriada ao invés de permitir-se opiniões genéricas? Discutir sem se preocupar em fundamentar seu ponto de vista, é como entrar na escola de Moisés e de *Jesus* e virar ouvinte de uma parolagem de leis infundadas" (*De pulsum differentiis*, 2,4). Mais longe Galeno (*c.* 129-c. 200) acrescenta: "Seria realmente mais fácil trazer novas ideias aos seguidores de *Jesus* e *Cristo* do que convencer médicos e filósofos, que permanecem presos à doutrina de suas escolas" (*De pulsum differentiis*, 2,4 apud Vouga, 1998, p. 258-259).

29 Cf. o *Contra Celso*, de Orígenes.

Eles têm a impressão de que os cristãos não respeitam as regras do jogo intelectual e social. Como afirma São Paulo, para o gregos e para os romanos, por pouco cultos e esclarecidos que sejam, o cristianismo é uma loucura[30].

No entanto, convém enfatizar que, apesar de seu caráter fragmentário (cuja causa é variada), estas poucas alusões a Jesus são preciosas na medida em que situam o personagem na história (remetendo por exemplo, a Tibério ou Pilatos); elas o devolvem a um contexto particular (a nação judaica); elas evocam seu suplício e sua crucificação; fazem de sua morte um assunto ligado à competência dos romanos. O interesse delas decorre também do fato de que nenhum politeísta, grego ou romano, adversário declarado do cristianismo ou indiferente à sua mensagem – até onde podemos saber diante do desaparecimento de muitas obras antigas – teve a ideia de contestar a existência histórica de Jesus.

---

30 1Cor 1,18; 3,4; sobre essa atitude dos atores pagãos, cf. Vouga, 1998, p. 260.

Fontes judaicas

Jesus era judeu. Ele nasceu em Belém, cresceu em Nazaré, ensinou e orientou as pessoas do seu povo na Galileia, na Judeia, na Samaria, até na Decápole e no Levante (Mediterrâneo). As mais altas autoridades judaicas o denunciaram aos romanos por sacrilégio, e ele foi morto em Jerusalém no início dos anos 30 sob o título de "Rei dos judeus". Dizer isso se tornou muito comum, mas é sempre bom lembrar. Não podemos entender a vida e a mensagem de Jesus de Nazaré se negligenciarmos essa importante (e ainda assim tão clara) evidência. Seus apóstolos e primeiros discípulos também eram judeus, e as primeiras comunidades cristãs se desenvolveram nas comunidades judaicas da Palestina e na diáspora judaica, tanto no Ocidente como no Oriente[1].

No entanto, Jesus aparece nos escritos de escritores judeus? Existem muitas menções; mas, como descobriremos, elas são raras, uma raridade que alguns não hesitam em levar ao nada misturando considerações científicas e tendências ideológicas.

A testemunha mais importante é, sem dúvida, **Flávio Josefo** (37-c.100). Oriundo de uma família sacerdotal de Jerusalém, mas que tomou partido dos fariseus, ele se envolveu de perto, desde 66, na guerra dos judeus contra os romanos. Chefe de uma guarnição de insurgentes em Fortaleza Jotapata (Yodfat) na Galileia, ele se rendeu aos romanos e previu a púrpura para o general romano Vespasiano, que o libertou em 69 quando sua "profecia" se tornou realidade! Josefo, filho de Matias, tornou-se em seguida o historiador oficial da corte imperial, entrando também na família dos flavianos para se tornar Flávio Josefo. Ele escreveu seu primeiro livro em sua língua

---

1 Ainda hoje se desconhece, no Ocidente, que a grande maioria dos apóstolos realizou sua missão evangelizadora no Oriente, isto é, na parte oriental do Império Romano, mas também além da Império, entre os partas, os citas e até mesmo a Índia (mesmo na China, como as obras de Pierre Perrier tendem a demonstrar, cf. referências bibliográficas). Essa ignorância também afeta fontes de língua e cultura aramaica ou siríaca, como a Peshiṭta (cf. p. 15). Até a chegada de Alexandre o Grande, a história da Palestina tem mais a ver com os impérios mesopotâmico, egípcio, hitita, assírio, babilônico e persa do que com o Ocidente. E para defender seu reino contra as pretensões de Herodes o Grande e os romanos, Antígono II Matatias (40-37), o último dos reis asmoneus, não hesitará em selar uma aliança com os partas, uma aliança que irá se desfará por ocasião do cerco de Jerusalém por Herodes e Sósio, o governador romano da Síria, em 37 a.C.

materna[2] intitulado *A Guerra Judaica* (GJ), que traduziu para o grego, porque ele queria que os helenófilos conhecessem seu povo[3]. Nesta obra ele trata da revolta dos Macabeus e da revolta de 66, que acabara com a destruição do Templo de Jerusalém em 70. Seu segundo livro, *Antiguidades Judaicas* (AJ), vai desde a criação do mundo até o ano 66 de nossa era; é aqui que ele cita Jesus em duas famosas passagens, nos capítulos 18 e 20. Ele escreverá ainda um *Contra Apião* para argumentar que os judeus são um povo muito antigo e que os filósofos gregos se inspiraram nos livros de Moisés, e uma autobiografia, *Vita*, na qual ele se opõe aos "nacionalistas" judeus e defende a religião e a cultura judaicas.

Das duas passagens que citam Jesus, a menos discutida é aquela em que Flávio Josefo relata a morte de Tiago (chamado o Menor na tradição católica), em 62, em Jerusalém. Aproveitando as circunstâncias – o recém-nomeado procurador romano ainda não tinha chegado à Judeia – o Sumo Sacerdote Anás o Jovem, o filho daquele que conhecemos pelos Evangelhos, mandou matar "o irmão de Jesus":

> Como Anás era assim e ele achou que tinha uma oportunidade favorável porque Festo estava morto e Albino ainda a caminho, ele reuniu um *Sanhedrim*, conduziu perante ele Tiago, **irmão de Jesus, chamado Cristo**, e alguns outros, acusando-os de ter transgredido a lei, e os mandou apedrejar[4].

Jacques Schlosser salienta que "não há razão para suspeitar da referência a Cristo e vê-la como uma extrapolação, um acréscimo cristão ao texto primitivo, porque um autor cristão [...] provavelmente teria usado, para descrever Tiago, a expressão consagrada de 'irmão do Senhor'"[5]. Pode-se acrescentar que esta passagem é atestada em todas as cópias das *Antiguidades* que possuímos, e que o fato de acrescentar o título de "Cristo" não envolve o autor de nenhum modo; Pilatos o usa igualmente![6] Observemos novamente que esta passagem de Josefo mostra a transformação semântica gradual da palavra "Cristo" que, no final do século I e no início do século II, já não é mais um título (o "messias"), mas o nome que designa um personagem preciso: passa-se

---

2 Hebraico ou aramaico. Ele escreve: "É por isso que propus contar essa história também em grego, para o uso daqueles que vivem sob o domínio romano, traduzindo o livro que escrevi antes em minha língua materna" (GJ 1 1).

3 Pode-se pensar em uma trajetória semelhante a respeito dos Evangelhos, especialmente de Mateus, escrito "em hebraico", de acordo com São Jerônimo (nota 7, p. 111).

4 AJ 20,200 [trad. Julien Weill, Paris, 1900].

5 Como ademais Paulo escreve em Gl 1,19: "Eu não vi outro apóstolo, mas somente Tiago, o irmão do Senhor" (Schlosser, 1999, p. 60). Esse modo de identificar Tiago fazendo referência ao seu relacionamento com Jesus é parte do que Peter Williams chama de "desambiguação", isto é, uma maneira de distinguir uma pessoa com um primeiro nome muito comum, associando-o com outra pessoa (pai, filho, irmão) ou um comércio, um estado, uma corrente ideológica etc. Cf. anexo 2, p. 365ss.

6 Cf. Mt 27,17.22: Qual destes vocês querem que lhes solte: Barrabás ou Jesus, chamado Cristo?" "Que farei então com Jesus, chamado Cristo?"

de Jesus, o Cristo, para Jesus Cristo ou Cristo como evidenciado pela passagem de Tácito mencionada acima. Finalmente, esta referência a Jesus feita por Flávio Josefo, em uma passagem que não lhe diz respeito, já que ele está falando de Tiago, não teria nenhum sentido se Jesus não tivesse sido uma pessoa real.

A segunda passagem é do livro 18 de *Antiguidades*. É conhecido pelo nome de *Testimonium Flavianum de Jesus*:

> Pela mesma época veio Jesus, um homem sábio, **se, contudo, devemos chamá-lo de homem**. Pois ele era um milagreiro e o mestre daqueles que recebem a verdade com alegria. E ele atraiu a si muitos judeus e muitos gregos. **Ele era o Cristo**. E quando pela denúncia de nossos primeiros cidadãos, Pilatos o condenou à crucificação, aqueles que o amavam desde antes não pararam de fazê-lo, **porque ele lhes apareceu três dias depois, ressuscitado, sendo que os profetas divinos haviam anunciado isso e mil outras maravilhas a respeito dele**. E o grupo chamado depois dele com o nome de cristãos ainda não desapareceu[7].

O texto grego do *Testimonium Flavianum* é conhecido por quatro manuscritos medievais dos séculos XI, XIII e XIV, bem como de manuscritos de compiladores dos séculos X e XI[8]. O primeiro a mencioná-lo é Eusébio de Cesareia, no início do século IV em sua *História Eclesiástica* (I.11,7-8) e em sua *Demonstração Evangélica* (3.3, 105-106). Nenhum Padre da Igreja dos séculos II e III menciona esta passagem: Orígenes, por exemplo, fala de Josefo, mas ignora-se se ele leu este parágrafo porque ele não diz nada a respeito. Daí a suspeita de que possa ser uma interpolação ou uma glosa cristã inserida entre a época de Orígenes e a de Eusébio.

Claro, esse pequeno texto suscitou um número incalculável de livros e artigos de todos os tipos, porque ele apresenta uma série de declarações que um cristão não negaria. Ora, Orígenes, que tinha lido Josefo, declarou a respeito de Josefo: "Embora recusando-se a acreditar em Jesus como o Cristo [...] ele não esteve muito longe da verdade[9]. Pode-se, portanto, perguntar-se: Josefo é um autor imparcial? Ele tinha afinidades com os cristãos? Ele relata fatos históricos comprovados?[10] Os defensores

---

7 AJ 23 63-64 [trad. J. Weill, Paris, 1900]. O "ainda não desapareceu" aludiria ou faria eco à declaração do sábio Gamaliel relatada em At 5,39: "Se este empreendimento ou esta obra vem dos homens, será destruída; mas se vier de Deus, vocês não poderão destrui-la. Não corram o risco de ter combatido contra Deus"? A questão merece ser colocada.

8 Há também uma versão eslava, mas é altamente controversa. Um de seus defensores mais fervorosos é Étienne Nodet (cf., p. ex., 2000).

9 *Contra Celso*, 1,47.

10 Sobre o problema da dependência ou não de Josefo em relação às fontes cristãs, cf. Nodet, 1985, esp. p. 331-348.

de que isso é falso (no todo ou em parte) não carecem de argumentos. Para citar apenas alguns, tomamos novamente o que diz Serge Bardet[11]:

1) Por que Josefo citaria Jesus se ele não fala de rabinos prestigiados como Hilel ou Gamaliel?

2) Esta passagem quebra a ordem da narrativa e é muito diferente de seu entorno[12].

3) Josefo não podia falar assim de Jesus sem atrair sobre si a ira do Imperador Domiciano.

4) Os manuscritos que retomam esta passagem não a trazem no mesmo lugar.

5) Por que não há nenhuma menção da passagem antes de Orígenes em meados do século III? Josefo não poderia escrever que Jesus era o Cristo porque, de acordo com Orígenes, ele não acreditava nisso.

6) Como Justo de Tiberíades, contemporâneo e "rival" de Josefo, não fala de Jesus [pois ele deveria fazê-lo?], Josefo tampouco deve ter falado sobre isso.

A questão da autenticidade – completa ou parcial – da passagem continua sendo discutida hoje, mas um progresso muito grande foi feito pela exegese josefina. O trabalho de Serge Bardet é um dos pontos marcantes. O impressionante estudo que ele produziu sobre este assunto leva-o a concluir assim seu livro:

> A autenticidade de Josefo [...] ainda é a hipótese mais simples. [...] Isso significa que o *Testimonium* seja totalmente autêntico, totalmente trabalho de Josefo? Parece-nos que tudo é plausível, tudo é justificável no contexto do judaísmo da época [...]. Mas podemos deixar aqui duas reservas: 1) É bem possível que [...] Eusébio tenha inserido no texto aproximações que estão relacionadas ao seu estilo, mas que podem ter servido de base para uma revisão crítica do texto ulteriormente[13]. 2) Não é necessário nem está excluído que algumas

---

11 Bardet, 2002, suas sucessivas réplicas a esses argumentos se encontram às p. 62, 63, 73, 77, 79-80, 84-85, 86-87 (para a crítica externa tradicional). Para a crítica interna, cf. p. 89-123; para as novas perspectivas, cf. p. 123-149; elementos para uma nova hipótese, p. 150-188.

12 Esse argumento é frequentemente retomado pelos adversários da autenticidade (total ou parcial) dessa passagem. Não prova nada senão o desconhecimento do trabalho estilístico de Flávio Josefo. S.J. Cohen (2002, p. 233) enfatizou um dos aspectos do trabalho de Josefo: sua irremediável negligência! Às vezes, ele deixa textos que são suscetíveis de releitura tendenciosa, bem como passagens que contradizem seus temas. A narração é muitas vezes confusa, obscura, contraditória. Um simples passar de olhos sobre a organização do capítulo 3 do Livro 18 de *Antiguidades* mostra que o autor judaico concatena eventos uns após outros sem que tenham necessariamente algum elo lógico ou cronológico particular; sucedem-se, de fato, a introdução das insígnias militares no Templo de Jerusalém por Pilatos; a história do aqueduto construída à custa do tesouro sagrado; a revolta dos judeus contra Pôncio Pilatos e sua repressão; a vida, a morte e a ressurreição de Jesus; o escândalo do templo de Ísis em Roma; a expulsão da população judaica de Roma; o massacre dos samaritanos e a demissão de Pilatos por Vitélio. Na realidade, o único fio condutor nesta passagem é o caráter de Pilatos e sua ação na Judeia e Samaria!

13 Alguns autores não hesitam em dizer que o estilo desta passagem é bem o de Eusébio e não de Josefo (p. ex., Gauvin, 1922).

observações podem ser glosas inserido por indiferença à noção de autenticidade literária ou inadvertidamente de um copista[14].

E Pierre Géoltrain acrescenta, no posfácio do mesmo livro, p. 277:

De sua longa investigação, o autor conclui com a *provável* autenticidade do *Testimonium* sem contar com o apoio da argumentação tradicional. Partindo do postulado completamente justificado de acordo com a qual os cristãos de que fala Josefo são judeu-cristãos (um grupo, uma fração do judaísmo), S. Bardet faz com que mudemos nossa visão do problema, põe em questão diversas posições consolidadas e dá fundamentos razoáveis ao caráter *verossímil* do testemunho do historiador judeu sobre Cristo e os cristãos[15].

Adotando essa posição ponderada pela objetividade do historiador, não podemos **negar que** o interesse do texto de Flávio Josefo permanece considerável. Como Tácito, **ele estabelece** uma conexão cronológica e física entre Jesus e Pilatos; ele menciona a **condenação de Jesus** pelo prefeito da Judeia e a natureza do suplício; ele dá algumas **indicações gerais**, mas preciosas sobre o ministério de Jesus, ao mesmo tempo mestre **e taumaturgo**, que tem seguidores; ele menciona, como os Evangelhos, o papel desempenhado pelas autoridades judaicas na condenação de Jesus. Então, graças a Josefo, e **até mesmo** se forem removidos os extratos contestados do *Testimonium* (em negrito **na passagem citada acima**), há uma fonte textual não cristã, indireta, é verdade, mas independente do Novo Testamento, que atesta a existência de Jesus.

* * *

14 Bardet S. 2002, p. 230-231. Mas também devemos lembrar que os autores antigos frequentemente inseriam passagens complementares, que hoje parecem interromper o fluxo da narrativa, porque eles não conheciam as notas de rodapé. Hoje, essas digressões seriam realmente relegadas ao final da página ou no final do capítulo ou do volume (cf. Grant, 1995, p. 53).

15 As palavras em itálico são do próprio autor. Nesta identificação dos judeu-cristãos, J. Mélèze-Modrzejewski (1991, p. 183-186) recorda (e adere a) a tese do estudioso papirologista britânico Colin H. Roberts segundo a qual havia laços muito fortes entre o cristianismo nascente da comunidade judaica de Alexandria e a revolta dos judeus alexandrinos em 115-117. "Os primeiros cristãos do Egito são judeus alexandrinos que aderem à mensagem vinda de Jerusalém desde meados do séc. I d.C. *Confundidos com o conjunto da comunidade judaica da qual fazem parte*, são arrastados, meio século depois, pela turbulência fatal" (p. 184). Por sua observância dos preceitos da Torá, os judeu-cristãos (tb. chamados de nazarenos, nazarenitas ou ebionitas) viviam ainda em um quadro aceitável para a comunidade judaica, e sua crença em Jesus Cristo, o Messias, não necessariamente dava lugar a um ostracismo. A separação parece acontecer de forma irreversível perto do meio do séc. II, isto é, após a revolta de Bar Koshba de 132-135, e com os primeiros tratados apologéticos como o de Melito de Sardes. A separação do judaísmo em relação aos cristãos provenientes do paganismo parece, esta, ser mais precoce, já que logo após os anos 80, sob Gamaliel II, uma oração contra eles (chamados *minim*, ou seja, "hereges") é inserido na coleção conhecida como as "Dezoito Bênçãos" ("Shemoneth 'Eareth". In: *Jewish Encyclopedia* 11, p. 281).

A questão de saber se os **textos rabínicos primitivos** do assim chamado período "tannaítico"[16] mencionam Jesus é controversa. Encontram-se, de fato, nos *Toledod Yeshou* algumas indicações relativas a um herege chamado Yeshou, supostamente o filho ilegítimo de um soldado romano de nome de Pantera ou Panthera. A história da sedução de Maria por Pantera esteve em circulação em torno de 150 uma vez que é citada por Celso[17]. James Tabor chama a atenção para o fato de que a resposta que os adversários judeus de Jesus dão no Evangelho segundo São João: "Nós não nascemos da prostituição; temos um só Pai, que é Deus (Jo 8,41)", é uma acusação contra Jesus que encontramos explicitamente no escrito apócrifo intitulado *Atos de Pilatos* bem como no Talmude e nos *Toledod Yeshou*[18]. Ele acredita que um soldado desse nome, de Sidônia, cidade onde Jesus esteve, e que viveu neste tempo, poderia ser o pai de Jesus. No entanto, Celso é o único a indicar que o pai ilegítimo de Jesus, Pantera, seria um soldado (romano). Além disso, a prostituição de que os adversários de Jesus falam significa, entre os profetas judeus, a infidelidade religiosa (Os 1,2), e quando eles atacam dessa forma Jesus, é para contestar sua fidelidade ao Deus da Aliança[19]. Alguns veem essas passagens como obras satíricas, onde o *Iesus Huios pantherou* seria um jogo de palavras para *Iesus huios parthenou*, "Filho da Virgem"[20].

Nos períodos posteriores, em que a produção literária foi reunida no Talmude Palestino e no Talmude Babilônico[21], há muitas referências a Jesus, mas elas frequen-

---

16 "O adjetivo deriva do substantivo hebraico *tannaim* (repetidores, professores) que designa os agentes da tradição ou "repetidores" pertencentes aos dois primeiros séculos da nossa era", especifica Jacques Schlosser (1999, p. 353). Uma lista de 176 doutores (*tannaites*) que falam na Mishná desde Simão o Justo (300 a.C.) a Judá o Santo (200 d.C.) é apresentada em Chiarini, 1831, p. 105-119.

17 Origenes, *Contra Celso* 1.32: "Devemos agora retornar à nossa prosopopeia, e ouvir o que o judeu diz sobre a mãe de Jesus: que ela foi expulsa pelo carpinteiro, seu noivo, tendo sido convencida de que cometeu adultério com um soldado chamado Pantera".

18 Tabor, 2007, p. 61-70.

19 *La Bible de Jérusalem*. Paris: du Cerf, 1998, p. 2.028 (1.837).

20 Harwood, 1992, p. 256ss.; cf. tb. W. Horbury, 2003; Mimouni, 2004, p. 108. O nome Pantera é um nome real, pois uma inscrição encontrada em Bingerbrück, na Alemanha, em 1859, traz a seguinte indicação: "Aqui jaz Tibério Júlio Abdes Pantera Sidon, com 62 anos, depois de ter servido 40 anos, ex porta-estandarte(?) da I corte de arqueiros" (CIL 13, 7514). Além disso, segundo Epifânio (*Panarion* 78,7) e João Damasceno (*A Fonte da Sabedoria*, *De fide orthodoxa*, 4,14) e no *Livro da Caverna dos Tesouros* (Su-Min Ri A. 2000) Jesus teria ancestrais chamados Pantera, tanto por parte de pai quanto de mãe.

21 O Talmude (em hebraico "ensinamento") é uma coleção da tradição literária rabínica (jurídica ou narrativa), composta pela Mishná – uma coleção de leis religiosas judaicas (halaca), transmitidas oralmente entre 300 a.C. e 200 d.C. pelos "repetidores" (*tannaim*) e colocadas por escrito na Palestina por volta de 200-220 pelo Rabino Yehuda ha Nassi; a jurisprudência se divide em 6 ordens e 63 tratados – e seus comentários, a *Gemara*, escritos pelos "intérpretes" (*amoraim*). Testemunho mais completo da tradição judaica antiga, o Talmude assumiu duas formas. O Talmude Palestino (incorretamente chamado *de Jerusalém*), realizado entre os séc. III e V, e o Talmude Babilônico (4 vezes mais longo do que o anterior), cuja versão final data do final do séc. V. Nas primeiras edições impressas do séc. XVI, as passagens referentes a Jesus foram censuradas. Aparecendo apenas em manuscritos (Codex de Munique, Viena), eles são conhecidos sob o nome de *Hesronoth Hashass* e foram publicados durante o séc. XIX por G. Dalman.

temente parecem sobrepostas, confusas ou tardias (medievais). Devido ao lugar que ocupou antigamente na discussão relativa à paixão de Jesus, no entanto, é necessário mencionar um texto particular do Talmude Babilônico, *Sanhedrim* 43a:

> A tradição relata: na véspera da Páscoa, penduraram **Jesus**. Um arauto andou diante dele por quarenta dias dizendo: Ele será apedrejado porque praticou a magia e enganou Israel. Que aqueles que conhecem os meios de defendê-lo venham e testemunhem em seu favor. Mas não se encontrou ninguém para testemunhar em favor dele e, portanto, ele foi suspendido na véspera da Páscoa. Ulla diz: "Vocês acreditam que **Jesus de Nazaré** era uma dessas pessoas de quem se procura alguma coisa que possa servir para defendê-las? Ele era um sedutor!" E a Torá diz: "Tu não o pouparás e não o desculparás" (Dt 13,9) [...] Uma tradição relata: "**Jesus** teve cinco discípulos, Mattai, Naqi, Netser, Boni e Todah"[22].

Essa passagem menciona explicitamente a origem de Jesus e sua morte que foi oficialmente anunciada por um arauto sob a acusação de bruxaria e enganação do povo. Deve-se notar, no entanto, que após ser condenado ao apedrejamento (reservado para condenados por motivo religioso), ele acabará por ser pendurado (na cruz), como um criminoso de direito comum ou um escravo. Ninguém explica essa mudança na condenação. É por isso que alguns estudiosos duvidam que é sobre Jesus de Nazaré, argumentando também o fato de que são mencionados somente cinco discípulos em vez de doze e que o nome Jesus era muito comum na época: Flávio Josefo, por exemplo, cita 14 diferentes Jesus[23]. No entanto, a data de sua morte (a véspera da Páscoa) corresponde às indicações cronológicas dadas no Evangelho segundo São João (19,14; 31; 42), que menciona precisamente que era a preparação da Páscoa. No entanto, há concordância de que se deve permanecer muito cuidadosos na explicação histórica deste texto, pois não há evidências de que seja de uma fonte antiga e independente.

* * *

Não podemos terminar esta breve apresentação das fontes judaicas sobre Jesus sem mencionar Fílon de Alexandria (*c*. 13 a.C.-54 d.C.), Justo de Tiberíades e os manuscritos do Mar Morto. Todos pertencem ao mundo judaico da virada da nossa era, e mesmo assim, eles não falam de Jesus. No entanto, Fílon é contemporâneo dele, Justo é originário da Galileia como ele, e entre os milhares de fragmentos de manus-

---

22 Pode-se citar também outro trecho como informação, o *Sanhedrin* 103a: "...pois tu não terás um filho ou um discípulo que estrague seu prato publicamente, pondo-lhe muitos ingredientes estrangeiros, como Jesus de Nazaré".

23 Siegel, 2007. Sobre os nomes próprios na Palestina do séc. I, cf. Peter Williams, citado no anexo 2.

critos encontrados nas cavernas vizinhas do Mar Morto, alguns datam do século I da nossa era. Como explicar esse silêncio?

Fílon de Alexandria é um judeu da cultura grega, nascido em Alexandria em uma família sacerdotal. Sabemos muito pouco de sua vida. Em 40, ele assumiu a liderança de uma delegação de judeus alexandrinos para encontrar o Imperador Calígula em Roma a fim de protestar contra as perseguições de que os judeus de sua cidade natal eram vítimas. Ele escreveu muitos livros de natureza filosófica, exegética (sobre o Pentateuco), histórica e apologética. Sua filosofia é uma espécie de neoplatonismo que busca conciliar os ensinamentos de Platão e os da Bíblia (que ele lia na versão dos *Setenta*, pois Fílon era helenófono). De acordo com Fócio, patriarca de Constantinopla no século IX, dizia-se: "Platão filoniza" ou "Fílon platonisa"[24]. Fócio, que leu várias obras de Fílon, acrescenta:

> Durante o reinado de Cláudio, ele visitou Roma, onde conheceu São Pedro, o chefe dos apóstolos, que se tornou amigo íntimo, e explica por que ele achava que os discípulos de São Marcos Evangelista, que foi discípulo de São Pierre, eram dignos de elogios, e que eles levavam uma vida contemplativa entre os judeus. Ele chama suas habitações de "mosteiros", e afirma que eles sempre levaram uma vida ascética, praticando o jejum, a oração e a pobreza[25].

Contudo, nada sobre Jesus!

Justo de Tiberíades é um judeu de cultura grega nascido, também ele, em Tiberíades. Ele foi amigo e depois adversário de Flávio Josefo. Participou, como ele, da revolta judaica contra os romanos, e escapou da morte apenas graças à proteção da Princesa Berenice, irmã do Rei Agripa II[26]. Ele escreveu dois livros: uma *Guerra dos judeus*, provavelmente em grego, e uma *Crônica do povo judeu* de Moisés a Agripa II. Ora, dessas duas obras, sobreviveram apenas alguns fragmentos citados em particular por Eusébio de Cesareia, Jerônimo de Estridão, Sexto Júlio Africano, Jorge Sincelo e Fócio. Este último observa com surpresa: "Ele (Justo) não faz nenhuma menção à vinda de Cristo, ou aos eventos de sua vida, ou às maravilhas que ele realizou"[27].

---

24 Fócio, *Bibliotheca* ou *Myriobiblon*, 105.

25 Fócio, *Bibliotheca* ou *Myriobiblon*, 105. Essa informação já é dada por São Jerônimo em seu *De viris illustribus* quando fala de Fílon [Disponível em: http://www.abbaye-saint-benoit.ch/saints/jerome]. Sobre o conhecimento que Fílon tinha dos primeiros cristãos, cf. Couvert, 1995.

26 Berenice, também conhecida como Júlia Berenice, nascida por volta do ano 28, foi uma princesa judia, filha do Rei Agripa I. Casou-se primeiramente com Marcos Alexandre, irmão de Tibério Alexandre e sobrinho de Fílon de Alexandria e, no segundo casamento, com Herodes, rei de Cálcis, seu tio e, finalmente, em um terceiro, com Marco Antônio Polemo II, rei da Cilícia. Ela também era a amante e concubina de Tito, filho de Vespasiano, que a enviou para seu irmão quando ele se tornou imperador em 79 ["apesar dele, apesar dela" nas palavras de Suetônio (*Tito* 7.1)]. Ela morre em uma data desconhecida.

27 Fócio, *Bibliotheca* ou *Myriobiblon*, 33.

Os **Manuscritos do Mar Morto**[28] – Descobertos a partir do inverno de 1946-1947 em cavernas naturais ou artificiais perto da margem noroeste do Mar Morto, os cerca de 100 mil fragmentos pertencentes a cerca de 900 manuscritos diferentes constituem uma coleção incomparável e inestimável de textos escritos entre o século III a.C. e o século I d.C. Encontram-se ali pergaminhos de todos os livros da Bíblia Hebraica (exceto Est) em cópias anteriores, às vezes, mais de mil anos às mais antigas até então conhecidas; textos específicos de uma ou mais comunidades particulares[29] (*Regra da Comunidade, Rolo do Templo, Escrito de Damasco, Rolo da Guerra* etc.); apócrifos e pseudepigrafia (livros não incluídos no cânon da Bíblia Hebraica); comentários (*pesharim*) de livros proféticos e sapienciais; vários textos tratando de magia, adivinhação, fisiognonomia; um *Brontologion* (um tratado que indica como se comportar quando estoura um trovão); calendários religiosos; filactérios; um rolo de cobre (em duas partes) fornecendo uma lista de tesouros escondidos com as indicações (codificadas) sobre a localização dos esconderijos. A maioria desses textos foi escrita em hebraico, alguns em aramaico, uma pequena parte em grego (em papiro); há também indícios de escrituras criptografadas. A origem de todos esses manuscritos tem sido objeto de ásperas controvérsias que, embora apaziguadas hoje, não resultaram em uma solução consensual. Alguns ainda consideram que são documentos essênios confeccionados no todo ou em parte no sítio de Qumran; outros, cada vez mais numerosos, consideram que são obras bastante heterogêneos provenientes de uma ou de mais bibliotecas de Jerusalém ou de seus arredores, colocadas ao abrigo em grutas antes da chegada dos romanos em 68; outros ainda consideram que alguns textos são autenticamente cristãos, escritos por uma seita judeu-nazarena denominada "ebionita", que estaria, mais ou menos, na origem do pensamento e da ação de Maomé, seis séculos mais tarde[30].

Seja como for, os manuscritos não falam de Jesus, nem de João Batista, nem de qualquer pessoa mencionada no Novo Testamento. Isso não é muito surpreendente por vários motivos. O primeiro é o estado muito fragmentário da maioria dos manuscritos; a segunda é que a grande maioria desses textos não tem motivos para falar sobre Jesus (esp. os livros da Torá, os *pesharim*, os tratados de magia ou adivinhação, os rolos de cobre etc.); finalmente, a proporção de documentos do século I de nossa era é muito pequena comparada ao número de textos dos séculos precedentes. De repente, não

---

28 Para uma primeira abordagem, cf. Bioul, 2004; Humbert & Villeneuve 2006; Paul, 2008; Héricher; Langlois & Villeneuve, 2010.

29 Ou escolas, *hairèseis*, como as descreve Flávio Josefo, AJ 18 2.

30 Cf. Couvert, 2003. Torna-se cada vez mais evidente que o Islã é uma religião de origem judaico-nazarena – em gestação em um ambiente siro-aramaico –, e o Alcorão é um lecionário cristão reformulado, tanto são flagrantes as reminiscências heréticas judaicas e cristãs. Obras como Crone & Cook, 1977; Gallez, 2005; Aldeeb, 2008 (em particular, mas estes não são os únicos) marcam um real progresso nessa área.

devemos nos surpreender com esse silêncio, já que "quase todos os manuscritos são anteriores à vida e ao ensino de Jesus"[31].

Além disso, a maioria dos exegetas ainda atribui os chamados manuscritos de Qumran aos essênios, sendo que "não há nada sobre os 'essênios' em nenhuma inscrição da época (funerária ou não); nada tampouco em nenhum dos numerosos pergaminhos cujos restos mortais foram encontrados nas onze grutas das proximidades de Qumran e em outras partes do deserto da Judeia (Murabba'at, Nahal Hever) ou Massada; nada no Novo Testamento ou na imensa literatura rabínica [...]. A palavra – grega e relativamente tardia (séc. I d.C.) – é, na verdade, um problema"[32]. E, no entanto, quem poderia argumentar hoje que os essênios não existiram?

No final, a resposta mais apropriada ao silêncio de Fílon e de Justino é a do argumento *a silentio* que, usado pelos historiadores, pode ser resumido da seguinte forma: se as fontes não falam de um evento ou de um personagem, não significa *ipso facto* que ele não existiu; há muitas razões para esse silêncio. Mas para que esse argumento seja válido, ele deve preencher três condições que se somam:

1) O autor poderia conhecer facilmente esse fato ou esse personagem?

2) Ele deveria mencioná-lo em seu livro, considerando o seu propósito?

3) Ele foi impedido por uma causa específica?

No que diz respeito a Fílon, contemporâneo de Jesus, pode-se afirmar sem grande chance de errar que, apesar de estar vivendo no Egito, ele sabia da existência de Jesus. Seu encontro com o chefe dos apóstolos em Roma, se é algo comprovado, não deixaria dúvidas sobre isso. Por outro lado, ele deveria falar sobre isso em suas obras? Esta questão é crucial. O que sabemos sobre seus escritos? É, sem dúvida, um trabalho notável pela riqueza de pensamento e pela originalidade do estilo, a abundância e variedade de gêneros literários. O que emerge da publicação de sua obra é que ele é uma testemunha notável, no meio helênico, da teologia e da espiritualidade judaicas, bem como do pensamento filosófico do mundo mediterrâneo. Por exemplo, encontra-se nele a mais antiga notícia sobre os essênios. Seus escritos exerceram considerável influência sobre os cristãos de Alexandria (Clemente, Orígenes etc.) e mesmo sobre a exegese ocidental de Ambrósio de Milão. Isso justifica que ele tivesse que falar de Jesus? Discorrer sobre os essênios ou os terapeutas o obrigaria a mencioná-lo? Não necessariamente, como o mostra o próprio Flávio Josefo, falando dos essênios sem mencionar a figura do Nazareno[33], ou Plínio o Velho, no registro de sua *História Natural*[34]. Podemos, portanto, considerar

---

31 Puech, 1997a, p. 268-269.

32 André Paul in: Héricher; Langlois & Villeneuve, 2010, p. 152.

33 GJ 1 78-80; 2,112-113; 2,119-161; 2,567; 5,145; AJ 13,311-313; 15,372-378; 17,345-348; 18,18-22; *Vita* 2,10-11.

34 *História natural* V, 73.

que Fílon, nos escritos em que poderia mencionar Jesus, tinha boas razões para não o fazer. Ele foi impedido por uma razão específica? Nós não acreditamos nisso[35]. Quanto a Justo de Tiberíades, sua obra quase desapareceu, e as poucas informações que temos sobre ela vêm de uma fonte não amigável, para não dizer hostil, a saber, Flávio Josefo. Além disso, Fócio acrescenta no final de sua breve nota: "Conta-se que a história que ele (Justo de Tiberíades) escreveu foi em grande parte de forma fictícia, especialmente quando ele descreve a Guerra Judaico-Romana e a tomada de Jerusalém". Ora, *a contrario*, quando resume as duas obras de Flávio Josefo, Fócio não menciona que este último falou de Jesus![36] Excelente demonstração do argumento do silêncio, uma vez que sabemos, além disso, que Josefo, na verdade, falou dele.

Reunindo as informações dadas pelas fontes judaicas, podemos reconhecer que eles falam de Jesus, o Cristo, irmão de Tiago, natural de Nazaré, cuja mãe se chamava Maria; que ele tinha discípulos; e que ele foi pendurado (outra palavra para crucificado[37]) nas vésperas da Páscoa porque ele havia enganado e desviado Israel do caminho.

Vamos agora reunir todas as informações obtidas dos textos politeístas e judaicos para vermos o que emerge delas: sob o reinado do imperador romano Tibério (14-37) viveu um judeu chamado Jesus, originário de Nazaré, nascido de uma mulher chamada Maria, prometida a um carpinteiro. Ele também é chamado de Cristo (ou *Chrest*). Este homem tinha discípulos e um irmão, Tiago, que foi apedrejado. Ele foi levado perante Pôncio Pilatos, "procurador" da Judeia, pelos dignitários judeus, porque havia blasfemado, enganado e desviado o povo de Israel do caminho. Ele foi condenado à morte na cruz (ou empalado ou crucificado) na véspera da Páscoa. Seus seguidores continuaram a acreditar nele e a venerá-lo como um deus, encontrando-se regularmente em um horário definido antes do nascer do sol. É isso que a análise convergente desses depoimentos permite estabelecer. Para refinar ainda mais o retrato de Jesus, vamos agora olhar para textos cristãos.

---

35 Cf. esp. Hadas-Lebel, 2003. *A contrario*, lembremos o *silêncio total* dos escritos rabínicos sobre Fílon que não deixa de surpreender. No entanto, ninguém questiona sua existência!

36 Fócio, *Bibliotheca* ou *Myriobiblon*, 47 e 76. Uma situação semelhante à de Jesus existe para Luciano de Samósata, p. ex., "Os críticos sempre se admiraram com o fato de um escritor como Luciano, que devia provavelmente ser bem-conhecido em sua época, praticamente não é mencionado entre seus contemporâneos. O silêncio de Filóstrato em sua *Vidas dos sofistas* parece particularmente chocante, mesmo que ele pudesse considerar, com razão, que Luciano não era um sofista no sentido puro do termo [...]. De qualquer forma, esse silêncio não é absoluto, se levarmos em conta a tradução árabe do comentário de Galeno sobre as epidemias de Hipócrates (2 6.29), em que se trata de um Luciano que é preciso sem dúvida identificar como nosso autor (mesmo se Galeno não o tenha conhecido pessoalmente). [...] Depois de Galeno, devemos esperar, do lado dos cristãos, Lactâncio (*Inst. div.* 1,9, col. 159b), que cita o nome de Luciano por causa de sua falta de respeito por homens e deuses; e, no lado dos pagãos, Eunápio de Sardes [...] (cf. *Soph* 2 1, 9, 454; Fuentes Gonzàlez, 2005).

37 Nos Atos está escrito que Jesus foi suspenso num patíbulo (5,30), uma expressão retomada em At 10,39; 13,29, que lembra a de Dt 21,23 citada em Gl 3,13.

Fontes cristãs

Para confirmar a existência histórica de Jesus, precisamos agora considerar o que dizem as fontes cristãs. O quadro que se desenha é, bem entendido, fortemente marcado pela visão de fé e confissão de seus autores, mas para além das considerações teológicas, certos pontos têm um caráter histórico incontestável que, hoje, somos capazes de explorar. Podem-se distinguir dois grupos de fontes cristãs: as chamadas "canônicas"[1] que se encontram no Novo Testamento (os Evangelhos, Atos dos Apóstolos, as cartas de Paulo, Tiago, Pedro e João, Apocalipse); as que são designadas um pouco pejorativamente com o qualificativo de "apócrifas" e que outros preferem chamar "extra canônicas"[2]. Elas fornecem diversos textos do cristianismo primitivo muito interessantes.

Do estrito ponto de vista do historiador, devemos nos precaver de estabelecer *a priori* uma hierarquia entre essas duas categorias, porque essa distinção entre "canônico" e "apócrifo" tem relevância apenas do ponto de vista teológico e doutrinal. Desde a segunda metade do século II, a Igreja manteve quatro Evangelhos, aqueles que eram lidos mais universalmente, por causa, sem dúvida, da autoridade de seus autores, e que foram amplamente usados em várias Igrejas para a liturgia[3]. Ela os reteve antes de tudo como aqueles que são úteis para orientar e nutrir a fé e a prática dos cristãos,

---

1 A palavra "canônico" vem do grego κανών que significa "regra", "medida", "limite", "norma", "modelo", "tipo". A canonização dos escritos cristãos começou em meados do séc. II, como atesta Irineu de Lyon e terminou no final do séc. IV ou início do séc. V. Portanto, é falso dizer que se trata de uma obra exclusiva do Imperador Constantino I. Ele endossou uma escolha que começou bem antes dele.

2 Schlosser, 1999, p. 62, p. ex. Os protestantes preferem utilizar o termo "pseudepigráficas".

3 Cf. os testemunhos do Cânon de Muratori (cópia do séc. IV de um original dos anos 170?) ou de Irineu de Lyon, *Contra as Heresias* 11,8,3: João relata a filiação divina de Jesus; Lucas lhe dá um caráter sacerdotal com Zacarias; Mateus, que, começando com sua genealogia, mostra-o como homem; Marcos começa com o dom do Espírito e adere a um estilo profético conciso. Irineu também motiva esta escolha pela existência de "quatro regiões do mundo em que estamos, e quatro ventos principais, e uma vez que, por outro lado, a Igreja está espalhada por toda a terra e tem como coluna e apoio o Evangelho e o Espírito da vida, é natural que ela tenha quatro colunas que soprem de todas as partes a incorruptibilidade e deem a vida aos homens. Donde ele intui que o Verbo, artesão do universo, que se assenta sobre os querubins e mantém todas as coisas, quando se manifestou aos homens, deu-nos uma Evangelho quadriforme, embora mantido por um único Espírito.

mas também com base em um julgamento de confiabilidade histórica[4]. Mas podemos encontrar também dados de caráter histórico nos escritos apócrifos tomando em consideração o conjunto desses textos[5] e fazendo algumas distinções básicas[6]. De fato, os escritos apócrifos permitem colocar em perspectiva os escritos canônicos, porque eles constituem uma fonte documental complementar ou mesmo independente destas, cuidando para não privilegiar os primeiros em relação aos segundos.

A) O Novo Testamento

A palavra "testamento" vem do latim *"testamentum"* que significa "testamento", mas também "aliança", "pacto", "acordo" ou "promessa". É nesse sentido que é usado em 1 Macabeus (1Mc 1,11; 2,54). Pode-se, portanto, traduzir "Novo Testamento" por "Novo Aliança" ou "Nova Promessa", a única que Deus selou e fez aos seres humanos na pessoa de Jesus Cristo. Na Bíblia católica, o Novo Testamento possui 27 livros, a saber: os quatro Evangelhos canônicos, os Atos dos Apóstolos, treze cartas de Paulo, Hebreus, uma de Tiago, duas de Pedro, três de João, uma de Judas e o Apocalipse de João[7].

A1) As Cartas de Paulo

Nascido em Tarso, Cilícia (Turquia), por volta do início de nossa era, Paulo é um judeu da diáspora cujo pai tinha a profissão de comerciante de tecidos e fabricante de tendas. Em meio a dolorosas contradições que caracterizam tantos judeus helenizados divididos entre a helenização profunda e um legado hebraico preso na carne, Paulo sem dúvida pertence ao meio fariseu e possui ao mesmo tempo uma sólida cultura grega forjada primeiramente em sua cidade natal e depois para Jerusalém, onde irá encontrar os primeiros cristãos. Ele também é cidadão romano, o que faz dele um membro da elite dentro de uma "aristocracia" provinciana. Seu encontro com Cristo no caminho para Damasco favorece o desenvolvimento de um misticismo centrado na união com Jesus ("Já não sou eu que vivo, mas o Cristo que vive em mim"; Gl 2,20). Após sua conversão, ele se torna um prosélito irrefreável que viaja sem cessar para cumprir sua ação missionária, enquanto procura escapar dos múltiplos perigos, zombarias e provocações que pontilham seu caminho. Sem contar as tensões e rivalidades que

---

4 Sobre a qualidade histórica dos Evangelhos, cf. Marguerat, 1999; Baslez, 2007; Bowersock, 2007; Gamble, 2012, que colocam os Evangelhos e os Atos dos Apóstolos no contexto mais amplo da historiografia greco-romana e judaica.

5 Cf., p. ex., Quenel, 1983; Bovon & Geoltrain, 2005; Geerard, 1992. As Edições Brepols publicaram o *Corpus Christianorum Series Apocryphorum* principalmente para pesquisadores.

6 Focant, 2000, p. 71-72; Norelli, 1998.

7 Os Evangelhos serão tratados mais adiante, p. 109ss.

agitam as comunidades cristãs, divididos entre tradições hebraicas e ensino/mensagem de Jesus. Daí uma dureza de tom que, por vezes, surpreende (esp. no que diz respeito às mulheres ou escravos). Comunicador por excelência, Paulo domina perfeitamente o espaço político romano em que atua. Apesar das "áreas sombrias e secretas que são as de qualquer personalidade mística"[8], sua vida e sua trajetória nos são conhecidas graças a duas fontes independentes e complementares: suas cartas (que são "cartas particulares que se tornaram aos pouco literatura cristã"[9]) e aos Atos dos Apóstolos (cujas intenções apologéticas às vezes obscurecem a realidade). Sincronismos com eventos específicos da história (p. ex., o proconsulado de Galião em Corinto) permitem estabelecer uma cronologia relativamente precisa do apóstolo[10]. Ele é o criador da "carta apostólica", um gênero literário novo não na espécie, mas na modelização que faz do gênero antigo da carta, combinando práticas gregas e judaicas[11]. Treze cartas com seu nome se conservaram, mas apenas sete são considerados autêntica pelos exegetas da escola histórico-crítica, as outras são pseudepigráficas[12]. Suas cartas não são tratados teológicos, mas respostas precisas a situações pontuais e concretas. Sua pregação é um querigma apostólico, isto é, uma "formulação da fé cristã concentrada em seu evento central, a saber, o caráter salutar da morte e ressurreição de Jesus"[13] que não é dele próprio, mas que é o da fé comum, sendo sua especificidade, sem dúvida, o estar especialmente voltado para os gentios, os não judeus. Ele morreu decapitado na saída de Roma, na Via Ostiense, em 67-68.

As cartas de Paulo foram preservadas (parcial ou integralmente) em vários manuscritos: *Codex Sinaiticus* (séc. IV); *Codex Vaticanus* (séc IV); *Codex Alexandrinus* (séc.V); *Ephraemi Rescriptus* (séc. V); *Codex Claramontanus* (séc. VI), bem como em fragmentos de papiro como papiro Chester Beatty II (conhecido como papiro 46), datado de aprox. 200; o papiro Oxyrhynchus 1008 (chamado papiro 15) do século III;

---

8 Baslez, 2008, p. 7.

9 Clivas, 2011, § 9. Para um estudo mais aprofundado das Cartas de Paulo em um contexto mais amplo, cf. Burnet, 2003.

10 Baslez, 1991; 2003b; Murphy-O'Connor, 1997; Holzner, 2000.

11 Moreschini & Norelli, 2000, p. 25.

12 Não é nossa responsabilidade, no contexto deste livro, fazer a crítica desta classificação. Para mais informações, cf. Moreschini & Norelli, 2000, p. 29-54; Marguerat, 2000, p. 131-326. Notemos, no entanto, que a data de composição destas cartas pseudepigráficas é colocada pelos exegetas contemporâneos entre os anos 80 e a primeira metade do séc. II, o que faz delas testemunhos inteiramente admissíveis. Além disso, lembremo-nos que o fragmento do papiro 7Q4 encontrado em uma gruta perto de Qumran e identificado por José O'Callaghan como uma passagem de 1Tm 3,16; 4,3 é objeto de um áspero debate, pois se for autenticado como tal, sua data de redação poderia ser anterior a 68. Seu caráter pseudepigráfico, então, não teria mais razão de ser.

13 Marguerat, 2000, p. 478.

o papiro Oxyrhynch 1355 (chamado papiro 27) do século III; o papiro Oxyrhynchus 209 (chamado papiro 10) do século IV etc.[14]

A redação das chamadas cartas "autênticas" (1Ts, 1Cor, 2Cor, Gl, Fl, Fm e Rm), estende-se de 50/51 (1Ts) a 56/58 (2Cor), o que faz delas os mais antigos escritos cristãos que chegaram até nós. O interesse dessas cartas é imenso; para o nosso propósito, elas atestam sem qualquer ambiguidade a existência histórica de Jesus, sua identificação com o Cristo, e isto a apenas vinte anos após sua morte, e a antiguidade da tradição que irá desembocar nos Evangelhos canônicos (p. ex., o amor aos inimigos em Rm 12,14 ou a distinção entre o puro e o impuro em Rm 14,14). Paulo também afirma que ele teve contatos diretos com pessoas do grupo de Jesus, especialmente Pedro (Cefas) e Tiago, "O irmão do Senhor" (Gl 1,18).

A2) Hebreus, as Cartas Católicas e o Apocalipse

O texto de **Hebreus** é sempre associado a Paulo. No entanto, a linguagem e estilo deste escrito não são do apóstolo. O proêmio, ou seja, o endereço, não consta enquanto as saudações estão bastante presentes no final. Hebreus é, contudo, atestado no epistolário paulino desde os anos 200 no Egito ($\mathfrak{P}^{46}$). No Oriente, a canonicidade de Hebreus foi aceita muito rapidamente, enquanto a Igreja Ocidental esperou até o século IV para fazê-lo por causa da suspeita de gnosticismo ou montanismo (de fato, ela fala de éon, um termo muito comum na literatura gnóstica). Considera-se agora que seu autor é um redator atuante do movimento do Apóstolo dos Gentios, mas que permaneceu anônimo[15]. Este é um personagem culto, talvez um judeu de cultura helenística da Itália ou do Egito, que conhece bem a teologia, especialmente a de Paulo. Uma composição antes da destruição do Templo (em 70) não pode ser excluída, mesmo que não se imponha desde o início. Um *terminus ante quem* no final do século I (ela é citada por 1Clem 36,2-6) é geralmente aceito[16].

As sete **cartas** restantes foram agrupadas sob o nome de "**católicas**" em razão da universalidade de seu propósito. De fato, a maioria deles não se dirige a uma deter-

---

14 Devemos enfatizar aqui o fato de que nos fragmentos preservados (sejam eles obras de Paulo ou de qualquer outro autor, ou de qualquer escrito, canônico ou não), o nome de Jesus não necessariamente aparece. O interesse desses fragmentos reside no fato de que eles possibilitam datar, às vezes bem alto, toda uma obra que, por sua vez, menciona o nome de Jesus ou de Cristo, e reforçar sua autenticidade. Quanto mais próxima uma obra é dos eventos e personagens mencionados, menor, *a priori*, a probabilidade de esquecê-los ou distorcê-los. A crítica interna e a crítica externa permitem então aos historiadores avaliar o grau de validade e legitimidade (ou mesmo de pertinência) de um testemunho escrito, porque a antiguidade de um testemunho não o torna *ipso facto* um testemunho autêntico.

15 Vários nomes foram propostos: Barnabé, Aristíon, Silas, Polos, Priscila etc.

16 Cf. Moreschini & Norelli, 2000, p. 145-148.

minada comunidade ou pessoa, mas a um corpo sociorreligioso muito mais amplo[17]. Sua canonicidade não obteve apoio unânime de imediato, ao menos no Ocidente. Foi preciso esperar por Hilário de Poitiers (c. 360) para vê-los citados como parte integrante do Novo Testamento. Entre elas consta a Carta de Tiago, a primeira carta de Pedro (c. 60/80), a carta de Judas, a segunda carta de Pedro (c. 120) e as três cartas de João (c. 100)[18]. Qualquer que seja a identidade de seus autores (p. ex., não é certo que a segunda carta de Pedro seja, de fato, do chefe dos apóstolos), a data de sua escrita se situa entre meados do século I e o meio do século II.

Última obra integrada no corpus do Novo Testamento, o **Apocalipse** de João é uma obra obscura para o leitor do século XXI porque foi escrita em uma linguagem cifrada e codificada, cuja estrutura é complexa. O termo grego *apokalypsis* significa "revelação", "desvelamento", "descoberta". Trata-se de uma profecia dos últimos tempos. Ao ler as cartas ditadas por Jesus Cristo para as sete Igrejas, o autor "desvenda" o mistério do plano divino na história do mundo terminando com a abertura dos sete selos que causam a queda das forças do mal, o julgamento último da humanidade, o desaparecimento do mundo atual e sua substituição pela cidade de Deus, a nova Jerusalém. Os primeiros testemunhos do livro remontam a Justino, Irineu, Hipólito, no século II. O Apocalipse foi pensado (e escrito) em hebraico, então traduzido para um grego nem sempre muito respeitoso da gramática e da sintaxe, que contém certo número de anomalias que podem ser explicadas por meio do hebraico subjacente[19]. Seu autor se chama João: a tradição patrística o identifica seja com o apóstolo de Jesus, o autor do Quarto Evangelho[20], seja com o presbítero João da Ásia[21] sem que sejamos capazes de estabelecer se é uma única e mesma pessoa ou duas pessoas diferentes; a exegese contemporânea se inclina, em vez disso, a um terceiro personagem, um carismático, ligado às comunidades da Ásia Menor às quais as cartas às sete Igrejas são endereçadas. Claude Tresmontant, no entanto, mostrou de maneira convincente que a tradição que identifica o seu autor com o apóstolo de Jesus é a mais provável[22]. A data de redação se situa entre os anos 50 e 80/90.

---

17 P. ex., a Carta de Tiago se destina às "doze tribos da diáspora" (Tg 1,1) e a primeira Carta de Pedro aos "cristãos da diáspora" (1Pd 1,1).

18 Cf. Conzelmann & Lindemann, 1999, p. 403-412 e 429-448; Moreschini & Norelli, 2000, p. 109-114 e p. 148-159. Devemos enfatizar que 3Jo não fala de Jesus. Nem seu nome nem o de Cristo aparecem ali.

19 Cf. o estudo feito a respeito em Tresmontant, 1994.

20 Justino, *Dialogo* 814; Irineu de Lyon, *Contra as heresias* 5,21,11.

21 Dionísio de Alexandria ou Papias, apud Eusébio, *História Eclesiástica* 3,39,4-6.

22 Tresmontant, 1994, p. 221-295.

B) Escritos apócrifos

O termo grego ἀπόκρυφος (*apocryphos*) significa "oculto", "secreto", "fora da vista". Alguns autores de Evangelhos chamados gnósticos designaram suas obras por este adjetivo, positivo a seus olhos, porque eles consideravam que seus textos eram reservados a iniciados. Mas pouco a pouco, essa palavra tomou um sentido pejorativo, pois, como apontam muitos dos Padres da Igreja, os ensinamentos verídicos de Cristo não têm medo da luz do dia e podem ser dados com toda inteligibilidade a todos os homens, sem exceção, porque "nessa nova vida já não há diferença entre grego e judeu, circunciso e incircunciso, bárbaro e cita, escravo e livre, mas Cristo é tudo e está em todos" (Cl 3,11). A partir do quarto século, a palavra adquire seu sentido pejorativo corrente que ainda hoje mantém: o apócrifo é um texto não reconhecido, não aceito pela Igreja para leituras públicas[23]. Os escritos apócrifos, cuja datação é muitas vezes discutida, constituem um conjunto muito heterogêneo. Eles parecem ter sido escritos como complementos para as histórias canônico ou para responder a curiosidade de certos cristãos ou para espalhar uma nova doutrina, qualificada como "heterodoxa". Dependendo do propósito que possuem, os temas com os quais lidam, ou as informações que podem ser extraídas deles, podemos classificá-los em três categorias[24]:

1) os parassinóticos;

2) os escritos complementares ou romanescos;

3) os Evangelhos gnósticos.

Primeiro de tudo, há aqueles que tratam da vida pública de Jesus de Nazaré, que chamamos de "**parassinóticos**" porque que eles são construídos, como os sinóticos, na forma de narrações entrelaçando relatos e palavras de Jesus, elementos narrativos e discursivos. Existe o *Evangelho segundo os hebreus* (*c.* 140/180), o *Evangelho dos Nazarenos* (*c.* 120/180), o *Evangelho dos Ebionitas* (início do séc. II), o *Evangelho dos Egípcios* (*c.* 120), Evangelhos fragmentários como o "fragmento Fayum" (150 / séc. III), o papiro de Oxyrhynch 4009, 1224 e 840 (séc. I – IV/V), o papiro Egerton 2 (meados do séc I, início do séc. II ou *c.* 200?)[25].

A segunda categoria refere-se a assuntos ou temas dos quais os Evangelhos canônicos não falam. São chamados, portanto, de "**complementares**" ou "**romanescos**". Eles se destinam a fornecer informações sobre um personagem (Maria, José, Nicodemos), sobre um momento na vida de Jesus (sua infância, sua paixão, sua descida aos infernos

---

23 Originalmente, os relatos apócrifos não são descritos como "*apócrifa*", mas como "*antilegomena*", isto é, livros "que não devem ser lidos" porque se trataria de fábulas.

24 Delhez & Vermeylen, 2006, p. 47-50.

25 Para uma apresentação mais detalhada, cf. Moreschini & Norelli, 2000, que preferem falar de Evangelhos judeu--cristãos com relação aos três primeiros (p. 83ss.); cf. tb. Evans, 2006, p. 51-99.

etc.) muitas vezes misturando o maravilhoso ou o terrível[26]. Citemos por exemplo, o Protoevangelho de Tiago, também chamado de Natividade de Maria[27] (segunda metade do séc. II), as Histórias da Infância do Senhor Jesus também conhecido como o Evangelho da infância de Tomé (séc. III), o *Pseudo-Mateus* (séc. VI)[28].

Por fim, há os **escritos gnósticos**[29] – De acordo com os heresiólogos, a origem do gnosticismo cristão remonta a Simão o Mago (ou Mágico) de quem se fala em At 8,9-11, que seguiu uma vez o Apóstolo Filipe, que chegara em uma cidade de Samaria onde Simão fazia prodígios, mas que foi rejeitado por Pedro porque ele queria comprar o dom de Deus, isto é, o Espírito Santo, que os apóstolos davam impondo as mãos[30]. Os escritos cristãos gnósticos (do grego γνῶσις, "conhecimento") pretendem dar a "eleitos" o conhecimento salvador que tem por objeto os mistérios do mundo divino e dos seres celestes, e que se destina a revelar apenas aos iniciados o segredo de sua origem e os meios para alcançá-los.

Eles podem ser divididos em duas categorias:

1) os escritos gnósticos dos séculos II e III na tradição indireta;

2) os escritos gnósticos dos séculos II e III na tradição direta[31].

No primeiro grupo se encontram o *Livro de Baruc*, os *Atos de Arquelau de Hegemônio*, a *Carta a Flora* de Ptolomeu, um *Comentário sobre o Evangelho de João* de Heracleon etc., dos quais temos informação por citações Irineu, do *Elenchos* de Hipólito, de Orígenes ou de Clemente, por exemplo. O segundo grupo reúne textos originais encontrados, em sua maior parte, em Nag Hammadi, no Egito[32]. O *Apócrifo de João* (c. 150), o *Evangelho de Tomé* (150/180)[33], o *Evangelho da verdade* (antes de 180), o tratado *Sobre a ressurreição* (depois de 150), o *Evangelho de Felipe* (depois de 250).

Esses textos "cristãos" antigos ou menos antigos falam, portanto, de Jesus, o que, em si, reforça a presunção de sua existência e é suficiente para o nosso propósito. A relação deles com os escritos canônicos é mais complexa porque, pelo menos no

---

26 *Evangelho da infância segundo Tomé*, 46, no qual Jesus ressuscita muitas crianças ou, pelo contrário, faz o filho de Anás secar.

27 É ele quem informa o nome dos pais de Maria: Ana e Joaquim.

28 É de onde vem a tradição do boi e do asno no presépio.

29 Para abordar o problema do gnosticismo cristão, cf. Moreschini & Norelli, 2000, p. 209-230.

30 Daí vem o termo de "simonia" para designar o tráfico das coisas santas.

31 Moreschini & Norelli, 2000, p. 217-229.

32 Turner & McGuire, 1997; Dubois & Kuntzmann, 2009.

33 Embora encontrado na biblioteca de Nag Hammadi, o Evangelho de Tomé não é, estritamente falando, um texto gnóstico. Consiste em uma série de palavras (*logia*) ou parábolas de Jesus em número de 114 (cifra adotada pela Edição crítica), introduzidas pela frase "Disse Jesus" ou por uma pergunta dos discípulos ou por um breve quadro narrativo (Moreschini & Norelli, 2000, p. 95-99).

caso de alguns deles, estão permeados de criações lendárias e inverossímeis[34] e porque, em nível doutrinário, os Padres da Igreja sempre insistiram em grandes divergências ou distorções – até mesmo criações originais – que fazem deles perfeitos apócrifos ou gnósticos. Mas, do ponto de vista estritamente histórico, esses documentos constituem uma fonte textual tão importante quanto os escritos dos autores politeístas.

C) As obras dos primeiros padres apostólicos

Podemos concluir esse rápido panorama das fontes antigas que falam de Jesus Cristo mencionando os escritos dos primeiros Padres da Igreja. Eles são chamados de Padres Apostólicos, porque pertencem à geração de cristãos que conheceram os apóstolos de Jesus e dos quais receberam o testemunho que estará na fonte do que é chamado de "tradição apostólica". Suas obras não pertencem ao cânon do Novo Testamento (mesmo que compartilhem a teologia, a língua e a origem comunitária), mas são consideradas fundamentais para tornar conhecida a doutrina resultante do ensinamento de Jesus (evangelização) e para combater as heresias que não deixam de aparecer desde o século I[35].

Os seguintes escritos e autores são considerados "apostólicos": o *Pastor de Hermas* (início do séc. II), Clemente de Roma (anos 80/90), Inácio de Antioquia (35-113), Policarpo de Esmirna (*c.* 69/89-*c.*155), Papias de Hierápolis (início do séc. II), a *Didaqué* (final do séc. I), Quadrado e Aristides, ambos de Atenas (*c.* 124)[36]. Alguns trabalhos, como a *Didaqué*, por exemplo, não dependem de nenhum dos escritos do Novo Testamento. Trata-se de obras independentes mesmo que possamos reconhecer nelas uma tradição comum.

* * *

Há, claro, outros escritores cristãos dos séculos II, III ou IV que poderiam ser mencionados pela simples razão que, embora não sejam testemunhas diretas, eles citam, no entanto, um número de documentos de primeira mão, hoje desaparecidos, e que

---

34 Alguns dos quais são encontrados no Alcorão, p. ex., quando Jesus faz pássaros de barro e lhes dá vida (*Evangelho da infância segundo Tomé* 2,3 e *Alcorão*, sura 3,50), o que reforça a evidência de uma origem judeu-nazarena do Alcorão.

35 Nós já mencionamos a de Simão o Mago. Podemos também mencionar as de seu discípulo Menandro, Apolo de Éfeso, Justino de Samaria, Marcião ou gnósticas.

36 Para citar alguns, apenas. Vamos mencionar particularmente as cartas dos Padres Apostólicos: *Carta de Barnabé* (*c.* 96), *Cartas Clementinas* (*c.* 100-150), *Cartas de Inácio de Antioquia* (*c.* 120), *Carta de Policarpo aos Filipenses* (*c.* 167). Para mais detalhes, consulte os livros já citados em Moreschini & Norelli, 2000; Burnet, 2003. Cf. tb. o site http://www.patristique.org/Les-Peres-apostoliques. O *Pastor de Hermas* e a *Carta a Diogneto* não citam Jesus ou Cristo, citamo-lo a título de informação.

reforçam a convicção de que Jesus realmente existiu. Estas testemunhas não hesitaram, às vezes com o risco de sua vida ou de sua honra, em afirmá-lo diante das mais altas autoridades do Estado Romano. Para dar apenas um exemplo, examinemos o caso de um documento excepcional, desaparecido hoje, mas do qual temos conhecimento devido a várias citações: Os **Atos de Pilatos**. Não se trata daqueles *Atos de Pilatos*, escritos apócrifos de que existem muitas variações, mas sim de um relatório ou de um processo oficial redigido pelo prefeito da Judeia para o Imperador Tibério. A existência de tal relatório fez muita tinta ser utilizada, porque se trata de um testemunho capital. Infelizmente, nenhum documento deste tipo chegou até nós. No entanto, é razoável supor que Pilatos tenha, como seus colegas de outras províncias, escrito um relatório sobre o que aconteceu na época do julgamento de Jesus e sobre os problemas que se seguiram (as primeiras conversões em massa, a prisão dos apóstolos, o martírio de Estêvão etc.). Vimos isso em Plínio o Jovem (p. 62). Mas o que sabemos sobre a existência de um possível relatório dirigido ao imperador por Pilatos?

Segundo o pesquisador norte-americano Bob Siegel[37], a existência deste relatório é atestada por alguns autores antigos: Justino Mártir, Tertuliano e Eusébio de Cesareia (ele acrescenta Tácito, mas apenas por dedução, e é por isso que não vamos falar dele aqui). O fato de serem autores cristãos não deve ser um problema, mas pelo contrário pode se explicar pelo fato de que em tempos de ameaça – até mesmo perseguição – eles tinham todo o interesse, para defender sua causa e a vida de seus correligionários, em apoiar-se em documentos oficiais conhecidos e acessíveis a todos, começando pelas mais altas autoridades do Império. Além disso, o que sabemos da vida de cada um deles nos permite afirmar que se tratava de homens cultos bem-versados na sociedade romana e seu ambiente.

Justino (*c*. 100-165) nascido em Flávia Nápoles (antiga Siquém, hoje Nablus) na Palestina, em uma família não judaica. O nome de seu pai era Prisco e de seu avô, Baqueio. De cultura e educação gregas, ele frequentou diferentes escolas filosóficas em Éfeso (estoicismo, aristotelismo, pitagorismo, platonismo) antes de se converter ao cristianismo em torno de 130-133. Morreu decapitado em Roma. Em uma carta dirigida ao Imperador Antonino Pio (138-161), intitulada *Apologia em favor dos cristãos*[38], Justino alude claramente a um documento chamado "Atos de Pilatos":

> Esta palavra: "eles perfuraram minhas mãos e meus pés" significava que na cruz, suas mãos e pés seriam perpassados com cravos. E, depois de o crucificarem, tiraram a sorte sobre seu manto e seus executores dividiram entre si suas roupas. Você pode ver todo esse relato nos atos de Pilatos (*Apologia* 1.35,7-9 [trad.: Pautigny, 1904, p. 73]).

---

37 Siegel, 2007. Cf. tb. Sordi, 1986, p. 16-17.

38 Cf. esp. Pautigny, 1904; Wartelle, 1987; Marcovich, 1994; Munier, 1995.

Em seguida, ele revisita os milagres de Jesus:

> Ora, que ele tenha realizado esses milagres, os atos de Pôncio Pilatos lhe dão uma prova disso (*Apologia* 1.48,3 [trad.: Pautigny, 1904, p. 99]).

Estas palavras são importantes porque assumem que o documento de Pilatos ainda existia nos arquivos oficiais romanos e que o imperador poderia verificar a precisão destes detalhes. É altamente improvável que Justino pedisse ao Imperador romano para verificar um documento se não tivesse certeza de que tal documento existisse. Caso contrário, ele teria colocado sua vida e reputação em considerável perigo. Claro, pode-se argumentar que não há nenhuma evidência de que os relatórios de julgamentos criminais relativos aos peregrinos, isto é, aos não cidadãos romanos, tenham sido enviados a Roma. Além disso, Plínio o Jovem, escrevendo a Trajano, não menciona nenhum precedente deste tipo. Estas observações não resistem contra o argumento do silêncio. Pode-se acrescentar, como F.F. Bruce apontou, que:

> As pessoas perguntam, muitas vezes, se teria sido conservado algum relatório que, supostamente, Pôncio Pilatos, prefeito da Judeia, teria enviado a Roma, informando a respeito do julgamento e da execução de Jesus de Nazaré. A resposta é não. Mas deve-se acrescentar imediatamente que não se conservou nenhum relatório oficial relacionado à Judeia, que tenha sido enviado a Roma por Pôncio Pilatos, ou qualquer outro governador informando sobre o que quer que seja. São raríssimos os relatórios oficiais que se conservaram escrito por qualquer governador de qualquer província romana. Eles podem ter enviado seus relatórios regularmente, mas em sua grande maioria, esses relatórios eram documentos efêmeros e, em algum momento, desapareceram[39].

Tertuliano (Quintus Septimius Florens Tetullianus, *c.* 150/170-230) é considerado por muitos como o fundador da teologia cristã latina. Nascido em Cartago, ele exerce em Roma a profissão de advogado ou de jurista, se converte ao cristianismo e retorna à sua cidade natal, onde ele desenvolve sua atividade literária a serviço da Igreja. Em 207, torna-se membro do movimento dos montanistas. Compôs uma importante obra apologética, e é em uma delas, a *Apologética*, escrita por volta de 197, que ele fala sobre os eventos não incomuns que envolveram o julgamento, a morte e a ressurreição de Jesus. Na época, o Imperador Tibério propusera ao Senado Romano considerar Jesus como um deus romano por causa da natureza milagrosa de sua vida:

> Então Tibério, sob cujo reinado o nome cristão introduziu-se no século, informou ao Senado sobre os fatos que haviam sido anunciados a ele da Síria-Palestina, fatos que haviam revelado a verdade sobre

---

39 Bruce, 1975, p. 19.

a divindade de **Cristo**, e ele os apoiou primeiro por seu sufrágio. O Senado não os tendo aprovado ele mesmo, rejeitou-os. César persistiu em seu sentimento e ameaçou de morte os acusadores dos cristãos. Consulte seus anais [...] (*Apologética* 5,2 [trad.: Waltzing, 1914]).

Mais adiante, Tertuliano menciona precisamente os guardas armados da sepultura, os selos afixados sobre ela, a pedra da entrada, a dispersão dos guardas, o terremoto, a escuridão, o boato de que os discípulos teriam roubado o corpo de Jesus e as últimas palavras de Cristo na cruz. E conclui: "Pilatos, que já era cristão em seu coração, anunciou todos esses fatos relativos a **Cristo**, a Tibério, então César" (*Apologetica* 21,24 [trad.: Waltzing, 1914).

Lembremos de passagem que, como os autores politeístas já mencionados (Plínio, Tácito e Suetônio), Tertuliano não cita o nome de Jesus, mas o de Cristo, mostrando assim que a combinação dessas duas palavras era evidente. Duas observações, no entanto, são necessárias: a primeira diz respeito a Tibério. Costuma-se argumentar que esse imperador havia adotado uma política hostil às religiões orientais. Temendo o proselitismo, ele não queria ver converterem-se membros da alta sociedade romana e tomou medidas que afetavam o culto judaico, em particular, expulsando os judeus peregrinos de Roma em 19. Na verdade, Tibério, como Otaviano, atacou em primeiro lugar o culto oriental de Ísis. Por outro lado, Fílon de Alexandria deixa claro que as medidas tomadas sob seu governo contra os judeus de Roma foram obra de Sejano e não do próprio Tibério:

> Além disso, todos os povos do Império, mesmo aqueles que eram naturalmente hostis a nós, tinham o cuidado de não tocar na menor das nossas leis. Foi assim também sob Tibério, apesar da perseguição provocada contra nós em toda a Itália por Sejano. O imperador, após a queda deste último [no ano de 31], reconheceu que as acusações feitas por ele contra os judeus de Roma eram falsas, que eram calúnias inventadas para destruir nossa nação; pois este homem ambicioso sabia que seríamos os únicos, ou certamente os mais devotados, a combater as tentativas criminosas que poriam o Imperador em perigo. Tibério determinou a todos os governadores das províncias poupar em cada cidade nossa nação, a buscar somente os culpados, que eram em pequeno número, a não fazer nenhuma inovação em nossos costumes, a ter para nós o respeito devido às pessoas de espírito pacífico, respeitar nossas leis, contribuindo para a ordem pública[40] (Fílon, *Legatio ad Caium*, § 159 a 161).

Não esqueçamos que até o século II da nossa era, os cristãos eram considerados judeus! Essa medida também pode ter-se aplicado a eles. Por outro lado, nenhum

---

40 Delaunay, 1867, p. 324-325.

autor antigo menciona a posição "pró-cristã" de Tibério, e o testemunho "tardio" de Tertuliano é único. Mas quem entre os pagãos tinha alguma razão para falar de judeofilia ou da cristianofilia de Tibério?

Eusébio de Cesareia (c. 260-339) é um escritor eclesiástico de língua grega nascido na Palestina. Ele trabalhou na biblioteca deixada por Orígenes em Cesareia Marítima, uma cidade da qual ele se tornará bispo após a perseguição de 303. Ele é intimamente ligado ao Imperador Constantino, cujo panegírico ele escreveu (*Vida de Constantino*). Sua obra inclui escritos de explicação e crítica bíblica, apologias e obras históricas (a *Crônica* e a *História Eclesiástica*).

Também ele relata que Pilatos conhecia os milagres de Jesus e sua ressurreição, e que ele fez um relato ao Imperador Tibério:

> [1] A maravilhosa ressurreição do Salvador e sua ascensão já eram conhecidas por muitos. Em virtude um antigo costume, os governadores provinciais deveriam informar ao imperador reinante sobre os eventos ocorridos em sua jurisdição, para que nada escapasse ao príncipe. Pilatos, portanto, contou a Tibério a respeito do que se falava em toda a Palestina sobre a ressurreição de nosso Salvador Jesus Cristo, [2] informando-o das outras maravilhas de sua vida, e por causa de sua maior ressurreição muitos já acreditavam na divindade de Jesus. O imperador referiu isto ao Senado. Esta assembleia rejeitou a proposta, aparentemente porque não havia sido submetida ao seu exame prévio (era uma lei antiga que um deus poderia ser reconhecido pelos romanos somente por um voto e um decreto do Senado); mas, na verdade, porque o ensinamento divino e a pregação da salvação não precisavam do assentimento nem da garantia de uma assembleia humana. [3] Tendo o Senado Romano assim rejeitado o projeto que lhe fora dirigido sobre o nosso Salvador, Tibério manteve seu modo de ver anterior e não fez nenhum tipo de mal contra a doutrina de Cristo. [4] Isto é o que Tertuliano, homem bem-versado nas leis romanas, e também ilustre e dos mais célebres de Roma, nos diz em sua *Apologia* (*Hist. Ecl.* 2,1-4 [trad.: Grapin, 1905]).

Muito já foi dito sobre Eusébio e sua capacidade de escrever História. Os estudos mais recentes tendem a mostrar que ele trouxe para a técnica de escrita da história um método que trouxe a excepcional riqueza de sua obra. O historiador da lei romana Edoardo Volterra analisou essa questão do relatório de Pilatos e da intervenção de Tibério junto ao Senado. Suas extensas pesquisas o levaram à crença de que este relatório era uma necessidade e que a iniciativa do imperador "não era apenas um ato juridicamente adequado (portanto, verossímil), mas também politicamente muito correto"[41]. Tácito não dizia que a máxima de Tibério era "usar, nos negócios externos, a astúcia e a política (*consiliis et astu*)"? (*Anais* 6,32). É possível que ele tenha visto nesta nova "seita judaica" que foi ganhando popularidade, uma maneira de se livrar de elementos antirromanos ultraviolentos da tradição messiânica judaica e substituí--los por ideais morais e religiosos pacíficos, sem ambições régias ("Meu reino não é deste mundo", Jo 18,36). Era, portanto, uma proposta puramente política feita pelo imperador, ligada a uma política muito habilidosa em relação a uma província difícil.

Assim, não se pode descartar, simplesmente, estes testemunhos sob o pretexto de que emanam de autores cristãos supostamente desligados da realidade por conta de uma visão "confessional" da história. Estes homens se defendiam de uma série de ataques de adversários hostis, e eles eram obrigados a dar a suas convicções religiosas toda a legitimidade necessária para escapar da acusação de ateísmo, de insubordinação, de infanticídio, de conspiração contra o Estado, e outras acusações de crime de lesa-majestade:

> Em qualquer lugar e sob qualquer circunstância, uma simples denúncia feita em boa e devida forma era suficiente para desencadear os habituais procedimentos judiciais. Ora, ninguém desconhecia a religião de seu vizinho e, nas incontáveis cidades pequenas do Império, a recusa de alguns a participar de cerimônias religiosas oficiais certamente não passava despercebida[42].

Muitos desses testemunhos vêm de cidadãos romanos ou peregrinos cultos, ora vindos de uma escola filosófica de prestígio ou ocupando posições importantes na administração romana. Não eram iluminados ou fanáticos prontos a colocar o Império em fogo e sangue para triunfar suas ideias. Eles queriam ardentemente que *sua* sociedade mudasse, que a vida dos mais pobres melhorasse e que o espírito de seus concidadãos se levantasse e se libertasse da servidão, escravidão da carne, isto é, de mundo e de sua desordem. Este ideal fora encarnado por Jesus Cristo, e é bastante natural que, convencidos por seu ensino de amor, eles o defendessem em nome do que consideravam ser o maior bem da humanidade[43].

---

41 Messori, 2002, p. 121. Sobre as qualidades do historiador Eusébio de Cesareia, cf. Guitteny, s.d. Sobre o relato de Pilatos e a intervenção de Tibério, cf. Volterra, 1947; 1968.

42 Daguet-Gagey, 2001, p. 13.

43 Esses apologistas do cristianismo floresceram ao longo do séc. II, atestando assim a realidade e intensidade das discussões e polêmicas com judeus e politeístas. Podemos citar Aristides de Atenas († c. 134), Justino Mártir, Taciano (c. 110/120), Melitão de Sardes (c. 160), Atenágoras de Atenas (c. 175/180), que ajudaram a separar a doutrina da pura crença. O séc. III irá ver a consagração de genuínos pensadores, exegetas e escritores como Clemente de Alexandria e Orígenes que, por sua vez, darão lugar aos teólogos do séc. IV, como Santo Ambrósio de Milão, Santo Agostinho, São Jerônimo, São Basílio, São Gregório de Nazianzo, São Gregório de Nissa, São João Crisóstomo etc. (Puech, 1913; Pouderon, 2005). Quanto à qualidade dos bispos e dos séc. II e III, homens práticos, bem-relacionados e com autoridade, gestores, pensadores e escritores, cf. o estudo esclarecedor: Basilez, 2016.

Fontes arqueológicas

Mais ainda do que as fontes literárias, os testemunhos arqueológicos da existência de Jesus são raros. Mas escassez não significa ausência e ainda menos inexistência de testemunhos. Quantos anônimos viajaram pelo mundo desde que o homem existe, sem deixar vestígios! E quantos heróis famosos foram cantados e admirados sem que se possa apresentar qualquer prova de sua existência (ou de sua inexistência)! Até recentemente, muitos duvidavam da própria realidade do Rei Davi até que um fragmento de estela foi descoberto, no qual é mencionada "a casa de Davi"[1]. Voltaremos depois aos documentos arqueológicos (escavações e artefatos) referentes aos lugares, monumentos ou pessoas mencionadas nos Evangelhos. Vamos nos ocupar no momento da pessoa de Jesus. Existem vestígios tangíveis (inscrições, grafites, representações pictóricas etc.) que lhe dizem respeito, que remontam aos séculos I e II?

O primeiro testemunho que pode ser apresentado é pouco conhecido pelo público em geral, talvez por ser antigo. Durante a construção da capela católica Dominus Flevit em Jerusalém, no Monte das Oliveiras, no início dos anos 50, foi descoberta uma grande necrópole com mais de 500 alojamentos funerários. As escavações realizadas em 1953-1954 pelos franciscanos, proprietários do local desde 1881, permitiram que os padres B. Bagatti e J.T. Milik fizessem importantes descobertas arqueológicas. Na verdade, eles trouxeram à luz túmulos da Jerusalém cananeia (séc. XVI-XIV a.C.), tumbas judaicas da época de Cristo (séc. I a.C.-I d.C.) com outras mais tardias (séc. II-IV d.C.), bem como um mosteiro do período bizantino e árabe (séc. VII-VIII). Os túmulos dos primeiros séculos antes e depois de Cristo são do tipo *kokh* (plural *kokhim*)[2]. As moedas descobertas cobrem o período asmoneu e romano, de 135 a.C.

---

1 Biran & Naveh, 1993. Trata-se de uma estela de basalto estabelecida por um rei aramaico nos séc. IX-VIII a.C. Foi descoberta em 1993/1994 durante escavações arqueológicas lideradas por Avraham Biran no local de Tel Dan, no Norte do Vale do Hula, em Israel.

2 Na virada de nossa era, as sepulturas se multiplicam nas proximidades de Jerusalém. Elas são de dois tipos, dispostas em torno de uma sala retangular. Um primeiro tipo é cavado perpendicularmente às paredes da sala. O túmulo é baixo e, por causa da largura, só pode depositar um corpo; apresenta assim a forma de uma "fornalha" (*kok* em hebraico).

a 15/16 d.C. (segundo ano da prefeitura de Valério Grato), o que significa que essas tumbas foram provavelmente usadas até os 70, na época do cerco de Jerusalém pelos romanos. Os outros túmulos são posteriores (séc. III-VII) e tipo *arcosolium*. Com as moedas, os arqueólogos descobriram lâmpadas e potes de cerâmica, objetos de vidro e pedra, bem como sete sarcófagos e 122 ossuários ou fragmentos de ossuários, todos datados do primeiro período de ocupação do cemitério. Os ossuários[3] são pequenos baús de madeira ou pedra de 50/80cm de comprimento, 28/50cm de largura e 25/40cm de altura que contêm os ossos de um morto. Na prática, o corpo era colocado em um sarcófago (que poderia ou não servir como um lugar de descanso permanente) ou em um nicho (*loculus* em latim) esculpido na parede de um túmulo. Em seguida, recuperavam-se os ossos após a decomposição do cadáver para depositá-los em uma caixa. O ossuário é assim chamado um depósito secundário[4]. Em Jerusalém, o uso de ossuários é bem-marcado cronologicamente: ele se estende por volta de 50 a.C. a 70 (talvez 135) d.C., enquanto em outros lugares, esteve em uso por um período mais longo[5]. A decoração mais usada nesses ossuários é a roseta que, como a estrela de Ishtar ou Inanna, identificada com o Planeta Vênus, simboliza a luz, a vida, Deus. Em vários casos, há também sinais ou marcas (p. ex., um triângulo) gravados no final da caixa que, em geral, correspondem a uma marca do mesmo tipo na tampa (o mais certo é que era para indicar a forma como a tampa devia ser depositada sobre o cofre). Há também inscrições esculpidas, gravadas ou desenhadas com carvão ou tinta. Na maioria das vezes, esses são os nomes dos falecidos – que, supostamente, foram enterrados nos ossuários – ou invocações. Mais de quarenta dessas inscrições foram identificadas nos ossuários de Dominus Flevit, gravadas ou desenhadas a carvão, em hebraico, aramaico e grego. Eles costumam dar o nome do falecido, às vezes um elo familiar ou um *status*/profissão: Menahem, filho de Yakim, sacerdote (*kôhen*) (ossuário n. 83 da necrópole); Marta e Maria (n. 27); Bar Simeon (n. 19); Diógenes, filho de Zena, o prosélito (o nome é acompanhado por uma cruz oblíqua) etc. Mas há também inscrições, como a de Judá o Jovem por exemplo, que são acompanhadas por um ou mais sinais intrigantes. Ossuário n. 21 leva o nome de "Judá o Jovem prosélito, fabricante de queijo". Na borda do ossuário encontram-se signos desenhados com carvão, uma espécie de monograma que consiste em um *iota* e um *chi* gregos,

---

O segundo tipo é diferente: na parede da sala, horizontalmente, se escava um nicho encoberto por um arco arqueado ou *arcosolium*.

3 O termo vem do latim *ossuarium* (de *os, ossis*, osso). A palavra grega é *ostophagos*, literalmente "comedor de osso" (como o sarcófago é o "comedor de carne").

4 Essa prática é atestada na Mishná (*Sanhedrin* 6,6 dm). Também é atestada pelos primeiros cristãos (*Martírio de Inácio* 6; *Martírio de Policarpo* 18).

5 Entre 200 a.C. e os séc. III e IV d.C., como nos cemitérios de Gezer ou Beth Sh'arim (cf. Finegan, 1992, p. 336).

e outra combinação das letras *chi* e *rho*. Em um contexto judeu-cristão, *iota* e *chi* significam Jesus Cristo; *chi* e *rho* combinados formam um crisma para Chr(istos) ou chr(istianos), este último termo em uso desde os anos 44, em Antioquia[6]. Portanto, talvez tenhamos aqui um prosélito que se converteu ao cristianismo.

O ossuário n. 18 traz, por sua vez, outro monograma igualmente intrigante: trata-se da combinação das letras iota, chi e beta. Os paralelos permitem identificar esse monograma como significando *Iesous Chrestos Boètheia*, isto é, "Jesus Cristo é nosso socorro"[7]. Jack Finegan conclui cautelosamente seu estudo dos ossuários da necrópole de Dominus Flevit com as seguintes palavras:

> Muitos destes sinais são susceptíveis de se revestir de uma interpretação cristã, e muitos nomes que também são conhecidos no Novo Testamento vem de um conjunto de túmulos numerados de 65-80, e em particular o grupo funeral n. 79. Neste grupo 79 encontravam-se os ossuários n. 12 marcado com um † e um c, o n. 18 com o *iota*, o *chi* e o *beta* em monograma e [...] o n. 21 com o *chi* e o *rhô* em monograma e os nomes de Judas e Safira; [...] nos grupos funerários 65-80 se achavam o ossuário n. 1 com um sinal em forma de cruz que acompanha o nome de Shalamsion, o n. 27 com os nomes de Marta e Maria, n. 29 com o de Salomé, e o n. 36 com o nome de Jônatas. Estamos, portanto, na presença de sinais que podem ser cristãos, e de nomes que são frequentes ou importantes no Novo Testamento e que, portanto, podem ter sido preferidos pelos cristãos; é altamente possível que essa área em particular seja um cemitério de famílias judias, em que alguns membros se tornaram cristãos[8].

E isso antes de 70 da nossa era!

* * *

Alguns anos antes da descoberta do Dominus Flevit, em 1945, outro túmulo foi encontrado no quarteirão de Talpioth, ao sul de Jerusalém, perto da antiga estrada que leva a Belém. Ela fora saqueada, mas o pobre material preservado (uma moeda

---

6 Cf. At 11,26. O crisma também é encontrado no contexto pagão como uma abreviatura p. ex., *ch(ilia)r(chès)* (*chiliarchès*, "comandante de mil homens"), ou *chrè(simon)*, "útil" ou ainda *chr(onos)* "Tempo" (cf. Finegan, 1992, p. 353). Pode-se considerar que a inscrição do ossuário de Dominus Flevit permite excluir estas possibilidades, mesmo que um fabricante de queijo seja sempre "útil"! O crisma aparece no contexto cristão muito antes de Constantino, p. ex., em duas estelas de Eumeneia na Frígia, datadas dos anos 200. Uma delas é o epitáfio do "bispo dos cristãos de Eumeneia" (cf. Buckler; Calder & Cox, 1926, p. 73-74, n. 200). O mesmo em Dura Europo, onde o crisma aparece em um fragmento do séc. III (cf. Frye; Gilliam; Ingholt & Welles, 1955, p. 194, n. 216).

7 Avi-Yonah, 1940. Este conceito "salvador" de Jesus é apresentado por Justino, *Diálogo com Trifão* 30,3 "Chamamos a Cristo nosso apoio, nosso Salvador, cujo nome sozinho faz os demônios tremerem".

8 Finegan, 1992, p. 374.

de Agripa de 42/43 e fragmentos cerâmicos do final do período helenístico e do início do período romano) permitiu aos arqueólogos datarem sua ocupação do século I. a.C. a 70 d.C. Na câmara principal havia cinco *loculi* do tipo *kokhim*: dois na parede Sul, dois na parede leste e um na parede oeste. No interior, foram encontrados 14 ossuários, mas três desapareceram, levados pelos trabalhadores que haviam encontrado o túmulo. Dos onze restantes, dois são particularmente interessantes: os ossuários n. 7 e n. 8. O primeiro é decorado com duas rosetas habituais e pedras gravadas em sua parte frontal, e apresenta por trás uma inscrição feita com carvão, redigida em grego em uma só linha: Ἰησοῦς Ἰου (*Iesous iou*). Eleazar Sukenik propôs ler aí uma lamentação sobre a crucificação de Jesus: "Jesus, desgraça"[9]. Mas *iou* também pode ser um grito de alegria do tipo "Jesus Hurray", como Aristófanes sugere na peça *A Paz* (317,345).

No entanto, Johannes Hempel[10] propôs ver uma linha diagonal à direita do último ípsilon e achou que havia outra letra ali. Bagatti e Milik propuseram ler um delta e depois, abaixo do ípsilon de Iesous, outro ípsilon, o que faria ler então "Jesus, filho de Judá". Concordamos que este exemplo é um pouco fraco. Mas fica mais animador quando examinamos o ossuário vizinho (na verdade eles estão lado a lado na mesma *Kokh*), o n. 8. A inscrição aí contida foi gravada com um instrumento contundente na cobertura do ossuário. Pode-se ler, sempre em grego, Ιησουσ αλωθ (*Ièsous alôth*), *alôth* podendo ser outra expressão de lamento ou transliteração da palavra hebraica para "aloé", em referência à morte de Jesus na cruz e seu sepultamento. Mas pode ser também, como no ossuário anterior, um primeiro nome[11], e teríamos então o nome do defunto: "*Iesous son of Aloth*". Mas isso é apenas uma proposta. Deve-se saber que o ossuário n. 8 também carrega em seus quatro lados uma cruz desenhada com carvão. Foi proposto interpretar essas quatro cruzes como sinais de que o ossuário já estava "ocupado", mas isso é difícil de explicar quando sabemos que estava posicionado próximo ao n. 7 e no fundo de um nicho, na frente dele estando o ossuário n. 6: ou seja, seus quatro lados eram invisíveis! Trata-se, então, de um sinal cristão, de modo que estamos na presença de ossuários de uma família judia em que todos ou parte dos membros se tornaram discípulos de Jesus? A questão merece ser colocada, especialmente uma vez que o ossuário n. 1 do mesmo túmulo, há a inscrição Simeon Barsaba, que é um nome desconhecido fora do Novo Testamento![12]

---

9 Sukenik, 1947.

10 Hempel, s.d., p. 273-274.

11 Como sugeriu J.-P. Kane (1971).

12 Cf. At 1,23: "Então indicaram dois nomes: José, chamado Barsabás, também conhecido como Justo, e Matias"; e At 15,22: "Escolheram Judas, chamado Barsabás, e Silas".

* * *

Aqui não podemos deixar de lado o caso do ossuário de Siwan que preencheu as manchetes no início de 2000. Mais conhecido sob o nome de "ossuário de Tiago, filho de José, irmão de Jesus", ele foi trazido ao conhecimento do público pelo eminente epigrafista André Lemaire em 2002[13]. A inscrição inclui vinte letras escritas em aramaico e cita, algo relativamente raro, três primeiros nomes: Tiago, José e Jesus, associados pelos laços de sangue filhos e irmão (ou primo). Se a opinião pública se interessou tanto por este ossuário, é precisamente porque apresentava nomes de homens conhecidos do Novo Testamento, nomeadamente a irmandade constituída por Tiago e Jesus, e alguns não deixaram de instrumentalizar o caso para demonstrar que mais uma vez a Igreja teria falsificado dados históricos sobre Jesus e sua família. Se a filiação é comumente usada em inscrições funerárias, a relação entre irmãos é muito mais rara, a menos que um deles seja famoso ou, por uma razão ou outra, tenha pago os custos de uma sepultura ou, até mesmo, do próprio ossuário. De acordo com Michel Quesnel,

> Dada a frequência de atribuição de três nomes aparecendo no objeto, estima-se que em Jerusalém e em seus arredores, cerca de uns vinte homens podiam, ao mesmo tempo, chamar-se Tiago, ser filhos de um José e irmãos de um Jesus. No entanto, como o nome do irmão do defunto raramente era gravado na inscrição funerária, as chances de este ossuário ter contido os restos mortais de Tiago de Jerusalém, apedrejado em 62 por ordem do Sumo Sacerdote Anás, aumentam consideravelmente e, assim, reforça essa probabilidade[14].

Estaríamos, assim, na presença do ossuário que continha os ossos de Tiago Menor, chefe da Igreja de Jerusalém e, portanto, de uma atestação direta da historicidade de Jesus? O problema maior é que este ossuário é desprovido de qualquer contexto arqueológico: foi desenterrado clandestinamente, cedido a um revendedor para ser finalmente adquirido por um colecionador. Em 2003, a Autoridade das Antiguidades de Israel decidiu realizar uma perícia detalhada do ossuário de Tiago, e formou duas subcomissões para examiná-lo: uma foi contratada para estudar a inscrição, o outro o suporte. Infelizmente, os epigrafistas do primeiro não chegaram a um acordo sobre a autenticidade da inscrição, enquanto especialistas da outra subcomissão tinham opinião unânime: diferenças de espessura e de profundidade da gravura mostravam que a primeira parte da inscrição ("Tiago, filho de José") não tinha sido gravada com

---

13 Lemaire, 2002.

14 Quenel, 2008, p. 53.

o mesmo formão que a segunda parte ("irmão de Jesus"), e os caracteres também tinham diferenças de estilo. Segundo Pierre-Antoine Bernheim, "os especialistas concluíram que o ossuário era antigo e provinha da região de Jerusalém. No entanto, eles descobriram que a pátina que cobria a inscrição era diferente daquela que cobria o resto do ossuário e não poderia ter sido produzido por envelhecimento natural nas condições climáticas da Judeia"[15]. No dia 14 de março de 2012, a justiça israelense deu seu veredito no processo movido pelo Estado de Israel contra o colecionador israelense Oded Gola e o vendedor de antiguidades Robert Deutsch, declarando que era impossível determinar se se tratava de uma falsificação forjada de todas as peças[16]. André Lemaire continua a afirmar que se trata de um original autêntico.

De qualquer forma, este caso demonstra que devemos ser sempre muito cuidadosos quando se trata de estudar e interpretar documentos arqueológicos ou literários. O trabalho do historiador, consciente do limite das fontes que ele utiliza, consiste em expor prudentemente as hipóteses articulando os diferentes testemunhos à sua disposição, colocando em perspectiva e realizando um trabalho crítico sério. A ausência de dados diretos e objetivos não é prova de ausência pura e simplesmente, mas nos lembra que, em se tratando de história, nada é considerado dado até que uma prova irrefutável seja apresentada. Nisso consiste o interesse de um trabalho que precisa estabelecer a *verossimilhança* de um fato, na falta de sua autenticidade absoluta.

* * *

Outro testemunho reforçando a presunção de existência de Jesus é um grafite descoberto em uma parede do palácio do Palatino em Roma representando um "orante" (homem ou menino) na frente de um crucificado com cabeça de asno. Ele foi descoberto por Raffaele Garrucci em 1856 em um edifício chamado *domus Gelotiana,* na encosta sudoeste do Palatino. Ao lado do personagem que levanta a mão esquerda (a "oração"), lê-se a seguinte inscrição: Αλέξαμενος Σέβετε Θεών "Alexamène adora a Deus". À direita, acima da cruz, distingue-se o sinal Y. Claramente, isso é uma zombaria feita a um cristão[17]. O grafite é datado entre o final do século I e o começo do século III. Esta acusação de adoração de um deus com cabeça de jumento aparece

---

15 Bernheim, 2003, p. 9-10.

16 Cf. Le "procès en faux du siècle" accouche d'une souris. *Le monde de la Bible*, 01/11/2013.

17 Zombaria à qual Alexamenos teria respondido escrevendo em um quarto vizinho na mesma casa: *Alexamenos fidelis,* "Alexamenos é fiel" (cf. Mély, 1908). A cruz foi associada aos cristãos muito cedo, como atestado por Minúcio Félix (séc. II ou início do III) em seu *Octavius,* § 29: "Você está longe da verdade quando nos acusa de adorar um criminoso e sua cruz!"

na Antiguidade dirigida contra os judeus, os cristãos e os gnósticos[18]. Os judeus eram acusados de adorar em seu Templo um asno ou uma cabeça de asno ou ainda um homem sentado sobre a cabeça de um asno. O motivo é apresentado por Tácito, que menciona que essa devoção tem por origem um episódio da história dos hebreus, em que uma tropa de asnos vem em socorro dos hebreus sedentos no deserto e os guia até uma rocha à sombra de uma floresta; neste lugar, Moisés teria encontrado uma fonte abundante que permitiu que seu povo saciasse sua sede e evitasse a morte certa. Em reconhecimento, os hebreus teriam instaurado um culto em homenagem ao animal. No Egito, o Deus Tifão-Set é representado em alguns papiros e placas de maldição como um homem com cabeça de asno ou de cavalo, segurando em uma mão um artefato circular ou uma lança, e na outra uma espécie de chicote. Entre os gnósticos, várias passagens referem-se ao sétimo arconte, Sabaoth, que tem a cabeça de asno. A acusação contra os judeus teria passado naturalmente aos cristãos porque ambos os grupos foram, até o final do século I, considerados como pertencentes à mesma comunidade. O fato de que aqui o homem com a cabeça de asno esteja crucificado reforça fortemente a sua associação a Jesus, este judeu executado pelos romanos sob a denúncia das autoridades de seu povo.

Muito pouco conhecida também, esta inscrição encontrada em 1862 na parede de uma casa em Pompeia (chamada "o albergue dos cristãos") – portanto, anterior a 79 – falando explicitamente dos cristãos (CIL, 4, n. 679). Esta inscrição foi estudada longamente por Margherita Guarducci[19] que lê: "*Bovios audi(t) christianos sevos o(s)ores*" ("Bovios escuta cristãos cruéis e odiosos"). Esta inscrição, embora hostil aos cristãos, permite estabelecer que bem antes de 79, estes estavam presentes na Itália, e especialmente nesta região da Campânia.

Não podemos concluir este breve capítulo arqueológico sem mencionar o Sudário de Turim e as inscrições que aparecem nele. Sua datação em 1988 por três laboratórios que lhe atribuíam uma data entre 1260 e 1390 foi fortemente questionada (por razões que não são em nada inadmissíveis) e, recentemente, em 2008, o Diretor da Unidade do Acelerador de Radiocarbono de Oxford – um dos três laboratórios responsáveis por datar a preciosa relíquia –, Christopher Bronk Ramsey, declarou à BBC que havia aí um conflito entre as medições de radiocarbono e as outras disciplinas envolvidas no estudo de Sudário e que, portanto, todas as pessoas que trabalharam no Sudário, os radiocarbonistas e todos os outros especialistas, precisavam lançar um olhar crítico nos dados que tinham aparecido para estabelecer uma versão coerente que pudesse

---

18 Cf. Vischer, 1951. Sobre a acusação de que os cristãos adoram um asno, cf. Minúcio Félix 9,3 ou Tertuliano, *Apologeticus* 16.

19 Guarducci, 1962.

estabelecer a verdade sobre a história deste intrigante pedaço de pano. Consequentemente, não podemos mais, então, considerar a datação medieval do Sudário como definitivamente estabelecida nem continuar impondo isso como algo absoluto. Por outro lado, as características históricas, físico-químicas, anatômicas e bioquímicas convergem para atribuir-lhe uma datação mais alta, a saber, o século I[20]. Além disso, a menos que se use exclusivamente o C[14] como um método de datação absoluto, pode-se adicionar outros meios considerados igualmente seguros como, por exemplo, a técnica da fiação do tecido: vários tecidos oriundos de Massada, a cidadela do Mar Morto, onde pereceram os últimos insurgentes judeus da revolta de 70, têm costuras do mesmo tipo daquele que vemos no Sudário[21]. Devemos também levar em conta a análise do pólen: alguns dos encontrados no Sudário vem do Bósforo, de Anatólia, da Síria e de Jerusalém, o que apoia a ideia de que o Sudário, oriundo de Jerusalém, teria passado pela Anatólia, Edessa e Constantinopla. A presença de *Cistus creticus*, um pequeno arbusto encontrado apenas na região de Jerusalém, e *Gundelia turnefortii*, um arbusto espinhoso que cresce apenas na região entre Jerusalém e o Mar Morto (este último representa mais de 50% dos pólens encontrados no Sudário), prova a origem hierosolimita do tecido[22]. Mas o mais interessante para o nosso propósito é a presença de vestígios de escritas. No final dos anos de 1970 e início dos anos de 1980, dois pesquisadores italianos, Piero Ugolotti e Aldo Marastoni, sugeriram a presença de inscrições no Sudário de Turim, especialmente em torno do rosto. Em 1979, o primeiro, realizando pesquisas sobre a composição química da imagem, ficou intrigado com pequenas marcas estranhas, e contatou o segundo, o Padre Marastoni, que era, na época, professor de línguas antigas na Universidade Católica de Milão. Ao examinar fotografias de Enrie tiradas em 1931 e outras imagens, eles puderam reconstituir letras e palavras. Já em 1982, André Dubois confirmou algumas inscrições em latim apontadas pelos dois italianos. Ele também reparou no lado direito do rosto, escrito de baixo para cima, caracteres gregos. Em maio de 1994, o Instituto Ótico d'Orsay foi contactado pelo Cielt (Centro Internacional de Estudo do Sudário de Turim) para avaliar a possibilidade de utilizar meios técnicos de última geração e muito poderosos (processamento de imagem digital) para determinar se, afinal, havia ou não vestígios de escritas no tecido. O Professor André Marion e uma de suas alunas, Anne-Laure Courage, foram encarregados deste estudo. Este foi feito a partir de várias fotografias da área facial tiradas em 1978 pelo STURP (*Shroud of*

---

20 Uma vez que é impossível dar a bibliografia completa sobre o Sudário de Turim por ser muito abundante, sugerimos a leitura de Frale, 2009, que propõe uma bibliografia suficiente para ter uma ideia da problemática. Sobre a datação pelo C[14], cf. Van Oosterwyck-Gastuche, 1999; Fayat, 2007-2008; Évin, s.d.

21 Flury-Lemberg, 2003.

22 Danin; Whanger; Baruch & Whanger, 1990.

Turin Research Project) bem como de uma reprodução da famosa fotografia de Giuseppe Enrie de 1931[23]. Todos os clichês foram digitalizados por meio de um *scanner* e um de um microdensitômetro, depois tratados pelo computador para limpar todas as imperfeições que poderiam distorcer o estudo do Sudário (p. ex., a estrutura do tecido, a da imagem, pixelização etc.). A maioria das inscrições identificadas estava localizada em bandas ortogonais em forma de U ao redor da face. Todas as letras são invertidas como em um espelho. Pode-se ler:

1) No lado esquerdo da face, escrito verticalmente de baixo para cima, as palavras latinas IN NECEM, com os dois "N" ligados, forma abreviada, comum no latim popular, da fórmula IN NECEM IBIS: "Você irá para a morte" (diríamos hoje "condenado à morte").

2) Sob o queixo, um monograma em forma de N duplicado.

3) À direita do rosto, escrito de baixo para cima, a palavra grega PEZω ou seja, "executar", "fazer" ou "realizar um sacrifício".

4) À direita, escrito maior e de cima para baixo, duas palavras que poderiam ser ΩΨ ΣΚΙΑ, que significam "sombra da face" ou "face pouco visível".

5) À esquerda do rosto, escritas de baixo para cima, duas letras latinas *SB* (talvez iniciais).

6) Acima do SB, sinais que evocam as letras gregas ADA*m* (Jesus foi de fato chamado o novo Adão [Rm 5,14]) ou ADA*ω* (inscrição que pode significar a data da restituição do corpo do condenado a sua família, 12 meses (lunares) após sua morte (*Tosephta, Sanhedrim*, 9.8), isto é, em *Adar*.

7) À direita destes dois últimos, escritos de cima para baixo, a palavra grega ΝΑΖΑΡΗΝΟΣ ou a palavra latina NAZARENUS.

8) Sob o queixo, a palavra ΙΗΣΟΥC (Ièsous).

9) Na testa, duas letras, *IC* encontradas no início e no final da mesma palavra ΙΗΣΟΥC (Ièsous).

Alguns paleógrafos consideram que os caracteres encontrados no Sudário, tipicamente epigráficos, são mais orientais do que ocidentais, e lembram caracteres antigos anteriores ao século V d.C., em vez de caracteres medievais: em particular, a forma do "S" ocorre no século II, mas tornou-se extremamente rara na Idade Média. O duplo "N" também seria característico dos primeiros séculos da nossa era, assim como a mistura de letras maiúsculas e minúsculas.

Em abril de 2010, Thierry Castex apresentou suas descobertas de escrituras antigas no Sudário em Paris durante a assembleia geral da Associação MNTV ("Montre Nous Ton Visage [Mostra-Nos Tua Face]). Ele confirmou algumas das letras descobertas

---

23 Marion & Courage, 1997; Marion, 2000; Marion & Lucotte, 2006.

por André Marion e Anne-Laure Courage em 1997 sobre a imagem de Enrié (1931), usando um método de tratamento diferente do deles, aplicando uma sequência de tratamento em três etapas: filtragem FK, equalização dinâmica, deconvolução de amplitude e aplicada em uma única fotografia[24].

Certo, estes escritos são muito ilegíveis e nenhuma narrativa, nenhuma descrição, nenhuma reprodução menciona sua presença (como, p. ex., o Codex de Pray datado de 1190-1195). Mas é difícil entender por que um falsificador teria se preocupado em rastrear inscrições que ninguém pudesse ver antes da invenção do *scanner* e do computador.

De qualquer forma, e apesar da identidade do personagem envolto no Sudário de Turim, estas inscrições constituem um testemunho capital da existência de Jesus.

> Do ponto de vista científico, o sudário apresenta agora todas as garantias desejáveis e o nível de exigência requerido. Não é apenas um vestígio arqueológico excepcional, de valor inestimável, de um realismo impressionante – falamos sobre isso a propósito do quinto Evangelho – mas completa de uma maneira surpreendente os escritos apostólicos, fazendo-nos penetrar mais concretamente nas várias peculiaridades da paixão. O historiador não pode, portanto, negligenciar os dados[25].

* * *

Obviamente nos objetarão que esses exemplos não são provas diretas da existência de Jesus. Estamos bem conscientes disso e admitimos isso de bom grado. Mas essa é uma evidência indireta que o historiador deve levar em conta. Estes dados arqueológicos nos mergulham em um contexto muito preciso, o do "judeu-cristianismo" dos séculos I e II: muito rapidamente, logo após a morte de Jesus, pessoas o reivindicaram, tanto na Palestina quanto no outro extremo do Império, na própria Itália, e isso só pôde acontecer porque se sabia que Jesus havia existido. Como veremos mais adiante, a difusão dos primeiros livros do Novo Testamento deu-se muito rapidamente a ponto de chegar à Itália e à capital do Império, Roma, já nos anos 50 e 60, como nos informam as cartas de São Paulo ou a inscrição de Pompeia. Nós dispomos como em qualquer estudo do antigo mundo mediterrâneo, de pistas e testemunhos sérios: um grande número de textos dos séculos I e II, politeístas, judeus e cristãos; alguns sítios arqueológicos escavados que são mencionados nos Evangelhos, como Séforis ou Nazaré, por exemplo; várias inscrições mencionando atores de primeiro plano na

---

24 Cf. seu blog [thierrycastex.blogspot.fr] e a obra coletiva Cataldo; Heimburger & Castex, 2010.

25 Petitfils, 2011, p. 572.

vida de Jesus, como Caifás ou Pilatos (cf. p. 183-186). Recusar-se a reconhecer esses fatos é renunciar à imparcialidade, é adotar uma posição hipercrítica estéril: certamente, todos esses testemunhos são tênues, frágeis, sujeitos à caução, mas eles existem, e estudá-los combinando-os judiciosamente reforça seu *status* de testemunho e credencia a existência de Jesus de Nazaré e a *verossimilhança* dos relatos evangélicos.

Podemos então concluir esta breve revisão da historicidade de Jesus pelo estudo de fontes textuais e arqueológicas recordando esta famosa frase do historiador Michael Grant:

> Se aplicarmos ao Novo Testamento, *como deveríamos fazer*, os mesmos critérios que aplicamos a outros escritos antigos que contêm informações históricas, não podemos mais rejeitar a existência de Jesus sem rejeitar a de muitos personagens pagãos cuja realidade enquanto figuras histórias nunca foi questionada [grifo nosso][26].

---

26 Grant, 2004, p. 199-200.

Parte III
Os Evangelhos são documentos históricos?

O que o termo "evangelho" abarca?

"Houve um tempo", dizia M. Harnack, "em que se considerava obrigatório olhar para a literatura cristã primitiva, incluindo aí o Novo Testamento, como um tecido de mentiras e fraudes. Esse tempo passou"[1].

Temos certeza disso, hoje?

Os Evangelhos, com razão, são considerados a fonte principal de toda a pesquisa sobre Jesus. Em vista dos outros documentos disponíveis ao historiador (fontes textuais politeístas, judaicas e cristãs, fontes arqueológicas), estes textos são os únicos a fornecer os dados necessários para seu trabalho. Isto diz o quão importante eles são, é também mostra quão ásperos são os debates que muitas vezes opõem especialistas (mas não só) a respeito do interesse, o grau de autenticidade ou de probabilidade que podemos lhes atribuir.

Os Evangelhos não são livros de história no sentido moderno do termo. Seus autores não procuraram escrever uma biografia de Jesus como podemos escrever hoje a de uma pessoa famosa. Eles não estavam interessados, parece, em sua vida cotidiana, menos ainda em seus desdobramentos cronológicos uma vez que isso não era necessário. Além disso, eles não são endereçados a um ou mais destinatários específicos (exceto Lucas); mas, em princípio, para um público muito amplo. Se eles relatam certas palavras ou ações, fazem-no, parece, a título de exemplo, como João parece indicar (21,25), sem se preocupar realmente com quando elas foram pronunciadas ou realizadas. É possível, inclusive, que alguns versículos ou episódios relatados nem mesmo estejam em seu lugar original, e pode-se acreditar que alguns discursos – como o chamado "Sermão da montanha" – sejam não apenas resumos, mas também a formatação de um ensino incansavelmente repetido:

> Os Evangelhos têm tal indiferença à ordem em que os fatos se desdobram que a crítica não consegue estabelecer com certeza o itinerário

---

1 Boulenger, 1937.

de Jesus durante sua pregação, e o tempo que ela durou (entre alguns meses e três anos)[2].

Os Evangelhos são textos narrativos, resumos de catequese, testemunhos sobre a encarnação divina, sobre a Ressurreição e o anúncio da Boa-nova, escritos por homens de convicção inspirada (ou sob sua responsabilidade) para suscitar ou fortalecer a fé dos leitores, ao tempo em que os coloca em um contexto histórico preciso[3]. A partir daí, a dificuldade para o historiador é ser capaz de identificar o que tem a ver com a verdade da fé e o que com a verdade histórica. Vamos discutir mais adiante a delicada questão dos milagres: é evidente que a posição dos que creem e dos que não creem é radicalmente oposta, os primeiros aceitando-os *a priori* porque para eles Jesus é Deus e, portanto, nada é impossível para Ele; os últimos recusando-os *a priori* porque eles são humanamente impossíveis ou tentando justificá-los por meio de explicações puramente naturais. Ora, "afirmar ou negar, tentar estabelecer a fundamentação da crença ou demonstrar a ilusão, talvez seja sair do domínio próprio da história"[4]. Dito isso, trabalhar sobre Jesus e os Evangelhos nunca é um empreendimento neutro e por trás da disciplina científica que o historiador se esforça por praticar sempre desponta uma sensibilidade humana que o impede de ser absolutamente objetivo. Esta é certamente a crítica que nos será dirigida. Para nós, o importante é permanecer honestos e reconhecer as zonas de sombra e de luz que tornam os Evangelhos documentos tão especiais, sem equivalentes, extraordinários.

Originalmente, a palavra *euangelion* não designava um gênero literário, mas simplesmente a notícia da salvação como tal[5]. No entanto, seu uso em Mc 1,1 o enriqueceu com um significado adicional: a expressão *archè to euangeliou* diz explicitamente que

---

2 Roux, 1989, p. 14.

3 Apesar das diferenças que podem ser notadas entre os Evangelhos, o plano geral da apresentação é igualmente repartido em quatro seções: batismo e tentação, ministério na Galileia, subida a Jerusalém, paixão e ressurreição.

4 Simon & Benoît, 1994, p. 220.

5 Isso encontra-se explicitamente nesse sentido em uma longa inscrição em honra a Augusto (conhecida por vários exemplares mais ou menos fragmentários, encontrados em Priene em Jônia, em Majônia na Lídia, em três cidades da Frígia (Apameia, Eumeneia, Dorylaion) e, recentemente, em Metrópolis de Jônia), composta por um edito do Procônsul Paulo Fábio Máximo, gravado em latim e grego, seguidos de dois decretos do *koinon* da Ásia (em grego), escritos em 9 a.C. Ali consta que "dado que com seu aparecimento César excedeu as esperanças de todos que haviam recebido boas notícias (*euangelia*) antes de nós [...]; dado que o começo das boas-novas (*euangelia*) para ele, para o mundo, foi o dia do nascimento do deus; dado que a Ásia decidiu por decreto em Esmirna, sob o proconsulado de Lúcio Volcácio Tulo e o secretariado do Papio de Dios Hieron, conceder uma coroa àquele que concebesse as mais altas honras para o deus [...] encontrou um modo até então desconhecido aos gregos de homenagear Augusto, ou seja, que o dia do nascimento de Augusto seria o começo da vida [...]" (cf. Heller, 2014). Assim Marcos (1,1) – que é o único evangelista a começar sua história com a palavra "Evangelho", razão para o qual consideramos que ele é o primeiro a ter escrito um (outra sendo que sua narrativa é a mais curta, critério puramente subjetivo, ao qual não nos subscrevemos) – faz parte de uma tradição bem-estabelecida de anúncio da Boa Notícia para a salvação do mundo. Como resultado, o texto do Evangelho não possui mais (quase) nada de um hapax, um gênero literário fora do padrão ou isolado, mas corresponde a um contexto ideológico específico: as "boas-novas" que foram anunciadas antes encontram seu cumprimento no único e verdadeiro "Evangelho" de Jesus Cristo!

este é o "começo, a abertura da Boa-nova de Jesus Cristo". Por causa desta introdução, o significado da palavra *euangelion* se expandiu para o gênero literário próprio dos livros que contêm a narração de eventos de salvação. Na metade do século II, Justino utiliza pela primeira vez o plural *euangelia*; o significado original, no entanto, foi preservado em seguida, pois os manuscritos da Bíblia não dizem "Evangelho de Marcos" mas "Evangelho segundo Marcos"[6] (*euangelion kata Markon*).

Segundo a exegese moderna, os Evangelhos foram escritos em grego[7] por autores desconhecidos, para um público particular: o Evangelho segundo São Mateus, endereçado aos judeus, demonstra que Jesus é o Messias-Rei de Israel; O de Marcos foi escrito em uma perspectiva romana para dar de Jesus a imagem do servo sofredor, o Salvador, enfatizando suas ações; o de Lucas se dirige a uma audiência grega e apresenta Jesus como o homem ideal, o Filho do Homem, o Salvador do mundo; o de São João, escrito para os judeus e para os gentios, retrata um Jesus que é o Cristo, o Filho de Deus a quem o leitor deve acreditar se quiser ter a vida eterna. Como a espiritualidade que ele desenvolve mostra-se mais complexa, mais elaborada, mais completa do que nos três primeiros Evangelhos, ele é considerado mais tardio, o que, em si, não é um critério cronológico. Mas esta visão das coisas deve ser temperada pelo fato de que o cristianismo se desenvolveu tanto para o Leste quanto para o Oeste, isto é, tanto para o Oriente e para o Império Parta onde se falava aramaico como para o Ocidente e o Império Romano-helênico-latino. É o que enfatiza um estudioso como Pierre Perrier, que lembra em seus trabalhos que uma das principais fontes para estudar os Evangelhos é a *Peshiṭta*, ou seja, o texto de referência oriental em aramaico (siríaco) dos Evangelhos![8]

---

6 Conzelmann & Lindemann, 1999, p. 72.

7 Charles Guignebert escreveu: "Esses originais foram escritos em grego; nenhum foi traduzido diretamente do aramaico. Parece que depois de alguns debates acalorados, há hoje um consenso sobre esse ponto. O grego neotestamentário não é o grego clássico da prosa ática, mas não é, como se acreditou por muito tempo, uma língua particular e excepcional; é simplesmente a língua falada pelo povo do mundo helenístico. O estudo metódico das inscrições e dos papiros da época demonstraram isso e causa certa surpresa o fato de exegetas terem demorado tanto a fazer essa necessária comparação. É certo que os estudos linguísticos e filológicos conduzidos há trinta e cinco ou quarenta anos sobre os textos do Novo Testamento os deixaram mais claros e nos deram uma certeza maior de compreendê-los" (1943, p. 44). É o que São Jerônimo também escreveu, com uma exceção, Mateus: "Eu abordo agora o Novo Testamento, que foi escrito inteiramente em Grego, com exceção do Evangelho segundo São Mateus, que usou a língua hebraica para difundir na Judeia a palavra de Jesus Cristo" (carta ao Papa Dâmaso *Sobre a revisão do texto dos quatro Evangelhos*). A questão é saber de que forma textual do Novo Testamento se trata: das primeiras notas ou a versão final?

8 Perrier, 2000; 2003.

Os textos evangélicos: o estabelecimento do texto

Em sua versão grega, os Evangelhos canônicos são quatro: três chamados sinóticos [*synoptikos* = que abraça com um olhar], isto é, que podem ser dispostos em colunas paralelas de modo que possamos lançar uma visão de conjunto e melhor compará-los[1], e o quarto, o de João. Eles são, de acordo com a expressão de Xavier Léon-Dufour, um livro de bolso[2]. Nós os conhecemos, hoje, em versões em diferentes idiomas que foram estabelecidas tendo em conta um certo número de critérios precisos que iremos apresentar. No Ocidente, versões mais antigas foram escritas em grego e depois em latim. Não são os textos originais, mas cópias muito próximas deles.

Para **estabelecer um texto**, a crítica textual deve estudar sua transmissão e então fazer a recomposição. Ela dispõe, para isso, de alguns manuscritos e de vários critérios que precisam ser combinados e tratados com muita flexibilidade e com ponderação. Acima de tudo, trata-se de sintetizar todos os manuscritos, documentos e testemunhos que existem, classificá-los e compará-los para definir a "melhor" versão do dito texto, o que se chama de *editio princeps*. Em relação aos Evangelhos, os especialistas dispõem de uma quantidade de manuscritos mais impressionantes do que qualquer outra obra da literatura antiga[3]. Existem cerca de 5.674 manuscritos em grego, cerca de 10 mil manuscritos em latim e outros quase 9.300 em siríaco, eslavo, copta, georgiano, etíope, armênio etc., preservados na íntegra ou em forma de fragmentos. Essa riqueza é absolutamente extraordinária, incomparável em toda a história da literatura antiga. *Na realidade, nenhum texto da Antiguidade é tão bem-atestado como os textos do Novo Testamento.* A tabela a seguir permite mensurar o abismo que separa os Evangelhos de outros textos da literatura antiga grega e romana em matéria de cópias.

---

1 Focant, 2000, p. 75.

2 Léon Dufour, 1999.

3 Para uma abordagem sintética, cf. Aland & Aland, 1995.

Autor	Título ou tipo de documento	Número de manuscritos	Redação do original	Manuscrito mais antigo	Duração entre o original e o mais antigo
/	Novo Testamento	>24.000	40-100 d.C.	130 d.C.	30-60 anos
Homero	Ilíada	643	900 a.C.	400 [14] a.C.	500 anos
Sófocles		193	496-406 a.C.	1000 d.C.	1400 anos
Tácito	Anais	20	100 d.C.	1100 [15] d.C.	1000 anos
César	Guerra Gálicas	10	100-44 a.C.	900 d.C.	950 anos
Josefo	A Guerra Judaica	9 [16]	Século I	Século X	>800 anos
Tucídites	Histórias	8	460-400 a.C.	900 d.C.	1300 anos
Suetônio	A vida de César	8	75-160 d.C.	950 d.C.	800 anos
Plínio o Jovem	História	7	61-113 d.C.	850 d.C.	750
Platão	Tetralogias	7	427-347 a.C.	900 d.C.	1200 anos

Quadro comparativo entre os manuscritos do Novo Testamento e os de diferentes documentos históricos.
Fonte: McDowell, 1994, p. 45.

A tarefa da crítica textual é por ordem entre todos esses manuscritos e estimar seu respectivo valor em vista de reconstituir, na medida do possível, o "texto original", isto é, estabelecer o teor do texto, aproximando-se tanto quanto possível da primeira redação. Estimam-se, hoje, cerca de 400 mil variantes textuais ou erros entre todos os manuscritos registrados (séc. II-XV), algo que ultrapassa o número de palavras do Novo Testamento[4]. A grande maioria é involuntária e insignificante; são erros de leitura ou cópia, facilmente observáveis: omissão de uma palavra, duplicação de uma linha, erros ortográficos, palavra mal-escrita, palavra mal-situada etc.[5] Por outro lado,

---

4 Cf. Ehrman, 2004, p. 480ss.; Conzelmann & Lindemann, 1999, p. 67-71. Uma lista não exaustiva está disponível na *Wikipedia*, "Variantes textuais do Novo Testamento". O manuscrito que representa melhor as variantes textuais por ter preservado o texto evangélico existente entre 120 e 160, é o *Codex de Bèze*, conservado em Cambridge. Encontram-se ali tantas variantes em relação ao texto editado atual que se tem questionado se essas variantes não seriam um ajuntamento de diversas origens. A questão ainda se coloca, porque a resposta incomoda. Sobre Codex de Bèze, remetemos ao trabalho de Sylvie Chabert d'Hyères, citado na p. 131, nota 18.

5 Isto deve-se em particular ao fato de os textos em maiúsculas estarem escritos em *scriptio continua* (as palavras estão ligadas umas às outras), o que pode dar leituras diferentes. Conzelmann e Lindmann dão alguns exemplos nas

algumas variantes parecem refletir uma mudança intencional: dar melhores exemplos, harmonizar diferentes leituras, motivos ideológicos etc. Apenas umas vinte dessas variantes textuais merecem consideração[6], e nenhuma – senão Lc 22,19-20 (instituição da Eucaristia) – diz respeito realmente à substância da mensagem.

Então, é possível ter uma ideia do conteúdo do texto original dos Evangelhos (como, aliás, de qualquer outro texto) desaparecido há séculos? Nós podemos responder afirmativamente: por meio de *citações* (muito numerosas nos Padres da Igreja), de *resumos* (que são resumos das obras e que constituem um gênero à parte na Antiguidade) e das *Bibliotecas* (Obras em que o autor resume o conteúdo de todos os livros que ele leu, a mais conhecida sendo a *Biblioteca* de Fócio, já citado na nota de rodapé 24, p. 79), é possível saber com alta precisão o que foi registrado nos documentos originais. Mas é preciso comparar todas essas obras com os testemunhos manuscritos mais antigos e numerosos possível para avaliar sua autenticidade e tentar alcançar as *ipsissima verba* de Jesus, isto é, "suas próprias palavras", bem como suas ações.

* * *

Para estabelecer o texto dos Evangelhos, portanto, é necessário dividir manuscritos por tipos. Os especialistas classificam-nos em três categorias: os papiros, os unciais, os minúsculos, aos quais adicionam três fontes adicionais: os lecionários, as citações dos Padres da Igreja, as traduções antigas[7].

---

páginas citadas acima. Como esses erros foram cometidos por copistas, após a redação dos originais, isso faz com que haja, em certa medida, várias "camadas" diferentes e sucessivas que se misturam e que é preciso bem distinguir. Quando iniciou a redação de sua Vulgata, no séc. IV, São Jerônimo não deixou de observar que "muitos erros acabaram sendo inseridos em nossos manuscritos. Sobre o mesmo assunto, um Evangelho é mais longo, o outro, considerado muito curto, sofreu acréscimos. Ou então, quando o significado é o mesmo, mas diferente a expressão, determinada pessoa, lendo primeiro um dos quatro Evangelhos, achou por bem corrigir todos os outros de acordo com este. Segue-se daí que tudo está misturado para nós; que há em Marc, muito de Lucas e de Mateus; em Mateus, várias coisas de Lucas e de João e assim por diante" (*Praef. In quarto Evang. Ad Damasum*, P.L., 29, col. 526-527). E Santo Irineu reclama também dos copistas que "na tradução de um texto, estimando-se mais habilidosos do que os apóstolos, não hesitam em corrigi-los" (*Contra as Heresias* 5, 2,3). Esta é a razão pela qual os textos evangélicos foram "canonizados" já no último quarto do séc. II, porque "um acúmulo de camadas redacionais vinha aumentar e ampliar compilações de palavras ou textos originalmente escritos de forma muito rudimentar" (Rougier, 1972, p. 252; cf. Edelmann, 2000, p. 20-21). Daí o interesse de se ter uma *editio princeps* dos Evangelhos absolutamente integra: esse é todo o trabalho da crítica textual.

6 A lista é dada em Léon-Dufour, 1999; no entanto, a maioria dos exegetas contemporâneos concorda que apenas três passagens representam um problema *textual* maior: Lc 22,41-45 (a agonia de Jesus no jardim do Getsêmani é retratada com o aparecimento de gotas de sangue em seu rosto); Jo 7,53; 8,11 (a mulher adúltera); e Mc 16,9-20 (aparições de Jesus ressuscitado), porque aparecem como inserções tardias, uma vez que não estão presentes nos manuscritos mais antigos (cf. Evans, 2006, p. 29-30).

7 Segundo as categorias estabelecidas em Gregory, 1908.

Vamos começar com os **papiros**. Trata-se dos manuscritos mais antigos. Existem atualmente 127[8], datados dos séculos II – VIII, dos quais quase metade são do século IV ou anteriores. Muitos pertencem a uma das três coleções seguintes: a dos papiros de Oxyrhynchus (de longe a mais importante), a dos papiros Bodmer e a dos papiros de Chester Beatty. De acordo com a exegese contemporânea, entre os papiros mais antigos, pode-se mencionar o papiro Paris 1120 ($\mathfrak{P}^{04}$), o papiro Rylands ($\mathfrak{P}^{52}$), o papiro Rylands ($\mathfrak{P}^{32}$), o papiro Chester Beatty ($\mathfrak{P}^{45}$), o papiro Chester Beatty II ($\mathfrak{P}^{46}$), o papiro Magdalen College ($\mathfrak{P}^{64}$) e Fundación Sant Lluc Evangelista (67), o papiro Bodmer II ($\mathfrak{P}^{66}$), o papiro Bodmer XIV e XV ($\mathfrak{P}^{75}$), o papiro Oxyrhynchus 2683 ($\mathfrak{P}^{77}$), o papiro Oxyrhynchus 3523 ($\mathfrak{P}^{90}$), o papiro Oxyrhynchus 4403 ($\mathfrak{P}^{103}$), e o papiro Oxyrhynchus 4404 ($\mathfrak{P}^{104}$) (cf. Anexo 1).

Todos esses documentos foram escritos há menos de 200 anos após os eventos relatados (alguns até menos de um século), o que parece ser muito (alguns consideram que esse lapso de tempo é mais do que suficiente deixar trabalhar a imaginação dos primeiros cristãos!) e pouco (em comparação com outros livros antigos). Mas lembremos, trata-se de cópias! Os originais são, por definição, ainda mais antigos. É aí que reside toda a questão, ou seja, a data de redação dos Evangelhos originais e sua forma. Voltaremos a isso mais tarde.

No entanto, se quisermos permanecer objetivos, não podemos ignorar algumas revisões cronológicas propostas por estudiosos eminentes como José O'Callaghan, Carsten Peter Thiede, Herbert Hunger, Orsolina Montevecchi, Sergio Daris, Marta Sordi, Karl Jaroš etc. O trabalho deles diz respeito principalmente a dois fragmentos de papiro: o 7Q5 (i. é, o fragmento número 5 da gruta 7 localizado perto do sítio de Qumran) e o $\mathfrak{P}^{64}$ (o papiro Magdalen Greek 17) mencionado acima. Sem entrar em detalhes técnicos, com base em argumentos sólidos, mas não livres de falhas, suas pesquisas levaram-nos a concluir que o 7Q5 pode ser dos anos 50 d.C. e o $\mathfrak{P}^{64}$ de perto dos anos 66-70[9].

Quando o 7Q5 foi publicado pela primeira vez em 1962 por Maurice Baillet, Jozef Tadeuz Milik e Roland de Vaux[10], com os manuscritos das grutas 2, 3, 5, 6, 7

---

8 Lista disponível na Wikipedia. Cf. tb. Evans, 2006, p. 26 e 32; Nestle & Aland, 2005. A isso devem ser acrescentados os papiros recentemente publicados por Peter Artz-Grabner (2015): $\mathfrak{P}^{129}$, do séc. III. = 1Cor 7,30-36; o $\mathfrak{P}^{130}$, fim do séc. III – começo do séc. IV. = Ele 9,9-12 e 19-23; o $\mathfrak{P}^{131}$, do séc. III. = Rm 9,18-21; 9,33 e 10,2, bem como o fragmento de papiro descoberto em 2012 em uma cartonagem provavelmente proveniente de uma múmia egípcia do começo de nossa era, revelado pelo Professor Craig Alan Evans, e que contém uma parte do Evangelho segundo São Marcos. Ele seria datado dos anos 80. É lamentável notar que, mesmo antes de sua publicação científica, a autenticidade desse fragmento já tenha sido posta em dúvida e o Professor Evans, tratado como pseudopesquisador! (*Washington Post*, 20 de janeiro de 2015, online).

9 Cf. p. ex., O'Callaghan, 1972; Thiede, 1992; Thiede & D'Ancona, 1996; Hunger, 1992; Montevecchi, 1994, p. 75-77. Para a refutação de seus argumentos, cf. entre outros: Aland, 1974; Focant, 1992; 2000; Puech, 1995; Stanton, 1995.

10 Baillet; Milik & de Vaux, 1962.

a 10, os editores não tinham nenhuma ideia da identidade textual deste fragmento (como de inúmeros outros fragmentos dessa mesma gruta 7, em particular o 7Q4[11]). O 7Q5 é, na verdade, um pequeno fragmento de alguns centímetros (3,9×2,7cm) que cabe em apenas três dedos! Elaboradas em grego, de um lado apenas (provém, portanto, de um rolo), as letras legíveis são aproximadamente vinte (dez das quais, incompletas), dispostas em cinco linhas, e apenas a palavra καὶ (que significa "e" em grego) é perfeitamente identificável[12]. Mas uma identificação não é impossível em tais condições como bem sabem os especialistas que trabalham nos fragmentos dos Manuscritos do Mar Morto ou em outros lugares.

Em 1972, o papirólogo José O'Callaghan, com base na identificação das letras *nns* na quarta linha, propôs ver aí a palavra [Ge] *nnes* [aret] e identificar este fragmento com Mc 6,52-53: "Pois eles não tinham entendido o milagre dos pães, mas o espírito deles estava fechado. Tendo concluído a travessia, eles tocaram o chão em *Gennesaret*, e desembarcaram".

Os argumentos apresentados pelo padre jesuíta, mais tarde seguido pelo papirólogo alemão Carsten Peter Thiede, eram, em suma, de que a combinação das letras *nns* poderia relacionar-se com a palavra *Gennesaret*; que o espaço que precede a palavra καὶ na terceira linha, correspondia a um *paragraphos* (ou *spatium*), uma quebra relacionada à disposição normativa de Marcos entre os versículos 52 e 53; e que uma busca por computador sobre os textos gregos disponíveis não apresentou outros resultados senão esta passagem de Marcos[13].

As objeções a essa identificação são numerosas, porque quanto menor um manuscrito, menos podemos tolerar diferenças em relação ao texto conhecido. As principais são as seguintes: primeiro, como a descriptografia é difícil, três das letras conjecturadas por O'Callaghan e Thiede parecem pouco prováveis, se não impossíveis; em segundo

---

11 Identificado por José O'Callaghan na primeira Carta de Timóteo (1Tm 3,16; 4,3). Ora, as Cartas a Timóteo são consideradas como não sendo de São Paulo e datariam do fim do primeiro ou do começo do séc. II d.C. Por que esta datação tardia, apesar dos testemunhos dos Padres Apostólicos como Clemente de Roma, Inácio de Antioquia, Policarpo, Hermas etc.? Porque de acordo com um axioma racionalista, o episcopado "monárquico" não remonta aos apóstolos, mas é uma invenção do séc. II. Ora, encontra-se nas Cartas pastorais de Paulo o germe de uma organização hierarquizada da primeira Igreja e, portanto, elas não podem ser datadas de meados do séc. I. A proposição do padre O'Callaghan de identificar 7Q4 com 1Tm ataca frontalmente o consenso dos exegetas modernos, porque coloca este fragmento na primeira metade do séc. I, isto é justamente quando Paulo escreveu suas Cartas pastorais. Portanto, buscaram-se outras identificações, e foram encontradas no Livro de Enoque uma passagem que *poderia* corresponder: cf. Muro, 1997; Puech, 1996; 1997b. Para ser honesto, deve-se observar que essa identificação também não é unânime.

12 A escrita pertence ao estilo "Zierstil", um estilo ornamentado cujo apogeu se situa no começo do séc. I d.C. (cf. Comfort, 2005, p. 160).

13 Daniel Wallace revisou o banco de dados grego com o programa Ibycus e encontrou 16 outras passagens que podem ser adequadas, mas na opinião unânime, nenhuma é tão próxima quanto Mc 6,52-53 (cf. Wallace, 1994, p. 176ss.).

lugar, para respeitar a esticometria[14], importante em tal reconstrução, porque as linhas não podem variar muito em comprimento, é preciso omitir as palavras *epi tèn gen* ("à terra") no final da linha 3[15]; então, entre o pequeno número de letras claramente identificadas no minúsculo fragmento, deve-se considerar que uma estaria errada. De fato, na linha 3, encontramos a letra *tau* no começo da palavra *tiaperasantes* ("tendo feito a travessia") onde seria necessário um *delta* (*diaperasantes*). E mesmo que essa confusão entre as duas dentais seja bem-conhecida pelos papirologistas, isso acrescenta uma hipótese adicional a identificação proposta. Finalmente, o espaço na frente do καὶ não é muito claro e nada indica que ele tenha sido intencional.

De fato, a dificuldade mais significativa vem do fato de algumas letras serem muito difíceis de decifrar. De acordo com alguns papirologistas, a posição de Thiede diz respeito apenas à identificação da letra *nu* ("n") na linha 2. Se esta é inválida, sua demonstração cai[16].

Mas o que não é dito abertamente é que o 7Q5 foi encontrado em uma caverna perto do local de Qumran, às margens do Mar Morto, isto é, em um lugar considerado, a partir das obras de Eléazar Sukenik, André Dupont-Sommer e Roland de Vaux, como o centro de uma comunidade essênia que supostamente escondeu seus manuscritos nas grutas próximas quando os romanos chegaram em 68 d.C., e que,

---

14 Do grego *stix, stichos* que designa uma fileira (de combatentes) ou uma linha: a esticometria é a segmentação de um texto em linhas de comprimento equivalente. Para o 7T5, este cálculo baseia-se, em especial, no de dois outros fragmentos encontrados na mesma gruta, ou seja, 7T1 e 7T2 (passagem de Ex 28,4-7 para o primeiro, e da *Carta de Jeremias* 6,43-44 para o segundo) cuja identificação está resolvida e é aceita por todos.

15 Carsten Peter Thiede prontamente reconhece essa ausência, mas como as palavras que faltam ("à terra") não tratam de doutrinas, mas são em vez disso uma precisão geográfica, ele acha que é uma glosa cristã tardia que foi retida nos manuscritos posteriores. Thiede aponta uma omissão deste tipo no $\mathfrak{P}^{52}$, o fragmento mais antigo do Novo Testamento, datado dos ano 125: os termos "para isso" "devem cair de acordo com o esticometria daquele fragmento, embora tal omissão nunca seja atestada em outro lugar. Isto é confirmado por Head, 2004: na passagem de Jo 18,37, o copista omitiu as palavras *eis touto* (para isso), sob o pretexto, diz-se, de que há redundância de uma linha para outra (a passagem completa de João é: "Então Pilatos lhe disse: "Logo, tu és rei? "Jesus respondeu: "Tu o dizes: eu sou rei. *Para isso* nasci e *para isso* vim ao mundo, para dar testemunho da verdade. Todo aquele que pertence à Verdade, ouve a minha voz". Não se pode invocar o mesmo argumento para a omissão do 7T5 na medida em que a perífrase "à terra" (*prosomisthesan*) e o verbo "abordar" (*prosôrmizô*) têm o mesmo significado? Se atravessarmos até à terra, no final, abordamos! A tendência dos copistas é por atalhos! Da mesma forma, o $\mathfrak{P}^{45}$, classificado até o presente como o mais antigo manuscrito do Evangelho segundo São Marcos omite a indicação de direção *eis to peran*, "para a outra margem", complemento de *diaperaô*. É incoerente argumentar que essa explicação de que uma glosa cristã não é aceita pela crítica contemporânea quando esta, ademais, rapidamente a propõe, p. ex., ao explicar a passagem tão inconveniente do *Testimonium flavianum*! (cf. p. 73-74).

16 Essa é a posição de Gordon Fee, p. ex., em seu artigo de 1993, "Are There New Testament Fragments Among the Dead Sea Scrolls?" (p. 25, n. 14 apud Price, 1996, p. 188). No entanto, em 1992, o fragmento foi levado para o departamento de pesquisa da Polícia Nacional de Israel em Jerusalém, à divisão "Identificação e ciência médico-legal"; seu exame em estereomicroscopia eletrônica revelou os restos de uma linha partindo em diagonal do topo da linha vertical, o que tende a provar que se trata de um nu. Mas um estudo posterior conduzido por Amelia Sparavigna, do departamento de física da Escola Politécnica de Turim, usando um filtro digital Fourier, tende a mostrar que este leve traço oblíquo está sob a tinta e na verdade pertence ao próprio papiro (Sparavigna, 2009). A diferença entre os dois estudos é que o primeiro foi feito no documento original, enquanto o segundo foi feito a partir de fotografias.

consequentemente, encontrar ali o texto de um evangelho é, a rigor, impensável, se não impossível, uma vez que os essênios não eram cristãos. Este argumento não leva em conta os recentes avanços na pesquisa e tem mais a ver com um apego incondicional a uma interpretação sujeita a dúvidas do que com uma reflexão madura e saudável e um questionamento de uma determinada doxa[17].

Outras hipóteses foram, é claro, propostas: por exemplo, a de uma passagem no Livro de Enoque, a de uma genealogia, a de um extrato de Lc 3,19-21 ou de Zc 7,4-5[18] mas, assim como José O'Callaghan, elas não obtêm adesão unânime[19]. Após a publicação do artigo do Padre O'Callaghan em 1972, as reações não se fizeram esperar. E elas foram severas, às vezes, além de qualquer justiça quando atacaram o homem![20] Por que tal clamor por parte de estudiosos cristãos, especialmente? Porque se se verificasse que o 7Q5 foi escrito em torno de 50 d.C., isto colocaria a datação do Evangelho segundo São Marcos bem antes da destruição do Templo de Jerusalém em 70, isto é, não mais quarenta anos após a morte de Jesus, mas sim vinte, de modo que a possibilidade de "transformação" das fontes se reduziria significativamente[21].

Além disso, uma vez que essa passagem de Marcos escrita neste minúsculo pedaço de papiro é um fragmento transitório, isto é, que depende da versão final do Evangelho, podemos pensar que o manuscrito ao qual pertencia o 7Q5 era apenas uma cópia, em grego, do original-escrito "em hebraico", como atestado por alguns Padres da Igreja? – e que, portanto, versões mais antigas, que podem remontar aos anos 40,

---

17 Sobre o exame do sítio de Qumran e dos vínculos entre os manuscritos e os essênios, remetemos à nossa obra jà citada.

18 Stegemann, 1992; Aland, 1974; Spottorno, 1992.

19 Por quanto conhecemos, um dos estudos mais completos sobre o 7Q5 foi realizado em Bastia, 2009.

20 Ele foi chamado de "papirologista muito medíocre", um "pobre jesuíta"; julgou-se seu trabalho de "identificação inventada do zero"! Um papirologista famoso de Oxford até se gabou de ser capaz de "demonstrar" que o 7Q5 pertencia a qualquer texto grego antigo, bíblico ou não bíblico, se ele tivesse tempo a perder! Os mesmos ataques ad hominem foram desferidos contra Carsten Peter Thiede, o que consiste em pura difamação. Encontramo-nos, aqui, fora do escopo da apreciação científica, e podemos nos perguntar sobre as motivações para tais julgamentos peremptórios infundados. Uma das explicações talvez possa ser encontrada no campo da psicologia social cognitiva revelada pelo psicólogo social alemão progressista Solomon Asch, que se tornou conhecido no início de 1950 por sua famosa pesquisa sobre o conformismo nos grupos. Suas experiências demonstraram que um indivíduo que responda depois de vários amigos que se equivocaram unanimemente, pode responder como eles apesar de uma evidência objetiva. Sua decisão se conforma com a do grupo, porque apreende a percepção de que os outros o veriam como desviante: é a conformidade relativa. Solomon Asch mostrou assim que as pessoas tendem a negar o que veem por causa da pressão do grupo. Infelizmente, é muito provável que a ciência exegética não escape a este condicionamento psicológico!

21 O fechamento das grutas perto de Qumran em 68 d.C. é considerado como dado e definitivo. Mas nada é menos certo. Mireille Bélis, que estuda sobretudo os tecidos em que alguns rolos foram depositados, fez-nos observar que há vestígios de um retorno a algumas grutas após a Primeira Revolta Judaica, e é, portanto, provável que se tenha retornado seja para retirar manuscritos ou para depositar novos (comunicação pessoal). Esta é também a opinião de Kurt Schubert que acredita que o 7Q5 é sim um fragmento de Marcos, mas que foi colocado em Qumran entre 132 e 135, isto é, durante a Segunda Revolta Judaica: Schubert, 1993, p. 84.

já estivessem em circulação. Esta conclusão põe em causa dezenas de anos de crítica textual dos Evangelhos que considera que estes são o resultado de uma elaboração progressiva (alguns até dizem de uma perversão) da mensagem e da dimensão "crística" de Jesus realizada pelas primeiras comunidades cristãs. Seria preciso re-datar os Evangelhos mais precocemente, e isso é impensável por razões infelizmente mais ideológicas do que científicas[22].

A discussão sobre a identificação do 7Q5 com Mc 6,52-53 não acabou e muito tempo e muitos pesquisadores vão passar antes que se possa chegar a uma conclusão definitiva. Para além das incertezas dos "prós" e dos "contras" deveria prevalecer uma interpretação científica mais serena e que não confundisse dados arqueológicos, exegéticos e teológicos. É inegável que a realidade histórica de Jesus é mais surpreendente, maravilhosa e inesperada do que a que intuímos hoje. Mas, se quisermos que a pesquisa progrida, a melhor atitude a adotar é a de estudiosos como James Charlesworth ou Shemaryahu Talmon que consideram que algumas tentativas de interpretação como as de José O'Callaghan e Carsten Peter Thiede devem ser consideradas científicas e, portanto, como uma reivindicação legítima a ser discutida no campo científico.

* * *

Os fragmentos a seguir são conhecidos como Papyrus Magdalen College ($\mathfrak{P}^{64}$). Eles foram comprados em Luxor, no Egito, em 1901 por Charles Bousfield Huleatt que os identificou como fragmentos do Evangelho segundo São Mateus (26,23 e 31), datando do século IV aproximadamente. Atualmente são preservados no Magdalen College, em Oxford sob o nome de P. Magdalen Greek17. Eles foram publicados em 1953 por Colin H. Roberts[23]. A análise paleográfica levou Roberts a datá-los por volta de 200. Escritos em ambos os lados, eles obviamente vêm de um Codex. Outros fragmentos ($\mathfrak{P}^{67}$) publicados em 1962 por Ramon Roca-Puig (P. Barc Inv. 1) têm a mesma origem.

Em 1994, Carsten Peter Thiede publicou um artigo retumbante, seguido por um livro traduzido em várias línguas em que ele questionava a datação dos fragmentos[24]. De acordo com sua análise paleográfica, esses seriam datados de antes do final do século I, e até mesmo do último terço do século I. Eles também constituem um exemplo de esticometria plausível do *nomen sacrum* "IS" (IesouS) no fragmento 1 *recto*, linha 1, o que sugere a existência de uma cristologia extremamente desenvolvida do século I.

---

22 Tudo isso é bem explicado em Sacci, 2011.

23 Roberts, 1953. Outros fragmentos foram publicados em Roca-Puig, 1962.

24 Thiede, 1995a; 1995b; Thiede & D'Ancona, 1996.

Seu método de datação está ligado à abordagem paleográfica "Clássica": identificando o estilo de escrita, depois a comparação com documentos do mesmo estilo e bem datado, tanto quanto possível, como os de Qumran, Wadi Murraba'at, Nahal Hever e Herculanum.

Seus adversários apontaram que comparações de cartas feitas pelo papirologista alemão não deram resultados seguros e que, portanto, sua datação era inadmissível ou, em todo caso, muito questionável. O consenso permanece, portanto, sobre uma data em torno de 200[25]. Mas não se pode deixar de pensar que a dimensão cristológica destes fragmentos desempenhou um papel significativo na refutação dos argumentos de Thiede. Tem-se, decididamente, uma grande dificuldade de associar o "Jesus da história" com o "Cristo da fé"!

* * *

Depois dos papiros, vêm as **unciais**, também chamadas Maiúsculas. São pergaminhos em que os textos são escritos em capitulares gregas totalmente ligadas (*scriptio continua*). Quase 320 unciais foram reconhecidas até agora. Elas vão do século III ao XI[26]. As mais antigas são a 0189, datada dos anos 200, e a 0312, datada dos anos 300. As mais famosas são o *Codex Sinaiticus* (séc. IV), o *Codex Alexandrinus* (séc. V), o *Codex Vaticanus* (c. 350), o *Codex Ephraemi rescriptus* (séc. V), o *Codex Bezae Cantabrigensis* (ou Codex de Beza) (c. 380-420) e o *Codex Claromontanus* (séc. VI) (cf. anexo 1).

Em seguida vêm os **cursivos** (ou **minúsculos**) que são pergaminhos escritos em minúsculas gregas 27. Localizam-se entre os séculos IX e XIX, com uma maioria entre os séculos X e XI. Eles são numerados após as unciais. Atualmente, contam-se cerca de 2.882, sendo o mais antigo preservado na Biblioteca Nacional da Rússia em São Petersburgo, datado de 835 (M 461 na numeração Gregory-Aland; também chamado de *Evangelhos Uspenski*). Eles são muito menos importantes para a crítica textual do que os papiros ou as unciais. No entanto, podemos mencionar o *Minúsculo 33* (δ 48), chamado "a rainha dos cursivos", e cujo texto está muito próximo do *Codex Vaticanus*. Antes da Revolução Francesa ele se chamava *Codex Colbertinus* 2844. Está em minúsculas gregas sobre pergaminho e data do séc. IX[27]. Ele contém uma parte do Livro dos Profetas e todo o Novo Testamento, com exceção do Apocalipse (com três pequenas lacunas nos Evangelhos segundo São Marcos e segundo São Lucas). Está preservado na Biblioteca Nacional da França (Gr 14).

---

25 Cf. a análise a respeito em Head, 1995.

26 Lista disponível na Wikipedia: "Listas de manuscritos do Novo Testamento em unciais gregas".

27 Aland; Welte; Köster & Junack, 1994, p. 48.

* * *

A essas três categorias de manuscritos (papiros, unciais e minúsculos), os especialistas acrescentam três fontes adicionais: os lecionários, as citações e as traduções antigas.

Os **lecionários** são coleções que contêm perícopes, quer dizer, unidades literárias (ou seções), em geral narrativas, claramente demarcadas quanto ao seu conteúdo, e destinadas a serem lidas em cerimônias religiosas. Há cerca de 2.200 deles, datados dos séculos IX ao XIV. São repertoriados sob a letra "l".

As **citações** dos Padres da Igreja. Eles remontam, em sua maioria, aos séculos I-V. Seu emprego é difícil, porque não se sabe se o autor copiou diretamente uma citação da Bíblia ou se ele fez isso de memória ou se ele fez apenas uma alusão a um verso da Escritura. No entanto, graças a eles, é possível reconstituir os quatro Evangelhos com quase todos os versículos.

As **traduções antigas** (principalmente siríacas, coptas e latinas)[28]. Entre o final do séc. II e o final do primeiro milênio, o Novo Testamento foi traduzido em uma dezena de idiomas. A tradução mais antiga é latina, pois o Novo Testamento foi traduzido, sem dúvida, para o latim provavelmente pelo ano 200. Essa versão está em constante evolução e ocupa todo o espaço ocidental. Existem atualmente 50 manuscritos, designados pela abreviação "it" para *Ítala*. O mais importante é o da Vulgata de São Jerônimo (*c.* 345-420), que se tornou a versão oficial da Igreja Católica Romana. É designada pela abreviação "Vg". Contam-se cerca de 8 mil cópias, a mais antiga das quais remonta ao século IV. No Oriente mediterrâneo, pelo contrário, as línguas variam de um povo para outro, e várias versões se produziram. As principais são em siríaco e copta[29].

* * *

Portanto, é a partir de vários milhares de manuscritos que foi possível determinar o texto do Novo Testamento e, particularmente, o dos Evangelhos. Devemos enfatizar que quase 85% deste texto se encontra, no todo ou em parte, em *todos* os manuscritos. Isso significa que ele é bem atestado. Os 15% restantes são variações entre manuscritos, muitas vezes benignas.

---

28 Aland & Köster, 1995, p. 191-221; Metzger, 1977.

29 Cf. o site do projeto "marcmultilingue" coordenado por Christian Amphoux (Universidade de Aix-en-Provence) e Jean-Claude Haelewyck (Universidade Católica de Louvain).

Agrupar e estudar todos estes manuscritos permitiu aos especialistas considerar uma certa quantidade de parentesco entre eles, de modo que lhes foi possível constituir **"famílias de textos"**. Podemos mencionar quatro:

• A primeira é chamada "texto egípcio" ou melhor **"texto alexandrino"**, e os principais representantes são os *Sinaiticus*, *Vaticanus*, *Ephraemi rescriptus* e *Alexandrinus* (mas sem os Evangelhos). Entre os papiros, pode-se citar $\mathfrak{P}^{46}$, $\mathfrak{P}^{66}$, $\mathfrak{P}^{72}$ e $\mathfrak{P}^{75}$.

• A segunda família reúne a maior parte dos manuscritos (quase 80%): ela é chamada de **"texto bizantino"** ou "texto imperial" ou *"koiné"*: esse nome se deve à sua utilização na Igreja Bizantina principalmente. Encontram-se aí, por exemplo, o *Codex Guelferbytanus* A e B e $\mathfrak{P}^{73}$.

• A terceira família diz respeito ao **"texto ocidental"**, representado, entre outras, pelas traduções latinas, o que fez com que se deduzisse que tivesse aparecido no Ocidente'[30]: os *Codex de Bèze* e *Claromontanus*, bem como os papiros 38, 46, 48 ou 66 são bons representantes.

• a última família é designada **"texto cesariano"**, e é o grupo menos importante: ele é representado pelo *Codex Washingtonianus* (W, 032) e *Koridethi* (Θ, 038) os papiros 29, 38, 41, 42, 48 e as unciais 0177 e 0188. No entanto, pesquisadores como Bruce Metzger ou Kurt Aland questionaram sua existência[31].

Exame da transmissão do texto evangélico torna possível perceber que sua conservação é excelente. No entanto, é preciso garantir que sua recomposição seja consistente com o que também conhecemos do contexto histórico geral em que ele se inscreve. É a isso que nos dedicaremos no próximo capítulo.

---

30 Na realidade, ele vem da Síria (cf. Conzelmann & Lindemann, 1999, p. 66-67).

31 Metzger, 1963, p. 67; Aland, 1989, p. 66-67.

Parte IV
Os Evangelhos:
uma história verossímil?

Alguns exemplos

Como mostraram os trabalhos dos pesquisadores Pierre Perrier e Frédéric Guigain, o Evangelho foi primeiramente pregado oralmente antes de ser escrito em papiros ou pergaminhos, e esta pregação oral continuou evoluindo ao longo do século I. Mas os cristãos também contaram muito rapidamente com o apoio da escrita. Era necessário garantir as Igrejas contra falsos ensinamentos baseados em supostas "manifestações do Espírito" em "palavras" que o rumor atribuía ficticiamente aos apóstolos, ou mesmo em "cartas" escritas por falsários (cf. 2Ts 2,2). É por isso que os apóstolos faziam com que seus escritos fossem levados por homens seguros, conhecidos pelos destinatários (At 15,24-27), e eles tinham o cuidado de fornecer aos cristãos espécimes de sua escrita (2Ts 3,17), escrevendo algumas palavras de sua própria mão no final de suas cartas para autenticá-las (1Cor 16,21-24, Gl 7,11, Fm 19, Cl 4,18), de acordo comum uso bem-atestado nessa época na literatura profana. Falsários eram ameaçados com as piores punições (Ap 22,18-19).

* * *

Vejamos alguns exemplos de informação dadas pelos Evangelhos que parecem *a priori* erradas ou incompletas (inclusive ambíguas) e que, quando analisadas, se revelam *a minori* críveis. Vamos tentar mostrar que nada se opõe à realidade dos fatos relatados que, mesmo não sendo atestados como autênticos, estão ao menos no domínio do provável.

Iremos nos basear, para esse fim, principalmente nos Evangelhos segundo São Lucas e segundo São João, pois eles são considerados os mais "históricos"[1]. De fato, muitos autores demonstraram a veracidade de um grande número de dados do Evangelho segundo São João[2], enquanto outros expuseram brilhantemente as razões que fazem de São Lucas um historiador que preenche os critérios próprios da maneira de escrever a história na Antiguidade.

---

1 Lucas e João explicitamente anunciam sua intenção de contar fatos reais e dignos de confiança: Lc 1,1-4; Jo 20,30-31.

2 Referimo-nos a Genot-Bismuth & Genot,1992; Schein, 1983; Guérillot, 2003. Rolland (1998, p. 85), afirma: "O valor histórico do Quarto Evangelho em seus relatos é reconhecido por quase toda a comunidade científica atual. Sua topografia é irrepreensível, foi confirmada ano após ano pelas pesquisas arqueológicas. Sua cronologia é, de todos, a melhor. Além disso, não encontramos nele expressões como "naquele tempo", "Por volta daquela época", mas suas transições são sempre as de uma narrativa seguida: "No dia seguinte" (1,35) "depois disso" (3,22) "seis dias antes da Páscoa" (12,1) etc. É o Evangelho que mais se aproxima de uma biografia no sentido atual do termo. Os relatos são meticulosamente precisos. Eles fazem a alegria de todos os peregrinos que chegam à Terra Santa quando são lidos *in loco*". Marie-Françoise Baslez nota que "o Evangelho de João aparece finalmente como o mais rico de informações históricas, como o mais crível e consistente na articulação dos fatos, embora seja reconhecido, por unanimidade, como o mais teológico: Não há nisto o menor paradoxo" (Baslez, 1998, p. 218).

O Evangelho segundo São Lucas

Comecemos com Lucas. Seu caso é muito interessante. Talvez mais do que os outros evangelistas, ele tenha sido vítima dos julgamentos mais severos por parte dos representantes da hipercrítica racionalista que, por ele ter escrito os "relatos da infância de Jesus", consideraram que seu trabalho não se mantinha de pé e que se tratava de uma invenção piedosa da fé. Ele foi acusado não só de ter imaginado fatos, mas também de ter confundido os eventos e os tempos[1]. No entanto, como ele mesmo indica em seu prólogo, ele procurou fazer o trabalho de um historiador e, mais do que isso, de historiador crítico, em uma ótica apologética, o que o obrigou ainda a maior rigor e veracidade.

Primeiro de tudo, quem é o Lucas? Uma coisa parece já inconteste: ele falava grego e tinha formação helênica[2]. Ele se converteu cedo porque era companheiro de Paulo (Cl 4,14), que especifica que ele era médico[3]. Uma tradição antiga diz que fosse oriundo da Antioquia[4], a capital da província romana da Síria. Também é um viajante bem-informado sobre as vias marítimas[5].

Médico, Lucas também é historiador de acordo com a ótica propriamente antiga. O que significa? Primeiro de tudo, ele é o primeiro a ter escrito uma biografia de

---

1 Foi o caso de David Friedrich Strauss ou Carl Gustav Adolf von Harnack, Ernest Renan ou Theodore Mommsen, p. ex., cf. Loth, 2003, p. 97.

2 Lucas era judeu? A resposta permanece sem solução há muito tempo. A presença de muitos "hebraísmos" em seu Evangelho e nos Atos mostra que ele sabia hebraico como bem fez observar R. Steven Notley, professor do Nyack College (Nova York), especialista em Novo Testamento e nas origens do cristianismo [cf. sua intervenção em www.jerusalemperspective.com/13664]. Um bom resumo sintético com argumentos a favor e contra foi apresentado por Eli Lizorkin-Eyzenberg, *Could Luke be Jewish?* no site do Israel Study Center (2016).

3 Afirmação tirada do Cânon de Muratori: "O terceiro livro do Evangelho, segundo Lucas: Lucas, o médico que Paulo levou consigo depois da ascendendo de Cristo como um apaixonado pelo direito, escreveu em seu próprio nome e de acordo com aquilo que ele achava bom [...]" (cf. Chabert de Hyères, 2003).

4 Eusébio, *Hist. Ecl.* 3,4; Júlio Africano, *Epist. Ad Aristidone*; Jerônimo, *De Viris Illustribus*, 7; *Codex Cantabrigensis* D. Também se pensou que ele fosse originário da Macedônia ou de Roma, mas é improvável porque ele conhece muito bem a geografia e a flora palestina como indicado, p. ex., no episódio de Zaqueu (cf. p. 170).

5 Como especifica Bovon, 1987, p. 24.

Jesus (Lc) seguida de uma história do cristianismo primitivo (At) que, originalmente, formavam um único livro em dois volumes de 52 capítulos no total, o que constitui um quarto de todo o Novo Testamento. Foi durante o século II (antes do ano 200) que se decidiu dividir sua obra em duas partes distintas para integrar seu Evangelho aos outros três e dispor seus Atos logo depois, seguindo uma lógica cronológica compreensível, mas inadequado porque isso desnaturou o trabalho de Lucas.

Para Lucas, a história sagrada se decompõe em três estágios (Lc 16,16): até João Batista, é o tempo da Lei e dos Profetas; depois chega Jesus, é o tempo da Revelação; finalmente, tem lugar o tempo da Igreja, que é o da difusão, que se inicia com Pentecostes: como sublinhado por Hans Cozelmann, "o tempo de Jesus é 'o meio do tempo', centro da história. [...] Com ele, a Cristandade nasce para a consciência da história"[6]. Mas o que é a história para um homem de Antiguidade? Depois das errâncias do século XIX, historiadores ou filósofos da história como Henri-Irénée Marrou, Paul Veyne, Raymond Aaron ou Paul Ricœur mostraram com precisão como, na Antiguidade, escrevia-se a história, isto é, de que maneira se fazia historiografia[7]: não era descrevendo fatos (*bruta facta*), mas reconstruindo-os, interpretando-os em função de uma certa lógica colocada pelo próprio historiador: "A verdade da história não se apega tanto à factualidade do evento relatado [...]; ela tem relação com a interpretação que ele [o historiador] dá a uma realidade sempre suscetível, em si mesma, de uma pluralidade de opções interpretativas"[8]. Desse modo, Lucas faz, mais ou menos, história da mesma forma como a fazem os historiadores greco-romanos ou judeus como Heródoto, Tucídides, Políbio, Tito-Lívio, Tácito, Dionísio de Halicarnasso, Salústio, Cornélio Nepos, Plutarco ou Flávio Josefo[9]. Fazer história é antes de tudo buscar as causas dos eventos.

Em 1979, Willem Van Unnik – baseado no pequeno tratado *Como se deve escrever a história*, que Luciano de Samósata escreveu entre 166 e 168, e na *Carta a Pompeu*

---

6 Conzelmann, 1964 apud Marguerat, 2003, p. 12.

7 Marrou, 1954, esp. p. 26-46; Veyne, 1971; Aaron, 1986; Ricœur, 1994; 1991.

8 Marguerat, 1999, p. 17-18.

9 É o que Paul Veyne observa quando escreve: "Para quem não complica coisas por gosto do sublime e com os olhos da fé, os três Evangelhos sinóticos são "Vidas" como as de Plutarco ou Suetônio" (Veyne, 1996, § 49). No entanto, a grande diferença entre a biografia de Lucas e as de seus colegas gregos, romanos ou judeus, é que no momento em que ele escreve seu Evangelho, Jesus ainda não é uma personalidade ilustre, reconhecida como tal, nem no mundo pagão, nem especialmente em Israel, se não no grupo dos seus discípulos. Assim, a dificuldade está no fato de que Lucas "resolve escrever a vida de um homem rejeitado por seu próprio povo, morto na cruz como blasfemo e encrenqueiro, especialmente se o objetivo é mostrar que ele não era assim" (Aletti, 2010, p. 23).

escrita por Dionísio de Halicarnasso entre 30 e 7 a.C. – estabelece uma lista de dez regras que regem o "código" do historiador greco-romano[10].

Elas são as seguintes:

1) escolha de um assunto nobre;

2) utilidade do assunto para os destinatários;

3) independência mental e imparcialidade do autor;

4) boa construção da narrativa, especialmente seu começo e seu fim;

5) coleta adequada de material preparatório;

6) seleção e variedade no processamento de informações;

7) correta disposição e ordenamento dos relatos;

8) vivacidade na narração;

9) moderação em detalhes topográficos;

10) composição de discursos apropriados ao orador e à situação retórica.

No entanto, o exame da história de Lucas atende oito critérios em dez da historiografia greco-romana: ou seja, regras 2, 4, 5, 6, 7, 8, 9, 10. Apenas as regras 1 e 3 escapam desta maneira de fazer história porque Lucas adota aqui a postura da historiografia judaica: o assunto nobre para um historiador grego ou romano está ligado à história política, militar, etnográfica, ou diz respeito à vida de um monarca, um general, um filósofo. Entende-se perfeitamente por que Lucas não atende bem a esse critério, embora ele lembre em At 26,26 que a história que relata "não aconteceu em um canto qualquer", em outras palavras, a Palestina não era uma província distante e obscura como nós tendemos a imaginá-la". A historiografia judaica, ao contrário, procura descrever a intervenção de Deus na história dos homens e, em particular, a das pessoas que ele escolheu.

Este é o desafio do trabalho de Flávio Josefo quando lida com as *Antiguidades judaicas* ou a *Guerra judaica contra os romanos*.

Quanto à regra 3, a que lembra a independência mental e a imparcialidade do historiador, Lucas se insere na tradição bíblica da παρρησία, isto é, da liberdade linguística, da franquia. "Sua leitura da história é a de alguém que crê", diz Daniel Marguerat[11]; pode-se adicionar é "confessional", uma vez que testemunha a vida de Jesus cujo *acmè* [apogeu] é a sua ressurreição: e é aí que ocorre a distorção entre a visão greco-romana da história e a visão judaica: uma é crítica enquanto a outra não o é. As duas procuram a verdade, mas a primeira estabelece a "verossimilhança dos

---

10 Cf. Van Unnik, 1979, p. 37-60, apud Marguerat, 1999, p. 27-38 no qual nos apoiamos na elaboração deste parágrafo. Cf. tb. Votaw, 1970; Burridge, 1992.

11 Marguerat, 1999, p. 36.

eventos", enquanto a segunda expõe a "verdade do Deus que governa o mundo", como sublinhado ainda por Daniel Marguerat[12].

O que concluir dessa constatação? Se o evangelho é um gênero literário cuja finalidade é converter o leitor, inspirar-lhe uma visão radicalmente nova de Deus – como a comédia procura fazê-lo rir ou tragédia procura emocioná-lo fazendo-o refletir sobre o seu destino – pode-se e deve-se – também reconhecer que ele não é um gênero isolado ou único, e que pode ser mais do que isso, já que se inscreve em uma linha de obras clássicas que se enquadram na historiografia tanto greco-romana quanto judaica. Portanto, não estamos na presença de um *hapax*, de um caso isolado, original no sentido de inclassificável. Estamos diante de uma biografia que atende aos critérios de seu tempo.

É nessa perspectiva, portanto, que podemos considerar alguns episódios da vida de Jesus relatados por Lucas e João a fim de determinar se o que eles relatam, afinal, é ou não provável, se isso pode ser explicado de maneira coerente conforme o que é conhecido também por outras fontes sobre a história da Palestina na virada de nossa era.

1 O prólogo de Lucas

Comecemos pelo prólogo de Lucas. Como ele parece ter cultura grega, não se deixou de salientar que o início de seu livro (1,1-4) foi redigido "à maneira grega": ele especifica que seu objetivo é relatar (sobre a vida de Jesus e a Igreja primitiva) apoiando-se em seus antecessores, isto é, naqueles que já trataram deste assunto porque eles foram testemunhas oculares e seguidores (precisão nada trivial), depois de ter levantado informações detalhadas e realizado um trabalho de revisão minuciosa (consulta de escritos e tradições anteriores, interrogatório de testemunhas, exposição dos resultados de sua investigação de maneira ordenada, de acordo com a sucessão e a concatenação dos fatos). Ora, expressões idênticas ou uma articulação semelhante do discurso são encontradas em muitos escritores gregos como, por exemplo, Xenofonte (Anábase 3.3); Tucídides (*Guerra do Peloponeso* 1,20-22); Demóstenes, (Discursos 4,38; 18,172; 48,40); ou Dioscórides (*De materia medica* 1). O paralelo com este último é particularmente impressionante: se relermos o prólogo de Lucas – o único desse tipo em todo o Novo Testamento, é preciso lembrar? – constataremos que ele é "cuidadosamente composto, com uma prótase seguida por uma apódose; cada uma delas compreende três proposições que formam um período ritmado"[13].

Releiamo-lo:

---

12 Marguerat, 1999, p. 38.

13 Sabourin, 1992.

[1] Justamente, uma vez que muitos tentaram, remontando atrás, relatar ordenadamente as realidades que se cumpriram plenamente entre nós, [2] como também nos transmitiram aqueles que, desde o começo, viram com seus olhos e tornaram-se servos da Palavra[14], pareceu-me bom, para mim também [3] que a tudo acompanhei diligentemente desde a origem, escrever-te com exatidão, em ordem cronológica, excelente Teófilo, [4] para que reconheças a confiabilidade das palavras de que já estás informado oralmente.

A comparação com o preâmbulo do livro *De materia medica* do médico grego Dioscórides, contemporâneo de Lucas nos permite ver a familiaridade do evangelista com a literatura "especializada" grega:

Havendo escrito muito sobre a preparação de medicamentos, tentarei, caríssimo Arcião, mostrar-te que não é um propósito vão e temerário de minha parte abordar também este assunto... Porque, conhecendo com a maior precisão os fatos, em parte por tê-los visto pessoalmente e em parte por tê-los recebido de testemunhas concordantes, e depois de fazer uma investigação junto aos habitantes do lugar, vou procurar expô-los em uma ordem diferente*.

Encontramos, assim, como em Tucídides, ademais, uma série de paralelos textuais que podem ser resumidos da seguinte forma: a consciência do autor de ter predecessores; a realidade dos eventos relatados; a referência a testemunhas oculares cujas informações são coletadas com precisão e ordem[15]; o testemunho do próprio autor; a busca pela verdade; o uso da primeira pessoa (que nenhum dos outros evangelistas faz)[16]. Em suma, temos a impressão de que o médico Lucas quis fazer em seu Evangelho o que seu colega Dioscórides havia empreendido fazer em seu tratado de terapêutica experimental: retomar um assunto já tratado, depois de consultar os

---

14 Hoje podemos citar alguns dos que "foram testemunhas oculares": p. ex., Maria, a mãe de Jesus, os amigos e vizinhos de Zacarias e Isabel (Lc 1,6), ou os membros da família de Jesus (cf. nota 125, p. 162). Quanto aos "Servos da Palavra", um deles é provavelmente mencionado por Lucas (9,49), que não dá o seu nome: ele é um homem que, sem ser um apóstolo ou até mesmo um discípulo próximo a Jesus expulsa os demônios em seu nome. Essa pequena passagem é interessante na medida em que reforça a afirmação de que as pessoas fora do círculo dos íntimos de Jesus o seguiam pontualmente e agiam em seu nome com sucesso. Isso também prova que se falava sobre Jesus em todo o país e que as histórias sobre sua vida e suas ações podiam circular entre a população judaica (cf. esp. Laurentin, 1996, p. 58-59).

* No orig., referência à trad. francesa de Jacques Cameredon [Disponível em: fr.calameo.com].

15 Pois, se Lucas é um "grego" da Síria (ele pode ter sido um judeu helenófono como Paulo de Tarso ou Fílon de Alexandria), com certeza terá passado algum tempo em Jerusalém com Paulo e outros companheiros, onde reuniu tradições ainda vivas sobre Jesus e João Batista (cf. At 21).

16 Lembremos, no entanto, a importante observação feita por Claire Clivaz: "Esse prefácio usa uma terminologia técnica precisa, que evoca claramente os antigos prefácios de obras historiográficas ou científicas mas, diferentemente deles, oferece um conteúdo vago absolutamente inconcebível para uma obra literária antiga: não sabemos quem é o autor, ou especialmente o que é o assunto, evocado pela menção elíptica de 'Eventos que se cumpriram entre nós' (Lc 1,1)" (2011, § 24). A esse respeito, cf. as explicações dadas acima a propósito das regras 1 e 3 da historiografia greco-romana.

textos e interrogar as testemunhas, e expor os resultados de sua investigação em uma rigorosa ordem cronológica. A sequência do seu Evangelho mostra que Lucas é um historiador original que integrou a vida de Jesus e das primeiras comunidades cristãs à história geral da Bacia do Mediterrâneo estabelecendo sincronismos entre uma e outra.

2 O nascimento de João Batista e o de Jesus – A data do nascimento

A simples leitura dos Evangelhos é suficiente para se notar que eles não dizem em que estação ou mês Jesus nasceu. Em contraste, João (18,28; 19,14) relata que ele morreu véspera da Páscoa, uma festa que, no calendário hebraico, era celebrada no mês de *Nisân* (março/abril). Como vamos ver, os primeiros cristãos se preocuparam muito pouco com a fixação de uma data para celebrar o nascimento de Jesus, privilegiando antes a comemoração de sua morte e ressurreição.

Mesmo assim, no final do século II, alguns deles decidiram fixar a data da morte de Jesus no dia 25 de março, isto é, no mesmo dia da Anunciação (e sua concepção) e, consequentemente, concluiu então que ele nasceu nove meses depois, no dia 25 de dezembro[17]. O exame combinado do Evangelho segundo Lucas e das fontes textuais judaicas e cristãs nos permite considerar que o relato da Natividade é, em todos os seus componentes, bastante provável. O Evangelho de Lucas começa, portanto, com esses dois eventos que são o nascimento de João Batista e de Jesus (Lc 1,5; 2,20), dando informações de caráter histórico que devem ser tratadas em conjunto porque, como veremos, a concatenação dessas informações adquire maior relevância ao serem inseridas em uma trama espaço-cronológica mais ampla que as torna uma história bastante crível.

Tudo acontece "nos dias de Herodes" (Lc 1,5). Estamos, assim, no final do século I a.C.: o reinado de Herodes o Grande (40-4 a.C.) termina em brutalidade e sangue, a terrível doença do soberano apenas exacerbando seu ressentimento contra seus oponentes, especialmente os fariseus[18]. Lucas começa seu Evangelho falando

---

17 Os cristãos do Oriente fixaram a data de concepção e morte de Jesus em 6 de abril, enquanto os ocidentais a estabeleceram em 25 de março, porque eles seguiam um calendário ligeiramente diferente. Nove meses mais tarde é 6 de janeiro (Festa da Epifania) ou 25 de dezembro (Festa do Natal do Senhor). Cf. Tighe, 2003. Essa ideia de vincular o dia do nascimento de um grande profeta ao dia de sua morte é uma prática encontrada no cristianismo primitivo. Mas isso tem raízes no judaísmo? Parece que *alguns* judeus dos séc. I-III acreditavam que *alguns* homens santos, como Moisés, p. ex., teriam vivido de acordo com um ciclo anual completo, ou seja, eles teriam nascido e morrido no mesmo dia (Talmude Babilônico, *Kiddushin* B 1: 9,2.9.A-B, *b. Rosh Hashaná* 10b-11a.): é o que se chama de "a idade integral". Essa hipótese permanece em aberto.

18 Schwentzel, 2011, p. 81-83. Cf. tb. o estudo de Sylvie Chabert d'Hyères, "L'évangile de Luc et les Actes des apôtres selon le *Codex Bezae Cantabrigensis*" e seu site [codexbezae.perso.sfr.fr]. Há uma incerteza sobre o ano da morte de Herodes: 4, 2 ou mesmo 1 a.C. Esta incerteza é reforçada pelos testemunhos de autores cristãos antigos que, com exceção de Sulpício Severo (c. 360-425) *Crônicas* 2,27, que situa o nascimento de Jesus em 4 a.C., datam a

do nascimento de João Batista[19]. Este último é o filho de Zacarias, um sacerdote da classe de Abia, e de Isabel, uma descendente de Aarão, irmão de Moisés. Zacarias oficiava no grande Templo de Jerusalém, onde cada uma das 24 classes sacerdotais garantiam o serviço duas vezes por ano[20], durante uma semana, de sábado a sábado[21]. Esta organização por turnos de serviço no Templo, estabelecida por Davi, esteve em vigor durante todo o reinado de Herodes, e é por isso que Lucas se serve dessa informação para situar o nascimento de João Batista. A classe a que Zacarias pertencia começava seu serviço no Templo na primeira parte do terceiro mês, ou seja, o mês de *sivân* (maio/junho) – o primeiro mês do ano sendo o de *nisân* (março/abril) de acordo com o calendário bíblico (Ex 12,2) – e na segunda parte do oitavo mês, a de *marheshvân* (outubro/novembro). Mas essa rotação era feita ao longo de seis anos para permitir que as 24 classes assumissem o mesmo número de semanas de guarda. Portanto, os turnos de guarda nunca caíam na mesma semana ou no mesmo mês de um ano para outro ao longo desse ciclo.

É, portanto, durante o seu serviço no Templo que Zacarias vê o Anjo Gabriel anunciar-lhe que Isabel ficará grávida e dará à luz um filho que será chamado João, nome que significa "Yahweh é favorável".

No sexto mês a partir da concepção de João Batista, o Anjo Gabriel é "enviado por Deus a uma cidade da Galileia, chamada Nazaré, a uma virgem prometida a um homem chamado José, da casa de Davi; e o nome da virgem era Maria" (Lc 1,26-27). Maria, portanto, fica grávida seis meses depois de sua parente.

Se considerarmos que a contagem começa no mês de *sivân*, estamos então no mês de *kisleu* (novembro/dezembro); se, no entanto, se trata do mês de *marheshvân*, nos encontramos então no mês de *Iyyâr* (abril/maio). Chegado o momento, Isabel põe no

---

encarnação em 3 a.C. [Tertuliano (c. 197), *Adversus Judaeos* 8,11; Irineu (c. 170-180), *Adversus Haereses* 3 21-3; Clemente de Alexandria (c. 210-220), *Stromatae* 1,21; Eusébio de Cesareia (c. 320 a 340), *Hist. Ecl.* 1,5-2); Jerônimo (c. 380-400), *Comentário sobre Isaías*] ou 2 a.C. Hipólito de Roma (em 204), *Comentário sobre o Livro do Profeta Daniel* 9,27l; Epifânio Salamina (c. 374-377), *Panarion* 20,2; Orose (c. 410-420), *Histórias, contra os pagãos* 6,22-1, 7,2-14 e 3-1; Malalas (c. 565-575), *Chronographia Ioannis Malalae*].

19 Sua existência é atestada pelas mesmas fontes que mencionam Jesus: Flávio Josefo (AJ 18,5, 116-117) e os Evangelhos e, no entanto, ninguém a questiona, ao contrário da de Jesus...

20 O ano judaico é um conjunto de meses lunares de 354 dias. Compõe-se de 12 meses, mas conta 11 dias a menos do que o ano tropical (ou solar). Para sincronizar o calendário judaico com as estações e o ano tropical, alguns anos contam com 13 meses para compensar a defasagem de 11 dias (o mês suplementar é inserido logo após o mês de *shebat*: é chamado *adar* e conta com 30 dias; o mês que o segue é chamado *adar2* ou *vé-Adar*). Esses anos de 13 meses são chamados "embolísmicos", do grego *embolismos*: "intercalados" (em hebraico: *méoubérêt*).

21 As 24 classes de sacrificadores eram compostas cada uma de sete a nove sacerdotes [*kohanim*], todos sorteados: "Eles eram repartidos por sorteio, uns e outros; havia oficiais consagrados, oficiais de Deus, entre os filhos de Eleazar, como entre os filhos de Itamar" (1Cr 24,5); "Jeoiarib foi o primeiro sobre quem caiu a sorte [...] o sétimo, Hacoz; o oitavo Abias" (1Cr 24,10). É Flávio Josefo (AJ 7,365-366) quem especifica que cada classe oficiava uma semana inteira de sábado a sábado.

mundo seu filho, João, seja no mês de *adar* (fevereiro/março), seja no mês de *ab* (julho/ agosto). E Maria seis meses depois, ou seja, durante o mês de *elul* (agosto/setembro) ou durante o mês de *shebat* (janeiro/fevereiro). *A priori*, não há nenhuma relação com o mês de dezembro para celebrar o nascimento de Jesus. O que acontece realmente?

Em 1995, os pesquisadores Shemaryahu Talmon e Israel Knohl publicaram um estudo sobre um calendário litúrgico descoberto na caverna 4 perto de Qumran (4Q321-321a), que é essencialmente idêntico ao que se encontra no primeiro *Livro de Enoque* (72-82) ou no dos *Jubileus* (cap. 2 e 6)[22]. O ano tropical tem 364 dias divididos em oito meses de trinta dias, e quatro meses (o 3º, o 6º, o 9º e o 12º) de trinta e um dias. Os doze meses são organizados em quatro tríades e o ano é dividido em 52 semanas. Este calendário é articulado em torno de um ciclo de seis anos. Assim, aí constam incontestavelmente as datas de serviço no Templo que os sacerdotes das 24 classes asseguravam por revezamento e durante uma semana, e isso ainda na época do nascimento de João Batista e de Jesus já que os dois estudiosos israelenses datam este calendário dos anos 50-25 a.C. Depois, em 2001, Shemaryahu Talmon publica outros calendários "qumranianos" que permitem refinar a ciclo do turno dos sacerdotes-sacrificadores do grande Templo. Descobrimos, graças ao fragmento 4Q328 Fa, que a classe de Abia estava no comando do Grande Templo no terceiro trimestre do terceiro ano do ciclo de seis anos, o que coloca seu serviço em setembro, durante o mês de *Tishri* (setembro/outubro)[23]. Ora, uma tradição bizantina imemorial celebra a "Concepção de João" em 23 de setembro e celebra seu nascimento em 24 de junho. Portanto, como escreve São Lucas, no "sexto mês" após a concepção de João, o Anjo Gabriel apareceu à Virgem Maria, a partir de 23 de setembro, este sexto mês cai em torno de 25 de março (Festa da Anunciação) e, nove meses mais tarde é 25 de dezembro: Natal ou a Natividade. Temos, assim, documentos escritos contemporâneos dos eventos que corroboram a celebração de Natal no dia 25 dezembro. Portanto, celebrar esta festa nesta data não é incongruente.

Mas podemos ir ainda mais longe. É verdade que os primeiros cristãos se importavam pouco em celebrar o nascimento de Jesus, sua Natividade, por um lado, porque as perseguições de que eram vítimas os forçavam a ser prudentes e muito discretos e, por outro lado, porque eles consideravam a ressureição muito mais importante do que seu nascimento, pois era sobre ela que se baseava sua fé[24]. Com efeito, uma

---

22 Talmon & Knohl, 1995. Este calendário consiste em cinco fragmentos de pergaminho de diferentes tamanhos. Cf. tb. Talmon; Ben-Dov & Glessmer, 2001.

23 Cf. o estudo bastante detalhado feito a esse respeito por Henriette Horovitz em *Jésus de Nazareth – Études sur la Nativité et la Crucifixion*, 2014 [Disponível em: ebior.org] e Horovitz, 2016.

24 Conforme a advertência de São Paulo: "Mas se Cristo não ressuscitou, vazia então é a nossa mensagem, e vazia também a vossa fé" (1Cor 15,14). Orígenes (*c*. 185-254) zombava dos romanos que celebraram aniversários de nas-

tradição muito antiga situava o nascimento de Jesus em uma quarta-feira no início de abril (2 de abril, mais exatamente)[25]. Para outra, seu nascimento se dera na quarta-feira dia 5 das calendas de abril, ou seja, 28 de março[26]. No século V, em Jerusalém, a Natividade era celebrada em 6 de janeiro antes de passar para 25 de dezembro no final do século[27]. Então, por que em 25 de dezembro? A resposta quase unânime é: 25 de dezembro, dia do solstício de inverno, foi escolhido para celebrar a Natividade de Jesus, a fim de se contrapor ao Sol Invicto (*Sol Invictus*) celebrado pelos romanos; em outras palavras, a Igreja quis "cristianizar" uma festa pagão para erradicar qualquer referência aos deuses da Roma antiga. Pretende-se, assim, insinuar que a Festa da Natividade é apenas mais uma invenção (como tudo mais nos Evangelhos) feitas pela Igreja. O que temos, aqui, realmente?

O deus *Sol* era conhecido há muito tempo na Itália e em Roma. Segundo Varro[28], foi o Rei Tito Tácio quem primeiro ergueu em Roma um altar em sua honra. Em 11 de dezembro, celebrava-se a Festa do *Sol Indiges*, ou indígete, qualificativo que designava as divindades primitivas e nacionais de Roma[29]. Mas o *Sol* de que estamos falando aqui não é aquele que os romanos celebravam no dia 25 de dezembro, e até o século III da nossa era, ele ocupa um lugar relativamente modesto em comparação com os deuses do panteão oficial, uma vez que não goza de um culto particular e não possui templo na cidade.

A situação evoluirá graças a Septímio Severo (193-211) que coloca o *Sol* em pé de igualdade com Júpiter. De fato, esse Imperador de origem africana (nascido em Léptis Magna, na Líbia atual) desposou no segundo casamento, por volta de 185, Júlia Domna, filha do sumo sacerdote de Emesa (hoje Homs, na Síria), Júlio Bassiano, do qual ela terá dois filhos: Caracala e Geta. Mas em Emesa, honrava-se um

---

cimento chamando estas cerimônias de "práticas pagãs" porque "somente os pecadores (como o faraó e Herodes) celebram seu aniversário" (*Homilia sobre o Levítico*, 8).

25 Jaubert, 1957, p. 67-69. Esta tradição é encontrada em Hipólito de Roma em seu *Comentário sobre Daniel* (*Com. In Dan* 4.23). Clemente de Alexandria indica o dia 25 do mês egípcio de *pachon*, isto é, dia 20 de maio, para o nascimento de Jesus (*Stromatae* 1, cap. 21 § 93).

26 A analogia entre a criação do Sol e o nascimento de Jesus que aparece na literatura patrística dos séc. IV e V, já está bem presente nos meios literários cristãos do séc. III, como mostra uma passagem de *De pascha computum* (17, início do capítulo 19), obra de um escritor africano redigida em 243: "Oh, a esplêndida e divina Providência do Senhor que naquele dia, esse dia exato em que o sol foi feito, no dia 28 de março, uma quarta-feira, deveu nascer o Cristo" (Hartel, 1876, p. 266).

27 Renoux, 1969.

28 *De lingua latina* 5,74.

29 Sobre o culto do *Sol Invictus*, cf. Turcan, 1992, esp. p. 174-180; Salles, 1997; Martin, 2000; Hijmans, 2003 (o autor minimiza a influência oriental do culto solar em Roma e faz a suposição de que a oficialização de 25 de dezembro pela Igreja nos anos 330, também poderia ser motivada pela preocupação de contrariar as afirmações de alguns cristãos heréticos como os basilidianos, os maniqueus, os docetistas etc., sobre a dupla natureza de Jesus Cristo). *A contrario*, a importância e influência do culto do *Sol Invictus* aos cristãos, cf. Heim, 1999.

deus muito popular de nome de Elagábalo (ou Heliogábalo para os gregos)[30]. Com a nova imperatriz, toda a família do sumo sacerdote de Emesa se instala em Roma, especialmente sua irmã Júlia Mesa que terá duas filhas: Júlia Soêmia e Júlia Mameia, mães respectivamente dos imperadores Elagábalo (218-222) e Alexandre Severo (222-235). É precisamente Elagábalo (nascido Vário Avito Bassiano, que se tornou depois imperador sob o nome de Marco Aurélio Antonino) que tentará impor aos romanos o *Sol Invictus* como o deus supremo, mas de maneira tão desajeitada (ele tem quatorze anos quando ele se torna imperador) que acaba irritando o Senado e sua guarda pretoriana e será assassinado, assim como sua mãe Julia Soêmia em 21 de março de 222. Será seu primo Alexandre Severo, que irá sucedê-lo. Mas nessa época não há celebração especial do *Sol Invictus* em 25 de dezembro. Seu culto continuará o mais modesto sob o reinado dos imperadores seguintes[31] até chegar ao poder Lúcio Domício Aureliano, mais conhecido como o nome de Aureliano (270-275), um general da Panônia. O Império é então dividido: Gália e Bretanha são reunidas dentro de um "império da Gália", e a cidade de Palmira controla grande parte das províncias orientais do Império Romano. Aureliano precisa restaurar a unidade, reestruturar o Império e devolver toda a sua força ao poder Imperial. Ele consegue silenciar seus inimigos especialmente a famosa Rainha Zenóbia de Palmira, entre 271 e 272. É então que decide fazer *Sol Invictus* seu deus agregador associando-o à vitória[32].

Em 274, por decreto imperial, o *Sol Invictus* é então aclamado como divindade oficial do Império Romano e considerado o *conservador* do imperador. Um vasto templo circular cercado por pórticos é dedicado a ele na 7ª região de Roma, cuja dedicação ocorre no solstício de inverno em *25 de dezembro de 274*, o dia considerado como aniversário do nascimento do sol[33]. É a partir desse ano[34] que o *Sol Invictus* teria sido celebrado a cada quatro anos em Roma com jogos (*agones*) até que

---

30 *El* ou *Al* é o nome do deus supremo nas religiões mesopotâmicas, e *gabal* designa uma altura, uma montanha: Elagábalo é, portanto, o "deus das alturas" ou o "deus da montanha".

31 Ele permanecerá popular entre os legionários, especialmente aqueles es acionados no Oriente.

32 Ele irá cunhar moedas com a representação de seu deus *Sol*, demarcado, da frente, em pé à esquerda, a mão direita levantada e o globo na mão esquerda, com a legenda RESTITUTOF ORIENTIS (cf. Martin, 2000, p. 302). No entanto, um esclarecimento importante é necessário: a influência do culto do deus de Emesa talvez não tenha sido tão determinante quanto se possa imaginar. De fato, "Aureliano era parente dos *Aurelii*, gentílico cuja etimologia remontava ao sabino *ausel* ou "sol". Então, e independentemente das influências orientais (menos decisivas do que se pensava), a deificação helíaca do *imperator* poderia também reivindicar tradições nacionais mais distantes" (Turcan, 2004, p. 330).

33 O solstício é a época em que o sol está mais distante do equador e parece estacionário por alguns dias. O solstício de inverno chega quando o sol está no Trópico de Capricórnio; o solstício de verão quando ele está no Trópico de Câncer. Em todos os tempos e em todos os lugares, esse evento astrológico é celebrado com alegres festividades.

34 Mas mesmo isso é questionado em Hijmans, 2009, p. 384. Aí se lê: "Deve-se enfatizar [...] que o dia 25 de dezembro nunca foi uma festa oficial do *Sol* muito antiga e nem particularmente importante. Ela é mencionada apenas no *Calendário de 354* e, pelo que eu possa dizer, a sugestão de que ela fora estabelecida por Aureliano não pode ser comprovada. Na realidade, não há absolutamente evidências sólidas de que esta festa em honra ao *Sol* seja anterior

Constantino, embora ele mesmo adepto também do *Sol Invictus*, decide legitimar o cristianismo. E "é entre 325 e 354 que no Ocidente, a Festa da Epifania se completa com a comemoração do nascimento de Jesus no dia 25 de dezembro"[35]. Sim, mas...

A oficialização da festa do nascimento de Jesus não significa que se começa a celebrar o Natal nessa época. O que deve ser entendido é que o culto do *Sol Invictus* aparece no final do primeiro terço do século III, e que sua primeira comemoração em 25 de dezembro data do último terço desse mesmo século. Por que os cristãos teriam esperado mais de dois séculos para decidir moldar a Natividade de Jesus pela do sol? Por outro lado, Hipólito de Roma (*c.* 175-235), um antipapa que foi canonizado porque morreu mártir, dá as datas de 25 de dezembro e 25 de abril como datas possíveis para designar os dias do nascimento e da morte de Cristo em seu *Comentário ao Livro de Daniel* 4,23, que ele escreve entre 202 e 204[36], na época do nascimento de Elagábalo, portanto, muito antes de este tentar estabelecer o culto do *Sol Invictus* em Roma. Em seu livro *História da religião romana* publicado em 1957, o latinista francês Jean Bayet sugere que, na verdade, foram sim, os imperadores romanos Aureliano e Juliano o Apóstata que, em 274 e 362, fixaram no dia 25 de dezembro a Festa do Sol Invicto para substituir a da Natividade, com o objetivo de perseguir o cristianismo[37]. Esta medida era um pretexto para caçar os cristãos que se recusavam a participar do culto pagão.

Além disso, não se deve esquecer que o Sol desempenhou um papel um tanto ambíguo entre os romanos (como entre os politeístas em geral), já que era tanto um corpo celeste quanto uma divindade. Quando se lhe prestava culto, este era endereçado à estrela ou ao deus? O sol como corpo celeste não representava problema algum para os cristãos. Além disso, parece natural que eles mesmos, que consideravam Jesus como o "Sol da Justiça" ou o "Sol Invicto" ou que o representavam na forma de Hélio subindo ao céu em sua carruagem[38], tenham considerado que o solstício de inverno era perfeitamente adequado ao nascimento do seu Deus.

à Festa do Natal" De acordo com a pompa imperial, os dias em que *Sol* era celebrado eram 8, 9 e 28 de agosto, 19 e 22 de outubro e 11 de dezembro.

35 Salles, 1997, p. 293.

36 Cf. Bardy & Lefevre, 1941, p. 187. Alguns argumentam que essa passagem com essas duas datas poderia ser uma interpolação posterior, mas muito antiga (cf. o site patristique.org). Sobre esta questão, cf. Roll, 1995, p. 80ss.

37 Bayet, 1976, p. 226-219. Turcan, 1992, p. 183 também afirma: "[...] os árabes de Petra comemoraram o nascimento de Dusarès em 25 de dezembro, como em Roma se celebrava o *Natalis Solis Invicti* desde Aureliano, e *também, já,* o nascimento de Cristo" [grifo nosso].

38 Como estaria representado em um fragmento de mosaico do séc. III encontrado na tumba "M", a de Júlio Tarpeiano e sua família, datada dos anos 200-320, e localizada na necrópole das grutas do Vaticano, sob a atual Basílica de São Pedro. Mas essa identificação não é comprovada, como indicado por Hijmans, 2009.

Finalmente, como já mencionamos, para os primeiros cristãos, a concepção, o nascimento e a morte de Jesus estavam inextricavelmente ligados. Por volta do ano 200, Tertuliano (*c*.150/170-230) salienta que a data da crucificação de Jesus (14 *nisân*, no Evangelho segundo São João) correspondia a 25 de março do calendário romano (solar), isto é, o mesmo dia da Anunciação[39]. Em outras palavras, Jesus foi concebido e morreu na mesma data: 25 de março. E nove meses depois, é 25 de dezembro! Também encontramos esta ideia em um tratado cristão do século IV, intitulado *De solstitia e aequinoctia Conceptionis e Nativitatis Domini nostri Iesu Christi e Iohannis Baptistae* ("A propósito da concepção e nascimento de nosso Senhor Jesus Cristo e de João Batista nos solstícios e equinócios"), onde se lê: "Assim sendo, Nosso Senhor foi concebido no oitavo dia das calendas de abril, no mês de março [i. é, em 25 de março] que é o dia da paixão do Senhor e sua Conceição. Porque o dia em que foi concebido é o mesmo dia em que sofreu". Com base nessa constatação, o tratado data o nascimento de Jesus no solstício de inverno[40].

A escolha de 25 de dezembro, portanto, não seria uma decisão da Igreja tomada posteriormente para substituir uma festa pagã recente, mas sim o contrário, uma medida política visando apagar uma antiga tradição cristã substituindo-a por um deus relativamente novo, o Sol Invictus[41]. Essa sugestão, relacionada ao calendário de Qumran confirmando a plausibilidade da narrativa de Lucas sobre o nascimento de Jesus em 25 de dezembro nos parece perfeitamente aceitável, e não pode ser dispensada sem argumentos sólidos.

3 O censo de Quirino

O nascimento de Jesus situa-se em um contexto sociopolítico muito particular, pois Lucas fala de um edital de Augusto César ordenando o recenseamento de todo o mundo habitado. Este recenseamento, o primeiro, ocorreu quando Quirino era governador da Síria. E todos iam para sua cidade para serem registrados. Também José subiu da Galileia, da cidade de Nazaré, para a Judeia, para a cidade de Davi

---

39 Tertuliano, *Adversus Iudaeos*, 8. Sexto Júlio Africano de Jerusalém sugere, em suas *Chronographai* publicadas em torno de 221, que Jesus foi concebido no equinócio da primavera e, consequentemente, nasceu em dezembro. A mesma conclusão se encontra em Santo Agostinho, *De Trinitate* 5,9: "Ele foi, portanto, concebido e morreu no dia oito das calendas de abril [...]. Também há consenso em colocar o nascimento de Jesus Cristo no dia oito das calendas de janeiro, o que nos dá a partir de sua concepção o número de duzentos setenta e seis dias, número em que seis é repetido quarenta e seis vezes".

40 McGowan, 2002.

41 Encontramos essa vontade de paganizar um fato cristão na transformação da gruta de Belém em santuário de Adônis no séc. II d.C., sob o Imperador Adriano.

chamada Belém, porque ele era de casa e da linhagem de Davi, a fim de ser registrado com Maria, sua noiva, que estava grávida" (Lc 12,1-6).

Partindo de Nazaré, José e sua noiva/esposa μνηστὴ (*mnèstè*) Maria, grávida, dirigem-se, assim, a Belém, na Judeia, para se registrarem, uma vez que José era da linhagem de Davi e que Belém era seu berço familiar. Estamos sempre "nos dias do Rei Herodes", mas Lucas dá detalhes cronológicos adicionais por ocasião de um evento sociopolítico particular que foi esse famoso "censo": o imperador se chama César Augusto e o governador da Síria citado durante esta operação de contagem se chama Quirino. O evangelista também menciona duas aldeias: Nazaré e Belém, especificando que a primeira se encontra na Galileia e a segunda na Judeia. Tudo isso é verossímil? Para responder à pergunta, retomemos as informações uma a uma e as analisemos à luz do conhecimento atual.

César Augusto – Ninguém duvida de sua existência. O "Filho de Júlio César" era na verdade seu sobrinho neto, nascido sob o nome de Caio Otávio em 23 de setembro de 63 a.C. Recebeu primeiro o nome de Otavio, depois de Otaviano, antes de receber o título de Augusto (e *Princeps*), em 16 de janeiro de 27 a.C., título que depois se tornará um nome. Ele reinou de 16 de janeiro de 27 a.C. a 19 de agosto de 14 d.C. Não há necessidade de fazer aqui um retrato detalhado do primeiro imperador romano, mas é bom reter alguns elementos de sua vida que podem iluminar a passagem de Lucas[42].

Em 21 a.C., Augusto organiza o casamento de sua filha Júlia, viúva de Marcelo, com Agripa, seu amigo e fiel aliado, que assim se torna seu genro. Desta união nascem cinco filhos, três meninos e duas meninas: Caio César, Lúcio César, Júlia Vipsânia, Agripina Maior e Agripa Póstumo. A vontade de Augusto era fazer seus netos, Caio e Lúcio, seus herdeiros. Por isso ele supervisionou pessoalmente a carreira política e militar deles. Mas Lúcio e Caio morrem respectivamente nos anos 2 e 4 d.C., deixando espaço para Tibério, filho de Lívia (a terceira esposa do imperador), que se tornará imperador em 14 d.C. e permanecerá até 37. Em 2 a.C. Augusto é homenageado pelo Senado com o título de *Pater Patriae* (Pai da Pátria), um título que muito de seus sucessores usarão[43]. Com sua morte, ele deixa um testamento político conhecido como *Res Gestae divi Augusti* no qual dá conta de suas ações (*gestae*) e suas realizações, um relatório que deveria ser gravado em bronze e colocado ante seu mausoléu em Roma, e de que foram feitas cópias exibidas nas paredes de muitos templos de Augusto em todo o Império[44]. O Imperador também redigiu um *Breviarium totius imperii* que

---

42 Para uma abordagem acessível, recente e bem-documentada do reinado de Augusto, cf. Tarpin, 2014.

43 Este título honorário já havia sido atribuído no tempo da República, p. ex., a Cícero após a conspiração de Catilina, ou ainda a Júlio César que pôs fim à guerra civil.

44 Cópias que foram descobertas em Ancira (Ankara) em 1555 (a mais completa), em Antioquia da Pisídia entre 1914 e 1924, na forma de numerosos fragmentos (em latim), em Apolônia da Pisídia em 1930 (em grego) e recentemente em Sardes. Para a tradução francesa, acesse o site da Universidade de Liége [http://www.class.ulg.ac.be/].

definia a situação do Império, indicando os efetivos do exército e o balanço financeiro do tesouro público, o tesouro imperial e os *royalties*[45]. Tudo isso exigiu a criação de um extenso programa de inventário, especialmente o censo da população do Império, sob a administração direta de Roma ou nos Estados-clientes. Flávio Josefo especifica que um censo ocorreu "durante o trigésimo sétimo ano após a derrota de Antônio diante de César em Ácio"[46]. Como a era de Ácio começou em 2 de setembro de 31 a.C., este censo remonta ao ano 6 d.C. Mas Lucas escreve que Jesus nasceu "nos dias do Rei Herodes" e que houve um recenseamento na época; ora, Herodes morreu em (ou em torno de) 4 a.C. Há, portanto, uma contradição, pelo menos aparentemente...

Herodes[47] – Soberano paradoxal se for o caso, porque o que sabemos dele por meio de Flávio Josefo[48] e o Evangelista Mateus faz dele um monstro sem, no entanto, ser-lhe recusado o título de "Grande". De fato, Herodes era "grande" por sua política muito refinada e muito habilidosa, bem como por sua atividade de um grande construtor[49], mas ele também foi um tirano de caráter desconfiado e compulsivo que o levou a perpetrar muitas atrocidades como, por exemplo, a execução de sua esposa Mariane Ire a Asmoneia, em 29 a.C., a de dois de seus filhos, Alexandre e Aristóbulo, em 7, ou de seu filho mais velho, Antípatro, em 4 a.C. Pouco antes de morrer, ele ordenou a execução dos fariseus que haviam destruído a águia de ouro que ele colocara em uma das portas do Templo. Eles foram queimados vivos. Além disso, o episódio do massacre de Belém relatado em Mt 2,16-17[50] pode perfeitamente ilustrar sua crueldade, exacerbada por um clima de absoluta suspeita dentro do palácio e da família real, e exponenciado pela loucura paranoica do soberano acometido por uma doença que o fazia sofrer atrozmente. Odiado pelos judeus (ao menos, isso é o que Flávio Josefo dá a entender) ele era considerado um benfeitor (*évergéte*) pelos gregos e um bom administrador pelos romanos. Herodes, nascido por volta de 73 a.C., era filho de Antípatro, um idumeu que foi o principal conselheiro do Rei Hircano II, e de Cipros, uma mulher que pertencia a uma grande família árabe, segundo o historiador

---

45 Julian, 1883. O texto original desapareceu, mas foi reconstituído em grande parte graças aos escritos de historiadores e geógrafos da antiguidade, esp. Dião Cássio, 56,33, Tácito, *Annales*, 1,4 e Suetônio, *Augusto*, 101,4 que especifica que fazia parte dos três *volumina* que Augusto havia legado ao seu sucessor: o primeiro continha as disposições relativas ao seu funeral, o segundo um "*index rerum a se gestarum*" – o famoso *Res Gestae divi Augusti* – e o terceiro é um "*Breviarium totius imperii*", um estado da situação de todo o Império (cf. Nicolet, 1988).

46 AJ 18,2,6.

47 Um estudo sintético e claro foi proposto em Schwentzel, 2011.

48 GJ 1,203-673; AJ 14,158; 17,199. Em outras fontes, literárias, epigráficas, numismáticas, arqueológica e historiográficas sobre o Rei Herodes (cf. Schwentzel, 2011, p. 11-18).

49 Cf., p. ex., Lichtenberger, 1999; Netzer 2006; Bioul, 2009, p. 34-40.

50 E cuja base histórica é reconhecida, p. ex., por Baslez,1998, p. 188; ou Veyne, 1999, p. 895.

judeu[51]. Ele recebeu a cidadania romana em 47 a.C. e começou realmente sua ascensão política em 41, quando o Rei Hircano foi capturado pelos partas que invadiram a Judeia em 40. Refugiado em Roma, ele retornou graças ao apoio dos romanos, Antônio primeiro, depois Otaviano, com o título de rei (*de iure* em 40, *de facto* em 37 a.C., depois da tomada de Jerusalém). Ele é conhecido por ter reconstruído o grande Templo de Jerusalém a partir de 20/19 a.C. Com sua morte, seu reino foi dividido entre os seus três filhos: Arquelau, que recebeu uma grande parte do reino (Judeia, Samaria e Idumeia) e o título de etnarca; Antipas e Filipe, cada um recebendo um quarto do território, bem como os títulos de tetrarcas[52]. O reino de Herodes desaparece em sua morte, e após o curto reinado de Arquelau (4 a.C.-6 d.C.), a Judeia será incorporada à Síria Romana e se tornará uma província procuratoriana. A grande maioria dos especialistas concorda em colocar a morte de Herodes em março do ano 4 a.C.[53]

Quirino – Públio Sulpício Quirino nasceu em data desconhecida em Lanúvio, ao sul de Roma. Tácito nos informa que ele não estava ligado à família Sulpicii[54], mas que teve uma carreira muito honrada que fez sua fortuna. Uma de suas primeiras ações foi submeter os marmárides, um povo vizinho dos garamantes, que vivia entre a Líbia e o Egito, quando ele era governador da Cirenaica, e isso antes de seu consulado, por volta de 20/15 a.C.[55] Tácito nos diz ainda que ele se tornou cônsul ordinário (em 12 a.C.). Ele liderou uma campanha contra os homônades da Cilícia (na Turquia), quando era legado de César (i. é, de Augusto) na Síria[56]. A data desta campanha vitoriosa não é conhecida com precisão, mas há concordância em dizer

---

51 AJ 14.7,3.

52 O último quarto coube a Lisânias II de Abila, um membro da Dinastia Menaia, família de Ptolomeu, filho de Menaio (cf. Gatier, 2003).

53 Rompendo com esse consenso desde os anos de 1960, diversos especialistas estimam que Herodes teria morrido apenas em 2 ou 1 a.C. (cf. nota 18, p. 131-132; Laurentin, 1996, p. 79).

54 Tácito, *Annales*, 3,48: o registro é curto o suficiente para que o reproduzamos aqui: "[1] Mais ou menos pela mesma época, Tibério pediu ao Senado que a morte de Sulpício Quirino fosse honrada por um funeral público. Quirino, nascido em Lanuvium, não era da antiga família patrícia dos Sulpicii; mas sua bravura para a guerra e comissões onde ele mostrara energia, valeram-lhe o consulado sob Augusto. Ele obtivera os ornamentos do triunfo por ter retirado dos homônades, nação da Cilícia, todas as suas fortalezas. Dado como conselheiro a Caio César, quando este comandava na Armênia, ele não deixou, no mesmo assim, de prestar homenagem a Tibério em seu recolhimento em Rodes. [2] O príncipe informou este fato ao Senado, louvando o apreço de Quirino por sua pessoa e acusando o Sr. Lólio, a cujas sugestões ele atribuiu a injusta inimizade do jovem César. Mas a memória de Quirino não era agradável para os senadores, tanto por causa de suas perseguições contra Lépida, de que falei anteriormente, quanto por sua velhice mesquinha e odiosamente poderosa" (*Bibliotheca Classica Selecta*, Universidade Católica de Louvaina [disponível em: http://bcs.fltr. ucl.ac.be/TAC/AnnIII.html]. A ser completada pela pequena nota de Estrabão, *Géographie* 12,5,5 e as de Flávio Josefo, GJ 2 117-118; 78,253-254; AJ 17,13,355; 18,1-4; 2,26.

55 Floro, *Breviarium ab Urbe condita* 4,12: "Ele (Augusto) acusou Quirino de subjugar os marmárides e os garamantes. Este general também poderia retornar com o sobrenome de marmárico; mas ele foi um apreciador mais modesto de sua vitória".

56 Conforme estipula a inscrição do cavaleiro Quinto Emílio Segundo que lutou sob o seu comando, CIL 5 136 = 3 6687. Cf. p. 155.

que ocorreu em 5/3 a.C.[57], ou seja, 3/2 d.C.[58], pouco antes da chegada de Caio César, o neto de Augusto, à Armênia (em 1 a.C.), de quem Quirino será o conselheiro. Ele foi recompensado por esta vitória com os ornamentos do triunfo. É possível que Quirino tenha desposado em primeiras núpcias uma patrícia, Cláudia, filha de Ápio Cláudio Pulcro (que foi cônsul em 38 a.C.), mas ignora-se quando. Em seguida, sob a recomendação do imperador, casou-se com Emília Lépida, uma descendente de Sila e de Pompeu, a quem repudiará muito rapidamente[59]. Depois de seu divórcio, ele conseguiu o governo da província senatorial proconsular da Ásia em 1/2 d.C. e visitou Tibério, então exilado em Rodes[60]. No final do seu mandato na Ásia, Quirino "é feito reitor de Caio César no Governo da Armênia", nos diz Tácito, isto é, em 2/3 d.C. quando Lólio, que ocupava este cargo, foi destituído[61]. Em 4 d.C., durante o mês de fevereiro, o jovem Caio César é ferido durante uma emboscada (Ele havia lançado da Síria uma expedição contra a Armênia no ano anterior) e morre no caminho de volta para Roma, em Limyre, na Lycia[62]. Quirino retorna à capital do Império, mas deve esperar algum tempo antes de ocupar uma nova função que corresponda à sua posição e sua carreira. A oportunidade surge quando Lúcio Volúsio Saturnino, legado da Síria de 4 a 6, deixa a função. Foi então, segundo Flávio Josefo, que ele veio para a Síria no 37º ano da Batalha de Ácio (ocorrida em 31 a.C.), ou seja, no ano 6 de nossa era, como "juiz e censor dos bens do Rei Arquelau, filho de Herodes o Grande"[63]. Não sabemos a duração deste novo mandato. Quirino morreu em 21, em idade avançada, pois deve ter mais de 70 anos[64].

Nazaré e Belém – Estas duas pequenas cidades, aparentemente bastante insignificantes, ocupam um lugar central na justificativa da verossimilhança das narrati-

---

57 É a opinião de Strobel (2000, vol. 2, p. 519).

58 Loth, 2003, p. 242 e 247.

59 Como dá a entender Suetônio, *Tibério* 3,49

60 Exílio que durou de 6 a.C. a 1/2 a.C.

61 Marco Lólio foi demitido inesperadamente (final de 754 *ab urbe condita* (desde a fundação de Roma), isto é, em 1 d.C.) por conluio com os partas em detrimento de Roma (cf. Homo, 1941).

62 Veleio Patérculo, *Historia romana* 2 102, 4.

63 Flávio Josefo, AJ 18 1-4.

64 Um artigo bem fundamentado, mas anônimo (*Chronologie de la vie de P. Sulpicius Quirinus* [disponível em: http://www.areopage.net/PDF/Chrono-Quirinius.pdf]) oferece uma breve biografia de Quirino: a reportamos para informação: "• Nascido em Lanuvium, perto de Roma, em -51. • Nomeado questor em -26, com a idade de 25 anos. • Nomeado pretor em -21, na idade 30 anos. • Procônsul de Cirene e Creta em -21/-20. • Vitória contra os marmárides em vínculo com o procônsul da África Lúcio Cornélio Balbo que recebeu, ele (27 de março de -19), um triunfo por derrotar os garamantes. • Nomeado cônsul em -12, quando Augusto recebeu o sacerdócio. • Governador da Galácia de -5 a -4. Vitória contra os homônades. • Governador da Síria de -3 a -2. Censo da Síria para realizar o "inventário do mundo" solicitado por César Augusto, o Pai da Pátria. Vitória contra os itureus. • Procônsul da Ásia em -1/1. • Reitor de Caio César na Armênia de 2 a 4. • Juiz e censor na Síria de 6 a 11? Censo da Judeia, em 7, com o Prefeito Copônio como deputado, para avaliar os bens de Herodes Arquelau. • Morreu em Roma no final de 21, aos 71 anos".

vas evangélicas, a tal ponto de que os adversários mais ferozes da historicidade dos Evangelhos fazem delas a pedra angular de toda a sua argumentação: "Se a tradição inventou sua aldeia natal, então quem pode acreditar nos outros fatos da história de Jesus como seu nascimento virginal, seus milagres, sua crucificação ou sua ressurreição? Eles também foram inventados? Em outros termos, o que resta nos Evangelhos, de que um cristão comum possa ter certeza? O que resta da sua fé?"[65]

Compreende-se, portanto, as campanhas realizadas para minimizar as últimas descobertas arqueológicas realizadas em Nazaré. De fato, por muito tempo, negou-se a Nazaré qualquer existência legítima antes do século II a.C., sempre apresentando o mesmo argumento do silêncio: o Antigo Testamento e os escritores antigos não falam dela, portanto Nazaré não existia![66]

No entanto, as escavações realizadas desde a década de 1880 permitiram descobrir inúmeros traços de ocupação que remontam, às vezes, a um tempo muito distante: vasos foram encontrados em sepulturas que datam da primeira e segunda Idades do Médio Bronze (2000-1550 a.C.) e do Bronze tardio (1550-1200 a.C.); vestígios que remontam à Primeira Idade do Ferro (1200-1000 a.C.) foram encontrados em um túmulo (casa Mansour), bem como os restos de uma aldeia de vocação agrícola que remontam à Segunda Idade de Ferro (900-600 a.C.), estabelecimento composto por moradias construídas em torno de cavernas cavadas no calcário macio, destinado aos trabalhos domésticos e servindo de abrigo para animais. Essas cavernas possuíam uma ou mais peças de alvenaria com, talvez, alguns andares superiores. As habitações, feitas também de alvenaria, estavam localizadas acima ou ao lado das cavernas. Foram instalados também cisternas destinadas a coletar águas pluviais, prensas de óleo e uvas, e inúmeros silos periformes colocados uns sobre os outros formando vários níveis colocados em cima uns dos outros, e conectados por túneis para facilitar o armazenamento de mercadorias e arejamento de grãos. Um jarro do mesmo período, de gargalo estreito com dupla alça e funil foi encontrado em um silo a leste da basílica. Lâmpadas a óleo e vasos que datam do Período romano (túmulo de Laham) e um túmulo formado por uma sala sepulcral com treze nichos mortuários, ou *kokhim*, estão entre as notáveis descobertas de Nazaré. Então, em 2006 e

---

65 Salm, 2007. Michel Onfray também utiliza esse tipo de argumento (e alguns outros) para apoiar sua versão de um Jesus "conceitualizado", mas sem evidência histórica sólida: Onfray, 2017. Toda a sua argumentação foi muito habilmente e muito cientificamente desmontada por J.-M. Salamito (2017), que proclama que "pesquisadores de todos os continentes, apesar das divergências que eles mantêm em muitos outros pontos, por unanimidade consideram que Jesus existiu. Contradizê-los é desafiar a *verossimilhança*" (a ênfase é nossa).

66 De fato, Flávio Josefo não fala sobre isso (mas não sabemos se Justo de Tiberíades falou sobre isso ou não pelas razões mencionadas p. 81ss.). E não há nada em Js 18–21. Por outro lado, a primeira versão da 12ª bênção na oração da manhã, o *Chemoné Esré*, intitulada "Bênção contra os hereges", datada do séc. I d.C., falava bem da comunidade judeu--cristã que acreditava em "Jesua 'Hannozrî" (Jesus de Nazaré), o termo de "*nozrím*" designando os habitantes de Nazaré.

2009, as fundações de duas pequenas casas com pátio que datam da era herodiana foram descobertas, legitimando a história do Evangelho: Nazaré existia com certeza no tempo de Jesus e poderia até justificar a presença de uma pequena sinagoga (Mt 13,54-58, Mc 6,1-6; Lc 4,16)[67]. Então, existia sim, na época de Herodes e de Roma, isto é, na virada de nossa era, no momento do nascimento de Jesus, uma pequena aldeia em Nazaré, provavelmente mais rica e maior do que imaginávamos até agora, e cuja vida era facilitada pela presença de várias fontes e poços, e a proximidade da grande cidade de Séforis situada a alguns quilômetros mais ao norte.

Belém (*Bethléhem***: "a Casa do Pão" ou, talvez, "a casa de Lahamu", deus cananeu da guerra) é honrada como o lugar do nascimento de Jesus há muito tempo. Os depoimentos mais antigos que temos sobre este assunto (exceto os Evangelhos) são os de Justino Mártir (*Diálogo com Tryphon*, 78,5) e o Proto Evangelho de Tiago (17,18) em meados do século II. Justino, sobretudo, afirma seguir uma tradição oral ininterrupta desde o próprio evento, a respeito da gruta como o local de nascimento de Jesus. Essa gruta da Natividade foi rapidamente cercada por construções magníficas pelo Imperador Constantino e sua mãe Helena, em 326, como conta o historiador Eusébio de Cesareia, contemporâneo dos fatos. O edifício que o substituiu depois de um incêndio ocorrido no século VI conserva vestígios do solo do edifício original, em mosaicos trabalhados[68].

Belém fica a cerca de 10km ao sul de Jerusalém. Esta pequena cidade é mencionada várias vezes na Bíblia: é no caminho de Efrata a Belém que Raquel morre ao dar à luz seu filho Benjamim (Gn 35,19); é o Profeta Miqueias quem anuncia que aquele que deve governar Israel virá de Belém-Efrata (Mq 5,1). Há também menção a ela nas *Cartas de El-Amarna*, capital do Faraó Aquenáton, que constituem uma fonte importante a propósito dos eventos que ocorreram no país de Canaã nos séculos XV e XIV a.C.

Claro, esta identificação do sítio com o lugar do nascimento de Jesus é rejeitada por certo número de pessoas com base, sempre a mesma, no fato de os únicos depoimentos disponível para nós virem dos Evangelhos, no caso, de Mateus e Lucas. E, como não há indícios de ocupação dos lugares datando da época herodiana/romana trazidos à luz até o momento, conclui-se disso que Jesus nasceu em outro lugar, em outra Belém. Assim, de 1992 a 2003, o arqueólogo israelense Aviram Oshri realizou escavações de resgate em uma aldeia chamada Belém na... Galileia, a 6km a oeste de

---

67 Para mais informações, cf. Brien, 2003, p. 845 a 855; Alexander, 2012; mais recentemente, Dark, 2015. Cf. tb. o site da Custódia da Terra Santa, o lugar dos missionários franciscanos a serviço da Terra Santa [http://www.nazareth-fr. custodia.org/]. Essa descoberta foi posta em dúvida, mas sem de fato convencer, em Salm, 2013.

68 Cf. Santelli & Weill-Rochant, 1999, p. 72-89.

Nazaré[69]. Ele descobriu vestígios de uma ocupação judaica do período herodiano e de uma basílica cristã dos séculos V-VI, associada a um mosteiro e a uma pousada. Ele, assim, hipotetizou que a aldeia galileia de Belém era o verdadeiro berço de Jesus.

No entanto, um pedaço de argila (uma "bula") trazendo o nome da cidade de Belém desenhado em escrita hebraica antiga foi encontrado durante escavações arqueológicas realizadas na cidade de Davi em Jerusalém por Elik Shukron, diretor de escavações junto da Autoridade Israelense de Antiguidades. Data do período do Primeiro Templo (1106-586 a.C.) e constitui a primeira prova material da existência da cidade neste período. Esse pequeno selo de cerca de 1,5cm foi afixado a um objeto ou um documento escrito que permitia autenticá-lo. Esta descoberta é importante porque a área de Belém ainda não se beneficiou de escavações arqueológicas aprofundadas; ela prova que, na época, Belém era, de fato, uma cidade do reino de Judá e que se recolhiam e enviavam impostos em nome do rei, estabelecido em Jerusalém[70]. Para o período que nos interessa, já que nenhuma escavação foi realizada no local do sítio histórico, nada permite concluir a sua inexistência. De qualquer forma, nada permite categoricamente negar o relato de Lucas.

A combinação de todos esses elementos históricos e geográficos faz sentido? Podemos confiar no que nos diz o evangelista? Tudo parece concordar, no tempo e no espaço, para manter a narrativa de Lucas como plausível: os reinados de Augusto e Herodes o Grande, são bem-atestados e os sítios de Nazaré e de Belém não oferecem argumentos em desfavor de sua existência na virada de nossa era. Resta o **problema de Quirino**.

De fato, como indica Flávio Josefo, Quirino realizou um recenseamento na Judeia no ano 6 de nossa era. Então, por que Luc fala sobre uma ação semelhante menos de uma década mais cedo? Existem vestígios de tal procedimento administrativo nas fontes ou Lucas se enganou? Se não fizermos o esforço de pesquisar para explicar as informações fornecidas por Lucas e Flávio Josefo, então sim, Lucas estava errado. Por quê? Porque Josefo diz que este censo aconteceu em 6 d.C. e é ele quem está certo. Por quê? Para falar a verdade não se sabe nada! Simplesmente porque é Flávio Josefo *versus* Lucas! Quando o historiador judeu diz o oposto do que é dito nos Evangelhos, ele está certo[71], mas quando ele confirma o que contam esses mesmos

---

69 Oshri, 2005.

70 Cf. Fredj, 2014. Uma necrópole da Idade do Médio Bronze (2000-1550 a.C.) e da Idade do Ferro (1200-600 a.C.), com vestígios de ocupação da era bizantina, acaba de ser escavada em maio de 2015 em Khalet-al-Jam'a, 2,2km a sudeste da Basílica da Natividade, por uma equipe ítalo-palestina, liderada por Lorenzo Nigro, que permite precisar pouco a pouco, no tempo e no espaço, a ocupação desta região (in: *Vicino Oriente*, 19, 2015, p. 183-214 [disponível em academia.edu]).

71 Mas neste caso específico do censo, para dar razão a Flávio Josefo, é preciso supor que um recenseamento geral do Império tenha ocorrido no ano 6 da nossa era. Ora, autores antigos não falam sobre isso. Conclui-se, portanto, que Flávio Josefo se equivocou? Não. No entanto, naquela época, a Judeia tinha um prefeito, Copônio, que era perfeitamente

Evangelhos (como no *Testimonium flavianum*) ele está errado ou se denuncia uma glosa cristã. Vá entender!

O que é que realmente acontece? É possível resolver esse problema? Aliás, existe algum problema? Uma primeira coisa muito importante é lembrar: Lucas é um bom historiador, e em sua obra (Lc e At) ele não fala de um recenseamento, mas de dois; de fato, em At 5,37, ele relata a intervenção que fez o fariseu Gamaliel diante do Sinédrio, quando os apóstolos foram presos por ordem do sumo sacerdote por terem "ensinado nesse nome" (no de Jesus de Nazaré) e por terem "enchido Jerusalém" com sua doutrina. Eis o que diz Gamaliel: "Israelitas, considerai bem o que ides fazer com estes homens [ele fala dos apóstolos]. Porque há algum tempo apareceu um certo Teudas, que se considerava grande homem. A ele se juntaram cerca de quatrocentos homens. Ele foi morto, e todos que o seguiam foram dispersos e reduzidos a nada. Depois dele, apareceu Judas o Galileu *na época do recenseamento* [grifo nosso], e arrastou o povo consigo. Mas também ele morreu, e todos os que o seguiam se dispersaram[...]". Ora, as insurreições de Judas o Galileu e de Teudas também são mencionadas por Flávio Josefo que as situa respectivamente em 6 d.C. e no mandato do Procurador Cúspio Fado entre 44 e 46[72]. Então Lucas está bem ciente de que houve um censo em 6 e que não foi durante este evento que Jesus nasceu, mas muito antes, "nos dias de Herodes". E então?

Sabemos que o próprio Augusto realizava regularmente censos gerais ou parciais a cada cinco ou dez anos, em 18, 12/11, 8, 4 a.C., em 4 e 14 d.C.[73] É, portanto, perfeitamente plausível que a referência de Lucas a um recenseamento na época do nascimento de Jesus, seja exata. Mas frequentemente se objeta que historiadores romanos não falam de um censo geral. Além disso, a variedade desse tipo de operação no tempo e sua dispersão no espaço borraram muitas pistas deixando muitos especialistas em dúvida sobre a coerência do projeto de Augusto. Enfim, o texto de Lucas afirma que o nascimento de Jesus coincide tanto o reinado de Herodes o Grande, com um

---

capaz de proceder ao recenseamento no lugar do governador da Síria, pois Flávio Josefo diz que ele tinha "plenos poderes" (plenipotenciário).

72 AJ 18,1,1; 1,6,5; GJ 2 8.1. Mas não é o mesmo Teudas; aquele de que falou Lucas não era um mago e morreu antes de Judas o Galileu. Esta é a razão pela qual Lucas diz que Judas se levantou e foi morto *depois* dele, o que não se entende se for o Teudas de 44-46, aproximadamente. Esse nome era relativamente comum, pois o Talmude cita diversas vezes um outro Teudas que viveu no início do séc. II d.C. (*Pes* 53a, b, *Ber* 19a, *Beẓah* 23a).

73 Nicolet, 1988, p. 114ss. "O próprio Augusto em sua *Res Gestae* [no cap. 8] detalha os três *census populi* que realizou em 28 a.C., em 8 a.C., em 14 d.C." (Le Teuff, 2014, p. 1). No entanto, é preciso saber que o recenseamento dos povos romanos (*census populi*) e das províncias (*census provincialis*) eram duas coisas muito diferentes: "Em princípio, recenseavam-se os cidadãos a cada cinco anos; fazia-se o recenseamento dos novos súditos de Roma na medida em que seu país era anexado ao Império ou convertido em província romana, e o dos Estados clientes ou vassalos quando o imperador julgou oportuno" (Loth A. 2003, p. 121).

recenseamento ordenado pelo Imperador Augusto e com o período em que Quirino era governador da Síria. A solução reside nessa tripla concordância.

Em relação ao silêncio dos historiadores romanos, o caso será rapidamente resolvido: na verdade, os *Anais* de Tácito só começam com Tibério e o reinado de Augusto é apenas resumido sem muitos detalhes; Suetônio fez apenas biografias anedóticas dos imperadores e aborda apenas sucintamente a história geral; Dião Cássio redigiu uma *História Romana* em oitenta livros, dos quais chegaram a nós os livros 36 a 60 (de ~ 68 a 46), os inícios dos livros 17 (até o final da Segunda Guerra Púnica), 79 e 80 (anos 217-219), cujo conteúdo é conhecido por meio da obra de autores tardios. O livro 55 que corresponde aos anos 745 a 761 de Roma (9 a.C./9 d.C.) perdeu-se e não possuímos mais do que pequenos fragmentos pouco explícitos para a matéria que nos preocupa; Veleio Patérculo escreveu uma *História Romana* em dois livros, da destruição de Troia até o consulado de Marco Vinício em 30 d.C.: mais de mil anos da história em dois volumes! Não é de surpreender que ele não tenha mencionado um evento administrativo deste gênero[74].

O recenseamento dos cidadãos romanos (*census populi*) consistia principalmente em contá-las e determinar a fortuna de cada um, pois o exercício dos cargos dependia da fortuna: havia o tributo equestre para ser cavaleiro e o tributo senatorial para ser senador, e este tributo permitia desempenhar as funções que pertenciam a cada uma das duas carreiras. Também era necessário determinar o imposto e a idade civil para o serviço militar e, finalmente, para dividir os recenseados nas tribos em que cada cidadão romano estava inscrito[75].

O recenseamento das províncias (*census provincialis*) era muito diferente. Primeiramente, era uma prática essencialmente imperial, consequência da formidável expansão do Império no final da República e sob Augusto, em tal nível que o primeiro imperador irá desaconselhar a seus sucessores de exceder os limites do seu Império – o que eles realmente se absterão de fazer, com a notória exceção de Trajano no começo do século II. A redução de um país a uma província romana demandava determinar a circunscrição administrativa, os limites geográficos, o número de seus habitantes, a estimativa de seus bens em vista do imposto (*stipendium* gradualmente substituído

---

74 Esses mesmos autores silenciam igualmente sobre o edito de Augusto de 25 a.C. pelo qual o novo calendário juliano foi imposto a todas as províncias do Império. E, no entanto, esse decreto de fato existiu (cf. Loth, 2003, p. 113). Dião Cássio observou, ademais, que, após a ascensão de Augusto, "a partir dessa época, a maioria das coisas começou a acontecer de maneira furtiva e em segredo. Pois, embora, algumas vezes, algumas tenham sido publicadas, como não havia controle, esta publicação inspira pouca confiança, dado que suspeitamos que tudo é dito e feito de acordo com a vontade do príncipe e daqueles que exercem o poder ao seu lado. Desse modo, muitos fatos divulgados que não aconteceram, muitos ignorados que realmente aconteceram; não há nada, por assim dizer, que não tenha sido publicado de maneira diferente daquela em que aconteceu (*História Romana*, 50.3,19).

75 P. ex., durante o *census populi* de 28 a.C., Augusto disse ter contado 4.063.000 cidadãos romanos, uma cifra que é, sem dúvida, exagerada como observado em Le Teuff, 2014, nota 2.

pelo *tributum*[76]) e do cadastro, ambos intimamente ligados. Assim é que um mapa cadastral de todo o Império foi empreendido com o objetivo de assimilar o máximo possível esses novos territórios[77]. Depois de um censo inicial seguido à integração da nova província ao Império e que dizia respeito a todos os seus habitantes, censos periódicos dos cidadãos que residem nessas províncias e desfrutam do direito de cidade romana (*ius civitatis*) eram praticados a cada cinco anos pelo imperador por meio dos magistrados ordinários da província e dos municípios. Esses censos aconteceram na Gália, na Espanha, no Egito, na África, na Galácia, na Frígia, na Capadócia[78].

Mas há algum vestígio de um recenseamento geral do mundo executado simultaneamente por um édito de Augusto e que, considerando a extensão do Império, teria sido realizado durante vários anos? Nenhum autor antigo fala disso, de qualquer modo, e pelo que sabemos, teria havido apenas uma série de censos particulares realizados sucessivamente em diferentes partes do Império e para quais editos imperiais distintos foram promulgados. O recenseamento de que fala Lucas, portanto, poderia bem ser uma operação local. Esta seria a razão por que ele especifica que teria sido realizado quando Quirino era governador da Síria. Mas se tivesse se tratado de uma operação mais global – um recenseamento de todo o mundo romano, ordenado pelo imperador – por que ele teria mencionado o governador da Síria especificamente? Para datá-lo, seria suficiente ele citar o imperador e todos poderes tribunalícios dos quais ele estava investido, ou citar os nomes dos cônsules em exercício naquele momento!

No entanto, isso não impede que o evangelista fale de um recenseamento "de todo o universo" ou "de todo o mundo habitado" por ocasião do nascimento de Jesus. Como combinar o suposto caráter local do censo de Lucas com a escala do Império inteiro?

Aqui intervém a filologia. A Vulgata conserva as palavras *universus orbis* que são geralmente traduzidas por "toda a terra". O texto grego, por sua vez, dá ἡ οἰκουμένη (*è oikoumenè*) ou πασα ἡ οἰκουμενη (*pasa è oikoumenè*), que se traduz como "a terra" ou "toda a terra", no sentido de "a terra inteira", ou "toda a terra" no sentido de "toda uma região", "um país inteiro", como na expressão "todo mundo", que significa "todos habitantes da terra" ou "todos os habitantes de um lugar particular", ou seja, uma cidade, uma região, um país etc. Esta expressão πασα ἡ οἰκουμενη se encontra, por exemplo, em Dião Cássio (*c.* 150-235), um autor de língua grega, a respeito da insurgência de Bar Kokhba reprimida na época do Imperador Adriano, quando ele

---

76 France, 2007.

77 Cassiodoro (na primeira metade de sua vida) escreveu: "No tempo de Augusto, o mundo romano foi cadastrado em domínios e descrito pelo censo" (*Variae* 52; *Consulari* 5.1; *Theodoricus Rex*, 6).

78 Para mais detalhes a respeito desses recenseamentos, cf. o monumental estudo: Loth, 2003, esp. p. 128-155. Pode-se fazer o paralelo com Le Teuff, 2014.

escreveu: "E toda a terra, por assim dizer, foi perturbada por essa insurreição"[79]. Entende-se que não se trata do planeta inteiro, mas sim das regiões limítrofes, ou mesmo da totalidade do Império em si, mas não mais do que isso. Este é o contexto da frase ou do parágrafo que dá significado a uma expressão: quando se faz uma dedicação a "Júpiter, muito bom e muito grande [...] o mais poderoso portador de escudo da terra"[80], fala-se da terra inteira; evidentemente, mas quando Caracala confere a cidadania a "toda a terra", entendemos que se trata do Império Romano apenas[81]. São Jerônimo, o autor da Vulgata, insiste no fato de que não se deve sempre tomar esta expressão "toda a terra" de forma literal[82]. Lucas, portanto, estaria falando de "toda a terra" do reino de Herodes sem nomeá-lo explicitamente porque ele não tinha um nome particular: ele não podia falar, por exemplo, de reino da Judeia[83] uma vez que o reino de Herodes o Grande era muito maior e inigualável na história judaica, com exceção do período asmoneu. Tratava-se de um reino "novo" ou mesmo artificial com regiões que nem eram judias, já que, além da Judeia, da Galileia, da Samaria e da Idumeia, ele englobava toda a costa de Gaza até a Cesareia Marítima, a Pereia, a Decápole, a Itureia, a Traconítide, Gaulanítide e a Bataneia. E este reino durou apenas o tempo do próprio Herodes. Lucas, portanto, escolhe falar de "toda a região", de "todo o país" antes do seu desmembramento definitivo após a deposição de Arquelau, filho de Herodes, em 6 de nossa era. Não esqueçamos que Lucas escreve anos mais tarde, cerca de 50 ou 60 anos após os eventos e que a situação tinha mudado bastante.

No entanto, podemos adicionar uma precisão crucial que permitiria combinar essas duas possibilidades, a de uma operação de grande envergadura envolvendo o Império como um todo, e a de um procedimento administrativo que diz respeito ao reino de Herodes. Com efeito, já mencionamos que o Imperador Augusto havia lançado um amplo programa de inventário de seu Império (o *Breviarium totius imperii*). A ideia provavelmente tinha brotado em sua mente a partir de meados dos anos 20 a.C. momento em que o Princeps ficou seriamente doente. Dião Cássio informa realmente que em 23 a.C. Augusto havia enviado ao seu colega Cônsul Calpúrnio Piso, "um livreto que continha as forças e recursos militares do Estado"[84], e uma passagem de Tácito nos permite considerar que o projeto havia amadurecido bastante na sequência, pois ele escreveu a propósito do *volumen* deixado pelo imperador em sua morte:

---

79 *Épitomé* 1; 69; 100 13.

80 CIL 6 420.

81 Meyer, 1910 apud Loth, 2003, p. 147.

82 Jerônimo, *Commentariorum in Isaiam*, livro 18, col. 171.

83 Esta é a conclusão a que tinha chegado Levesque, 1945.

84 Dião Cássio, 53,30

"Ele continha os recursos públicos, o número de cidadãos e dos aliados sob armas, o das frotas, dos reinos, das províncias, o montante dos tributos ou das entradas, as despesas obrigatórias e as liberalidades"[85]. O historiador romano não diz mais do que isso. No entanto, "é provável que as províncias estivessem detalhadas, talvez seguindo uma ordem geográfica ou alfabética, e que as receitas fiscais, quem sabe até mesmo a população geral de cada uma, estivessem indicadas. Estes dados sintéticos eram produzidos no final das diversas operações de recenseamento realizadas pelo Império"[86]. Mas para que fazer tal inventário? Meret Strothmann apresenta a seguinte hipótese[87]: Augusto, o primeiro dos cidadãos romanos, foi elevado ao posto de *Pater Patriae*, isto é, "Pai da Pátria" no ano 2 a.C. Este título foi-lhe conferido pelo Senado por iniciativa de Valério Messala Corvino, que era, no entanto, um dos mais ferozes oponentes do principado. Ora, Augusto considerava esse título como a maior glória de sua carreira – como o sugere o último capítulo de sua *Res Gestae* (35) – porque fazia dele o protetor do Estado, e as várias ordens da sociedade romana: senadores, cavaleiros e plebeus, tornavam-se membros da "família do Estado". Eles estavam, assim, colocados sob a proteção pessoal de Augusto que, graças às suas façanhas políticas e militares, tinha estabelecido uma nova ordem estável. Na realidade, sendo portador deste título, o príncipe se tinha tornado o *Pater Familias* da grande família romana, nas palavras de Robert Turcan (p. 34). Consequentemente, os diferentes grupos ou partes da "pátria", isto é, o Império, deviam testemunhar sua lealdade para atestar o vínculo que os uniu ao *Pater*.

Assim, pode-se perfeitamente conceber que o inventário desejado por Augusto dizia respeito a todo o Império, mas que tenha tomado formas particulares conforme as regiões em questão, e que o tempo empregado em executá-lo tenha sido relativamente longo, de vários anos, em todo caso.

Mas é possível que o "recenseamento" referido por Lucas, que ocorreu "nos dias de Herodes", tenha sido operado pelos romanos para envolver também abertamente Quirino? Herodes teria permitido um processo administrativo pesado como esse em seu próprio território? Um fato é certo: Herodes devia seu lugar aos romanos Antônio e Otávio depois da eliminação de Antígona II Matatias (40-37), o último soberano asmoneu, que havia pactuado com os partas, inimigos jurados dos romanos, e Augusto consolidou e aumentou seu reinado. O reino de Herodes dependia *de facto* do bem querer dos romanos[88]: ele era ao mesmo tempo autônomo e dependente. Autônomo

---

85 Tácito, *Annales* 1,1,4.

86 Le Teuff, 2014, § 30.

87 Strothmann, 2003. Sobre o papel do imperador na sociedade e na religião romana, cf. Turcan, 1998.

88 Mesmo os processos contra seus próprios filhos, Herodes é obrigado a reportá-los a Roma (cf. Verdam, 1961).

pelo direito de governar de acordo com suas próprias leis, por ser isento do imposto sobre a propriedade e da presença de tropas romanas permanentes, para administrar financeiramente levantando seus próprios impostos, por exemplo, para cunhar moedas ou para fixar direitos alfandegários; dependente pelo fato de Herodes ter recebido o título de *rex socius et amicus Populi Romani*, isto é, "rei aliado e amigo do povo romano", uma amizade que, como recorda Christian-Georges Schwentzel era sinônimo de vassalidade[89]. No final de sua vida, Herodes irrita, voluntariamente ou não, o imperador em diversas ocasiões, notadamente iniciando uma guerra (vitoriosa) contra seus vizinhos nabateus (em 9/7 a.C.) sem avisá-lo, depois reclamando de seus filhos, Alexandre e Aristóbulo, a quem acusou de conspirarem contra ele, e pedindo que Augusto julgasse o caso[90]. Mas, se Herodes era o "amigo" de Augusto, este não era o "amigo" de Herodes, se não por pura conveniência política, e é bem possível que Augusto, vendo o velho rei afundar na doença e nos tormentos que lhe causava sua família, tenha cuidado, antes da morte de Herodes, de integrar este pequeno, mas próspero, reino ao Império. Então ele precisava examinar mais de perto a situação desse território heteróclito; mas de uma maneira muito sutil, limitando-se primeiramente a uma simples contagem da população, sem estimativa dos recursos pessoais da população, e sem avaliação dos bens (mobiliários e imobiliários) de cada um, o que teria inevitavelmente levantado suspeitas sobre as intenções do imperador e provocado talvez uma revolta ou até mesmo uma insurreição armada. Pode-se muito bem reconhecer que é de um recenseamento desse gênero que Lucas fale no versículo 1 de seu capítulo 2. E como Augusto já havia feito um censo em outras partes do Império, principalmente na Gália em 12/8 a.C., é muito provável que a decisão tomada pelo reino de Herodes tenha sido aceita sem muitas reticências. Além disso, para enfatizar a habilidade de Augusto, Lucas usa um termo muito particular: "Ora, aconteceu que, naqueles mesmos dias, apareceu uma *ordem* emanada por César Augusto, de fazer o recenseamento de todo o país". Para qualificar esta ordem, Lucas utiliza o termo

---

89 Schwentzel, 2011, p. 114. M. Sartre lembra corretamente que Roma não tinha qualquer escrúpulo quando se tratava de intervir na nomeação de clientes, mesmo quando se tratava de uma dinastia bem anterior à chegada de Roma na região: "Assim Glen Bowersock resolveu lançar a hipótese de que Augusto tivesse suprimido o reino nabateu entre 3 e 1 a.C. para punir Aretas IV por não ter pedido o consentimento de Augusto antes de tomar o título real". Mais adiante, na nota 18, ele acrescenta: "Roma mantém as mãos livres para colocar e retirar os príncipes clientes conforme achar melhor aos seus interesses. Vê-se isso tanto em 4 a.C., na morte de Herodes quando seu reino é dividido entre três filhos (sem que nenhum dos quais herde o título real), quanto em 6 d.C., quando Arquelau é demitido e enviado para o exílio na Gália [...]" (Sartre, 2014). Suetônio também não deixa de lembrar este vínculo de vassalagem quando fala do respeito dos reis por Augusto: "Os reis amigos e aliados construíram, cada um em seu reino, cidades chamadas Cesareia, e todos juntos resolveram terminar às suas próprias custas o templo de Júpiter Olímpico, anteriormente iniciado em Atenas, e consagrá-lo a Augusto. Muitas vezes eles deixavam seus Estados, e vinham prestar-lhe contas de afazeres diários, não só em Roma, mas também em suas viagens nas províncias, sem suas insígnias, e simplesmente vestidos com uma toga, como se fossem seus clientes" (*Augusto*, 60).

90 Flávio Josefo, AJ 16,13-16.

de δòγμα (*dogma*) que, no grego helenístico, não significa "edito" como o traduz o latim *edictum*, mas "entendimento", "opinião" e também, "injunção", "decisão". Para traduzir as palavras "edito", "decreto" ou "ordem", os autores daquele tempo utilizavam os termos διάγραμμα (*diagramma*), διάταγμα (*diatagma*) para o primeiro, ψήφισμα (*psèphisma*) ou βοὺλευμα (*bouleuma*) para o segundo, e κέλευσις (*kéleusis*) οικέλευμα (*keleuma*) para o terceiro. Lucas não usa nenhum desses termos, mas um termo mais temperado, menos marcial: dogma, no sentido de "opinião com um caráter prescritivo" segundo a expressão de Arthur Loth, e que pertence à categoria dos *mandata*, ou seja, das injunções dirigidas pelo imperador aos magistrados, funcionários, agentes e outros representantes de sua autoridade, e que eram mais administrativas do que legislativas.

> Augusto tendo resolvido, por razões políticas, submeter a um censo a Judeia, que ainda não fora reduzida à província romana, teve que proceder, conforme era necessário, de comum acordo com Herodes, associando-o nessa medida e, para isso, teve que mandar instruções, *mandata*, a seu representante na Síria, seu intermediário ordinário nos assuntos judaicos, prescrevendo-lhe ao mesmo tempo de agir em sintonia com o rei e tomar as medidas necessárias à realização da operação [...]. Essa ordem assim transmitida e publicada pelo governador romano, em nome do imperador e do rei, tornou-se executória para todo o Povo judeu[91].

Para ir um pouco mais longe nessa direção, o termo grego que Lucas emprega para falar sobre o censo é ἀπογραφὴ (*apographè*) que significa um simples "registro" do estado civil de cada um, uma contagem da população, sem mais[92]. Por enquanto pelo menos...

O censo de que Lucas fala pode, portanto, ter sido realizado por injunção imperial e supervisionado pelo governador da Síria, de acordo com os termos romanos (i. é, com inscrição dos homens, das mulheres e das crianças), mas com o concurso das autoridades locais e de acordo com os costumes e as formas administrativas do reino de Herodes, isto é, por famílias e tribos[93].

---

91 Loth, 2003, p. 165. Sobre o governo da Síria romana, cf. Sartre, 1997; 2002; 2003.

92 E não um ἀποτίμησις (*apotimèsis*), que era um recenseamento de bens e propriedades com avaliação de seu valor para estabelecimento de um imposto sobre a propriedade. "O texto do Evangelho [...] demonstra assim um bom conhecimento do procedimento de registro de pessoas (*apographè*) do modo como é definido em um dicionário tardio (*Souda s.v. Augoustos* e *Apographè*) e como transparece nos papiros egípcios: procedia-se a um duplo registro no domicílio e no local de origem; a operação era conduzida por vinte notáveis enviados a todas as regiões submetidas, incluindo os reinos-clientes" (Baslez, 1998, p. 190).

93 De acordo com o que é prescrito em Nm 1,18 ou Lv 25,10.13. É possível que Flávio Josefo faça alusão a isso quando fala do juramento de fidelidade que Herodes fez seus súditos prestarem no final de sua vida (AJ 15.10,4). Vários autores cristãos dos séc. II-III falam disso como sendo um censo próprio da "Judeia": Justino, *Diálogo com Trifão*, 78 (PG 6, col. 657); *Apologia* 1,34; Clemente de Alexandria, *Stromatae*, 1; Tertuliano, *Contra Marcião*, 4,19 e 4,36. A confusão

Mas qual foi a data deste registro e quem era o governador romano da Síria naquela época, isto é, "Nos dias de Herodes"? Quirino pode ter estado presente uma ou duas vezes na Judeia, com dez anos de intervalo, e com que títulos?

Como apontamos, sob o reinado de Augusto houve vários recenseamentos: alguns diziam respeito aos cidadãos romanos (*census populi*), outros aos estrangeiros moradores do Império (*census provincialis*). Aquele de que São Lucas fala é da segunda categoria. Contudo, por ocasião desse tipo de recenseamento, os recenseados deviam também prestar um juramento de lealdade a que Flávio Josefo se refere em *Antiguidades Judaicas* (17,2,42), quando escreve: "Na verdade, [...] todo o povo Judeu tinha confirmado por juramento sua devoção ao imperador e ao governo real". Arthur Loth demonstrou de forma bastante inteligente que este juramento de fidelidade era o sinal do censo que foi realizado na mesma época[94], e que ambas as operações podem ter-se iniciado a partir de 6 a.C., isto é, quando Sêncio Saturnino era governador[95]. Também se pode conceber que o processo tenha sido bastante longo, porque se começou com Saturnino, não terminou com ele[96]. Por quê? Porque, não obstante a imensidão da tarefa e todas as dificuldades inerentes a uma operação dessa monta (extensão dos

---

entre o primeiro censo e o segundo remonta a Orígenes e Eusébio (Loth, 2003, p. 193). A contagem das pessoas apenas, realizada durante este primeiro censo, é, ademais, confirmada pelo Imperador Juliano o Apóstata que escreveu que Jesus "tinha sido recenseado com seu pai e sua mãe, sob Quirino" (apud Cirilo de Alexandria [PG 68, col. 826]). Portanto, não se tratava de um recenseamento para estabelecer o imposto (*capitatio*), uma vez que para ser submetido a isso, era preciso ter 14 anos de idade, no mínimo como indicado por Ulpiano no *Digesto de Justiniano* 50,15, 3 *De censibus*.

94 Loth, 2003, p. 177ss.

95 Essa seria a razão por que Tertuliano escreve que o censo foi realizado quando Saturnino era governador da Síria, porque nos arquivos, era certamente o seu nome que se encontrava primeiramente para atestar a realidade da operação. *Contra Marcião*, 4,19.

96 Esta é a hipótese apresentada por vários autores, p. ex., Stöger, 1963, que acredita que, nas circunstâncias da época, o "recenseamento" podia levar alguns anos e se realizar em dois estágios: (1) registro das propriedades fundiárias e imobiliárias; (2) determinação do imposto a pagar. E. Stauffer (1961) também defende "a ideia de um longo censo que teria começado durante a vida do Rei Herodes, enquanto a Judeia ainda era um reino-cliente de Roma, e que teria terminado em 6 d.C., quando Quirino era governador da Síria, [...] contornando assim o obstáculo com que os estudos anteriores se haviam deparado. Também o testemunho de Lucas nos daria, assim, informação sobre o início das operações e o de Flávio Josefo a respeito do seu final. Ao designar este *census* como o de Quirino, o evangelista, portanto, não teria cometido um erro, uma vez que as operações que o legado da Síria encabeçou em 6 d.C. estavam situadas no contexto das que começaram sob o reinado de Herodes, mas feito um atalho. De acordo com E. Stauffer (1961), este empreendimento se inscreve no projeto augustino de recensear o mundo habitado, e sua duração se explica pela escala das operações a serem realizadas em campo, pelas resistências encontradas pelas autoridades romanas, mas também pelas características socioculturais do país. É verdade que o recenseamento de uma população parcialmente nômade devia apresentar algumas dificuldades. Para apoiar seu argumento, o autor compara o caso da Judeia com o da Gália, onde as operações teriam se estendido por quase quarenta anos". B. Le Teuff, 2014, § 12, no entanto, afirma que "embora atraente, a teoria de E. Stauffer não pode ser considerada tal e qual. Ao fazer do *census* de Quirino, a última fase de um longo censo agostiniano, ele tende a minimizar a especificidade dessas operações. Nós preferimos considerar que esta região foi recenseada pelo menos uma vez, em 6 d.C. depois da integração da Judeia ao Império. Não excluímos a possibilidade de que estimativas também tenham sido feitas durante a vida de Herodes, sob a supervisão do legado da Síria na época, mas nos parece importante distinguir claramente os dois empreendimentos que correspondem a duas lógicas diferentes" (§ 13). Essas "estimativas" de que fala Béatrice Le Teuff não poderiam cobrir, ao menos em parte, o "recenseamento" lucano?

territórios, dispersão das populações, hostilidades variadas e variadas), o próprio Flávio Josefo menciona sem cessar vários eventos que podem ter dificultado o bom andamento das operações: a recusa de alguns fariseus de prestar juramento, o incidente de Sabino[97], a morte de Herodes; além do fato de que a operação tinha que ser gerida região por região, provavelmente começando por Jerusalém, a capital, depois a Judeia antes de organizá-la nas outras partes do reino, especialmente na Galileia.

Mas, onde estava Quirino nessa época, isto é, por volta de 4 a.C.? Vimos que, pouco antes da chegada de Caio César à Armênia em 1 a.C., Quirino havia derrotado os homônades da Cilícia pelas armas. Ora, na região, apenas a província da Síria dispunha de forças armadas significativas para realizar tais operações[98]. Na qualidade de que Quirino teria dirigido essas tropas? Lucas especifica que Quirino era o governador da Síria na época do recenseamento (que começou quando Saturnino ocupava essa posição entre 8 e 6 a.C., antes de deixar o lugar para Públio Quintílio Varo ao longo de 6 a.C.)[99]. Quirino poderia ocupar outra função além daquela de governador naquela época? As opiniões divergem: ele fora nomeado comissário encarregado especialmente do censo, um cogovernador da Síria encarregado das operações militares, um legado do imperador investido com um alto comando etc. No entanto, São Lucas usa o termo ἡγεμών (*hègemôn*) que é o mesmo que o usado por Flávio Josefo para designar os governadores da Síria. Ora, na lista de governadores da Síria na viragem da nossa época, conhecemos Marco Tício, no cargo entre 10 e 8 a.C., Caio Sêncio Saturnino entre 8 e 6, Públio Quintílio Varo entre 6 e 4, Caio César entre 1 a.C. e 4 d.C. Portanto, haveria uma posição livre entre 4 e 1 a.C. para inserir Quirino[100], os governadores estando na função geralmente por dois/três anos, sabendo – importante enfatizar – que a nomeação de governadores era feita em janeiro e sua investidura no cargo alguns meses depois, se não porque o mar estava fechado no inverno (*mare clausum*), devido do mau tempo que tornava os deslocamento distantes muito perigosos. Podemos, então, admitimos absolutamente que em 4 a.C., havia dois governadores da Síria ao mesmo tempo: Públio Quintílio Varo saindo e Públio Sulpício Quirino

---

97 AJ 7,11-12.

98 Tácito sugere que a Cilícia romana estava sob a jurisdição do legado propretor da Síria, *Annales* 2,78 e 80. Depois de 30 a.C., a Síria dispõe de três ou quatro legiões, estabelecidas principalmente no Norte da província, e unidade de auxiliares, principalmente na Judeia (Sartre, 2014, § 22).

99 Os locais ocupados pela equipe administrativa do governador da Síria (o *officium*) foram recentemente descobertos em Cesareia Marítima (cf. Lefebvre, 2011, cap. 5.1).

100 Há debate sobre esta questão: quem ocupava o cargo de legado propretor da Síria entre 4 e 1 a.C., Lúcio Calpúrnio Pisão Cesonino ou Públio Sulpício Quirino? Sartre (2003) e Dabrowa (1998) pendem para o primeiro; Alföldy (1997) prefere o segundo. Então, a escolha de Quirino é verossímil embora não certificada. Cf. tb. Thomasson, 2009.

entrando[101], o primeiro sendo o governador *de facto* e o segundo *de iure*, e que esta situação devia se repetir a cada nova nomeação.

Há também testemunhos que permitem reforçar esta proposta de um Quirino governador da Síria nessa época: uma inscrição encontrada em 1764 em Tívoli (antiga Tibur) fala de um personagem proeminente (o nome se perdeu) que foi governador da Síria duas vezes, mas que a demonstração de Theodore Mommsen autoriza a identificar com Quirino[102]:

> [...] do Rei, esta última tendo sido submetida ao po[der do Imperador César] Augusto e do povo romano, o Senado [decretou para os (deuses) imortais] uma dupla ação de graças em razão dos felizes [feitos realizados] pelos ornamentos do triunfo [novamente concedidos] na condição de procônsul da província da Ásia ele ob[tém como legado pr. do] divino Augusto, novamente a Síria e F[enícia ele obteve].

A terceira linha evoca uma dupla jornada de ação de graças dedicada aos ornamentos do triunfo (quarta linha); ora, de acordo com Tácito, Quirino recebeu os *ornamenta* por sua vitória contra os homônades (a dupla jornada pode comemorar a vitória no Tauro e, em seguida, aquela contra os itureus do Líbano). Na quinta linha é citada um proconsulado da Ásia; ora, Quirino foi procônsul da Ásia em torno do ano 1 a.C. / 1 d.C., proconsulado que ele obteve, provavelmente, em consequência de seu casamento com Claudia, filha do Cônsul Cláudio Pulcro[103]. O título "divino Augusto" permite datar a inscrição após 14 de nossa era já que Augusto só foi divinizado depois de sua morte. Isso implica que o personagem mencionado ainda estava vivo no momento da inscrição e que as duas legações na Síria tiveram lugar antes de 14; ora, Quirino morreu em 21 enquanto Varo, o governador da Síria entre 6 e 4 a.C., morreu no ano 9 e não pode, portanto, corresponder ao desconhecido da inscrição[104].

---

101 Esse lapso de tempo entre a saída e a assunção da função podia gerar problemas sérios, como o episódio de Sabino já mencionado ou o da morte de Tiago de que Flávio Josefo fala: "Como Anás era tal e acreditava estar diante de uma oportunidade favorável, já que Festo estava morto e Albino *ainda estava a caminho*, ele reuniu um sinédrio, conduziu perante ele Tiago, irmão de Jesus chamado Cristo e alguns outros, acusando-os de transgredir a lei, e os fez apedrejar" (AJ 20.200).

102 CIL 14 3613 = ILS 918; Mommsen, 1883, p. 171ss, demonstração retomada por Loth, 2003, p. 226ss. No entanto, o historiador Hans Georg Pflaum considera "que *iterum* se refira a *legatus Aug. propraetore* e não a *Síria*, e que, consequentemente, o general desconhecido da Pedra de Tibur teria governado a Síria apenas uma vez" (in: Szramkiewicz, 1976, p. 525).

103 Szramkiewicz, 1976, t. 1, p. 177 e 314; t. 2 p. 248.

104 Também se poderia pensar em Lúcio Calpúrnio Pisão Frúgio, o *Pontifex*, cônsul em 15 a.C., que foi enviado para a Trácia para controlar uma insurreição, o que lhe valeu receber os *ornamenta triunfalia* (Dião 54,34; Veleio Patérculo 2,98). Ele foi logo depois procônsul da Ásia e morreu em 32 de nossa era. Mas nenhum documento histórico ou arqueológico menciona qualquer legação na Síria entre 3 e 1 a.C., e menos ainda que ele tenha voltado para lá uma segunda vez. Além disso, Lúcio Calpúrnio Pisão Frúgio esteve vinculado ao posto de prefeito da cidade de Roma a partir de 13 até sua morte em 32, conforme especifica Tácito, *Annales* 6,11. A inscrição teria, então, esquecido de mencioná-lo, o que seria absolutamente inconcebível para um título tão prestigioso. Enfim, embora tenha recebido os ornamentos

Há também a inscrição conhecida como *Lapis Venetus* (CIL 3,6687 = ILS 2683) presumivelmente oriunda de Beirute:

> Q. Emílio Segundo, filho de Quinto, da tribo Palatina, (serviu) no acampamento do divino Augusto, sob P. Sulpício Quirino, legado de César na Síria, decorado com distinções honoríficas, prefeito da I coorte Augusta, Prefeito da II coorte clássica. Além disso, por ordem de Quirino, eu fiz o "censo" de 117 mil cidadãos da Apameia. Além disso, enviado por Quirino em missão contra os itureus no Monte Líbano, tomei a cidadela deles. E antes do serviço militar, prefeito dos operários, desligado por dois cônsules do *aerarium*.
>
> E na colônia, *quaestor*, edil duas vezes, duúnviro duas vezes, Pontífice. Aqui foram depositados Q. Emílio Segundo, filho de Quinto, da tribo Palatina, (meu) filho e Emília Chia (minha) franqueada.
>
> Além disso, este monumento é excluído da herança.

De acordo com este texto, o cavaleiro Q. Emílio Segundo cumpriu o seu serviço na Síria sob a autoridade de Quirino, legado de César na Síria, que tinha obtido as insígnias do triunfo depois de sua campanha contra os homônades de Tauro. As distinções honoríficas (*honoribus decoratus*) foram dadas a Segundo por Quirino. Em seu *cursus honorum*, o cavaleiro Segundo detalha sua trajetória em ordem cronológica, como é habitual nesse tipo de documento. O censo mencionado na inscrição, realizado sob as ordens de Quirino, não é aquele feito no ano 6 da nossa era, descrito por Josefo, porque esse censo foi subsequente à destituição do Rei Arquelau e dizia respeito apenas à Judeia e não à Síria. Além disso, o recenseamento da cidade síria de Apameia foi seguido de uma missão a Itureia, uma região fronteiriça da Palestina, ao redor da Planície de Beqa'ah. Mas a cidadela dos itureus[105], a cujo Rei Ptolomeu tinha se aliado a Antígona II e aos partas, foi tomada por Herodes o Grande, por volta de 40 a.C. Consequentemente, a legação de Quirino de que esta inscrição fala, deve se situar antes da morte do rei, no finalzinho do século I a.C.

Último elemento. Justino Mártir, natural da Palestina, escreve no século II de nossa era que o recenseamento de que fala São Lucas foi feito sob Quirino. Dirigindo-se ao Imperador Antonino Pio, ele especifica: "Como vós podeis perceber pelo recenseamento realizado por Quirino, vosso primeiro regente (ou administrador, *épitropos*) na Judeia [...]"[106]. Aqui, o sábio apologista utiliza um determinado termo diferente de *hegemon*, governador, mas *epitropos*, superintendente, administrador, regente, um título que

---

triunfais por ter reprimido por duas vezes a insurreição na Trácia, ele recebeu apenas ação de graças de um dia e não de dois como menciona explicitamente a inscrição. Sobre esta questão, cf. Kokkinos, 1995 e a resposta de Eilers, 1996.

105 Estrabão, *Geografia* 16, 10 e 18 nos diz que a cidadela principal da Itureia era Cálcis. Pierre-Louis Gatier a situa em Medjel Andjar, no Beqa'ah, ao pé do Antilíbano (Gatier, 2003: 121).

106 Justino, *Apologia* 1,34.

Quirino deve ter recebido do próprio Imperador enquanto governador da Síria para cuidar da Judeia durante o vacância de poder, entre a morte de Herodes o Grande, e a investidura de seu filho Arquelau, uma função que ainda não tinha título oficial.

* * *

Αὕτη ἐγένετο ἀπογραφὴ πρώτη ἡγεμονεύοντος τῆςΚυρίας Κυρηνίου: "este verificou-se ser o *primeiro* registro, Quirino sendo governador da Síria" (Lc 2,2). Se o evangelista fala de um primeiro recenseamento, é, portanto, porque deve ter havido pelo menos um segundo. O termo grego empregado por Lucas para designar o lugar desta contagem é πρώτη (*prôtè*). Ora, a questão é saber se esse termo se refere a ἀπογραφὴ (*apographè*) ou a ἡγεμονεύοντος τῆς Συρίας Κυρηνίου (*hègemoneuontos tès Syrias Kyrèniou*); no primeiro caso, é um adjetivo feminino significando efetivamente, "primeiro" (um *primeiro* registro), no segundo, é advérbio e se traduz como "antes" (antes que Quirino fosse governador da Síria). Como resolver? Se escolhermos o advérbio, o censo ocorreu *antes* de Quirino ser governador da Síria (ou em 4/1 a.C., ou em 6 d.C.), e a dificuldade colocada ao mesmo tempo por Lucas e por Flávio Josefo desaparece, mas ela remove ao mesmo tempo qualquer valor cronológico do testemunho do Evangelista, e estaríamos livres para colocar o nascimento de Jesus onde quiséssemos entre 8 a.C. e 6 d.C. Por outro lado, se escolhermos traduzir πρώτη por "primeiro", restabelece-se o dado temporal e se circunscreve o período da Natividade nos anos da presença de Quirino na Síria como governador, o que, como acabamos de ver, pode muito bem se situar em algum lugar entre 4 e 1 a.C.[107] Esta tradução parece ser, pela análise, a mais lógica. De fato, por que Lucas teria decidido datar um evento *antes* da entrada em função de Quirino? O procedimento é obviamente, sem sentido: imaginemos que um historiador do século XIX tivesse datado a morte de Luís XVI (21 de janeiro de 1793) indicando que o rei fora executado antes da coroação de Napoleão (2 de dezembro de 1804). É um absurdo. Como bom historiador, Lucas certamente teria dado o nome do governador em exercício naquele momento e não o de um dos seus sucessores:

"Nenhum historiador datou um evento por antecipação", aponta Arthur Loth (p. 204). O evangelista, portanto, fala de um *primeiro* registro porque houve um *segundo*, do que ele fala em At 5,37, e que também Flávio Josefo menciona em suas *Antiguidades Judaicas* 18,1-4. Agora, o que o historiador judeu nos diz?

> [1] Quirino, membro eleito do Senado, que, por todas as magistraturas, tinha ascendido até o consulado e que gozava de uma consideração

---

107 Loth, 2003, p. 199-205. Cf. tb. Sylvie Chabert d'Hyères em codexbezae.perso.sfr.fr

pouco comum, chegou à Síria, aonde o imperador o tinha enviado para levar justiça a esta província e fazer o recenseamento dos bens. [2] Tinha-lhe sido posto como adjunto Copônio, personagem da ordem equestre, que devia governar os judeus com plenos poderes. Quirino também veio para a Judeia, pois ela estava anexada à Síria, para recensear as fortunas e liquidar os bens de Arquelau. [3] Embora os judeus tenham ficado inicialmente irritados com o anúncio da declaração de fortunas, eles desistiram de continuar resistindo, com os conselhos do sumo pontífice Joazar, filho de Boetos. Persuadidos por suas palavras, eles declararam seus bens sem mais hesitação[108].

Compreende-se que tenha havido, nessa época, dois empreendimentos distintos: um consistindo em "recensear as fortunas e liquidar os bens de Arquelau", realizada por Quirino; outro, supervisionado por Copônio, "para governar os judeus". Este último procedimento se explica facilmente porque a destituição de Arquelau e seu exílio em Viena (na Gália) traduziu-se pela criação da pequena província procuratorial da Judeia tendo à sua frente um prefeito de ordem equestre colocado sob a autoridade do governador da Síria. É esse recenseamento que provocará a revolta de Judas o Galileu, do qual falam Lucas e Flávio Josefo.

Quirino retorna para a Síria, portanto, como governador da província pela segunda vez, certamente como "juiz e censor", isto é, investido com uma missão especial confiada a um *legatus Augusti propraetore ad census accipiendos*, um enviado do imperador encarregado de um recenseamento; esta responsabilidade era "concedida a legados de posição consular que agiam com independência em relação ao governador de província"[109]. De acordo com Jean-Pierre Martin, esses legados "não exercem simultaneamente o governo provincial, como muitas vezes se acreditou, mas seus poderes são, então, superiores aos dos governadores, especialmente quando estes últimos são pretorianos. [...] Esses homens fazem parte da elite do Senado e são próximos ao imperador. A importância da função é enfatizada pelo fato de que raramente é cumprida como primeira função consular. Eles eram necessariamente ajudados em sua tarefa. [...] Eles escolhiam auxiliares, geralmente entre os cavaleiros"[110].

* * *

---

108 Tradução de Julien Weill, sob a direção de Théodore Reinach, Paris, 1900 [disponível em: remacle.org].

109 Chabert d'Hyyeres, 2003a, p. 87. O autor especifica que "estas duas qualidades (juiz e censor) não permitem fazer de Quirino um governador provincial, já que nada na formulação adotada por Flávio Josefo fazia referência a um *imperium* militar, não usando nenhum dos termos com os quais ele usualmente qualificava o governador da Síria, insistindo antes em seu título consular".

110 Martin, 1990, p. 150; Chabert d'Hyères, 2003a, p. 87. Flávio Josefo diz efetivamente que Quirino chegou à Síria acompanhado por Copônio.

Em conclusão, a narrativa lucana da Natividade verifica-se, pela análise, absolutamente verossímil. Certamente, podemos criticar, com argumentos de apoio, essa ou aquela proposição explicativa de seus primeiros versículos do capítulo 2, mas não se pode absolutamente negar-lhes de maneira peremptória certa veracidade sob o pretexto de que apresentam, *a priori*, inconsistências ou mesmo inverdades, porque isso é inexato. O confronto com Flávio Josefo foi feito com muita frequência (para não dizer sempre) em detrimento de Lucas, às vezes de maneira justificada, às vezes de maneira totalmente subjetiva. O exemplo do recenseamento é ilustrativo do raciocínio circular praticado por muitos para alegar o erro cometido pelo evangelista: Josefo sugere (mas ele não diz explicitamente) que Quirino esteve ativo na Síria apenas uma vez, durante o censo que ele realizou como governador, em 6 d.C. (para liquidar as posses de **Arquelau**), procedimento que desencadeou a revolta de Judas o Galileu. Portanto, Lucas está errado ao situar a legação do romano "nos dias de Herodes", isto é, cerca de dez anos antes, já que Josefo não a menciona. Além disso, um "recenseamento" romano em um Estado-cliente é inconcebível (ao passo que Lucas fala de um registro de pessoas (*apographè*) e não de um recenseamento (*apotimèsis*)). Por outro lado, **argumenta-se que** o recenseamento evocado na inscrição do *Lapis Venetus* só pode datar-se a partir de 6 da nossa era já que Flávio Josefo escreve que Quirino estava na Judeia nessa época. Ora, o recenseamento do *Lapis Venetus* diz respeito apenas à Síria (a cidade de Apameia) e não à Judeia que fora, nessa época, erigida em província procuratorial. Utiliza-se, portanto, o testemunho de Flávio Josefo para datar uma inscrição que permite em retorno afirmar que Flávio Josefo está certo em datar o recenseamento mencionado por Lucas em 6 d.C.! E o círculo se fecha.

Podemos propor uma alternativa. Ambos os autores antigos estão certos porque não estão falando *sempre* dos mesmos fatos. Por outro lado, eles se complementam admiravelmente. Vejamos como.

Estamos "nos dias de Herodes". O velho rei (ele tem mais de 70 anos) morrerá em breve. O Imperador Augusto está preocupado com a estabilidade do seu Império, particularmente no Oriente onde os partas dão continuamente sinais de que querem anexar territórios que considerem como parte de sua esfera de influência. Herodes mostrou-se ser um excelente administrador, fiel a Roma e, portanto, um importante baluarte contra os partas. Mas os problemas que perturbam no final do seu reinado levam o imperador a garantir a essa parte do seu imenso Império um futuro mais sereno. Ele mesmo não é mais tão jovem (ele tem quase 60 anos) e sempre foi de constituição frágil. É hora de estabelecer a situação do Império, um balanço no qual o Imperador, sem dúvidas, vem pensando há muito. A prática dos recenseamentos é comum e regular, e a decisão do Senado de lhe conceder o título de *Pater Patriae* em

2 a.C. só vai confortar Augusto em seu projeto de inventário do mundo romano[111]. Não é, portanto, absurdo pensar que nos anos que precederam a virada de nossa era, um vasto programa de registro e recenseamento se tenha iniciado, e que levará tempo: todo o território do Império está em causa, tanto as províncias romanas (recenseamento) como os territórios do reinos-clientes (registro) e a operação se efetua levando em conta, provavelmente, as peculiaridades regionais. Assim, no reino de Herodes, o registro das pessoas – habilmente solicitadas por Roma – é feito em conformidade com os costumes locais, em especial, referindo-se à prática do censo como é estabelecida na Torá. Judeus devem, portanto, registrar-se na sua "família", isto é, no berço da sua "casa"[112]. José, então, leva Maria, sua noiva/esposa, que está grávida, deixa sua casa em Nazaré para se dirigir a Belém, o lugar de origem de suas respectivas famílias, e se fazer registrar. Por que Maria o acompanha? Porque se trata de um registro de pessoas de acordo com a forma romana: homem, mulher e criança, supervisionada pela equipe administrativa do governador da Síria, Quirino, com o concurso dos oficiais de Herodes, e que chegado ao seu termo, ela porá no mundo seu filho que terá que ser registrado também. O casal, sem dúvida, não teve escolha. O período realmente não é indicado para esse deslocamento por causa da condição de Maria, especialmente porque combina com a Festa da Dedicação (*Hag HaHanoukka*) ou Festa das Luzes ou ainda Festa da Edificação[113]. Portanto, há tanta gente em Jerusalém e nas redondezas que o jovem casal não consegue hospedar-se em Belém. Ele finalmente encontra refúgio em uma gruta, e Maria dá à luz a Jesus, em 25 de dezembro, em pleno solstício de inverno. Em seguida, pastores das proximidades, avisados milagrosamente, vêm adorar a criança[114]. Jean-Paul Roux apontava, justamente:

---

111 É difícil imaginar que o imperador não estivesse ciente da decisão do Senado de homenageá-lo com o título de *Pater Patriae* antes que ela fosse oficial. Assim, ele pôde aproveitar o momento e montar seu projeto de inventário.

112 O deslocamento das pessoas para registrar-se "cada um em sua própria cidade" (Lc 1.3) reflete algumas das características do censo romano no Egito, lembrado por Nicolet (1998, p. 147-150). Aliás, um papiro descoberto na "gruta das Cartas" situada perto do Nahal Hever no deserto da Judeia, registra o recenseamento de uma nabateia residente de Ma (h) oza, na Costa Sudeste do Mar Morto, de nome Bababtha e cujo tutor residia em En-Guedi (Rosen, 1995, p. 5-15), que tinha que se registrar em Petra e, finalmente, teve que se deslocar para Rabbat (Yadin & Greenfield, 1989, p. 65-70). Então houve um deslocamento como no caso de José que, residindo em Nazaré, teve que se mudar para ser registrado na pequena cidade de Belém, berço da família.

113 Em 2016, essa festa começou em 24 de dezembro ao pôr do sol e terminou em 1º de janeiro, igualmente ao pôr do sol.

114 Mesmo esse episódio baseia-se em um pano de fundo absolutamente provável. De fato, sempre se objetou que é impossível que os pastores estivessem cuidando de um rebanho de cabras ou de ovelhas à noite, no meio do inverno. Ora, o episódio de descoberta dos Manuscritos de Qumran por um pastor beduíno no meio do inverno em 1947, enquanto cuidava de suas cabras perto do Mar Morto mostra que não há nada de impossível nisso. Além disso, o Talmude distingue três tipos de animais de pastagem: aqueles que saem na Páscoa e voltam na estação das chuvas; aqueles que saem para pastar fora dos limites da aglomeração (*tehum*) e retornam ao anoitecer; aqueles que pastam nos prados e não retornam para dentro das muralhas da cidade, seja no verão ou no inverno (aqueles, portanto, que ficam fora o ano todo) (Talmude Babilônico, *Shabath* 45b). Além disso, Partênio de Niceia, um poeta grego do séc. I a.C., relata em uma de suas pinturas intitulada "Paixões Amorosas" (*Erôtika patémata*) que "na Sicília vivia Dáfnis, o

Se São Lucas não tivesse obedecido a uma necessidade histórica ou pelo menos simbólica de mencionar o recenseamento, ele poderia ter escrito sem surpreender ninguém: naquele tempo, José e Maria, sabendo que o Messias, da estirpe de Davi deveria se manifestar em Belém, deixaram sua aldeia e foram para lá[115].

Pelo contrário, para São Lucas, a importância do evento era tal que ele queria associá-lo a uma decisão imperial de primeira ordem que dizia respeito a todo o mundo romano. Assim, o evangelista-historiador informou-se bem sobre a realidade do nascimento de Jesus. Ele fez um relato não exaustivo, certamente, mas suficientemente preciso para que possamos integrá-lo em um contexto histórico geral. Como seus pares, Lucas interessou-se por Jesus de maneira seletiva, "de acordo com (sua) experiência de fé", como bem enfatiza René Laurentin[116].

4 A genealogia de Jesus

E Jesus, quando iniciou sua vida pública, tinha cerca de trinta anos e era, segundo o que se acreditava, filho de José, filho de Eli, filho de Matat, filho de Levi...

Em 3,23-38, Lucas fornece a genealogia de Jesus. Quanto se escreveu sobre isso! A comparação com a genealogia indicada em Mt 1,2-17, muito diferente, resultou em julgamentos peremptórios, cuja parcialidade resultava ou de uma total falta de conhecimento dos dados exegéticos e históricos, ou da desonestidade intelectual grosseira, mais ideológica do que científica. Uma coisa deve ser enfatizada desde o início: se os dois evangelistas não dão a mesma genealogia, já é prova de que eles trabalhavam independentemente um do outro. Seria difícil entender que, depois de se acordarem quanto à maneira de apresentar a vida de Jesus e sobre os elementos de seu ensinamento, eles, então, se distanciassem (e até contradissessem) sobre um ponto tão importante: seria a porta aberta para um descrédito total. Um risco desnecessário. Então, o que temos aqui?

Como René Laurentin nos lembrou, os dois evangelistas "dispunham de fontes muito abundantes, pois o povo judeu cultivava as genealogias com predileção: as da Bíblia se prolongavam às de cada família"[117], pois conhecer seus ancestrais, e ser capaz

---

filho de Hermes, famoso jogador de syrinx, e muito bonito fisicamente. Ele não gostava de estar com os homens, mas pastoreava seus rebanhos, tanto no verão como no inverno ele ficava fora" (29, *Daphnis*), desse modo, a prática de guardar os rebanhos mesmo no inverno existia até mesmo no outro lado do Mediterrâneo!

115 Roux, 1989, p. 98.

116 Laurentin, 1999, p. 39.

117 Laurentin, 1999, p. 32-33. A prática do registro (ἀπογραφὴ) em registros públicos (Flávio Josefo, *Vita* 1 6) das pessoas de acordo com sua família, posição ou grupo social (Flávio Josefo, *Vita* 1,1), adicionado ao do distrito militar (Nb 1,2-46; 2S 24,1-9, p. ex.) favoreceu o desenvolvimento de arquivos (esp. para resolver problemas de herança e

de fornecer uma genealogia era um sinal de nobreza. Mateus decidiu partir de Abraão enquanto Lucas optou por voltar até Adão. A genealogia de Mateus tem 42 gerações (3×14) de Abraão a Jesus (via José)[118] enquanto a de Lucas tem 77 (11×7) de Jesus a Adão. O risco de erros era, portanto, muito real.

Uma das principais críticas feitas a Lucas é ter escrito que Noé era o filho de Lamec, ele mesmo descendente de Set, um dos filhos de Adão. Pois, nos é dito, Lamec é o nome de um dos descendentes de Caim; portanto, Lucas se enganou![119] Só que não é o mesmo personagem: a linhagem de Caim inclui Henoc, Irad, Maviael, Matusael, *Lamec*, Jabel, Tubalcaim[120]; a de Set, por outro lado, inclui Enós, Cainã, Malaleel, Jared, Henoc, Matusalém, *Lamec*, Noé[121]. Ora, não havia apenas um *Lamec*, é óbvio e, portanto, podemos dizer que Lucas não estava enganado!

De Abraão a Davi, ambas as genealogias são semelhantes, trazendo os mesmos nomes[122]. É a partir do Rei Davi que elas divergem: Mateus continua com os reis de Israel, enquanto Lucas escolhe um ramo mais jovem que inicia com Natan. Depois os dois evangelistas convergem novamente com Salatiel e Zorobabel. Aqui também pesquisadores especialistas apontam um erro grosseiro que, desta vez, desacredita Mateus: este cita Jeconias como pai de Salatiel; mas é dito em Jr 22,30 que Jeconias, filho de Joaquim, morreu sem filhos. Eis então uma nova prova da falta de consideração dos evangelistas![123] No entanto, Mateus cita Jeconias como sendo o filho de Josias e não Joaquim. E mesmo que seja o mesmo pai (com um nome diferente), Jacques Masson lançou a hipótese de que este Jeconias, não tendo gerado filhos, teria adotado Salatiel, filho de Neri, porque, aos olhos dos hebreus, a paternidade legal (por adoção ou levirato) era suficiente para conferir todos os direitos hereditários, neste caso os da linhagem de Davi, para os filhos, ingressados dessa forma no círculo familiar[124].

---

de sucessão decorrentes da evidente superpopulação na virada de nossa era) e de genealogias judaicas que foram muito úteis no estabelecimento da legitimidade dos exilados que retornavam da Babilônia para sua propriedade como herdeiros da terra de Israel.

118 Sua genealogia se articula em três grupos: os patriarcas, os reis e o Segundo Templo. Esses ciclos de 14 gerações levaram Mateus a suprimir três reis. Sua lista, portanto, não é falsa, é incompleta.

119 Essa é a "análise" feita pelo jornalista G. Messadié (2013, p. 141). Desonestidade ou ignorância?

120 Gn 4,17-22.

121 1Cr 1,1.

122 Por gematria (o simbolismo dos números), Lucas repetiu Aminadab como Admin para manter o número 7 que estrutura sua genealogia.

123 Messadié, 2013, p. 142.

124 Masson, 1982. Sobre a complexidade da questão genealógica, cf. McCarthy, 1987, que apresenta as cinco proposições explicativas selecionadas como prováveis para explicar as diferenças entre as duas genealogias, a de Mateus e a de Lucas: (1) casamento de acordo com a lei do levirato; (2) a genealogia mariana; (3) adoção legal; (4) consanguinidade (Maria era prima próxima de José); (5) a reserva histórica (é possível preservar a exatidão histórica

E é justamente essa explicação que possibilita elucidar a filiação de José que Mateus diz ser filho de Jacó enquanto Lucas o apresenta como o filho de Eli. Como justificar esta dupla paternidade? Uma resposta provável é assumir que Eli seria o pai legal de José ao passo que Jacó seria o pai biológico. Este "problema" já punha algumas dificuldades para Justino Mártir, no século II que, para resolvê-lo, realizou sua investigação da família de Jesus[125]. Foi-lhe explicado que esta dupla paternidade se justificaria pela lei do levirato, uma lei matrimonial, também existente entre os assírios e os hititas, e que permite que um irmão se case com a cunhada depois da morte do marido dela para continuar a linhagem de seu falecido irmão (desde que este irmão não tenha filhos. Dt 24,5-10). Desse modo, Jacó casou-se com a viúva de Eli, seu irmão, para dar-lhe uma descendência. José era assim publicamente reconhecido como sendo filho de ambos Jacó e de Eli[126]. Esta explicação pode ser considerada como muito provável, absolutamente verossímil, e cabe aos que a contestam apresentar a prova de sua fragilidade.

Na realidade, como Jacques Masson mostrou, essas duas genealogias não se excluem, mas são, pelo contrário, muito plausíveis. O foco de Mateus está na filiação legal e biológica, via José, enquanto a de Lucas se apega à filiação natural, "segundo a carne"[127]. A de Mateus (que é principalmente endereçada aos judeus) foi estabelecida de acordo com os princípios genealógicos judaicos; a de Lucas fala aos gentios, a não judeus, que ignoram as regras de filiação e de alianças judaicas.

O que é ainda mais surpreendente, e isso confirma a integridade dos Evangelistas, é que nenhum deles esconde o fato de que Jesus não é o filho de José, que a filiação natural, biológica, é interrompida entre José e Jesus: Lucas diz que Jesus "era, *segundo se acreditava*, filho de José", enquanto Mateus termina sua longa lista escrevendo,

---

completa dos dois evangelistas de acordo com sua intenção expressa e, ao mesmo tempo, considerar imprecisões e confusões possíveis ou prováveis em sua lista de nomes).

125 Não há dúvida de que essa família existia, já que Eusébio (*História Eclesiástica* 3,19-20) relata que Hegésipo falara da convocação dos sobrinhos-netos de Jesus diante do Imperador Domiciano.

126 Os Padres da Igreja passaram muito tempo debruçados sobre esta questão e elaboraram várias propostas de solução: de acordo com Santo Agostinho (*Tratados sobre os Evangelhos*, 2.5.), podem-se dar três explicações diferentes sobre a divergência entre as duas genealogias: (1) Ou um dá o nome do pai de José e o outro o do avô materno ou um dos seus antepassados; (2) ou de um lado temos o pai natural de José, do outro o pai adotivo; (3) Ou, ainda, um dos dois que nos foram dados como pais de José, sendo morto sem filhos, seu parente mais próximo terá se casado com sua esposa, de acordo com o costume dos judeus (o levirato), e assim dado progenitura àquele que estava morto. Santo Ambrósio observa que, segundo a tradição, Natã – que descendia de Salomão – teve um filho chamado Jacó e morreu antes de sua esposa. Melquias (ou Matat), que era da mesma tribo, mas não da mesma linhagem que Natã, casou-se com Esta de quem ele teve um filho chamado Eli. Jacó e Eli eram, portanto, irmãos uterinos. Jacó tendo morrido por sua vez sem filhos, Eli casou-se com Abdit, sua esposa, e teve por filho José que, de acordo com a lei, é chamado filho de Jacó, porque Eli, de acordo com as disposições da lei (Dt 25), deu filhos ao seu (meio) irmão falecido.

127 Isso quer dizer que a genealogia de Luca seria, em parte ou no todo, a da família de Maria: na verdade, cada nome ancestral desta linhagem davídica é sistematicamente precedido pelo artigo determinativo του ("de") ao passo que José não tem nenhum.

"Jacó gerou José, esposo de Maria, de quem nasceu Jesus, que é chamado Cristo". Isso é embaraçoso! Os evangelistas reconheceram que havia (ou poderia ter havido) uma quebra na cadeia genealógica entre Jesus e Davi? Como eles podiam sustentar que Jesus era da descendência de Davi sem reconhecer essa filiação davídica? Só porque Jesus era "legalmente" filho de José (poder-se-ia dizer por adoção), registrado como tal no recenseamento realizado quando Quirino era governador da Síria, e ele nascera em Belém, na Judeia, a cidade natal do grande rei dos judeus, "nos dias de Herodes", Augusto sendo imperador de Roma e dos romanos. Também é possível que Maria fosse também descendente de Davi e pertencesse à mesma tribo de José. É o que dá a entender São Paulo em Rm 1,3 quando escreve que Cristo é "da linhagem de Davi segundo a carne (*ek espermatos*)". Os Evangelhos Apócrifos, incluindo o *Protoevangelho de Tiago*, afirmam claramente que Maria era da casa de Davi. Esta é a chamada solução de "consanguinidade" apresentada por John F. McCarthy[128]. Nisto, Jesus cumpria a profecia de Mq 5,1-5, segundo a qual o Messias, descendente de Davi, deveria nascer em Belém.

5 Os irmãos e irmãs de Jesus

> Sua mãe e seus irmãos vieram encontrá-lo, mas não puderam chegar até ele por causa da multidão (Lc 8,19).

O Novo Testamento menciona repetidamente irmãos e irmãs de Jesus (Mt 12,46; 13,55; 27,56; Mc 3,31; 6,3; Jo 2,12; 7,2-10; Gl 1,19), e dá alguns nomes: Tiago, José, Judas, Simão. Flávio Josefo, como vimos, também fala de "Tiago, o irmão de Jesus chamado Cristo". Muitos então concluíram, um pouco apressadamente, que Jesus tivera irmãos uterinos e que Maria tinha perdido sua virgindade. Na realidade, as coisas são, como muitas vezes, um pouco mais complexas do que isso, e a semântica pode trazer algumas respostas satisfatórias que confirmam a plausibilidade dos relatos evangélicos.

Vamos começar com a "virgindade" de Maria. Esta é chamada de "virgem" por Lucas (1,27):

> No sexto mês, o Anjo Gabriel foi enviado por Deus a uma cidade da Galileia, chamada Nazaré, a uma virgem prometida em casamento a um homem chamado José, da casa de Davi, e o nome da virgem era Maria.

Mateus, por sua vez, escreve que

---

128 Os Padres desde Santo Inácio e São Justino tomam este fato como garantido (Inácio, *Efésios* 18,2; Justino, *Diálogo com Trifão*, 43-45). Esta é a solução também defendida por São Jerônimo, *Super Matthaeum*, comentários sobre Mt 1,18 [PL 26, col. 24 (tb. por Irineu, Ambrósio e Tertuliano).

Tudo isso aconteceu para que se cumprisse a profecia do Senhor[129]: "Eis que a virgem conceberá e dará à luz um filho, e ele será chamado pelo nome de Emanuel" que se traduz como *"Deus conosco"* (1,22-23).

Em hebraico, a palavra geralmente usada para descrever uma mulher (jovem) como "virgem" é *betûlâ*[130]. No entanto, nos Evangelhos, o termo usado é *'almâ*, que significa primeiramente "menina" ou "mulher jovem", sem que a virgindade dela seja levada em conta. E o termo grego equivalente retomado no texto grego dos Evangelhos é *parthenos* que, em grego arcaico, significa a jovem não casada (mas que pode ser mãe). Ora, todos os linguistas sabem que uma linguagem evolui e que os termos podem, em certa medida, mudar seu significado. O grego arcaico ou clássico não é o grego helenístico[131], usado na Septuaginta e nos textos evangélicos. A mesma coisa vale para hebraico. Christophe Rico[132] mostrou que ao longo da história grega, a palavra passou por uma "especialização semântica" progressivo que está quase concluída no período helenístico, tanto que a palavra *parthenos* já se refere apenas de forma excepcional a uma jovem mãe. Na virada da nossa época, tornou-se emblema de pureza. "Na história do grego antigo, a evolução semântica deste termo é, portanto, contínua. O campo semântico a que remetia *parthenos* em grego arcaico ('jovem solteira') vai se expandir no grego clássico para o significado de 'jovem virgem', especialmente em empregos metafóricos. Primordial no grego helenístico, este valor passará a ser exclusivo no grego *koiné* semitizado, a tal ponto que [a semântica original relacionada à] 'juventude' poderá desaparecer em alguns contextos", diz ele. O mesmo vale para o termo *'almâ* (raramente usado na Bíblia[133]) cujo significado também evolui para designar, inicialmente, uma "jovem", isto é, uma solteira ou uma mulher jovem (equivalente da palavra *na'r*), abstração de sua condição (virgem, recém-casada ou viúva[134]) antes de designar geralmente (mas nem sempre) uma garota virgem. Christophe Rico, no entanto, destaca que "do ponto de vista indutivo (fatos positivos), todos os empregos, as versões e os textos disponíveis levam o pesquisador a apoiar a tese apresentada aqui: *'almâ* designa a adolescente virgem. Na ausência de novos elementos, tal é a conclusão a que os fatos conduzem. Em uma perspectiva dedutiva (modelos teóricos), por outro lado, a solução proposta aparece como a mais econômica ou, se preferir, a mais elegante. O significado que se depreende de *'almâ* de

---

129 Trata-se de Is 7,14.

130 Na *Tosefta, t. Shev.* 3,15 e *y. Nid.*1,3. Remetemos ao estudo de Christophe Rico citado abaixo.

131 Para entender essa evidência, basta comparar o nosso idioma do séc. XV com o que estamos falando hoje. As diferenças são flagrantes.

132 Rico, 2013.

133 Ele aparece nove vezes no Antigo Testamento segundo G. Lisowsky, 1958, apud Carle, 2004, nota 185, p. 148.

134 Para qualificá-la de "virgem" seria necessário acrescentar *betûlâ : na'ărâ betûlâ*.

fato, permite justificar de forma coerente todas as atestações deste termo e a história da sua recepção. Qualquer outra hipótese parece, ao contrário, levar o pesquisador a um conjunto de aporias que, no estado atual de nosso conhecimento, permanecem insolúveis". Então, pode-se com muita razoabilidade reconhecer que, quando o Anjo Gabriel se dirige a Nazaré, ele realmente encontra uma garota *virgem* de nome Maria, sem que isso comprometa a semântica hebraica e grega.

Vamos agora à irmandade de Jesus. A palavra "irmãos" designa tanto aqueles que são "do mesmo sangue", a saber (antes de mais nada) os nascidos dos mesmos pais (irmãos germanos), do mesmo pai (irmãos consanguíneos) ou da mesma mãe (irmãos uterinos), quanto aqueles que pertencem a uma mesma comunidade (de interesses ou de ideias)[135]. Se optarmos pelo primeiro significado, podemos então adotar duas posições: ou reconhecemos que eles são irmãos de acordo com a carne (germanos, consanguíneos ou uterinos), ou que são parentes muito próximos, isto é, primos. Caso se trate de irmãos segundo a carne, duas soluções se propõem no caso de Jesus: a primeira considera que a virgindade de Maria após a encarnação tenha sido puramente "espiritual" e ela tenha tido outros filhos de seu marido José; a segunda argumenta que estes irmãos eram, na verdade, filhos de José, provenientes de um primeiro casamento[136]. Todas essas interpretações podem contar com provas mais ou menos sólidas que permitem seus defensores a decidir por uma ou outra solução. A questão não deixou de abalar a consciência dos Padres da Igreja que escolheram uma ou outra dessas proposições. Para os cristãos de hoje que acreditam na virgindade de Maria [*Virgo ante partum, in partu et post-partum* (antes, durante e após o parto)], de acordo com as palavras de Santo Agostinho, a questão só pode ser resolvida pelas palavras usadas nas versões mais antigas dos Evangelhos, em sua redação final. Mas essas versões foram escritas em grego, um grego helenístico que é o da Septuaginta, a tradução da Torá encomendada pelo Faraó Ptolomeu II Filadelfo nos anos 270 a.C. E na versão grega da Bíblia Hebraica (a Septuaginta), a palavra usada para designar um "irmão" é ἀδελφος (*adelphos*) que sempre traduz hebraico *'ah* que, por sua vez, pode significar "irmão" ou "primo"[137].

Lucas especifica em seu texto que Maria "deu à luz seu filho primogênito" (2,7), que em grego se traduz como πρώτοτοκος (*prôtotokos*, *bécor* em hebraico), "aquele que abre a matriz" no grego da Septuaginta[138]. Mas esse termo não pressupõe, *neces-*

---

135 Este é o significado óbvio encontrado em At 6,3: "Escolhei, irmãos, dentre vós sete homens de boa aceitação, cheios do Espírito e de sabedoria, aos quais confiaremos este ofício".

136 Esta é, em geral, a posição dos ortodoxos.

137 Lisowsky, 1958, p. 41-46.

138 Cf. o estudo bastante sutil em Carle, 2004; sobre o termo de *prôtotokos*, cf. p. 40, nota 72, e ao site de Sylvie Chabert de Hyères: codexbezae.perso que explica que o termo "primogênito" (*prôtotokos*) era também um título dado

sariamente, irmãos mais jovens, mas destaca a dignidade e os direitos da criança[139]. Uma inscrição datada do ano 5 a.C. proveniente da necrópole de Tell-el-Yehoudieh (Leontópolis, no Baixo Egito), dá o epitáfio de uma jovem mãe judia, chamada Arsinoé, que morreu depois de ter dado à luz a seu filho primogênito (πρωτοτόκου), atestando ao mesmo tempo o uso deste termo sem a implicação de filhos mais novos (e por razões óbvias)[140]. É interessante notar, de passagem, o paralelismo que existe entre Maria, virgem, que dá à luz seu filho primogênito, e Arsinoé, que morre dando à luz a seu filho primogênito, e cujo corpo, "castamente nutrido", como o especifica o seu epitáfio, está guardado em sua tumba[141]. Similarmente, quando Mateus (1,25) afirma que José não conhecera Maria até o dia em que ela teve um filho, ele usa uma formulação semítica que não implica *ipso facto* que ele a tenha conhecido depois disso[142].

De acordo com a etimologia, o substantivo *adelphos* designa um irmão (ou irmã, *adelphe*) de sangue (*germain*, consanguíneo ou uterino). Mas no grego helenístico, conhecemos pelo menos um exemplo de acepção mais ampla da palavra, ou seja, o primo (neste caso, a prima): trata-se de uma inscrição gravada em Teos em 204/203 em honra a Antiochus III e de sua esposa Laodice (Laodiceia) em uma pilastra do templo

---

ao Messias davídico de acordo com Sl 89,28. Para a posição inversa, aquela que sustenta que Maria não era virgem e que Jesus tinha irmãos, cf. Benoist, 2006. Extremamente bem documentada, a demonstração de Alain de Benoist peca pelo excesso de humanismo; o autor faz nem sequer cogita que tendo milagrosamente dado à luz a Jesus, Maria tenha querido manter a virgindade em um acordo com seu marido. Para ele, como para muitos de nossos contemporâneos, José e Maria *tiveram* em algum momento *que consumar seu casamento* porque é inconcebível que os cônjuges possam viver castamente! Toda a sua demonstração é baseada nesta petição de princípio que enviesa seu estudo. Por vezes, há também julgamentos forçados como quando ele diz, falando do levirato, que "no tempo de Jesus, já não era assim há um longo tempo. A grande família patriarcal tinha praticamente desaparecido, a responsabilidade tinha se individualizado e a prática do levirato tinha-se tornado facultativa. A distinção entre irmãos e primos estava, então, claramente estabelecidas" (p. 31). Ignora-se de onde ele tirou essa informação: basta ler Goldin, 1999, para entender que o levirato ainda era praticado regularmente até o séc. XI. Além disso, Alain de Benoist considera o episódio em que Jesus confia sua mãe, Maria, ao seu discípulo João (e vice-versa) – o que fica difícil de compreender se Jesus tivesse irmãos mais novos – com base nos argumentos decisivos tradicionais dos racionalistas: os sinóticos não falam, então é uma glosa cristã! O que o faz pensar que se trata de uma filiação "espiritual" entre Maria e João (p. 35), esquecendo que São João prossegue dizendo: "Daquela hora em diante, o discípulo a acolheu em sua casa" (Jo 19,27), o que significa que ele lidou com isso (tb.) materialmente, como teria que fazer qualquer filho em relação a sua própria mãe. Se Maria tivesse outros filhos depois de Jesus, é claro para eles que essa função teria sido atribuída e não a João, o apóstolo.

139 Cf. Frey, 1930.

140 Benoist, 2006, p. 18 cita esta inscrição concluindo: "A mãe tendo morrido no parto, a menção de um "primogênito" não exclui obviamente qualquer nascimento posterior. Mas ele não explica por que é o termo *Proteotokos* que foi usado neste caso e não, p. ex., *monopais* ou *monotokos* ou *monogenès* que designa o filho único, se não pelo pressuposto de que todas essas palavras poderiam ter um significado muito próximo: o de uma criança que não teve irmãos e/ou irmãs.

141 Horbury & Noy, 1992, inscrição n. 33.

142 A virgindade de Maria está no coração de *Protoevangelho de Tiago* e no *Pseudo-Mateus*, onde é relatado que seus pais a trouxeram para o Templo para viver aí uma vida de pureza. O cristão que acredita na virgindade *ante-*, *in-* et *post-partum* de Maria é legítimo em seu direito de acreditar nisso sem que nenhum argumento decisivo possa ser-lhe contraposto, e o mesmo vale também para o não crente que considera esta virgindade como puramente "espiritual", se não totalmente inexistente. Podemos dizer aqui que é realmente uma questão de fé sem fazer um juízo de valor sobre a posição adotada por esses e aqueles.

de Dionísio[143]. A rainha é duas vezes qualificada como "Irmã do rei" (*adelphè basileou*) ao passo que ela era na verdade sua prima de primeiro grau por parte de mãe[144].

Em hebraico, como dissemos, o equivalente a *adelphos* é *Ah*; a Septuaginta sistematicamente traduz a palavra dessa maneira. Mas, no universo semítico, *'ah* não se resume a acepção de "irmão": "O hebraico e o aramaico irão assim desdobrar a palavra "irmão" segundo uma gama analógica polivalente que vai muito além de seu sentido original de irmão (ou irmã) de carne"[145], porque ao contrário do grego, estas duas línguas não têm uma palavra para designar primos (*anepsios* em grego)[146]. Então os "irmãos de Jesus" são, na verdade, seus primos e suas "irmãs", suas primas ou parentes próximas[147]. Conhecem-se seus pais? Sim, porque os evangelistas os nomeiam: trata-se de Maria e de Cléofas, chamado também de Alfeu[148].

Assim, os famosos "irmãos" de Jesus são muito provavelmente seus primos próximos (primos em primeiro grau), e essa afirmação pode ser reforçada pelas seguintes constatações: Por que, na primeira peregrinação de José, Maria e Jesus a Jerusalém (Lc 2,41-50), o evangelista não faz menção dos irmãos e irmãs de Jesus se existissem realmente? E se Tiago, Judas, José e Simão fossem irmãos germanos ou uterinos de Jesus, por que este último teria então confiado a sua mãe, Maria, viúva, ao seu discípulo João, quebrando assim a regra mais básica dos deveres filiais? Podemos responder dizendo que Tiago o Menor, "irmão do Senhor", José, Judas e Simão (que sucedeu Tiago Menor como segundo bispo de Jerusalém) eram os filhos de outra Maria, a mulher de Cléofas, que não é a mãe de Jesus, pois ela é sempre designada como "a mãe de Tiago e de José" (Mt 27,56, Mc 15,40) ou "a mãe de José" (Mc 15,47) (a Bíblia de Jerusalém distingue um José (Mt 27,56) e um Joses (Mc 15,40) ou "a mãe de Tiago" (Mc 16,1), precisamente para evitar confusão com Maria, "a mãe de Jesus"[149].

---

143 Publicada por P. Herrmann (1965).

144 Uma influência persa onde os termos "irmã-noiva" ou "irmã-esposa" são relativamente frequentes não podem ser excluídos na medida em que o reino de Antíoco III incluiu a Pérsia e a Média.

145 Carle, 2004, p. 48.

146 Esse termo aparece três vezes na Septuaginta e apenas uma vez no Novo Testamento, em Cl 4,10, onde o Apóstolo menciona Marcos, o *primo* de Barnabé.

147 E quanto a Isabel, a "prima" que Maria visitará e a quem dará assistência por três meses? (Lc 1,39-56). Na realidade, elas são "parentes" sem que São Lucas especifique o grau de parentesco entre elas uma vez que utiliza o termo ἡσυγγηνις (è *syngénis*), que é um hapax que significa "aparentado", "próximo", "que tem a mesma ascendência" (cf. Carle, 2004, n. 105, p. 137).

148 Cléofas era meio-irmão de José, como demonstrou P.-L. Carle (2004, p. 50-53; cf. tb. Roure, 2000; 2001).

149 Para outras indicações sobre a identidade das duas Marias, cf. Laurentin, 1967, p. 176-177.

6 Outros exemplos

O Evangelho segundo São Lucas também é coberto de pequenos detalhes anedóticos que muitas vezes não se encontram nas outras fontes, nem mesmo em Flávio Josefo. Isso reflete uma certa proximidade do evangelista com o meio de Jesus, e reforça o caráter plausível ou verossímil sobre ele.

Nós já nos referimos ao tetrarca Lisânias, de quem Flávio Josefo não diz quase nada e que só é conhecido por duas inscrições[150]. Quando descreve a pregação de João Batista, Lucas a situa precisamente no tempo escrevendo:

> No ano quinze do principado de Tibério César [de 19 de agosto do ano 28 a 18 de agosto de 29], sendo Pôncio Pilatos governador da Judeia [de 26 a 36 de acordo com estimativas atuais], Herodes [Antipas] tetrarca da Galileia, Filipe, seu irmão tetrarca do país da Itureia e de Traconítide, Lisânias, tetrarca de Abilene, sob o pontificado de Ana e Caifás, a palavra de Deus foi enviada a João, filho de Zacarias, no deserto (3,1-2).

Esta menção de Lisânias também é surpreendente na medida em que Jesus nunca levou seu ensinamento a este minúsculo Estado do Antilíbano. Mas como dissemos, Lucas provavelmente era um sírio da Antioquia, e esta informação deve ter-lhe chegado provavelmente por intermédio da comunidade cristã de Damasco, vizinha do Principado de Abila[151]. Ora, Antioquia e Damasco (que fica a apenas 80km do Mar Mediterrâneo) estão a pouco mais de 400km de distância, o que não é um obstáculo intransponível para um grande viajante como Lucas[152]. Falar sobre Lisânias é natural para ele, especialmente ao evocar as tetrarquias (literalmente "quatro governos"), ele não podia deixar de mencionar o quarto, uma vez que acabara de enumerar os três primeiros[153].

O episódio da cura da hemorroíssa (8,43-48) contém uma precisão um pouco incomum: essa mulher acometida de um fluxo sanguíneo havia doze anos "que ninguém conseguira curar" como especifica São Lucas, e que havia gasto todo o seu dinheiro por nada, pois sua condição piorava a cada dia (Mc 5,27), aproximou-se de Jesus por trás e tocou a *franja* de seu manto, e instantaneamente foi curada. Por que

---

150 Cf. Gatier, 2003, p. 126.

151 Que ele provavelmente visitou, pois mostra um bom conhecimento da topografia de Damasco quando especifica – em At 9,11 – o nome do *decumanus* da cidade, isto é, a estrada Leste-Oeste, que ele chama a "Rua Direita", perto da qual Paulo foi batizado (cf. Baslez, 1998, p. 188).

152 A rede viária romana permitia deslocamentos rápidos e relativamente seguros, embora o banditismo permanecesse endêmico apesar dos esforços do Estado. Sobre o assunto, cf. Baslez, 2003a; André & Baslez 1993.

153 Quando Herodes o Grande morreu, seu reino foi dividido em quatro: Arquelau tornou-se um etnarca da Judeia (Augusto recusou-lhe o título real), e Antipas, Filipe (ou Filipe, o tetrarca) e Lisânias receberam o título de "tetrarca", isto é, "comandante da quarta" (parte do reino de Herodes), a tetrarquia sendo um sistema de governo de um império ou região que reúne quatro pessoas.

o evangelista (assim como Mt 9,18-26; Mc 5,21-43) diz que o paciente tocou a *franja* do manto de Jesus? Nós sabemos que naquela época, um judeu tinha que usar cinco vestes e acessórios: sapatos, kipá, túnica, cinto e roupas íntimas. E Jesus como judeu (a gente esquece disso um pouco) usava as mesmas roupas que outros judeus praticantes do seu tempo. Estes últimos também usavam um tipo de capa com uma franja (ou "fio trançado") nos quatro cantos. Era um lembrete para guardarem os mandamentos de Deus como constavam no Antigo Testamento em Nm 15,38-39 e Dt 22,12. A "franja" do manto revestia-se de um grande significado religioso para os judeus porque, ornado de uma fita púrpura, permitia-lhes distinguir-se dos pagãos, ao mesmo tempo em que os lembrava de sua Lei. Na passagem do Livro dos Números, o termo hebraico é *tsi-tsit*, e na extraída de Deuteronômio, a palavra usada é *gedilim*, que poderia ser traduzido como "tranças". Nos Evangelhos, a palavra grega usada para descrever a franja da veste de Jesus que as pessoas tentavam tocar para curar-se é κρασπέδον (*kraspedon*) que significa na verdade "borda" ou "franja" de uma peça de roupa. A extremidade livre do manto era jogada por cima do ombro e recaía de novo sobre o dorso, de modo que era fácil tocá-la por trás, como no caso da mulher enferma no meio da multidão. Mas por que ela queria tocar a *franja*? Por que você não tentou simplesmente tocar-lhe o manto ou tocar na mão dele, o que poderia ter sido mais fácil para ela? Porque "as franjas podiam, eventualmente, ter uma função propiciatória: elas afastam o mal, de acordo com o Talmude"[154]. Apenas alguém familiarizado com este simbolismo poderia saber disso e uma testemunha da cena reportá-lo.

Mais adiante, Lc 13,1, enquanto Jesus ensina a interpretação dos sinais dos tempos messiânicos do julgamento, Lucas menciona o massacre perpetrado por Pôncio Pilatos sobre os galileus. Este episódio não tem eco em nenhuma outra fonte, mas parece plausível a partir das ações do prefeito da Judeia: Fílon de Alexandria e Flávio Josefo relatam as ofensas dirigidas por Pilatos ao sentimento religioso do povo judeu, por exemplo quando introduziu em Roma *insignia* (insígnias) romanas com a imagem do imperador ou escudos gravados com seu próprio nome e o de Tibério[155]. Ele também financiou a construção de um aqueduto usando o dinheiro que ele tinha confiscado do tesouro do Templo de Jerusalém. Mesmo que as tintas estejam carregadas, os dois escritores judeus traçam o retrato de um homem inflexível, corrupto e cruel que encontra eco nesta breve menção do evangelista. Logo depois, em 13,4, Lucas evoca um episódio dramático que enlutou Jerusalém: o colapso da Torre de Siloé, resultando na morte de dezoito pessoas. Este evento não é relatado por Flávio Josefo

---

154 Schwentzel, 2013, p. 161. Mc 6,56 afirma ainda que em todos os lugares para onde Jesus se dirigia, nas aldeias, cidades ou vilarejos, os doentes eram colocados no lugar e se pedia a ele (Jesus) para deixá-los ao menos tocar nas franjas de seu manto, "e todos os que as tocavam eram salvos".

155 Filon, *Legatio ad Gaium* 38,299-305; Flávio Josefo, GJ 2,9,2-4 [169-177]; AJ 18,3,1-2 [55-59].

ou outros autores contemporâneos, e a localização dessa torre desapareceu; talvez se tratasse de uma torre da Porta da Fonte, localizada logo ao lado da piscina de Siloé; pode ser também que essa torre ficasse fora das muralhas da cidade e não tenha sido reconstruída após a sua queda. Ainda assim, estes dois eventos estão integrados em uma perícope que convida o auditório à penitência. Tem-se a impressão de que Jesus se serve de eventos que acabaram de acontecer para fazer-se melhor compreender pelas pessoas que o escutam sobre a importância vital do arrependimento: aqueles galileus ou aquelas dezoito pessoas, "vocês acham que eram mais culpados do que todos os demais moradores de Jerusalém? Não, eu lhes digo; mas se vocês não se arrependerem, irão perecer da mesma maneira" (13,4-5). Jesus tira uma lição desses dois dramas que acabaram de ocorrer, e seu ensinamento foi compreendido na hora. Trinta ou quarenta anos depois, não teria mais feito sentido.

O episódio de Zaqueu é bastante pitoresco (19,1-10). Lucas é o único a reportá-lo. A atitude desse sujeito, publicano de seu Estado, é muito tocante. Morador de Jericó, e tendo ouvido que Jesus iria passar pela cidade, ele deseja vê-lo. Ele não tem nenhuma outra intenção, parece: movido pela curiosidade, ele só quer ver aquele de quem todo mundo está falando. Mas como ele é pequeno e a multidão é densa, ele não tem chance. Podemos facilmente imaginar o pequeno Zaqueu tentando abrir um caminho através de uma floresta de pernas, braços e cabeças, saltando como pode para ver passar Jesus. Então vem uma ideia: subir numa árvore! Mas não qualquer uma: Lucas deixa claro que se trata de um sicômoro. Por que essa precisão? Peter Williams explica isso muito bem[156]: primeiro porque o sicômoro é uma espécie de figueira que tem amplos ramos horizontais localizados a pouca altura (o que permite uma escalada fácil, mesmo para um homem pequeno) e é apreciado pela boa sombra que produz. Mas onde a menção ao sicômoro se torna realmente interessante para o nosso ponto de vista, é que esta árvore não cresce em qualquer lugar: fora a África Central e o Sul da Península Arábica (fora do campo geográfico que nos interessa aqui), o sicômoro só cresce no Egito e no Oriente Próximo (Palestina e Síria) e em nenhum outro lugar. É por isso que podemos estimar a altíssima verossimilhança deste episódio, porque um autor (ou uma comunidade) estabelecido na Grécia ou Roma nunca teria mencionado especificamente uma árvore que ele(ela) não conhecia; ele teria simplesmente dito que Zaqueu subiu numa árvore para ver Jesus, sem mais. A perícope de Zaqueu é, evidentemente, um relato sucinto feito ao vivo de um episódio da vida de Jesus.

---

156 Cf. anexo 2.

O Evangelho segundo São João

Também no Evangelho segundo São João encontram-se vários indícios muito precisos que demonstram claramente que o autor conhece bem o contexto cronológico e geográfico em que Jesus vive. Alguns exemplos serão suficientes para demonstrar isso. Mas primeiro, vamos enfatizar um ponto importante: ao contrário dos Evangelhos sinóticos, cuja simples leitura basta para perceber a fragilidade da coerência cronológica (o que não diminui a sua verossimilhança histórica) devida principalmente aos objetivos catequéticos de seus autores e à formação de tradições diversas (oral e escrita) das quais Lucas fala em seu prólogo, o Evangelho de João, embora colocando maior ênfase nos "discursos teológicos" de Jesus, aparece ainda mais claramente "como o testemunho não romanceado de uma testemunha que seguiu Cristo do seu batismo até sua morte"[1]. Se o seu Evangelho se mostra mais elaborado[2], mais "espiritual" ou mais "teológico" é porque antes de formatar a *versão final* de seu relato, o autor meditou sobre o que ele tinha visto e ouvido quando estava ao lado de Jesus. É o que se pode deduzir das constatações que ele faz quando escreve que os discípulos "não compreenderam imediatamente" (12,16)[3] ou que "eles se lembraram" (2,22) ou "eles ainda não se haviam dado conta" (20,9) do que Jesus ensinou e fez. É por isso que o Evangelho segundo São João "oferece uma vigorosa originalidade, tanto na substância e na apresentação dos eventos relatados quanto em sua inspiração geral e

---

1 Guérillot, 2003, p. 134.

2 Embora possa haver algumas incoerências factuais, como no final do cap. 4, no início do cap. 5 e no início do cap. 6, onde vemos Jesus retornando da Judeia para a Galileia, depois novamente na Judeia, depois atravessando o Lago de Tiberíades, na Galileia. Houve quem pensasse que a ordem destes capítulos tivesse sido trocada, sem que isso pudesse ser atribuído ao autor.

3 Essa passagem, por si só, é muito explícita, pois o evangelista escreve: "A princípio, os discípulos não compreenderam estas coisas, mas quando Jesus foi glorificado, eles se lembravam de que isso estava escrito a seu respeito, e que realizaram aquilo que lhe dizia respeito" (Bíblia do Cônego Crampon). Outro exemplo que mostra claramente que João trabalhou seu texto antes de lhe dar uma versão final é a passagem onde escreve em 6,70-71: "Não sou eu quem vos escolhi, os Doze? Mas um de vós é um diabo". Ele falava de Judas, filho de Simão Iscariotes; era ele, com efeito, que devia entregá-lo, ele, um dos Doze. É evidente que este anúncio antecipado no corpo do texto só pode ser explicado porque João fez a conexão entre a declaração de Jesus e a traição de Judas na noite da paixão. É o resultado de um paciente trabalho de reflexão por parte do evangelista.

na interpretação da figura de Cristo. Diversos aramaísmos, um conhecimento bastante profundo dos métodos da argumentação rabínica, afinidades precisas de pensamento com os documentos do Mar Morto proíbem ver aí, como às vezes foi feito, o produto de um cristianismo já fundamentalmente helenizado, embora a influência do helenismo também ainda seja clara [...]. Em certos pontos, sua informação parece mais segura do que a dos sinóticos"[4]. Existem, claro, várias características comum com os sinóticos: mesmo gênero literário, algumas unidades narrativas (perícopes) semelhantes (a cura do filho de um oficial real, a caminhada sobre as águas, a unção de Betânia, p. ex.), alguns *logia*, o Relato da Paixão; mas também existem diferenças substanciais relacionadas ao plano narrativo (basicamente, nos sinóticos, a vida pública de Jesus dura apenas um ano, ela se desenrola essencialmente na Galileia e termina com uma única estadia em Jerusalém; em João, a atividade de Jesus ocorre durante três anos e se concentra em Jerusalém; alguns eventos não são colocados na mesma ordem cronológica (p. ex., o episódio em que Jesus expulsa os comerciantes do Templo), encontramos relatos originais (as Bodas de Caná, o encontro com a mulher samaritana ou com Nicodemos, a cura do paralítico em Betesda, o lava-pés, a conversa com o Sumo Sacerdote Anás, aparição a Tomé etc.), bem como discursos e temas propriamente joaninos[5].

1 Quem é o autor do Quarto Evangelho?

Esta questão foi qualificada como questão joanina no século XIX e na primeira metade do século XX, e não encontrou resposta definitiva, porque como os sinóticos, o Quarto Evangelho é anônimo. O debate, portanto, permanece aberto. A principal dificuldade é que existem vários nomes que entram em jogo: o Apóstolo João, o filho de Zebedeu, o irmão de Tiago, o discípulo que Jesus amava, João o Ancião ou o Presbítero; nenhum indício probatório permite saber se se trata de um e mesmo personagem ou de dois ou até três indivíduos diferentes. Os exegetas contemporâneos inclinam-se ou para o anonimato absoluto[6], ou para um discípulo ou familiar do apóstolo chamado "João o Ancião"[7]. A tradição da Igreja considera que o Quarto Evangelho tenha sido escrito por um só autor, o Apóstolo João, filho de Zebedeu, irmão de Tiago (o Maior), o discípulo a quem Jesus amava. É o que indicam Jo 21,24 ("É este mesmo discípulo quem dá testemunho dessas coisas e quem as escreveu; e

---

4 Simon & Benoît, 1994, p. 82.

5 Para mais detalhes, cf. Zumstein, 2000.

6 Esta é, p. ex., a posição de Zumstein, 2000, p. 362 ou de Moreschini & Norelli, 2000, p. 107-109 (com bibliografia).

7 Hengel (1993) identifica João o Ancião, com o discípulo que Jesus amava: ele considera que o Evangelho segundo São João seja o produto de uma "escola" que ele tivesse dirigido.

sabemos que seu testemunho é verdadeiro"); a *inscriptio* do papiro Bodmer 14 ($\mathfrak{P}^{66}$) datado dos anos 200: ευαγγελιον κατα [ι]ωαννην (Evangelho segundo João); a tradição apostólica e patrística com Irineu de Lyon (citando Papias e Policarpo)[8]; o Cânon de Muratori; Clemente de Alexandria[9]; Eusébio de Cesareia[10] etc.

Nenhuma dessas proposições baseia-se em atestações textuais incontestáveis, muito embora seja possível fazer-se uma ideia do autor lendo seu Evangelho: nota--se nele, de imediato, a frequência dos semitismos e a familiaridade com as tradições judaicas[11]; excelente conhecimento da topografia e da geografia da Palestina; uma terminologia teológica utilizada de maneira séria[12]; sua presença em momentos-chave na vida pública de Jesus, especialmente no Monte Tabor, na Última Ceia, ao pé da cruz, diante do túmulo vazio. Por trás de uma narrativa equilibrada e bem construída, transparece um autor instruído e instruído. Mas trata-se daquele João, o discípulo a quem Jesus amava, o companheiro de Pedro, de quem os Atos dizem que não tinha instrução nem cultura? (At 4,13). É possível tornar-se tão douto e esclarecido após anos na ignorância? Não obstante o fato de que depois de Pentecostes os apóstolos de Jesus aparecem como "novos" homens após a efusão do Espírito Santo, o exemplo do Rabino Akiva ben Yosseph permite responder positivamente a esta questão. De acordo com a tradição rabínica, este modesto pastor, nascido em meados do século I d.C., permaneceu até seus quarenta anos como um *am ha'aretz*, um perfeito ig-norante[13], antes de tornar-se, depois de anos de estudo da Torá, um dos principais contribuidores na elaboração da Mishná e um dos fundadores do Judaísmo rabínico. Não há razão para dizer que o mesmo não valha para João[14]. Claude Tresmontant e Jacqueline Genot-Bismuth vão ainda mais longe: para eles, João-*Yohanan*, o autor do Quarto Evangelho, era um *kôhen*, um membro da classe sacerdotal e um familiar

---

8 Irineu, *Contra as Heresias* 3,1,1: "Então João, o discípulo do Senhor, aquele mesmo que descansou em seu peito, também publicou o Evangelho, enquanto esteve em Éfeso, na Ásia"; 2,22,5: "É precisamente essa idade que tinha nosso Senhor quando ele ensinou: o Evangelho atesta, e todos os presbíteros da Ásia que estiveram em contato com João, o discípulo do Senhor, também atestam que João lhes transmitiu a mesma tradição, porque permaneceu com eles até os tempos de Trajano. Alguns desses presbíteros não viram somente João, mas também outros apóstolos, e eles os ouviram reportar a mesma coisa e eles atestam o fato".

9 Clemente de Alexandria, *Hypotyposes*, apud Eusébio de Cesareia, *História eclesiástica* 6,14,7.

10 Eusébio de Cesareia, *História eclesiástica* 3,31,3; 4,14,3-6.

11 Como, p. ex., o fato de as talhas de Caná serem de pedra, um material considerado adequado para conter água destinada às purificações dos judeus.

12 Exemplos dados em Conzelmann & Lindemann, 1999, p. 397.

13 Esse é o sentido que o termo *am ha'aretz* assumiu no Talmude *Bavli Pesahim*, 49.

14 Cf. Guérillot, 2003, p. 86. Para Guérillot, João Evangelista era "possuidor de uma dupla cultura judaica e grega. Mas é, originalmente, um judeu e, inclusive, um *kôhen*" (p. 294). Além disso, reconhece-se que muitos sacerdotes e levitas, cuja renda era insuficiente, exerciam muitas vezes outra profissão além de seu serviço sacerdotal, como lembra P. Prigent (2010, p. 69). João pode, assim, ter praticado a profissão de pescador como indicado em Mt 4,21e Mc 1,19, e ter ao mesmo tempo bons conhecimentos da Torá.

da casa do Sumo Sacerdote Anás, *Bet Hanin*, como o Evangelho especifica com estas palavras: "...seguiram Jesus, Simão Pedro e outro discípulo, e este discípulo era conhecido do sumo sacerdote, e ele entrou com Jesus no vestíbulo (*prozdor*) do sumo sacerdote. Mas Pedro ficou do lado de fora, perto da porta. Então o discípulo saiu, aquele que era conhecido do sumo sacerdote, e falou com a porteira e fez Pedro entrar" (Jo 18,16-17)[15]. Ao analisar a terminologia judiciária e a retórica de João, Jacqueline Genot-Bismutha defende a plausibilidade da hipótese de que "*João*, em sua versão original postulada, é o testemunho, em língua hebraica, de um contemporâneo, até mesmo um ator, dos eventos"[16]. Paul Veyne, por sua vez, acredita que "é, no entanto, difícil não sentir a autenticidade ardente do testemunho ocular de João, que dá a sensação da realidade, a experiência vivida"[17].

2 Indícios pequenos e muito significativos

Para defender que o Evangelho segundo São João contém informações de primeira mão, há pequenos indícios que falam muito melhor do que revelações sensacionais que, muitas vezes, desabam como um suflê assim que são apresentadas. O exemplo do episódio da cura do filho do funcionário real de Cafarnaum é um deles. Jesus está em Caná[18], onde um funcionário do Rei Herodes Antipas, o tetrarca da Galileia e da Pereia, sabendo que Jesus de Nazaré está ali, vem vê-lo e pedir-lhe para curar seu filhinho, o que Jesus fará (Jo 4,46-53). Por três vezes, João usa o verbo καταβαίνω (*katabainô*) que significa "descer" (de uma montanha, de um cavalo, uma rampa, de uma escada etc.): "Ele lhe rogou para descer e curar seu filho" (4,47); "Senhor, *desce* antes que meu filho morra" (4,49); "Ele já estava *descendo*" (4,51). Logicamente, João deveria ter usado os verbos "vir" (ἔρχομαι) e ir (πέλομαι): "*Vem* curar meu filho"; "*Venha* antes que meu filho morra"; "Já estava *indo*". Ora, neste caso, ele usa um verbo cujo significado não deixa dúvidas: é preciso deixar um lugar no alto para alcançar um lugar localizado mais baixo. Ao contrário do que dizemos, nós, quando dizemos que "descemos" para uma região ou "subimos" para outra, João não usa um sentido

---

15 Tradução de Genot-Bismuth & Genot, 1992, p. 210-211. O fato de João se permitir, no momento do processo de Jesus, diante de Anás, dar uma ordem à porteira para deixar Simão Pedro entrar, é, por si só, um indício notável da familiaridade (até da autoridade) do apóstolo com os serviçais do sumo sacerdote. Claude Tresmontant explica assim por que João não entrou primeiro no sepulcro (lugar impuro) depois da ressurreição de Jesus: "Por que é que Simão, chamado de Cefas, a Rocha, que seguia o outro discípulo, entrou no sepulcro? Porque ele não era *kôhen*. Isso não era proibido para ele. Por que o outro discípulo, que não quer ser identificado, acaba entrando no túmulo? Porque ele entendeu que não há defunto no túmulo. Portanto, ele pode entrar" (Tresmontant, 1994, p. 286).

16 Genot-Bismuth & Genot, 1992, p. 233.

17 Veyne, 1996, § 49.

18 O sítio é identificado com Khirbet Kana ("a ruína de Caná" em árabe palestino), 14km ao norte de Nazaré (cf. Schein, 1983, p. 189-190; Olive, 1998-1999).

174

figurado, mas literal. Por quê? Simplesmente porque Caná se encontra a quase 300m acima do nível do mar, enquanto a aldeia de Cafarnaum, por sua vez, está localizada cerca de 200m abaixo; 500m de desnível contínuo por cerca de 30km, a distância que separa as duas aldeias. É por isso que quando o intendente chega em sua casa em Cafarnaum pergunta a seus servos a hora em que seu filho pequeno tinha ficado curado, eles lhe responderam: "Ontem, na sétima hora". O pai, depois de ter deixado Jesus em Caná, andou por um dia inteiro (a mudança de dia é computada ao pôr do sol para os judeus) antes de chegar à noitinha diante de Cafarnaum e encontrar seus servos, portadores da Boa-nova. É possível inventar detalhes aparentemente tão indiferentes e, no entanto, tão ricos de informações adquiridas com *os próprios olhos?*[19]

A mesma precisão se encontra quando João evoca alguns edifícios de Jerusalém. Por exemplo, no episódio de curar um enfermo na piscina de Betesda (5,1-18)[20] – que ele é o único a mencionar – ele afirma que ela tinha cinco pórticos. Há muito que nos perguntarmos sobre a existência de tal lugar e era difícil imaginar uma piscina com cinco pórticos. A maioria dos pesquisadores então rejeitou esta ideia, considerando-a como uma criação literária do evangelista (ou sua "escola"). No entanto, ela foi relatada pelo peregrino de Bordeaux (*c.* 333) e por Eusébio de Cesareia[21] que, no entanto, não dão detalhes topográficos muito precisos. João fala de uma piscina probática em Jerusalém[22] sem dar detalhes adicionais, pois ela devia ser bem-conhecida na época. Devemos lembrar que Jerusalém foi totalmente transformada em 135 pelo Imperador Adriano que construiu ali uma cidade nova, Ælia Capitolina. Ele consagrou o sítio de Betesda em Asclépeion (santuário dedicado a Esculápio, o deus da cura). Na época bizantina, uma imponente basílica foi erguida para abarcar as duas piscinas por meio de um sistema de pilares e arcos. Então os persas e seus aliados judeus destruíram todos

---

19 Na perícope que se segue logo após, a da cura de um enfermo na piscina de Betesda (5.1-18), João escreve que Jesus "subiu" (ἀνέβη) a Jerusalém. O ponto é exatamente o mesmo: Jesus deixou Cafarnaum para ir para a cidade santa que se situa em torno de 700-800m de altitude! O autor do Quarto Evangelho conhecia muito bem a geografia do país.

20 Para a análise do nome próprio Betesda, cf. Rigato, 2005, p. 44-45. De acordo com Jacqueline Genot-Bismuth, Betesda vem do aramaico *Bet Hisda* ou *Hasda* que significa "A Piedade" ou "A Misericórdia", denominação popular oriunda provavelmente da reputação milagrosa de suas águas.

21 Peregrino de Bordeaux: "Há, ao lado do Templo [de Salomão], duas grandes piscinas, uma à d reita e outra à esquerda. Mais para dentro da cidade, encontram-se piscina gêmeas, que são chamadas de Betsaica, tendo cinco pórticos" (Van der Vliet, 1938). Segundo Eusébio: "a piscina em Jerusalém, que é também a probática, tendo tido outrora cinco pórticos" (*Onomasticon* 260, apud Mimouni, 1995, p. 476).

22 "Em Jerusalém, há uma piscina Probática, que é chamada em hebraico *Bethzata* e quem tem cinco pórticos" (5,2). O termo grego πρόβατον (*probaton*) – do qual deriva o adjetivo προβατικὴ (*probatikè*) – significa um animal com quatro pés, e mais particularmente uma ovelha ou um carneiro. Ela se situava, portanto, provavelmente perto do "Mercado das Ovelhas", isto é, a nordeste da colina do Templo. Sobre o nome em si da piscina, Betesda, o rolo de pergaminho de Qumran (3T15), sem dúvida, permite resolver a questão, pois a prancha n. 57, col. 11, fala de um tesouro escondido "[...] em Bet-Eshdatain (Betesda), no reservatório onde se entra na pequena piscina: pratos para oferecer o aloé [...]" (apud Vermes, 1997, p. 588).

os lugares santos de Jerusalém em maio de 614, e o duplo santuário caiu em ruínas antes de ficar gradualmente encoberto no terreno em torno da Igreja de Sant'Ana dos Cruzados. Do século VI ao XIII, ele é sempre mencionado como localizado perto da atual Igreja de Sant'Ana [23]. Em 1192, após a tomada de Jerusalém por Saladino, ela se tornou a madrasa (Escola corânica) Salahiya. Em 1856, o Sultão Abdul Majid ofereceu a propriedade à França, para agradecer-lhe pelo apoio durante a Guerra da Crimeia. Desde 1878 ela tem sido gerida em nome da França pela Sociedade dos Missionários da África (Padres Brancos). O sítio foi estudado entre 1863 e 1967 por meio de várias escavações nem sempre científicas, cujos resultados nunca foram publicados na íntegra[24].

Até 44 d.C., a piscina de Betesda se encontrava fora do complexo de Jerusalém: ela se compunha de duas piscinas quadrangulares irregulares e profundas que cobriam uma área total de 4.000m², bem como uma série de pequenas grotas que foram usadas primeiramente como cisternas antes de serem transformadas, sob os reis asmoneus, em estabelecimento terapêutico. Segundo Eugenio Alliata, não se tratava absolutamente de banhos rituais (*miqva'oth*), mas sim de piscinas clássicas instaladas em um lugar onde a água devia ter algumas virtudes curativas, como o demonstram os ex-votos de diversas épocas trazidos à luz[25]. A piscina superior, alimentada por um aqueduto subterrâneo, era separada da piscina inferior por um muro rochoso sobre o qual pode ter sido construído um pórtico, apesar de as escavações não revelarem qualquer vestígio disso *in situ*. Assim, longe de ser uma "invenção" de João, esta famosa piscina com cinco pórticos (duas piscinas distintas, separadas por um muro) realmente existiu".

A mesma coisa pode ser dita a propósito da piscina de Siloé[26] que João menciona quando fala da cura de um cego de nascença (Jo 9,7). Deixando o templo para

---

23 Verbete: "Bethesda". In: *Encyclopedia Catholica*.

24 No sítio do Laboratoire Orient & Méditerranée – UMR 8167 "Projeto Betesda (Domínio nacional francês de Sainte--Anne)", lê-se que "Claudine Dauphin iniciou em 1995 um programa de pesquisas topográficas, arqueológico, arquitetônico e históricas visando a publicação definitiva e científica da história da piscina probática – o Projeto Betesda. As descobertas arqueológicas e a análise estratigráfica realizada de 1995 a 1999 pelo Dr. S. Gibson (W.F. Albright Institute of Archaeology, Jerusalém) revelaram nove estágios da construção: início do período romano (final do séc. I a.C.-70 d.C.), a construção das duas bacias da piscina probática sendo datada no máximo do final de 22 a.C.; período romano baixo (meados do séc. II-séc. IV) marcado por rituais de cura pagãos associados a Serápis, Esculápio e Hígia; começo do período bizantino (do séc. V até 614); era bizantina tardia/era Omíada (614-750); Período abássida/fatímida (de 750 ao séc. XII); reino latino de Jerusalém (séc. XII); Período Ayyubid/Mameluco (séc. XIII-XV); Período otomano (1517-1800); era otomana tardia (1800-1865) (cf. Bouwen & Dauphin, 2011).

25 Alliata, 1992.

26 Também chamada Silwan ou Siloam (κολυμβήθρα του Σιλωαμ [*kolymbēthra tou Silōam*]) em grego, šilōaḥ ou šelaḥ em hebraico. Ela se encontra no quarteirão chamado de "Silwan", na Jerusalém Oriental, ao sul (e fora) dos muros da Cidade Velha. A água passava por um túnel de 533m de comprimento, com altura variando de 1,5 a 5m, e uma largura de 60 a 70cm chamada "canal" no Antigo Testamento (2Rs 20,20, 2Cr 32,30). Foi Ezequias, o rei de Judá (716 a 687 a.C.) que, diante da ameaça do exército do rei assírio Senaquerib, mandou cavar este canal subterrâneo para abastecer a piscina chamada de Siloé (chamada de "reservatório" em Is 22,11 e Eclo 48,17), em Jerusalém, em

escapar daqueles que queriam apedrejá-lo, Jesus vê um homem cego de nascimento. Seus discípulos então perguntam por que esse pobre miserável foi atingido por esta enfermidade: "Rabi, quem pecou, ele ou seus pais, para que ele nascesse cego? E Jesus respondeu: "Nem ele nem seus pais pecaram, mas é para que as obras de Deus se manifestem nele". Jesus é a luz do mundo, aquele que ilumina a noite em que ninguém pode trabalhar. Ele cospe no chão, faz lama com sua saliva, espalha sobre os olhos do cego e diz-lhe para ir se lavar na piscina de Siloé, isto é, no local onde os peregrinos pegavam água da nascente do Giom durante a Festa das Tendas para se purificar antes de subir ao Templo.

Por muito tempo, acreditou-se que esta piscina não era outra coisa senão a saída estreita e sombria do canal subterrâneo de Ezequias, localizado no extremo sul da cidade de Davi, descoberto no início do século XX. Entretanto, em setembro de 2004, durante o trabalho realizado em uma canalização em um lugar chamado Birket el-Harra, arqueólogos israelenses anunciaram que descobriram degraus de uma grande escadaria de calcário que descia em declive suave para um jardim adjacente, onde se encontram, sem dúvida, o resto dos banhos. Escavações lideradas pelos arqueólogos Elie Shoukron e Ronny Reich permitiram identificar um dos lados da Piscina de Siloé, dois dos seus ângulos, uma parte da esplanada que faz fronteira com ele, bem como uma grande parte da escadaria que a contornava inteiramente[27]. Cacos de cerâmica recolhidos confirmaram que estes banhos estavam em uso no século I da nossa era. Muito melhor que local estreito e pouco profundo do canal de Ezequias, a disposição mais espaçosa do novo sítio (a piscina tem 50m de comprimento) combina com um banho público antigo. Os largos degraus que cercam o nível da água deviam permitir que um grande número de pessoas tivessem acesso a ela. Sua proximidade com a saída do túnel e o quarteirão de Siloé, bem como os objetos trazidos à luz (pedaços de moedas, cacos e tampas de vasos de pedra) permitem identificá-la com certeza como a piscina citada no Evangelho segundo São João. Este sítio arqueológico foi considerado por seus descobridores como uma das descobertas recentes mais importantes em matéria de relíquias bíblicas. Ele dá um destaque particular ao relato evangélico no contexto preciso das práticas judaicas do primeiro século de nossa era e, concordando com o texto de João reforça a dimensão histórica de Jesus.

---

caso de cerco. A piscina de Siloé propriamente dita foi usada durante 120 anos pelos peregrinos para se purificarem antes de irem ao Templo, até a tomada de Jerusalém por Tito em 70.

27 Cf. *Archaeologists identify traces of "miracle" pool* – Siloam Pool was where Jesus was said to cure blind. Associated Press de 23/12/2004.

3 O Relato da Paixão

Mas onde São João mostra-se uma testemunha primordial é quando se trata de examinar a paixão, a morte e a ressurreição de Jesus. É ademais aqui que reside a principal convergência entre o Quarto Evangelho e os três sinóticos. Mas em João, esta fase crucial da vida de Jesus ocupa um terço de sua narrativa (13 a 20), e pode ser dividida em três subcapítulos:

1) A última ceia de Jesus com seus discípulos durante a qual situam-se o lava-pés, o anúncio da traição de Judas e o discurso de despedida de Jesus aos seus por meio do desenvolvimento de um longo ensinamento sobre a verdadeira videira, os discípulos e o mundo, a vinda do Paráclito, o anúncio de seu retorno e uma oração (13,1–17,26).

2) A paixão em que João descreve a prisão de Jesus, seu comparecimento perante Anás, depois Caifás, a negação de Pedro, o comparecimento de Jesus diante de Pôncio Pilatos, sua condenação à morte, sua crucificação e partilha de suas roupas, a morte de Jesus e o golpe de lança, finalmente seu sepultamento (18,1–19,42).

3) A Ressurreição com a descoberta do túmulo vazio, a aparição a Maria de Magdala e depois aos discípulos (20,1-29). É, em linhas gerais, o mesmo padrão adotado pelos sinóticos, o que em si atesta a grande força da tradição uma vez que os evangelistas não se afastam da trama que estrutura cada um de seus relatos; a grande diferença está na cronologia dos eventos: obviamente, os sinóticos juntaram ao longo de dois dias (Quinta e Sexta-feira) fatos que, provavelmente, se desenrolaram em três, de terça à noite a sexta-feira. Além disso, encontram-se em Jean desenvolvimentos que estão ausentes em outros evangelistas: o confronto com o Sumo Sacerdote Anás, o diálogo com o prefeito romano, a entrega de sua mãe aos cuidados do discípulo a quem ele amava e reciprocamente; a constatação de sua morte com a perfuração de seu lado com uma lança.

Pode-se inclusive pensar que a narrativa joanina da paixão de Jesus pertence à parte mais antiga de seu Evangelho. Não fiquemos surpresos se lembrarmos que o evento pascal está na origem e no coração da fé cristã como atestam os Atos dos Apóstolos quando Pedro afirma diante dos judeus em Jerusalém: "Este Jesus a quem vós crucificastes, Deus o ressuscitou" (At 2,32-36; 5,30-31;10,39-40) ou São Paulo em sua primeira carta aos Coríntios (redigida em torno de 54) quando ele fala da "noite em que o Senhor Jesus foi entregue", o que implica um conhecimento dos eventos que levaram ao seu julgamento e execução.

João é interessante porque seu relato dá a forte impressão de ser o de uma testemunha ocular privilegiada:

> Ora, Simão-Pedro seguia Jesus, assim como outro discípulo. Este discípulo era conhecido do sumo sacerdote e entrou com Jesus na corte do sumo sacerdote enquanto Pedro permaneceu perto da porta

do lado de fora. O outro discípulo, aquele que era conhecido do sumo sacerdote, saiu. Então ele disse uma palavra à porteira e fez Pedro entrar (18,15-16).

Assim pode-se explicar a razão por que o Relato da Paixão segundo São João é tão rico de informações: conhecido próximo das autoridades religiosas de Jerusalém, ele teve a possibilidade de assistir aos eventos que ocorreram naquela noite e no dia seguinte, junto de Anás, de Caifás e diante do prefeito romano. Alguns elementos não enganam como vamos ver.

* * *

Sem adentrar-nos demais nos detalhes, vamos nos deter em duas fases cruciais da paixão de Jesus: a de seu julgamento (i. é, seu comparecimento diante dos dois sumos sacerdotes e depois de Pilatos) e a de sua ressurreição.

O julgamento de Jesus foi assunto de muitos estudos mais ou menos sérios, mais ou menos objetivos. Não nos cabe julgar, mas avaliar o grau de responsabilidade desses estudos no que se refere à morte de Jesus, e estabelecer se a narrativa joanina se mostra *verossímil* ao apresentar os diferentes episódios que compõem a paixão. Em outras palavras, trata-se de verificar se o texto foi redigido em uma ótica de "cumprimento das escrituras" ou se o que evangelista relata está de acordo com o que se conhece também sobre outros processos judiciais judaicos e romanos do século I da nossa era. A maneira mais simples é analisar um por um os principais protagonistas do caso e ver se são historicamente plausíveis. A propósito das competências judiciárias das partes, Annie Jaubert destacou como "é difícil especificar no mais alto grau de precisão como coexistiam as competências judaica e romana na Judeia por volta do ano 30 d.C. Os historiadores, em vez disso, procuram estabelecer *verossimilhanças* [o grifo é nosso] e princípios de solução. As relações entre a autoridade ocupante e a autoridade local sempre foram delicadas; e o eram especialmente no caso dos judeus, ao mesmo tempo tão irritantes por seus privilégios e tão incômodos para os romanos"[28].

Uma coisa deve ser enfatizada desde o início: Jesus foi com certeza executado pelos romanos, já que foi açoitado e crucificado; se tivesse sido pelas autoridades judaicas, ele teria sido apedrejado como era o costume, ou queimado[29]. Mas todos (Anan, Caifás, Pôncio Pilatos) queriam, sem dúvida, em diferentes graus, livrar-se de Jesus: alguns (os sumos-sacerdotes) porque não queriam reconhecê-lo como "Mes-

---

28 Jaubert, 1965, p. 3.

29 Vermes, 2007, p. 34.

sias de Davi"; o outro (Pilatos) porque temia ser pessoalmente incomodado por seus superiores se fizesse um mau julgamento:

O serviu-se do pretexto de que Jesus havia cometido crime de lesa-majestade, ou seja, de alta traição (*perduellio*[30]). Com relação a isso, a *lex iuliae maiestatis*, promulgada por Júlio César em 46 a.C. e remodelada por Augusto que a considerava muito vaga[31], foi empregada por Sejano, o braço direito de Tibério, para se desfazer de seus adversários em nome do imperador. Foi o que aconteceu, por exemplo, com partidários de Germanicus, com amigos de Agripina Maior, e finalmente com a própria Agripina e com seus filhos. Ora, Pôncio Pilatos devia sua posição a Sejano, o prefeito da Guarda Pretoriana e é claro que, como um bom funcionário do Estado, ele aplicou zelosamente a legislação romana nessa província tão turbulenta. Não esqueçamos que alguns dias antes, depois de ter ressuscitado Lázaro, Jesus entrou triunfalmente em Jerusalém com gritos de "Hosana! Bendito é aquele que vem em nome do Senhor e o Rei de Israel!"[32]

A questão central continua sendo a da responsabilidade pela morte de Jesus. A opinião tradicional é que foi o Sinédrio que condenou Jesus, mas que, não dispondo do direito de morte, é a Pilatos que competia tal direito[33]. No entanto, Annie Jaubert resumiu bem as contestações levantadas contra esta posição. De fato:

> Ou se admite que, de fato, apenas o procurador [Pilatos era na verdade prefeito] romano tinha na Judeia o direito de condenar à morte e daí se infere que uma condenação pelos judeus era inútil. Bastava uma instrução preliminar para estabelecer as acusações e preparar o processo romano. Ou então, defende-se, ao contrário, que mesmo sob os romanos, o Sinédrio havia mantido, com relação aos delitos de natureza religiosa, o direito de aplicar as sentenças de morte que ele pronunciava. Pode-se deduzir que o Sinédrio não precisava absolutamente encaminhar Jesus a Pilatos; portanto, se Jesus foi condenado por Pilatos, é porque

---

30 Cícero, *Mil*. 36; *Pis*. 4. É a razão pela qual o prefeito romano mandou registrar no *titulus* que encabeçava a cruz o motivo da condenação: "Jesus de Nazaré, o rei dos judeus". Como um conhecedor do direito romano, Pilatos aplica à letra a recomendação da *lex iuliae maiestatis*, ou seja, a condenação à morte por alta traição ao Estado.

31 Ela condenava à morte aqueles que houvessem conspirado contra a vida de Augusto ou que o houvessem difamado, aqueles que cometessem adultério com um membro da família imperial, que tivessem sido desrespeitosos com os deuses ou o governo romano. Mas a acusação contra Jesus denunciando-o como "rei dos judeus" (sem o acordo do imperador) estava evidentemente ligada a alta traição (cf. Allison & Cloud, 1962; Bunson, s.d., p. 343). Jesus foi crucificado porque Ele não era cidadão romano; se fosse, Ele teria sido decapitado como São Paulo.

32 Quer dizer, o rei messiânico (Jo 12,13).

33 Jo 18,31: "Os judeus lhe disseram: "Não nos é permitido colocar ninguém à morte". Flávio Josefo também afirma que Copônio, o primeiro prefeito romano na Judeia (no ano 6 d.C.) foi enviado com o direito de vida e de morte, o *ius gladii* (GJ 2,8,1, § 117) e/ou o poder para todas as coisas (AJ 181.1, § 2), isto é, o *imperium* propriamente dito. Jean-Pierre Lémonon especifica em seu estudo sobre Pôncio Pilatos, "esse poder era o de Copônio, mas também o de seus sucessores" (Lémonon, 2007, p. 73). Mas "colocar à morte" e "condenar à morte" são duas coisas diferentes, e pode-se ter o direito de fazer uma sem ter permissão de fazer a outra.

ele nunca foi objeto de uma condenação judaica – que teria sido mais tarde inventada pelos cristãos[34].

Contudo, há inúmeros exemplos de execuções de morte pelos judeus nos Evangelhos e no Talmude, o que torna o caso de Jesus ainda mais difícil de resolver[35]. De fato, ele não era um bandido, um sedicioso ou um zelota ("meu reino não é deste mundo"; Jo 18,36), mas ele destacava a incoerência e a hipocrisia dos fariseus e dos doutores da Lei, particularmente daqueles que tinham a responsabilidade de orientar e instruir o povo judeu na lei de Deus. Seu "crime" não era apenas político e religioso[36], era também moral e ético, porque ele atacava as mais altas autoridades religiosas de seu tempo denunciando seus desvios ortopráxicos: "A letra mata, mas o espírito vivifica", disparará alguns anos mais tarde o Apóstolo Paulo (2Cor 3,6), opondo assim a Lei escrita, externa, a do Antigo Testamento, à lei interior do Novo Testamento. Jesus atraiu desse modo a simpatia de uma parte do povo e nutriu suas esperanças messiânicas; consequentemente, ele representou uma ameaça para as autoridades oficiais do seu tempo: o Sinédrio e os romanos. Isso explica o duplo comparecimento diante dos sumos sacerdotes e perante o prefeito romano: diante dos sumos sacerdotes porque era imperativo demonstrar que Jesus era um falso profeta, um sedutor das multidões; e perante Pilatos porque, no fim das contas, isso afetava a segurança do Estado na região (e talvez além). Daí a hesitação dos primeiros apóstolos em considerar as autoridades judaicas (principalmente dos saduceus pró-romanos) e romanas como corresponsável por sua morte: São Paulo sobre esse ponto é mais categórico do que São Lucas; numa passagem de 1Tessalonicenses, carta escrita cerca de vinte anos após a morte de Jesus (1Ts 2,14-16), o Apóstolo dos Gentios ataca os "judeus" culpados, segundo ele, de uma série de crimes, o menor dos quais não é o fato de terem "matado o Senhor Jesus e os profetas"[37]. Em seus Atos, Lucas é mais ponderado porque ele também leva em conta o papel dos romanos na execução de Jesus: "Este homem [...], vós o pegastes e matastes, pregando-o na cruz pela mão dos ímpios"

---

34 Jaubert, 1965, p. 2.

35 Exemplos de Jaubert (1965, p. 5-8), como os da mulher adúltera (Jo 8,3), de Tiago, o Justo e de Estêvão. Mas tratava-se de abuso de poder ou um direito real? A passagem das AJ (20,9,1) de Flávio Josefo sobre a morte de "Tiago, irmão de Jesus" parece indicar a primeira escolha, pois ele escreve: "Alguns se dirigiram a Albino que já havia partido da Alexandria, para avisá-lo e fazê-lo observar que Anás [trata-se de um dos filhos do Sumo Sacerdote Anás e ele próprio sumo sacerdote em 62/63] não tinha absolutamente o direito de reunir o conselho sem sua permissão. Albino foi facilmente persuadido e, encolerizado com o sumo sacerdote, escreveu-lhe que iria puni-lo por isso. O Sumo Sacerdote Anás, com efeito, foi deposto pouco depois.

36 "Encontramos este homem subvertendo a nação. Proíbe pagar impostos a César e diz ser ele o Cristo-Rei" (Lc 23,2).

37 Essa passagem com palavras brutais e duras pode ser explicada pelo fato de que Paulo se encontra constantemente entravado em sua ação pelas autoridades judaicas que procuram impedir que ele faça pregação entre os gentios. Mas ele ataca apenas a seus adversários diretos; em outras ocasiões, ele irá muitas vezes lembrar da grandeza do povo eleito (Rm 9,1-5, Gl 4,21-31) com uma preocupação constante de aproximar os cristãos vindos do paganismo daqueles que nasceram dentro do povo de Israel.

(At 2,23, cf. tb. 13,28[38]). Na realidade, tudo depende da própria natureza das narrativas evangélicas; conforme são histórias autênticas, tiradas de testemunho vivo (ou quase) ou resultam de uma reescrita muito posterior realizada pelas primeiras comunidades cristãs, a análise será consideravelmente diferente. No primeiro caso, os Evangelhos relatam o que realmente aconteceu, mas em uma perspectiva pós-pascal e até "pós-pentecostal", quando as testemunhas dos eventos compreendem finalmente o que realmente aconteceu, o que Jesus fez e ensinou durante a sua vida e o que Ele suportou durante a sua paixão. No segundo caso, essas mesmas histórias se tornam estritamente apologética e polêmica: trata-se de uma acusação lançada sobre "os judeus" em bloco a um tempo para justificar a nova fé cristã e para recordar a infidelidade constante do povo escolhido em relação ao seu criador. O leitor compreenderá que preferimos a primeira interpretação.

Dito isso, a denúncia da responsabilidade "dos judeus" nos relatos da paixão possui bases históricas. Não se pode negar que tudo começou a partir de uma iniciativa das autoridades judaicas e que um segmento da população era desfavorável a Jesus, às suas ideias e ao seu movimento. Esta é a razão pela qual a atribuição da morte de Jesus "aos judeus" não completamente gratuita. Mas os evangelistas deixam bem claro que a responsabilidade pela paixão cabe aos chefes da nação e que se deve estabelecer uma distinção entre eles e uma parte (grande?) do povo judeu. Em Mateus e Marcos, são os chefes os responsáveis por tudo. A multidão é simplesmente manipulada. Em Lucas assim como em João, são as "trevas" (Lc 22,53) ou o "diabo" (Jo 13,2) que manipulam as autoridades judaicas em Jerusalém, e se pode salientar que no Evangelho segundo São Lucas encontram-se pessoas – principalmente mulheres – que acompanham respeitosamente Jesus no caminho do suplício (Lc 23,27) ou que se lamentam batendo no peito enquanto os chefes, por sua vez, zombam do sofrimento e da morte do Cristo (Lc 23,35 e 48):

> Esta forma de apresentar os fatos não apenas não acusa os judeus em bloco, mas ela também poupa de certo modo, aqueles a quem, tradicionalmente, se imputava a morte de Jesus. Lucas tem um esquema em mente e procura remover, apesar de tudo, da mente de seus leitores a ideia de uma ruptura radical entre Israel e seu Messias, para não ter que acusar a Deus de ter quebrado suas próprias promessas[39].

Romanos e judeus agiram todos com pleno conhecimento de causa? Claude Guérillot pensa nisso considerando que Pilatos estava seguindo Jesus por meio de seus espiões, os famosos especuladores[40]. Isso, em si mesmo, não tem nada de incongruente,

---

38 Mas em outra passagem, Pedro acusa explicitamente os judeus: "Deus fez dele Senhor e Cristo, a esse Jesus que vocês crucificaram" (At 2,36).

39 Légasse, 1999, p. 14. Na realidade, o que os apóstolos reprovam em seus "irmãos" judeus é a obstinação deles em não reconhecer Jesus de Nazaré como o Messias, o Filho de Deus, apesar da prova claríssima de sua ressureição.

40 Os *especuladores* eram mensageiros responsáveis por levar informação e agentes clandestinos. Sob Augusto, cada legião tinha uma unidade de cerca de dez especuladores executando as funções de batedores, mensageiros e agentes

e se explica pelo fato de que, desde a destituição de Arquelau e das revoltas de Judas o Galileu em 4 a.C. e 6 d.C., os romanos permaneceram constantemente atentos diante das tendências à independência dos judeus. Qualquer movimento incomum, qualquer líder bem-sucedido era observado de perto por espiões romanos ou aliados que se reportavam regularmente aos seus superiores. Assim se explica a razão pela qual Pilatos procurou libertar Jesus: ele sabia que este não representava nenhum perigo real ao poder romano e que se tratava de um assunto interno da nação judaica. A pretensão à realeza de Jesus não assusta, porque, apesar da breve interação que teve com Ele (Jo 18,33-38), o prefeito romano já sabe de que se trata: está plenamente informado de todo o assunto e aproveita a oportunidade para zombar dos judeus, a quem soberbamente despreza. É apenas quando o nome de César é pronunciado que ele se preocupa e cede às exigências dos sumos sacerdotes: "Se tu o soltares, não és amigo de César, pois quem se faz rei se coloca contra César" (Jo 19,12); "Nós não temos outro rei além de César!" Então, ele o entregou para ser crucificado" (Jo 19,15-16).

Examinemos um pouco mais detalhadamente os principais protagonistas do julgamento: Anás, Caifás, o Sinédrio, Pôncio Pilatos e "os judeus"[41].

Hanan ben Seth (em hebraico; Anás em português), filho de Seth, traz um nome que significa em hebraico "o Senhor é benevolente". Ele foi nomeado para este posto por Quirino em 6/7, na época da deposição do Rei Herodes Arquelau, e deposto por sua vez no ano 15 pelo prefeito da Judeia Valério Grato. De acordo com Flávio Josefo, "O velho Anás foi um homem muito feliz porque ele teve cinco filhos que tiveram, todos, a sorte de serem sumos sacerdotes de Deus, e ele mesmo havia ocupado esse posto durante muito tempo; ora isso jamais acontecera com qualquer outro de nossos sumos pontífices[42]. Na época da prisão de Jesus, ele ainda conservava uma influência

---

de informação. Eles trabalharam em unidades regulares da infantaria, em regimentos auxiliares ou em unidades de exploração, os batedores a cavalo. Sobre esta questão, cf. o excelente livro Sheldon, 2009, esp. p. 229-240.

41 Lucas, mas ele é o único, menciona ainda o Rei Herodes Antipas, tetrarca da Galileia. Se os outros evangelistas, começando com João, não falam sobre isso, é porque este episódio não acrescenta nada à intensidade dramática do relato. Lucas o menciona porque ele age como historiador escrupuloso e conhecedor dos detalhes do direito romano: como historiador, ele tem, sem dúvida, fontes negligenciadas por seus colegas evangelistas como o testemunho de Jeanne, mulher de Cuza, intendente de Herodes Antipas (Lc 8,3); como "jurista" ele sabe que Jesus era galileu (referência ao *domicilium*, não ao *origo* como fará, aliás, também Vespasiano ao enviar ao Rei Herodes Agripa II prisioneiros judeus que ele havia condenado, mas que sabia estarem sujeitos ao rei, GJ 3.10,10 [532]), e que, como tal, se vinculavam à jurisdição de Herodes Antipas. Pilatos, portanto, pede a Antipas que examine as queixas contra Jesus. A abordagem de Pilatos é absolutamente realista, porque o prefeito romano conhece a lei: os súditos devem ser julgados por seu soberano, e a Galileia está, nessa época, submetida ao poder de Antipas. O envio de Jesus a Pilatos mostra de um modo diferente que cabe ao poder romano lidar com esse assunto, pois Jesus foi preso na Judeia, província do Império de Augusto. Pilatos, no contexto da *cognitio extra ordinem*, passa à realização da primeira fase deste procedimento específico: "Se, após um primeiro e rápido exame, o assunto lhe parece sério, o magistrado denomina o juiz delegado" (Bickerman, 1935, p. 110). E esse juiz (neste caso, Antipas) pode, por sua vez, devolver o acusado ao governador se ele não encontrar motivo para condenação.

42 Flávio Josefo, AJ 20,9.1. Desde a época de Herodes, os sumos sacerdotes eram escolhidos entre algumas famílias influentes da aristocracia de Jerusalém: além da família de Anás, havia a de Boetos, de Caifás, Phiabi e Kamith.

considerável por sua grande riqueza e autoridade natural em meio à instabilidade do pontificado que, por cinquenta anos, permanecera quase sem interrupção em sua família: seus cinco filhos, como Flávio Josefo lembra, foram nomeados sacerdotes, bem como seu genro Caifás[43]. Anás também se encontra no comparecimento de Pedro e João diante do Sinédrio no dia depois de Pentecostes (At 4,6). Sua família é mencionada inclusive no Talmude Babilônico como sendo uma das mais influentes, mas que agiria contra o interesse do povo[44]. Sua menção em João é, portanto, absolutamente confiável.

José Caifás, cujo apelido significaria José "coação" ou José "o déspota" ou José "o macaco", subentendido "dos romanos"[45], foi nomeado sumo sacerdote em torno do ano 18 pelo antecessor imediato de Pôncio Pilatos, o Prefeito Valério Grato, e foi deposto por Vitélio, governador da Síria, em 36. Este período relativamente curto de tempo atesta, nesses tempos conturbados, a sua capacidade como diplomata e administrador de acordo com as exigências romanas. É o genro de Anás, e ele é mencionado, além do Novo Testamento, por Flávio Josefo[46]. Aos olhos de João, ele é o principal responsável pela prisão e morte de Jesus. O evangelista coloca na boca do sumo sacerdote estas terríveis palavras: "É melhor que um só o homem morra pelo povo" (Jo 11,50)[47]. É ele quem presidiu os debates contra Jesus.

O **Sanhedrim (Sinédrio)** (plural *sanhedrayot*) – Etimologicamente, esta palavra é de origem grega: σὖνέδριον (*sunédrion*) significa uma assembleia sentada (ou seja, pessoas sentadas juntas) para deliberar. A origem deste conselho permanece relativamente obscura: a tradição rabínica liga-o aos 70 anciãos que auxiliavam Moisés no deserto (Nm 11,16-17.24-25), mas esta assembleia durou apenas um certo tempo, pois conhecemos a sequência das assembleias de toda a nação (Esd 10,9; 7,5). Na realidade,

---

43 Eleazar (16-17); José Caifás (18-36); Jônatas (36-37 e 52-56); Teófilo (37-41); Matias (43); Anás, aquele que fará apedrejar a Tiago, o "irmão" de Jesus (63).

44 "[...] Ai de mim por causa da casa de Hanin [Hanan]! Desgraça sobre mim por causa de seus conchavos [...] Eles são sumos sacerdotes, os filhos deles são tesoureiros, seus genros e seus escravos espancam o povo com golpes de bastão" (Mishná, *Pesahim* 4,57a).

45 Loupan & Noël, 2005, p. 135-150.

46 Cf. o estudo de H.K. Bond (2004). Um ossuário com a inscrição "José, filho de Caifás" foi descoberto em um túmulo do tipo *kôkh* localizado em uma pequena floresta, ao sul de Jerusalém, em 1990. A identidade deste Caifás não é totalmente assegurada, mas é altamente provável na medida em que Caifás era um sobrenome, e que, associado ao primeiro nome, José, ele não devia designar muitas pessoas diferentes. Além disso, estamos cientes de que "filho de" nestas inscrições funerárias também pode introduzir um sobrenome. Quanto à família de Caifás, "é de fato por seu filho Eliyeho'enay, filho de Qayaf, ou do Qof ("macaco"), sumo sacerdote por um ano (43-44) que podemos identificar a família de Caifás: era a dos Bene Qatros" (Genot-Bismuth & Genot, 1992, p. 252).

47 Vermes (2007, p. 141), pelo contrário, considera que esta palavra reflete sim o medo que o sumo sacerdote tinha de ser acusado pelos romanos de não estar sendo capaz de manter a ordem pública em Jerusalém, que era uma das tarefas relacionadas a esta função, e a preocupação que ele tinha de proteger os judeus contra os excessos de Roma: "Então, ele decidiu sua conduta com base no princípio fundamental que consiste em colocar os interesses de uma comunidade acima dos de um indivíduo". Essa é a interpretação de um pesquisador judeu sincero. Mas Jesus era um indivíduo como os outros?

parece que não podemos retornar mais do que até o período asmoneu, nos séculos II e I d.C., quando é evocada a existência de um senado (*gérousia*) e/ou uma assembleia dos anciãos (1Mc 12,6.35; 2Mc 11,27; 13,13)[48]. Na época de Jesus, distinguiam-se o grande sinédrio (*Sanhedrim Gedola*), composto por 71 juízes, sediado em Jerusalém, e o pequeno sinédrio (*Sanhedrim HaQetana*), composto por 23 membros, encontrado em todas as cidades importantes[49]. O grande Sinédrio também era designado com o nome de *Bet Din HaGadol* (ou Grande *Bet Din*, "a casa de grande julgamento") e se reunia no *Lishkat Ha Gazit*, a "sala da pedra cortada", localizada em uma das dependências do Grande Templo[50]. Aí se examinavam casos relativos à justiça (com poder, sobretudo, de condenar ao açoite e de mandar prender), a doutrina religiosa e a administração civil[51]. Os 71 membros do Grande Sinédrio se dividiam em três câmaras: a dos sacerdotes (23 membros), a dos escribas e doutores (23 membros) e a dos anciãos (23 membros), aos quais se juntavam um presidente (que tinha o título de *nasi*[52]) e um vice-presidente chamado "pai da corte" (*ab bêthdin*). De acordo com Maimônides, a presidência do Sinédrio era entregue àquele que fosse julgado o mais digno[53], mas no primeiro século de nossa era, o sumo sacerdote muitas vezes acumulava o cargo de sumo sacerdote e de

---

48 A existência de um senado (*gerousia*) é atestada por Josefo apenas a partir do reinado de Antíoco o Grande (223-187 a.C.). É uma espécie de governo aristocrático presidido pelo sumo sacerdote.

49 Após a tomada de Jerusalém por Pompeu em 63 a.C., o Procônsul Gabínio (57-55), para assimilar a Palestina às outras províncias romanas, elevou a importância do Senado de Jerusalém, dividindo o país em cinco distritos ou *synédria* (Flávio Josefo, AJ 14,5,4, GJ 1,8,5 [167]). Esses pequeninos *sanhedrins* (ou tribunais civis regionais) ficavam em Jerusalém, Gazara, Amatunte (ou Amath), Jericó e Séforis. Segundo G. Vermes (2007, p. 30), o historiador judeu teria se enganado sobre o nome de Gazara (ou Gadara); seria na verdade, a cidade de Adora, na Idumeia, o que permitiria assim haver tribunais regionais na Judeia (Jerusalém e Jericó), na Galileia (Séforis), na Transjordânia (Amath) e no Distrito Sul ou Idumeia (Adora). Havia também tribunais locais para lidar com casos que se enquadram na justiça civil comum, que se compunham de três juízes que não se reuniam de maneira permanente.

50 Lémann & Lémann, 1877, p. 21. Mas de acordo com o Talmude Babilônico (*Shabat* 156a), "quarenta anos antes de o Templo ser destruído", a sede do grande Sinédrio foi transferida para um lugar chamado *hanuyot* (as "lojas") que muitos arqueólogos identificam com o "Xisto", um edifício construído sob Herodes o Grande, entre a Torre Hípica e o pórtico ocidental do Templo, portanto fora do recinto sagrado, proibido aos não judeus (Gottheil & Krauss. In: *Jewish Encyclopedia* 1901-1906). Este foi feito (por Pilatos?) para permitir que os romanos assistissem às sessões do Sinédrio (Loupan & Noël, 2005, p. 152-154).

51 De acordo com a Mishná, o mais antigo código de leis rabínicas composto depois de 200 de nossa Era, o Grande Sinédrio era um tribunal e um senado (ou conselho) do povo judeu, "o mais alto tribunal em matéria judicial, legislativa e administrativa [...], habilitado a tratar dos casos criminais mais graves, [...] a declarar guerra ou mudar as fronteiras de Jerusalém e do Templo, e tinha, além disso, toda a autoridade para interpretar a lei de Moisés" (Vermes, 2007, p. 30-31). No entanto, as informações que podemos extrair da Mishná devem ser recebidas de forma muito cauteloso (cf. nota 52, p. ex.) porque parece que o grande Sinédrio se separou sob o reinado de Herodes em duas instituições: o Sinédrio político, composto principalmente por saduceus, presidido pelo sumo sacerdote, que perdeu sua autoridade no tempo dos romanos, e o Sinédrio religioso, composto por 71 membros, a maioria doutores da lei (cf. Fleg, 1956, p. 633; Epstein, 1962, p. 84 e 94). Após a queda de Jerusalém e a destruição do Templo em 70 d.C., os judeus irão constituir um novo Sinédrio em Jâmnia), mas que não terá em comum com o grande Sinédrio nada além do nome. Composto apenas por escribas, ele deixará de desempenhar um papel político e não terá caráter oficial.

52 Geza Vermes considera essa informação dada pela Mishná como inexata (2007, p. 29).

53 Maimônides, *Yad-HaHazaka* (mão poderosa) ou *Abrégé du Talmude*, 14, *Constitution du sanhédrin*, cap. 1.

Presidente do Sinédrio. Os processos criminais passíveis de pena de morte dependiam exclusivamente da jurisdição da *Bet Din HaGadol*.

Mas ainda era assim na época da paixão de Jesus? Em seu estudo sobre Pôncio Pilatos, Jean-Pierre Lémonon salienta que "a tradição dos Sábios de Israel menciona [...] várias vezes a incapacidade do sinédrio de julgar penas capitais, pelo menos durante parte do século I [...]. Quarenta anos antes da destruição do Templo, o sinédrio perdeu seu poder em questões de pena de morte. Esse número remete ao tempo de Pilatos, no ano 30; ora, neste momento, que evento poderia justificar essa mudança? Além disso, se tal mudança tivesse ocorrido no tempo de Pilatos ou em 66, seria curioso não encontrar nenhuma menção de Josefo. Nós estamos realmente na presença de um testemunho global sobre a situação do Sinédrio na época dos governadores, esta situação começa com a chegada do primeiro governador, Copônio. Textos de Flávio Josefo e dos Evangelhos confirmam este enfraquecimento de que foi vítima o Sinédrio"[54]. E mais adiante, confirmando: "Nenhum texto nos faz, portanto, entrever a ideia de um poder duplo para um processo criminal. Não há dois poderes paralelos na Judeia. O governador mantém a autoridade final, somente ele pode executar uma sentença de morte. Essa autoridade do governador o torna apto a julgar todas as situações que se apresentem em sua província" (84). Assim, a coisa parece clara: no tempo de Jesus, a condenação final e a execução capital dependia das competências do representante de Roma e não mais do Sinédrio em questões relacionadas com o crime de lesa-majestade.

Pôncio Pilatos – O prefeito da Judeia deve sua fama essencialmente aos escritos do Novo Testamento e ao Credo incansavelmente recitado há séculos por bilhões de cristãos. Os especialistas também o conhecem por meio de algumas citações raras de autores antigos[55], bem como uma inscrição desenterrada em 1961 por arqueólogos italianos no teatro de Cesareia Marítima[56].

Não se sabe onde e quando Pôncio Pilatos nasceu, nem se conhece seu primeiro nome, pois Pôncio era o nome de sua família (sua *gens*) e Pilatos seu apelido que significaria "portador (ou beneficiário) do *pilum* (de honra?)", a famosa arma a jato romana[57]. De classe equestre, pertencia à *gens Pontia*, de origem samnita (Sâmnio

---

54 Lémonon, 2007, p. 81. A perda do direito de sentenciar às penas capitais é lembrada no Talmude de Jerusalém, tratado *sanhedrin*, fol. 24, *recto*. De acordo com os irmãos Lémann (1877, 25), essa perda pode remontar inclusive à época de Copônio, em 6/7.

55 Tácito, *Annales* 15 44; Flávio Josefo, GJ 2,9,2-4 e AJ 18,2,2; Filon de Alexandria, *Legatio ad Caium*, § 299, 301, 303, 304.

56 Frova, 1961, p. 419-434. Para um estudo mais recente, cf. Lémonon, 2007, p. 23-33. Uma pequena bibliografia é apresentada em Dubuisson, 1999, p. 132.

57 Todo cidadão romano usava a *tria nomina,* os três nomes, a saber: o *praenomen* (o primeiro nome: p. ex., Caio, Marco, Quinto, Lúcio etc.), o *nomen* (sobrenome: Júlio, Túlio, Aurélio, Pôncio etc.) e *cognomen* (o apelido: César, Cícero, Pilatos etc.).

era uma região montanhosa da Itália central cuja capital era Benevento). Na época da República Romana, esse povo parece não desempenhar nenhum papel eminente na administração romana. Devemos dizer que o primeiro membro da família de que se tem memória, Caio Pôncio Herênio, foi um dos chefes de guerra (*meddix*) dos samnitas que obtiveram a famosa vitória das Forças Caudinas contra os romanos durante a Segunda Guerra Samnita em 321 a.C.! Conhece-se também muito depois, no final do século I a.C., pelo menos mais um Pôncio famoso: Pôncio Áquila, tribuno da plebe, morto em 43 a.C., mencionado por Suetônio em um episódio famoso da vida de César[58], em que ele foi um dos assassinos. O nome Pôncio (ou Pôncia) também aparece nas catacumbas cristãs de Roma (*Pontius Leo, Pontia Maxima*)[59].

Pôncio Pilatos chega à Judeia em 26, enviado pelo Imperador Tibério para suceder seu colega Valério Grato, prefeito da Judeia de 15 a 26. Ele ficará ali até o ano 36. Estimada por Augusto, essa província particular[60] reunia os territórios da Judeia, Idumeia e Samaria, mais os territórios de duas cidades em grande parte pagãs: Sebastia e Cesareia Marítima. Sua população era muito heterogênea, pois se compunha de judeus, idumeus, samaritanos e gregos – pagãos ou prosélitos – sem contar os judeus da diáspora oriental ou os egípcios, árabes, persas e mesopotâmios que faziam negócios por lá desde tempos imemoriais[61]. Então, pode-se bem imaginar o grande número e a intensidade das dificuldades com que os governadores romanos podiam se confrontar. De acordo com Fílon de Alexandria e Flávio Josefo, Pôncio Pilatos era um governador racional e pragmático, bem como impetuoso, rígido, autoritário e provocativo, levando constantemente os judeus e os samaritanos à revolta. Ele era "cheio de rigidez, pois tinha um caráter duro e obstinado", enfatiza Fílon[62]. Vários incidentes foram registrados pelos autores antigos: Flávio Josefo[63] informa que Pilatos introduziu em Jerusalém insígnias militares que traziam a imagem do imperador, contrariando assim a Lei judaica e a prática anterior de seus antecessores na Judeia. Depois de um confronto com os judeus, ele trouxe de volta as insígnias de Jerusalém a Cesareia. Em seguida, ele construiu um aqueduto para abastecer Jerusalém. Mas quando o povo descobriu que este projeto havia sido financiado à custa do tesouro sagrado do Templo (*qorban*), houve um tumulto violento, durante o qual muitos judeus foram mortos. Em seu décimo e último ano de mandato, ele enviou legionários

---

58 Suetônio, *De vita Caesarum* – Divus Julius, § 78.

59 Withrow, 1888, fig. 33.

60 Segundo Lémonon, 2007, p. 36, "O problema judaico merecia uma consideração toda especial".

61 Vimos que Cleópatra, a famosa rainha do Egito, possuía propriedades em Jericó nos anos 34 a.C.

62 *Legatio ad Caium*, 301.

63 AJ 18,3,1-2; 4,1-2; GJ 2,9,2-4.

e cavaleiros a eliminar uma tropa armada de samaritanos instalada em uma aldeia chamada Tiratana, perto do Monte Garizim. Essas pessoas haviam se reunido lá seguindo um iluminado que lhes garantira encontrar os vasos sagrados que Moisés havia enterrado lá. Embora este grupo não tivesse se revoltado abertamente contra Roma, ele foi atacado de surpresa, e muitos dos seus membros foram mortos. O conselho dos samaritanos protestou junto ao governador da Síria, Vitélio, que retirou Pilatos de suas funções e o mandou de volta a Roma para ser interrogado pelo imperador. Fílon de Alexandria[64] relata também que ele dedicou escudos de ouro no palácio de Herodes, em Jerusalém, "menos para honrar Tibério do que para desagradar o povo. Eles não usavam imagem alguma ou qualquer coisa que fosse expressamente proibida, mas apenas uma inscrição contendo o nome de quem as havia dedicado e daquele a quem elas tivessem sido consagradas". O imperador, muito irritado, ordenará que ele remova imediatamente os escudos ofensivos. Lucas, por sua vez, faz uma breve alusão à crueldade de Pilatos, em Lc 13,1, onde denuncia a brutalidade do governador que não hesitou em misturar o sangue dos galileus com o de suas vítimas. E em At 4,27 ele acusa Pilatos e Herodes, as nações pagãs e os povos de Israel de se terem aliado contra Jesus, "o santo servo" de Deus. Seu enfrentamento com Jesus, embora lhe pareça ser mais favorável, faz dele, no fim das contas, um homem fraco e indeciso.

Mas estas são impressões de dados certamente históricos, embora transmitidos por pessoas que não conheceram pessoalmente a ação política de Pilatos. A realidade era certamente mais complexa. No prefácio da obra já citada de Jean-Pierre Lémonon, Maurice Sartre resume muito bem o retrato mais nuançado, mais desapaixonado de alguma forma, que o pesquisador exegeta faz desse funcionário militar, ou seja, o de um oficial imperial determinado e fiel, "ao mesmo tempo firme no respeito devido às autoridades romanas e preocupado com as realidades locais. [...] Por trás do homem da ordem percebe-se o homem de comprometimento" (p. 6). Se compararmos Pilatos aos seus colegas prefeitos da Judeia, ele aparece como "um prefeito moderado, bastante respeitoso em relação aos usos judaicos e não mais violento do que o necessário para um homem confrontado com uma população turbulenta cujas causas mais profundas ele não conseguia entender" (p. 7). Em suma, Pilatos era um funcionário zeloso, atento à ordem romana que ele colocava acima de tudo, e preocupado com sua carreira pessoal.

Nada se sabe de sua vida após sua convocação a Roma. Segundo Eusébio de Cesareia, ele se suicidou sob o reinado de Calígula[65]. Já João Malalas escreve que ele foi decapitado sob Nero[66].

---

64 *Legatio ad Caium*, 299-304.

65 Eusébio, *História eclesiástica* 2,7.

66 João Malalas, *Chronographie* 10.

Tertuliano – Mas não conhecemos sua(s) fonte(s) – diz que ele "era um cristão em seu coração"[67]. Pilatos e sua esposa Claudia Procula, são honrados pela Igreja etíope, e sua esposa pelos gregos ortodoxos. Os Atos de Pilatos (mais tarde chamados de Evangelho de Nicodemos), um escrito apócrifo do século IV que teria sido escrito em resposta a falsos atos que o Imperador Maximino Daia (311-312) escrevera para desonrar a Cristo e que ele havia imposto nas escolas, o apresentam como testemunha privilegiada da inocência e da divindade de Jesus.

"Os judeus" – Parece-nos que o termo "judeus"[68] cobre, em São João, dois sentidos particulares: o primeiro está ligado à figura estilística chamada "sinédoque generalizante", quer dizer, uma maneira de expressar o máximo pelo menos[69]. Acredita-se que, quando "os judeus" levam Jesus ao Pretório, isto é, ao tribunal de Pilatos, não se trata do conjunto dos judeus (presentes em Jerusalém ou na Judeia), mas daqueles que o prenderam e/ou que querem livrar-se definitivamente dele. O segundo significado do termo "judeus" faz referência à existência de uma jurisdição popular que Claude-Isabelle Foulon-Piganiol bem destacou em um artigo já antigo, mas que, em nossa opinião, não recebeu toda a atenção que merecia[70]. Para tentar explicar o desenrolar do julgamento de Jesus, a autora, professora da faculdade de direito da Universidade da Picardia, em vez de procurar paralelos na Mishná, obra posterior aos Evangelhos e às vezes questionável como vimos na nota 51, mergulhou no Antigo Testamento para ver se havia paralelos significativos que pudessem explicar a narrativa de João[71]. E o mais paralelo mais provável se encontra em Jr 26,1-24, pelas razões que

---

67 Tertuliano, *Apologia*, 21.

68 No mesmo contexto da paixão, Mateus fala das "pessoas que se encontravam reunidas" ou da "multidão" (Mt 27,17; 17,20); Marcos menciona a "Multidão" (Mc 15,8.11); Lucas se refere a "sumo sacerdotes, líderes e o povo" (Lc 23,13). Em um estudo muito notável, Bruce Malina (1981) aponta que nas culturas mediterrânicas antigas, costumava-se colocar e enfoque em grupos mais do que em indivíduos. Estes últimos eram julgados com base no que se pensava de sua raça, nação, país, cidade ou família. Paulo faz isso, parece, quando fala desses "gentios" que "sem ter a Lei fazem naturalmente o que a lei ordena" (Rm 2,14 apud McGrath, 1996, p. 13). Assim, João usa o termo "judeus" para se referir a uma nação que não acredita em Jesus Cristo, embora também saiba que há judeus que acreditam em Jesus ("pois a salvação vem dos judeus", Jo 4,22). Por outro lado, M. Sartre (1997, p. 375), lembra que o termo "Os judeus" também foi usado para designar uma das muitas associações judaicas como o *politeuma* em Berenice, o *katoikia* em Hierápolis na Frígia, o *Laos* em Nysa, o *ethnós* em Esmirna, o *synodós* em Sardes, a *sunagôgè* em Panticapeu etc. Tratava-se, desse modo, de termos equivalentes àqueles usados para designar qualquer outra associação religiosa grega.

69 Lucas, p. ex., também usa sinédoque, mas no tipo denominado "particularizante", isto é, citando a parte pelo todo, quando fala da libertação de "Jerusalém" para designar "todo o povo eleito" (Lc 2,38), porque para ele, Jerusalém é o centro predestinado da obra da salvação (cf. Bovon, 1991, p. 147).

70 Foulon-Piganiol, 1976.

71 É também nisso que seu artigo é singular. Ao contrário do que faz a maioria dos pesquisadores que se limitam à Mishná para afirmar que os Evangelhos estão errados ou que apresentam uma visão enviesada da realidade histórica, Claude-Isabelle Foulon-Piganiol, como boa jurista, apoia-se nos processos precedentes porque, como ela diz, os juristas conhecem bem "o peso do passado e a estabilidade do direito, no plano das regras subjacentes e, além disso, em questões procedimentais. Ademais, não é absolutamente certo, como gostam de lhe dizer, que a Mishná tenha sido simplesmente o resultado da codificação de regras tradicionais: o papel dos codificadores não é também e muitas vezes

ela explica muito bem, sem que precisemos detalhar aqui[72]. Digamos, para resumir, que no processo de Jeremias, dois grupos de pessoas agem de forma muito distinta:

1) os sacerdotes e os profetas;

2) os príncipes (ou os magistrados) e o povo.

Os primeiros aparecem ao mesmo tempo como juízes de instrução e como procuradores; os últimos têm a função de julgar, e é a eles que Jeremias apresenta sua defesa. "É desse modo que o povo aparece sentado ao lado dos funcionários reais para compor a jurisdição de julgamento" (p. 635). Existem, portanto, semelhanças muito convincentes em ambos os casos: por um lado, sacerdotes e profetas no julgamento de Jeremias; o Sinédrio no julgamento de Jesus; por outro, os magistrados da realeza e o povo no julgamento de Jeremias; o prefeito romano e o povo no julgamento de Jesus. A hipótese apresentada por Claude Isabelle Foulon-Piganiol procura mostrar que "os judeus", a saber "os que se encontravam ali", como escreve Mateus, desempenharam um papel verdadeiramente judicial neste julgamento, "o papel de um tribunal de primeira instância" (p. 630). Além disso, João especifica que Pilatos "se senta no tribunal, em um lugar denominado Pavimento, em hebraico *Gabbatha*" (Jo 19,13), e Lucas, ainda mais rigoroso, escreve que Pilatos "convocou os sumos sacerdotes, os chefes e o povo"[73] (Lc 23,13). Essa convocação acontecendo precisamente no momento em que Pilatos irá intervir em nome de sua *juridictio*. Estamos, então, na segunda fase do processo de Jesus (a primeira aconteceu diante dos membros do Sinédrio, cuja função era, muito provavelmente, instruir e fazer a acusação – ou mesmo julgar – Jesus. Voltaremos a isso mais tarde). O povo irá então desempenhar um papel judicial na condenação. De que maneira? Primeiramente, fazendo-se presente no momento em que começa o interrogatório oficial de Jesus por Pilatos; depois, respondendo, por três vezes às três perguntas apresentadas pelo prefeito romano (Jo 18,38 e 40, Jo 19,4-6; 19,6-7)[74].

> Esta função do povo aparece como particularmente legítima em relação a infrações que envolvem a pena de apedrejamento, cuja execução pertencia a todos. O fato de que a punição aplicada a Jesus foi a crucificação não suprime a competência jurisdicional da Assembleia Popular: apenas o modo de execução é alterado por conta da ocupação

---

a modernização e evolução do direito?" (p. 636). Podemos lembrar ainda que a Mishná se dedica a codificar essencialmente a tradição farisaica, sendo que, no tempo de Jesus, o Sinédrio era dominado principalmente pelos saduceus.

72 O leitor encontrará facilmente seu artigo no site: www.nrt.be

73 Συγκάλεσας (*synkalésas*, "convocou juntos", isto é, "citou perante o tribunal"): "Na voz ativa o verbo significa uma convocação pública feita a título oficial, na ocasião, por Pilatos, para reunir junto a si os sumos sacerdotes e os chefes, e todo o povo, isto é, todos os cidadãos da Judeia que podiam exercer o papel de jurados em um processo sujeito à *vox populi* (voz do povo) (Chabert d'Hyères, s.d.).

74 Esse triplo jogo de perguntas e respostas também se encontra nos sinóticos. Ele também é mencionado por Plínio o Jovem, em sua carta ao Imperador Trajano (cf. p. 62): "Eu perguntei se eles eram cristãos. Àqueles que confessaram, eu perguntei uma segunda e uma terceira vez, ameaçando-os com a tortura" (*Carta a Trajano* 10,96).

romana e, portanto do poder de Pôncio Pilatos, seja *Jus gladii*, seja mais presumivelmente e mais simplesmente poder de coerção (635).

E Claude Isabelle Foulon-Piganiol conclui:

> Não é irrelevante, em última análise, que a condenação de Jesus, em vez de ter sido causada por um levante popular, seja, na verdade, resultado de um verdadeiro julgamento[75]. O alcance teológico do julgamento mostra-se ainda mais denso (636).

Os "judeus", "o povo", "a multidão" ou ainda as "pessoas que lá se encontravam "não representam o povo judeu em sua totalidade (pois como então se explicariam todos aqueles que seguiram Jesus durante sua vida pública, durante o caminho da cruz e, especialmente, depois da ressurreição e de Pentecostes?), mas sim uma assembleia legal, sem dúvidas, manipulada por membros do Sinédrio, que responde às perguntas do magistrado responsável pela execução da sentença[76].

* * *

São João, como os outros evangelistas, começa o Relato da Paixão[77] pela prisão de Jesus "em um jardim" (Jo 18,1), localizado além do Cedron (*nahal Qidron)* uma torrente que demarcava a borda leste da cidade e que fluía abaixo do Ofel, a parte superior da colina sobre a qual estava instalada a cidade de Davi, o primeiro núcleo de Jerusalém. É noite, pois João especifica que o traidor Judas vem, conduzindo a coorte[78] e guardas armados, destacados pelos altos sacerdotes e fariseus, *iluminados por lanternas e tochas*. Esta ação noturna sob a condução de um guia (Judas) denota uma vontade de agir de forma rápida e discreta.

---

75 Sem que haja, contudo, qualquer testemunho para dar à multidão da Judeia um verdadeiro poder judicial (cf. Lémonon, 2007, p. 86).

76 Esta é a posição que se encontra na declaração *Nostra Aetate* (28/10/1965), § 4, relativa às relações da Igreja Católica com religiões não cristãs, ao afirmar com força: "Mesmo que autoridades judaicas com seus seguidores tenham impulsionado a morte de Cristo, o que foi cometido durante a sua paixão não pode ser imputado indistintamente a todos os judeus da época, nem mesmo aos judeus do nosso tempo".

77 Há uma incompatibilidade irredutível entre a narrativa dos sinóticos e a de São João sobre a cronologia da paixão.

78 Outro exemplo de sinédoque generalizante, pois uma coorte continha cerca de 500 homens (mais adiante, v. 12, João fala até de quiliarca, um comandante de mil homens, cujo equivalente hebreu é "*aluf*", chefe de mil"!). Não se entende por que se destacariam tantos soldados por um só homem acompanhado de alguns discípulos. Além disso, São João adota uma terminologia militar de origem romana; significa que soldados romanos acompanhavam os guardas judeus? Sem descartar essa possibilidade (mas seria então necessário explicar o porquê e como esta "convivência" entre judeus e romanos, pois com a proximidade da Páscoa, os judeus deviam evitar ficar impuros pelo contato com os não judeus), parece-nos mais provável admitir que foi a polícia do Templo que veio naquela noite para prender Jesus, e que o uso de termos militares propriamente romanos era de uso comum na época. Flávio Josefo usa as mesmas palavras em contexto judaico em AJ 17 215; GJ 2 578. E, ademais, o bom-senso nos faz entender facilmente que um quiliarca, ao ir em uma missão, nem sempre era – ou precisava ser – acompanhado por seus mil homens!

Jesus é então levado para Anás, descrito como sumo sacerdote e sogro de Caifás "que era sumo sacerdote naquele ano" (v. 13). Quis-se apontar aqui uma confusão deliberada de títulos entre Anás e Caifás por parte de João[79] (e por Lc 3,2, mas por alguma razão desconhecida!) a fim de desacreditá-lo sobre este episódio. Ora, o simples bom senso nos permite entender que Anás havia mantido esse título de sumo sacerdote porque ele gozava de uma autoridade muito grande e de enorme prestígio junto ao povo judeu como bem lembra Flávio Josefo no trecho citado na p. 183. Ao contrário do que fora praticado anteriormente, quando a função de sumo sacerdote era concedida em caráter vitalício dentro da mesma família (a de Aarão, primeiro, depois a de Sadoc na época de Salomão[80]), na época de Jesus, esta tornara-se um instrumento político nas mãos dos romanos. O sumo sacerdote era então escolhido dentre as famílias ricas do partido dos saduceus e ele podia ser demitido ao capricho dos humores do ocupante. É por isso que Flávio Josefo saúda a longevidade de Anás neste posto, pois, nomeado por Quirino, ele soube ser suficientemente hábil com os romanos para permanecer no cargo de 6 (?) a 15 de nossa era. Anás era assim sumo sacerdote *de iure* aos olhos dos judeus enquanto Caifás o era *de facto* para os romanos[81]. Tem-se concordância em reconhecer que este primeiro interrogatório de Jesus não teve qualquer caráter oficial, uma vez que o encontro entre os dois homens ocorreu no pátio do palácio de Anás[82]. Agindo dessa forma, este mostra claramente o seu poder real e sua determinação em permanecer ligado aos assuntos relacionados à sua antiga função. É por isso que ele procura descobrir mais sobre a doutrina e os discípulos de Jesus; e como o Jesus lhe diz para ir se informar pessoalmente junto àqueles que o escutavam, ele é golpeado por um guarda, sob a alegação de que fora insolente com o sumo sacerdote[83]. Isso encerra a discussão e Anás envia Jesus a Caifás. A conversa deve ter durado pouco mais de uma hora, se acreditarmos no Evangelho segundo São Lucas, que especifica que Pedro foi interpelado por três vezes pelos serventes: as duas primeiras vezes pouco depois de se instalar perto de uma fogueira que havia sido acesa no meio do pátio, e a terceira vez, "cerca de uma hora depois" (Lc 22,59). Logo depois, o galo cantou e o apóstolo se retirou para chorar amargamente.

---

79 Que é o único dos evangelistas a mencionar essa conversa.

80 A casa de Sadoc foi destituída do título e da função de sumo sacerdote pelo rei selêucida Antíoco IV Epífanes em 171 a.C. Desde então, o sumo sacerdote era nomeado pelo poder dominante e por um período totalmente aleatório.

81 Ninguém hoje questiona o título de "Papa" de Bento XVI, sendo que seu sucessor, Francisco, é quem exerce o pontificado, embora Bento XVI ainda esteja vivo.

82 É muito provável que este comparecimento privado diante de Anás tenha permitido a Caifás convocar o Sinédrio, diante do qual Jesus seria interrogado e que iria pronunciar sua sentença.

83 Baseado no trabalho de Jacqueline Genot-Bismuth, J.-C. Petitfils fez uma descrição muito bonita e muito credível desta conversa entre Jesus e Anás em seu livro *Jesus* (2011, p. 311-318).

Se seguirmos a hipótese (provável, mas não totalmente certa) de Jacqueline Genot--Bismuth[84], não dá mais do que 300m entre *Bet Hanin* (o palácio de Anás) e de Caifás (*Bet Qayafa*), e bastam cinco minutos para se chegar lá. Ainda está escuro e é provável que Jesus tenha sido mantido no palácio de Caifás até o amanhecer[85]. O Interrogatório do sumo sacerdote em exercício aconteceu de manhã, muito cedo. Não sabemos quanto tempo durou e podemos ficar surpresos ao descobrir que São João não se alongue falando mais sobre isso. Houve um processo ou não? O sinédrio pôde se reunir tão rapidamente de manhã cedo? Por que São João não menciona isso ao passo que São Lucas afirma que "quando se fez dia, o conselho dos anciãos do povo se reuniu, além de sumo sacerdotes e escribas"? (Lc 22,66). Podemos responder a esta pergunta dizendo que, de acordo com São João, Jesus já havia sido condenado à morte alguns dias ou mesmo semanas antes de sua prisão, antes de sua entrada messiânica em Jerusalém, antes até da unção de Betânia. De fato, logo após o episódio da ressurreição de Lázaro, São João afirma:

> Muitos dos judeus que tinham vindo visitar Maria (e Marta), e que tinham visto o que Jesus fizera, acreditaram nele. Mas alguns deles foram encontrar os fariseus e lhes contaram o que Jesus fez. Os sumos sacerdotes e os fariseus, então, reuniram o Sinédrio e disseram: "O que vamos fazer? Porque esse homem opera muitos milagres. Se nós deixarmos fazer, todos acreditarão nele e os romanos virão para destruir nossa cidade e nossa nação". Um deles, Caifás, que era sumo sacerdote naquele ano, lhes disse: "Vocês não entendem nada; não percebem que é do seu interesse que apenas um homem morra pelo povo e que toda a nação não pereça". Ele não disse isso de si mesmo; mas, sendo sumo sacerdote naquele ano, ele profetizou que Jesus devia morrer pela nação; – e não apenas pela nação, mas também a fim de reunir em um único corpo os filhos de Deus que estão dispersos. Desde aquele dia, **eles deliberaram** sobre os modos de matá-lo. É por isso que Jesus não se mostrava mais em público entre os judeus" (Jo 11,45-54).

Jesus, portanto, já havia sido julgado e condenado[86] *(in absentia* ou à revelia de alguma forma)* e o Sinédrio que se reuniu naquela manhã foi provavelmente apenas o Sinédrio mencionado na nota 51, isto é, apenas parte do grande Sinédrio, um pequeno conselho, que endossou uma decisão tomada alguns dias ou até mesmo algumas

---

84 Genot-Bismuth & Genot, 1992, p. 251-252.

85 Ele não foi, portanto, levado para a "Sala da pedra cortada", um lugar de reunião do grande Sinédrio.

86 A prova está no fato especificado por São João de que Jesus está amarrado desde sua prisão no Jardim do Getsêmani (Jo 18,12) como todo sentenciado, ao passo que em São Marcos, p. ex., só o será depois de sua audiência com o Sinédrio, pouco antes de comparecer perante Pilatos (Mc 15,1).

semanas ou meses antes[87]. É por isso que não se pode falar de um "processo judaico" após a prisão de Jesus, porque, efetivamente, não houve um. Aqueles que queriam a morte de Jesus o prenderam por motivos religiosos e políticos[88], mas evitaram colocá-lo à morte para evitar problemas. Esta é a razão por que Jesus foi levado perante Pilatos, apresentado como um pretendente à realeza e, portanto, como um possível revolucionário que ameaçava a legitimidade e a autoridade romanas.

Também não há nada de improvável na reunião entre Jesus e Pilatos[89]. Este último, sendo o prefeito, tinha que fazer justiça ao nome do imperador e poderia ser diretamente confrontado com o acusado. Foi o que aconteceu, notadamente, com São Paulo que, conforme relatado pelos Atos dos Apóstolos, foi convocado pelo Procônsul Sérgio Paulo, depois teve que se defender diante do governador da Acaia, Galião (o irmão mais velho de Sêneca), mais tarde diante do Procurador Antônio Félix, então, diante de seu sucessor, Pórcio Festo e, finalmente, perante o Rei Agripa II (At 13,7; 18,12-17;24,1-27; 25,1-12;

---

87 O que resolveria o problema colocado pela presença ou não dos membros do sinédrio favoráveis a Jesus em seu julgamento, como José de Arimateia e Nicodemos. Eles não puderam defendê-lo porque estavam ausentes (não obstante o fato de eles também estarem com medo de serem reconhecidos como seus discípulos: Jo 19,38-39).

88 Esses membros do sinédrio temiam, de fato, o prestígio que Jesus exercia sobre as massas, prestígio que poderia levar a uma reação romana não apenas local, contra Jerusalém e o Templo, mas também em todo o país como observado por Caifás no Evangelho de João (11,48). Quanto aos motivos religiosos, é compreensível que essas mesmas pessoas estivessem incomodadas e escandalizadas com a estatura messiânica e divina de Jesus (Deus está conosco, verdadeiro Deus e verdadeiro homem, e ele nos disse claramente que a nossa vida não está de acordo com sua vontade): elas o consideram, portanto, um impostor, porque para elas, o Messias é um enviado divino (e não o próprio Deus) que fora anunciado pelos profetas para estabelecer na terra o Reino de Deus. O Manuscrito do Mar Morto 4Q246 ("Visão do Filho de Deus") confirma que as pretensões humanas à divindade nunca foram bem-recebidas no judaísmo, e que o título de "Filho de Deus" poderia ser equivalente ao de "Anticristo"! Assim, pode-se entender melhor a exclamação indignada do Sinédrio que reagiu à declaração de Jesus dizendo que o Filho do Homem se sentará à direita do Poder: "Então, todos eles disseram: Tu és, então, o Filho de Deus?" (Lc 22,69-70). A esta blasfêmia são adicionados todos os atos de Jesus autenticando sua verdadeira natureza, e é isso que insta o sinédrio a se livrar dele, porque, como lembrou G. Vermes (2007, p. 118-121), a blasfêmia por si só (i. é, toda sorte de discursos desrespeitosos) não era punível com a morte a menos que o nome de Deus fosse pronunciado (Mishná, Sinédrio 7,5). E isso é precisamente o que Jesus evita fazer ao não falar de "direita de Deus", mas de "Direita do Poder" (Mt 26,64, Mc 14,62, Lc 22,69).

89 Muitos exegetas consideram não histórico o diálogo entre Jesus e Pilatos, com base, particularmente, no pretexto de que a intenção da narrativa não é documentária. A esse respeito, seja-nos permitido lembrar que novamente se trata de uma afirmação puramente gratuita baseada apenas em impressões ou pressuposições do tipo "os Evangelhos não são livros de história". A contrario, gostaríamos de mencionar o pequeno estudo de P. Courouble, 2005, em que ele observa diversos erros gramaticais nas frases pronunciadas pelo prefeito romano quando se dirige aos judeus, e que apenas um Latino poderia cometer. A primeira é esta: "O que escrevi, o escrevi" (Jo 19,22), em latim "Quod scripsi, scripsi", que é traduzida em grego por "ὁ γέγραφα, γέγραφα (o gégrapha, gégrapha)", em uma tradução literal da frase latina; mas um verdadeiro helenófono teria dito: "Ἁ ἔγραψα, γέγραφα (A égrapsa, gégrapha)". Da mesma forma, quando Pilatos pergunta: "Que acusação tendes contra esse homem?" Isso dá em latim, de acordo com a Vulgata: "Quam accusationem affertis adversus hominem hunc?" Que é apresentada em João (19,29) com a frase grega "Τίνα κατηγορίαν φέρετε κατά τοῦ ἀνθρώπου τούτου (Tina katègorian phérété kata tou anthrôpou toutou)", quando ele deveria ter dito: "ποίαν καθηγορίαν ποιεῖσθε κατά τοῦ ἀνθρώπου τούτου (Poian kathègorian poiéisthé kata tou anthrôpou toutou)". Em suma, de acordo com Pierre Courouble, Pilatos falava mal grego, ele pensava em latim e traduzia palavra por palavra seu pensamento do latim para o grego. Ele conclui que se trata, muito provavelmente, de sentenças tomadas ao vivo por uma testemunha auricular. Esse tipo de coisa não se inventa, especialmente se se trata de um texto que se quer apresentar como puramente teológico, sem pretensão documental!

25,13-32). Jesus foi, claramente, preso por uma iniciativa judaica, mas é pelos romanos que ele será oficialmente julgado, condenado e depois executado. O motivo, realmente, é difícil de determinar com precisão, porque mesmo sendo apresentado como um malfeitor (Jo 18,30), como rei (e pela admissão do acusado, Jo 18,37), ou como um agitador (Lc 23,14-15; 23,22), Pilatos "não encontrou nele motivo para condenação" (Jo 19,4)[90]. Percebe-se pela leitura do Evangelho segundo São João que o prefeito romano não está muito confortável, e quando ele ouve que Jesus "diz-se filho de Deus", "ele ficou ainda mais assustado", especifica o evangelista (19,8). Mas ele continua determinado a libertar Jesus. Ele tenta, então, uma manobra inteligente: propor "aos judeus" que escolham entre libertar Jesus ou Barrabás, o que se chamava "A anistia pascal". É verdade que nem a Sagrada Escritura nem as fontes judaicas contemporâneas (Fílon) nem tardias (Flávio Josefo, textos rabínicos) fornecem pistas a respeito desse curioso "costume", e os escritos romanos também nada dizem a respeito. Apenas os quatro Evangelhos são unânimes em atestá-lo. No entanto, este episódio tem toda a aparência de realidade e pode ser explicado pelo fato de que este hábito seja peculiar a Pilatos que, prefeito plenipotenciário, poderia derrubar o processo a qualquer momento no quadro da *cognitio extra ordinem*[91]; é, ademais, o que claramente sugere São João, ao escrever: "Mas vós tendes um costume de que eu vos liberte alguém na Páscoa" [ἔστιν δὲ συνήθεια ὑμῖν ἵνα ἕνα ἀπολύσω ὑμῖν ἐν τῷ πάσχα] (Jo 18,39). Pilatos está no posto há vários anos e, para registrar suas boas intenções em relação aos judeus, estabeleceu este "costume" de anistia pascal em benefício de um malfeitor, um bandido (λῃστής), capturado e encarcerado pelos romanos. Este é o tipo de detalhe que não se inventa caso não tenha realmente existido, porque qualquer um poderia verificar sua exatidão[92]. A virada acontece de maneira dramática quando é pronunciado o nome de César: "Se você o libertar, você não é amigo de César: pois quem se faz rei, se opõe a César. "Então, diz São João, "Pilatos, ouvindo estas palavras, trouxe Jesus para fora e foi sentar no tribunal". Isso significa que os debates anteriores, dentro e fora do tribunal, eram apenas conversas privadas: Pilatos estava, então, agindo como árbitro e não como juiz. Agora, o prefeito aplica um procedimento judicial que aparece precisamente no início do Império Romano e que se chama *cognitio extra ordinem*: caracteriza-se pelo fato de que a sentença não é mais pronunciada por uma pessoa privada designada como juiz, mas por um magistrado ou um funcionário imperial em nome do imperador[93]. E é nesse momento preciso que Pilatos volta à acusação política de uma realeza efetiva reivindicada pelo próprio acusado (mesmo que Pilatos não acredite nisso): "Hei de crucificar o vosso

---

90 Como tampouco Herodes Antipas, além disso, "uma vez que ele o enviou a nós", diz especificamente Pilatos.

91 Mommsen & Duquesne, 2014, vol. 2,3.

92 O debate sobre essa questão continua vivo. Há um excelente resumo dele em Messori, 2002, p. 75-84.

93 Cf. Berger, 1953; 2004, p. 394.

rei?" Os sumos sacerdotes responderam: "Não temos rei senão César!" Então ele lhos entregou para ser crucificado" (Jo 19,15-16). Pilatos cedeu à ameaça de denúncia junto ao imperador proferida por seus adversários do dia. Ele confirma, então, a acusação que fora objeto do interrogatório (18,33-37), isto é, o crime de lesa-majestade denunciado pelos sumos sacerdotes (19,12). Mas na realidade, é por medo de uma sanção pessoal que o prefeito condena Jesus. E que medo foi esse? Presumivelmente o de perder o *status* particular de que ele parece ter recebido graças à generosidade de seu amigo Sejano (morto algum tempo antes, em 18 de outubro de 31), ou seja, a dignidade de "amigo de César" (*Amicus Caesaris*), como o qualificam, aliás, "os judeus" em Jo 19,12, e que fazia dele o representante pessoal de Tibério e seu homem de confiança[94]. O motivo político foi apenas um pretexto conveniente.

Jesus é conduzido, carregando sua cruz, isto é, o *patíbulo*, a travessa, para o Gólgota, o lugar do crânio, onde é crucificado entre dois bandidos (*lèstai*), na véspera da Páscoa, em 14 nisân. Um letreiro, o *titulus*, é colocado na cruz; Pilatos mandou escrever o motivo oficial da condenação: "Jesus o Nazareno, o rei dos judeus" nas três línguas oficiais da província: Hebraico, Grego e Latim[95]. Ao pé da cruz estão sua mãe, a irmã de sua mãe, Maria, esposa de Clopas, Maria de Magdala e o discípulo a quem Jesus amava. Jesus morre rapidamente: Marcos informa que Pilatos ficou surpreso por Ele já estar morto (Mc 15,44), e pede a confirmação do centurião encarregado pela execução. Então, o corpo é descido da cruz e colocado em um túmulo novo. Jesus havia começado sua vida terrena envolto em panos e depositado em uma manjedoura em uma gruta (Lc 2,7), e aqui ele a termina envolto em panos e colocado em um sepulcro. Uma pedra é rolada na frente da entrada... Silêncio e escuridão da tumba.

---

94 Daí a menção do misterioso *Tiberieum* na inscrição de Pilatos descoberta em 1961 no teatro de Cesareia? (cf. Dubuisson, 1999, p. 136). Essa inversão de Pilatos pode ser explicada da seguinte forma: o Imperador Tibério, tendo se aposentado na ilha de Capri no ano 26, deixou a regência para Sejano, seu homem de confiança. Ora, este era ferozmente antijudaico e foi ele, muito provavelmente, que favoreceu a nomeação de Pilatos como prefeito da Judeia, pois ele era, então, quase plenipotenciário, tinha uma influência muito grande no imperador, e porque Pilatos era indubitavelmente tão antijudeu quanto ele (cf. os episódios das insígnias, do aqueduto, dos escudos etc. citados por Flávio Josefo 18, 18). Mas Sejano cai em desgraça em 31 e é executado em 18 de outubro do mesmo ano. Em 32, Tibério promulga um decreto proibindo maus tratos aos judeus. Ora, os Evangelhos nos apresentam um Pilatos que reconhece que Jesus é inocente e quer libertá-lo, indo assim contra a vontade das autoridades judaicas; e, no entanto, o prefeito finalmente atende à exigência delas ao ouvir as palavras: "Se você o libertar, você não é amigo de César". Em suma, pode-se pensar que a atitude de Pilatos tenha mudado porque ele ficou com medo da reação de Tibério caso as autoridades judaicas fossem se queixar a ele, pois seu protetor, Sejano, não estava mais lá para defendê-lo.

95 A Basílica Santa Cruz de Jerusalém, em Roma, mantém desde 1492 um fragmento de um pedaço de madeira que, segundo a tradição, é uma peça deste famoso *titulus*. A peça é de nogueira, pesa 687g e mede 25cm×14cm, com espessura de 2,6cm. Ele teria sido escondido no topo de uma abóbada da basílica na época da invasão dos godos no séc. V e redescoberto mil anos depois. Distinguem-se três linhas de escrita, hebraico, grego e latim ([IES] US NAZARENUS RE [X] para o latim). Essa relíquia divide a comunidade científica, alguns paleógrafos defendendo a datação do séc. I, outros refutando-a, com base em uma análise do C^{14} que apontaria a datação da madeira no séc. XI, aproximadamente. Para a historiadora Maria-Luisa Rigato (2005), este letreiro deve ser uma cópia fiel do *titulus* original.

4 A ressurreição é um evento histórico?

A história poderia ter parado ali, e ninguém teria contestado a historicidade dos Evangelhos, mesmo que tenham sido escritos. Os episódios de curas milagrosas, por exemplo, teriam sido colocados na conta de uma taumaturgia relativamente comum na época ou relacionados à credulidade das populações ignorantes e incultas dessas regiões pobres. Os exegetas racionalistas não teriam sentido a necessidade, para reconstituir a vida real de Jesus, de extrair o ser humano de sua lenda, de eliminar as alterações do corpus neotestamentário a fim de determinar seu núcleo "puro[96]. No entanto, algo aconteceu, algo sério, incontornável, extraordinário, um evento transcendente que impulsionou as pessoas a superarem seu medo e proclamarem abertamente e diante do mundo sua fé em Jesus de Nazaré. Os Evangelhos nos dizem, com efeito, que três dias após sua morte (atestada pelos romanos de acordo com Mc 15,44-45), Jesus ressuscitou e apareceu vivo aos seus discípulos em seu corpo carnal transfigurado. João dedica todo o seu capítulo 20 a isso mencionando o túmulo encontrado vazio, a aparição a Maria Madalena, em seguida, aos discípulos. O fenômeno é ainda mais difícil de admitir por ser o próprio conceito de ressurreição "francamente estranho ao pensamento greco-romano[97]. Uma coisa é certa: o cristianismo nunca teria existido se os apóstolos mesmos não houvessem acreditado no Cristo ressuscitado, e a própria personalidade de Jesus de Nazaré nos seria, provavelmente, desconhecida. Este fenômeno da ressurreição afetou a sensibilidade dos discípulos de Jesus de uma maneira particular, tanto física como moralmente; algo raro e surpreendente aconteceu, e como tal, entrou na história. Há dois mil anos a Igreja tem transmitido esta informação sem interrupção e de maneira idêntica, isto é, sem alteração. O historiador é assim autorizado a se interrogar sobre esta informação, a investigar[98], a fim de determinar se é verdadeira, verossímil ou falsa. Há muito tempo já, como vimos,

---

96 Um exemplo muito ilustrativo pode ser dado com o trabalho de Thomas Jefferson (1743-1826), o terceiro presidente dos Estados Unidos, que tinha muito interesse na figura ce Jesus e nos problemas relacionados com a historicidade dos Evangelhos. Ele estava convencido de que "um cristianismo purificado poderia promover a saúde moral nas condições que prevaleciam [...] na América do séc. XVIII" (Boorstin, 1960 p. 156). Ele escreveu um livro ambicioso para este fim intitulado *The Life and Morals of Jesus of Nazareth extracted textually from de Gospels in Greek, Latin, French and English*, em 1880, em que aquilo que é omitido dos Evangelhos é muito mais revelador do que o que é retido. O começo e o final do texto do Evangelho desapareceram: não há mais história da infância, não há mais prólogo joanino e um fim que é um amálgama de Jo 19,42 ("Por causa da preparação dos judeus, como a tumba era próxima, foi lá que depositaram Jesus") com a segunda parte de Mt 27,60 ("...então [José] rolou uma grande pedra na entrada do túmulo e foi embora"). Ponto-final. O Jesus que transparece da obra de Thomas Jefferson tornou-se o maior reformador da religião judaica, uma figura bastante aceitável aos olhos da exegese histórico-crítica, isto é, livre de qualquer elemento "impuro", de alguma forma catarsizado.

97 Oepke, 1979 apud Bowersock, 2007, p. 130. Na literatura greco-romana há exemplos de "ressurreição" após a morte no corpo de origem, mas se trata de "morte aparente". O primeiro exemplo se encontra no romance de Antoine Diogène, *Les merveilles au-delà de Thulé*, datado da segunda metade do séc. I d.C. (cf. Bowersock, 2007, p. 127-149). A ressurreição "da carne" é inconcebível para os espíritos da época e explica a reação irônica dos filósofos epicuristas e estoicos de Atenas, então membros do Areópago após o anúncio da ressurreição de Jesus por São Paulo (At 17,18-34). Os casos de "ressurreição" em romances greco-romanos são explicados em Bowersock, 2007, p. 132-140.

98 Este é o significado principal da palavra grega ιστορία (*historia*) que significa "pesquisa", "informação", "investigação"

tem-se interrogado, por um lado, sobre a credibilidade dos Evangelhos e, por outro, sobre o milagre da ressurreição. Para muitos dos nossos contemporâneos, os relatos evangélicos são, mais ou menos, contaminados com erros, portanto, historicamente pouco confiáveis; quanto à ressurreição, é realmente impossível, pois milagres não existem. Portanto, a historicidade da ressurreição é uma dupla desinformação.

Maurice Pergnier explicou por que a ressurreição de Jesus está diametralmente oposta ao mito[99]. De fato, o mito sempre situa o evento reportado em um passado distante, sem relação com as pessoas que vivem no presente; esse evento é sempre apresentado como extraordinário, mas independente: não é, portanto, objeto de admiração particular; ele apresenta sua narrativa como a única explicação possível e aceitável para o fenômeno que reporta. Ora, as narrativas da ressurreição de Jesus, pelo contrário, são bem-determinadas em um tempo e um lugar; elas fornecem uma grande riqueza de detalhes sobre as pessoas que afirmam ter vivido o evento; essas pessoas testemunharam, às vezes, até a morte, a realidade deste evento, porque a força, a coragem e a fé que elas demostraram resultavam exatamente do caráter extraordinário deste evento, que contradizia suas expectativas. Estas testemunhas foram surpreendidas pelo túmulo vazio e o desaparecimento do cadáver (não pode haver ressurreição se não houver sepulcro vazio!). Como vimos, essa foi a razão por que João, o *kôhen*, entrou nele depois de Pedro. Ninguém contestou que o túmulo estivesse vazio[100]. Trata-se de uma desinformação? São Mateus, no trecho citado na nota 100, dá um bom exemplo de desinformação da parte dos sumos sacerdotes que mentem sobre um fato e compram o silêncio das testemunhas diretas ordenando-as de propagar uma informação fabricada para manipular a "opinião pública"[101]. Se os apóstolos tivessem removido o corpo e elaborado uma explicação plausível, como explicar então que os quatro Evangelhos não contam todos essa história exatamente da mesma maneira? Como explicar que depois de ver Jesus, eles proclamaram a "Boa--nova" dizendo que Ele havia ressuscitado quando seria muito mais fácil encorajar os incrédulos a irem constatar que o corpo de Jesus não estava mais no túmulo. Como bem mostra Maurice Pergnier, "os únicos a se impressionarem com o milagre, são eles mesmos!" (2006, p. 80). Frank Morison (aliás, conhecido como Albert Henry Ross) escreveu em 1930:

---

99 Pergnier, 2006, p. 206-207.

100 Mateus especifica que os sumos sacerdotes estavam intrigados com o que lhes havia dito Jesus sobre sua ressur-reição e que "eles foram [...] e se asseguraram a respeito do sepulcro, selando a pedra e pondo uma guarda" (27,62-66). Então, ouvindo a notícia do desaparecimento do corpo de Jesus, "estes (os sumos sacerdotes) se reuniram com os anciãos e, tendo deliberado, deram aos soldados uma grande soma de dinheiro com a seguinte instrução: "Vocês dirão isto: os discípulos dele vieram de noite e roubaram o corpo enquanto dormíamos. [...] Os soldados pegaram o dinheiro, executaram a ordem e esta história se espalhou entre os judeus até hoje" (Mt 28,12-15).

101 Pergnier, 2006, p. 14, 78-79.

De todos os documentos antigos emerge a impressão persistente de que era considerado notório que o sepulcro estava vazio [...]. Além disso, é interessante notar que não há nenhum registro – seja na Bíblia ou em um documento apócrifo, incontestavelmente da antiguidade – de que alguém, quem quer que seja, tenha alguma vez prestado homenagem ao túmulo de Jesus Cristo[102].

E por um bom motivo! Por que honrar um túmulo que, na realidade, não era (ou mais) um túmulo? Parafraseando William Lane Craig (*Reasonable Faith*), se o Messias que se segue é crucificado e morre, ou vai-se para casa ou encontra-se outro. Mas a ideia de roubar o corpo de Jesus para dizer que Deus o ressuscitou dos mortos, é de tal ingenuidade que é risível.

Existem muitos outros indícios em favor da probabilidade (se não da autenticidade) da ressurreição como, tornando-se corajosos eles que eram covardes ("e abandonando-o, todos eles fugiram" ou a negação de Pedro ou o testemunho das mulheres que são as primeiras testemunhas do evento. Muitos outros argumentos foram apresentados a favor ou contra a historicidade da ressurreição[103]. Nós remetemos o leitor interessado a essas obras[104].

Sabemos que há pessoas dispostas a morrer por algo que elas acreditam ser verdade, mas alguém ofereceria a vida por algo que soubesse ser falso? Se a ressurreição de Jesus é ao mesmo tempo um mistério para os crentes e um enigma ou uma mentira para os outros, a resposta a esta pergunta deve ser inequívoca: não!

---

102 Morison, 1987 apud Legras, 2015, p. 41.

103 P. ex.: o corpo de Jesus foi roubado (mas por quem? os judeus?, os romanos?, os apóstolos?); Jesus não morreu de fato; as mulheres se confundiram de túmulo; os discípulos todos tiveram alucinações. Mas se o corpo de Jesus foi roubado, por que deixar as tiras e o sudário no lugar? Teria sido muito mais fácil levar tudo (corpo e mortalha)! Se os discípulos roubaram o corpo de Jesus, por que eles morreram alegando que ele havia ressuscitado? E se foram os judeus ou os romanos os ladrões, por que eles nunca disseram ou mostram seus restos mortais? Mas, se a ressurreição aconteceu, por que os guardas não foram testemunhas? Não é curioso notar que o que fundamenta a fé dos cristãos, ou seja, a ressurreição de Jesus, era precisamente um assunto discutido e disputado entre fariseus e saduceus da época? (At 23,6-9). Compreende-se também todo o interesse e a importância do *Testimonium flavianum*, que seria a única passagem não cristã a evocar a ressurreição de Jesus!

104 Cf. Craig, 1985; 1994; Baslez; Mainville & Marguerat. 2001.

Parte V

Conclusão

Não se consegue entender uma obra e seu autor sem fazer referência a seu contexto histórico geral. Pode soar totalmente desnecessário, mas entendemos que nunca é inútil relembrar o óbvio. A figura de Jesus de Nazaré e a natureza das narrativas evangélicas não podem ser entendidas sem colocá-las em uma perspectiva histórica geral.

O Evangelho, isto é, o anúncio e a divulgação da "Boa-nova" no mundo, inscreve-se em um quadro mental particular responde a uma expectativa específica: a do retorno a uma idade de ouro! Mircea Eliade colocou em evidência, por um lado, a especificidade do monoteísmo judaico e cristão em comparação com os politeísmos ambientes e, por outra parte, o que ele chama de apocatástase[1]. O monoteísmo se singulariza no sentido de que, uma vez que Deus se revela à humanidade, essa revelação divina integra a história como um evento espaço-cronológico particular que, consequentemente, não tem a ver com o mito. Daí a demarcação do monoteísmo em comparação com as crenças arcaicas segundo as quais o tempo é cíclico: como a Revelação é única, ela marca o começo de uma história que é linear (porque existe um "antes" e um "depois" da única Revelação) e se dirige a um objetivo, um fim, que será a regeneração de toda a criação e o desaparecimento da história. Ao mesmo tempo, Eliade observa que nos séculos II e I a.C., a noção de apocatástase aparece na sociedade greco-romana ecoando uma teoria presente em algumas sociedades primitivas, ou seja, o mito da destruição universal. O mundo será destruído pelo fogo, e então os bons (que terão sido poupados) viverão na eterna beatitude. O historiador das religiões constata uma concepção semelhante em certas crenças persas onde o mundo é destruído pelo fogo e pela água. Em todo caso, este evento "apocalíptico" marca o começo de uma nova era, o advento de um tempo melhor que os antigos chamavam de "Idade de Ouro"[2].

---

1 A palavra *apocatástase* aparece apenas uma vez na Bíblia, em At 3,21: *apokatastasis pantôn* significa "restauração universal" ou "(r)estabelecimento de tudo".

2 Eliade, 1969 [trad. nossa].

Ora, vimos que a palavra "evangelho" usada por São Marcos – assim como São Mateus (4,23; 11,5) e São Lucas (1,19) – se insere, de alguma forma, em uma tradição bem-estabelecida de anúncio de Boas-novas para a salvação do mundo (cf. nota 5, p. 110): o nascimento do futuro Augusto é instituído como "começo de vida" nas inscrições de Priene, Majônia, Apameia etc. O anúncio da vinda de Jesus e a difusão de seu ensinamento respondem, assim, a uma prática já conhecida, inclusive, e a uma expectativa profunda da sociedade judaica, mas também greco-romana e oriental (em sentido amplo). Portanto, ver nas narrativas evangélicas uma espécie de elétron livre oriundo do nada e sem um pano de fundo religioso, até sociocultural, não tem qualquer fundamento.

Defender isso não reduz, no entanto, a mensagem cristã a um anúncio particular, entre outros, mas visa estabelecer sua *verossimilhança* em um contexto sociocultural mais amplo, sem deixar de salientar sua originalidade e estabelecer as razões para o seu sucesso.

De acordo com os relatos evangélicos, Jesus entra na história em um momento bem preciso e em uma região muito particular da Oecumene. Os Padres da Igreja não deixaram de traçar uma aproximação entre a sua natividade e o anúncio, feito por Virgílio (70-19 a.C.) na quarta écloga de suas *Bucólicas*, do nascimento de uma criança divina:

> A última idade chegou, predita pela Sibila,
> A grande ordem dos séculos, ei-la que renasce.
> Também já retorna a Virgem, volta o reino de Saturno;
> já uma nova progênie desce dos mais altos céus
> Tu, ó casta Lucina, sê propícia ao menino que está para nascer,
> com o qual primeiramente a idade do ferro cessará
> e a do ouro surgirá em todo o mundo.
> Já reina o teu Apolo[3].

O Imperador Constantino, presidindo o primeiro conselho de Niceia (em 325) interpretou essa écloga virgiliana como uma profecia especificamente romana de Cristo de quem ele, imperador de Roma, como Augusto, era o representante terreno. Em si, isso não deveria nos surpreender, na medida em que, nas palavras de Richard Faber, "o catolicismo é o produto de uma helenização e uma romanização do cristianismo primitivo"[4]. A época é propícia às mensagens de caráter soteriológico e, ao lado do cristianismo, vemos configurar-se inúmeros cultos e religiões salvíficas. Mas,

---

3 Tradução nossa.

4 Faber, 1987, n. 58, p. 10.

por razões que não precisamos desenvolver aqui[5], é a mensagem do Evangelho que acaba prevalecendo, certamente por razões políticas, mas também, e principalmente, em nossa opinião, por razões mais profundas que tocaram as almas e os corações.

* * *

Nós tentamos ao longo destas páginas mostrar que os relatos evangélicos poderiam ser considerados *a minore* como *verossímeis* ao serem colocados em perspectiva com o que sabemos do contexto geral do século I da nossa era, ao passo que sua rejeição *a priori* sob o pretexto de que eles mencionam milagres inexplicáveis, portanto impossíveis, é cientificamente inadmissível. Podemos observar nessas narrativas – cujo texto foi estabelecido de acordo com critérios científicos extremamente rigorosos –, a sua conformidade com o ambiente geográfico, sociológico, religioso, político e cultural do século I: "Toda a história de Jesus considerada em si mesma, em sua pregação, em suas relações com seus inimigos, com os discípulos, com a multidão, portanto, é perfeitamente verossímil![6] Não se trata de adotar uma posição radical (alguns dirão fundamentalista) e a-científica aceitando em bloco e sem questionamentos ou discernimento tudo o que os Evangelhos relatam; mas, ao contrário, trata-se de considerar que o que sabemos hoje graças às disciplinas científicas exegéticas e históricas não justifica de forma nenhuma devolver esses testemunhos às masmorras do passado sob o pretexto de que eles resultam de uma visão confessional da história. René Latourelle escreveu, já faz quarenta anos:

> A consideração do gênero literário "Evangelho", os dados da crítica externa [...], o conhecimento do ambiente em que a tradição evangélica foi formada[...], o modo de transmissão oral em ambiente judaico, permitem uma confiança global nos Evangelhos, uma disposição favorável, uma "presunção de autenticidade". O historiador não tem razão alguma para abordar os Evangelhos com um senso de suspeita ou de agressividade. Presumi-los, no entanto, sem permanecer vagos e sem fundamento, deve implicar submeter o material evangélico a todas as exigências de uma verificação crítica e rigorosa. Uma vez realizada essa verificação, recorrendo-se aos critérios de autentici-

---

5 Sobre este assunto, cf. de Broglie, 1885, p. 351-362; Vouga, 1998; Baslez, 2011. Podemos, de fato, nos perguntar por que isso foram as ações, a mensagem e o ensinamento de Jesus de Nazaré que finalmente triunfaram, e não as dos "messias" e outros "profetas" como Teudas (ou Tadeu), o profeta egípcio anônimo, Ezequias, o Galileu, Judas de Gamala, Simão o escravo, Anthroges o Pastor, Simão bar Giora de Gerasa, Menahem ben Judas da Galileia ou Simão Bar Kokhba que, aparentemente, respondiam muito melhor às aspirações de seus correligionários. No fim das contas, o que levou as pessoas a seguir Jesus e seus pobres apóstolos, que pregavam senão o amor a Deus e ao próximo, sem nada esperar do mundo, ou seja, nem glória, nem riquezas, nem poder?

6 Lagrange, 1924, p. 126.

dade, sua presunção inicial [...] se torna uma certeza, criticamente fundamentada[7].

"Sobre os autores dos Evangelhos, não há nada que permita afirmar que não sejam aqueles cujo nome neles constam. Os testemunhos de Papias, que escreveu nos anos 130, ou de Clemente de Alexandria, que morreu por volta de 215"[8], se referem aos antigos presbíteros, esses cristãos da segunda geração que preservaram as tradições recebidas das testemunhas da primeira geração (apóstolos e discípulos). Toda a tradição posterior dependerá desses dois testemunhos. Ora, Papias e Clemente estão de acordo sobre a identidade dos autores dos Evangelhos, embora divirjam quanto à ordem em que escreveram seu testemunho. É a partir de Santo Irineu († 202) que a ordem do cânon das Escrituras se tornará Mateus, Marcos, Lucas e João. De qualquer modo, vindo de fontes arcaicas diferentes, essa informação sobre os autores dos Evangelhos pode ser considerada certa de acordo com os critérios da história. Na realidade, a ambiguidade vem do fato de que para muitos comentadores atuais, Mateus, Marcos, Lucas e João designam em primeiro lugar *um texto,* texto que tem a autoridade de um testemunho apostólico, isto é, vindo dos apóstolos ou dos seguidores próximos de Jesus ou Pedro e Paulo.

Sobre a redação dos Evangelhos, o debate é muito mais intenso. Embora os primeiros relatos das testemunhas oculares não tenham chegado a nós, acreditamos, no entanto, que partes significativas desses testemunhos foram mantidas nos quatro relatos evangélicos. Na verdade, estamos equivocados sobre o fundo do problema, porque não é tanto *da escrita* em sentido próprio que se trata quanto da *formatação definitiva* dos textos do Evangelho. Todos concordam em afirmar que dois processos entraram em cena: a transmissão oral e a escritura. É evidente que a ação de Jesus e suas palavras marcaram a mente de seus contemporâneos que não deixaram de falar sobre isso e recontar ao seu entorno aquilo que eles tinham testemunhado. Nada de mais natural, afinal. E como ficou demonstrado pelas pesquisas e trabalhos sobre a oralidade[9], uma memorização em forma de colares estruturados é totalmente plausível. O oposto disso é que seria surpreendente! Podemos ainda considerar que com uma taxa de alfabetização da população de cerca de 10-15% aproximadamente[10] alguns daqueles que seguiam Jesus relatavam em forma de mais notas mais ou menos longas, com mais ou menos detalhes, os eventos que eles haviam testemunhado[11]. Isso é o que

---

7 Latourelle, 1974, p. 618.

8 Apud Eusébio de Cesareia, *Hist. Eccl.*, 3,39,15-16; 4,14,5-7.

9 Remetemos aos trabalhos de Pierre Perrier e Frédéric Guigain citados na bibliografia.

10 Números em Gamble, 2012, p. 21.

11 Baslez, 2007, p. 12 evoca as técnicas de estenografia que aparecem no séc. I d.C., no mais tardar, e que mencionam a *Vida de Apolônio de Tiana* no séc. I d.C. Na realidade, se acreditarmos em Diógenes Laércio (*Vitae* 2,6,48), a

se pode claramente compreender a partir do que diz Lucas em seu prólogo (1,1-4). Então, onde está a dificuldade? Em nossa opinião, está no processo de *formatação* dos Evangelhos. É claro que Mateus, Marcos, Lucas e João não escreveram tudo logo no início e nem de uma só vez os seus textos da forma como eles chegaram até nós[12]. São, antes, o resultado de um processo que foi se definindo durante certo tempo e que se compreende sob a expressão grega *Evangelion kata Lukam*, que significa "Evangelho de acordo com (ou segundo ou conforme) Lucas" (ou Mateus ou Marcos ou João)[13]. Várias tradições (ou fontes) ajudaram a "formar" os relatos evangélicos, tais como os conhecemos hoje: coletivo de memórias pessoais, de experiências transmitidas oralmente e escritos diversos em hebraico ou em aramaico; tradução para um grego idiomático; formatação definitiva em grego corrente, o da *koiné* do século I. É neste ponto, parece-nos, que opiniões divergem: esta formatação final é resultado do trabalho de um só homem (por que não com alguns assistentes), testemunha de primeira mão ou de segunda mão, ou uma "comunidade" tardia a partir de depoimentos diversos e variados? Trata-se de recobrir simplesmente com a autoridade de Lucas (ou de Mateus, de Marcos ou de João) um relato da vida e do ensino de Jesus ou, como afirma a tradição, podemos ver nesta fórmula a indicação dos autores reais? E esta formatação dos Evangelhos começou desde muito cedo ou muitos anos mais tarde? Estas questões não podem ficar sem resposta, daí o interesse de tratar da *verossimilhança* dos relatos evangélicos. De fato, o estudo das informações de caráter histórico (em sentido amplo), de que eles estão repletos, tende a mostrar que não há sinal de qualquer "erro factual" a propósito dos nomes de pessoas ou de lugares, das funções, da ortopraxia religiosa, dos procedimentos políticos ou judiciais etc. E essa precisão, essa exatidão até nos detalhes não pode deixar o historiador indiferente. Isso significa alguma coisa. Como explicar, por exemplo, que um historiador tão

---

estenografia (ou taquigrafia) teria existido em Atenas desde o séc. IV a.C., mas é realmente atestada na Grécia a partir do séc. II a.C. Em Roma, os sinais taquigráficos (chamados *notae "tironianae"*, do séc. XVII em diante, do nome do libertado de Cícero, Tirão, que seria o seu inventor em 63 a.C.) são amplamente evocados por Cícero, *Epistolarum ad Atticum* 13,32; Plutarco, *Vida de Catão o Jovem*, 23; Sêneca, *Ad Lucilium epistularum moralium*, Carta 2,90; Suetônio, *De Uita Caesarum*, 8,3; etc. Sobre este assunto, cf. Humphrey, 2006. Como o hebraico e o aramaico são alfabetos consonantais (sem vogais), provavelmente não seria necessário recorrer a esse tipo de escrita rápida, embora tenha sido anotado entre os sassânidas iranianos que falavam o pehlevi (uma variante do aramaico), uma redução no número de letras (de 22 para 13), provavelmente no intuito de escrever rapidamente. Esse fenômeno, até onde sabemos, não foi observado na Palestina (cf. Lecoq, 2017, p. 45).

12 Lembremos que a divisão dos livros em capítulos na Bíblia latina, p. ex., deve-se a Étienne Langton, professor da Universidade de Paris em 1214, e que a divisão em versículos foi introduzida em 1555 na edição publicada por Robert Étienne.

13 Lembremos também da injunção feita de Mt 24,15-16, quando ele escreve: "Quando virdes o abominável devastador, predito pelo Profeta Daniel, instalado no Lugar Santo, – leitor, fique atento! – então os habitantes da Judeia fujam para as montanhas [...]", que prova que houve de fato um trabalho de redação, de formatação, *após* o discurso de Jesus que, naturalmente, não pronunciou este alerta com essa formulação uma vez que Ele ensinava as multidões oralmente.

escrupuloso como Tácito erre quando fala do *Procurador* Pôncio Pilatos – que na verdade era *prefeito* – sendo que ele viveu apenas trinta anos depois dele? Esse tipo de confusão não consta nas narrativas evangélicas. Pode-se explicar essa exatidão pela alta datação dos relatos evangélicos ou tudo isso se deve apenas à notável erudição dos redatores anônimos tardios?

* * *

A questão que se coloca é esta; este é o âmago do debate sobre a historicidade dos Evangelhos. Ela se colocou desde muito cedo. Desde os séculos XIV-XV, a escolástica é questionada[14] particularmente em sua maneira de estudar e explicar a Sagrada Escritura que abusava do comentário alegórico[15]. No século XVII, estudiosos como Richard Simon (1638-1712) ou Jean Astruc (1684-1766) darão nascimento a uma verdadeira exegese crítica resultante, não do "século das Luzes[16]", mas que planta suas

---

14 De fato, ela tem sido objeto de emendas e questionamentos por muito tempo. O exemplo de Pedro Abelardo (1079-1142) é sintomático desse questionamento sutil e respeitoso da interpretação das escrituras sagradas. Filósofo e intelectual talentoso, um formidável dialético, ele marcará seu século no campo da lógica e da análise da linguagem. Como teólogo e crente, ousará abordar a ciência sagrada, mas com o método e o rigor do filósofo para enfrentar a fé e a razão. Em seu escrito *Sic et Non* ("Sim e Não"), ele reúne uma grande quantidade de frases contraditórias tiradas da Bíblia e dos Padres da Igreja. Ele mostra com isso que os textos das autoridades necessitam uma exegese e não devem ser adotados sem críticas. Desse modo, fornece uma contribuição considerável para o desenvolvimento do método escolástico, para expor diferentes opiniões e suas razões, avaliá-las, e para encontrar uma solução na medida do possível. Sobre isso, cf., Jolivet, 1994; Geldsetzer, 2002.

15 Na Idade Média, dizia-se: *Littera gesta docet, quod credas alegoria, Moralis quid agas, quo tendas anagogia* ["O sentido literal ensina o que aconteceu, o sentido alegórico o que se deve crer, o sentido moral o que é preciso fazer, e o sentido anagógico aquilo para o qual é necessário tender"].

16 O trabalho dos "filósofos do Iluminismo" em questões exegéticas é nulo. Voltaire ou Diderot se contentam em criticar a Bíblia de maneira virulenta simplesmente porque abominam a Igreja Católica. "Os princípios da crítica bíblica praticada por Voltaire são simples: ele teimosamente adere à letra do texto, e recusa qualquer interpretação alegórica e espiritual, qualquer justificação histórica ou estética, é insensível à grandeza poética das narrativas bíblicas" (Pons, 1994, p. 25). No espírito dos fundadores e enciclopedistas – Turgot, Voltaire, Condorcet – a noção e a própria expressão "filosofia" tinha um valor controverso: ser "filósofo" era contrapor as "luzes" da razão humana às "superstições e preconceitos" do obscurantismo religioso, e adotar uma atitude crítica e cética em relação ao catolicismo. "Acreditando que a fé e a tradição cristãs haviam enriquecido grandemente o retrato daquele em quem elas reconheceram o Cristo e Senhor, que, para tanto se basearam em lendas e mitos, enfatizou-se a necessidade de retornar ao verdadeiro Jesus, isto é, ainda não deformado" (J. Schlosser 1999: 16). No entanto, encontramos na *Enciclopédia* (1745-1772) de Diderot e d'Alembert, sob a ocorrência "Evangelho", uma posição bastante em consonância com o defendido então pela Igreja: uma redação precoce de narrativas evangélicas (Mateus, por volta do ano 41, escreveu o primeiro Evangelho em hebraico ou siríaco antes de ser traduzido para o grego, Marcos escreveu por volta de 44, em Roma e em grego; Lucas, natural de Antioquia, escreveu seu trabalho por volta de 63, também em grego, João, por sua vez, chegou em 98, quando voltou de Patmos); uma lista detalhada e comentada dos Evangelhos apócrifos; uma justificativa da autenticidade dos Evangelhos canônicos tanto pela tradição multisecular uniforme e constante, quanto pelos mistérios (i. é, milagres) que eles contêm, que "não são nem extravagantes nem indignos da majestade de Deus, como os devaneios que encontramos nos *Evangelhos* apócrifos". Isso não deve surpreender o leitor, porque "o que caracteriza a *Enciclopédia* é, acima de tudo, ter sido uma coleção crítica: crítica dos saberes, na sua elaboração, transmissão e representação, crítica também da linguagem e dos preconceitos veiculados pelo uso de proibições de pensamento, especialmente de

raízes no século XVI para desenvolver prudentemente seus requisitos de racionalidade no século XVII com Meyer, Spinoza e Descartes[17].

De fato, os textos evangélicos representam um problema: por um lado, neles se podem destacar divergências, variações, adições, "camadas" de escrita diversas (mas vimos que essas "variantes textuais" são inócuas em sua imensa maioria[18]), e por outro lado, porque há muitos milagres, muito de sobrenatural, que, *a priori*, afeta essas narrativas. É isso que os racionalistas denunciam desde o século XVIII. Mesmo que, desde São Jerônimo, haja um consenso em reconhecer que os Evangelhos foram escritos em grego (entende-se, sua versão final), é indiscutível que o fundo semítico está bem presente na forma (palavras, expressões, construção frasal) como no fundo (maneira de apresentar as coisas, explicar ou pensar um evento)[19], porque com a exceção (talvez) de Lucas, os evangelistas eram judeus. É igualmente claro que os Evangelhos mostram um excelente conhecimento do ambiente judaico da virada de nossa era, de sua sociologia, de sua história, de sua geografia, da sua flora etc. É o que mostraram os trabalhos do Professor Peter Williams, diretor da *Tyndale House* de Cambridge, especialista em grego no Novo Testamento, que estudou, particularmente, o uso e a pertinência dos nomes próprios que aparecem ali. E seus resultados são surpreendentes! (cf. anexo 2)[20].

---

autoridade, e de dogma. E deste trabalho, para o qual colaboraram céticos, huguenotes, ateus e até piedosos abades, brotou e jorrou a uma verdadeira polifonia" (Leca-Tsiomis, 2006, § 11).

17 Baruch Spinoza (1632-1677) escreveu: "A regra universal a ser colocada na interpretação da Escritura é não atribuir a ela outros ensinamentos do que aqueles que a pesquisa histórica nos mostram muito claramente que ela nos deu" (*Tratado teológico-político*, capítulo 7, § 5: "Da interpretação das Escrituras"). "Ele instaura desse modo a ideia de que é com os mesmos métodos que se deve estudar todos os fenômenos, os naturais como os que se pretendem sobrenaturais. Estudar a Bíblia deve-se fazer com as mesmas ferramentas racionais, com os mesmos métodos, colocando-se as mesmas perguntas que quando se estuda a natureza" (conferência do P. Antoine Guggenheim de 29/01/2009, Collège des Bernardins).

18 "Assim, para quase dois terços de texto do Novo Testamento, as sete edições do Novo Testamento grego que examinamos estão em total conformidade, sem outras diferenças além de detalhes ortográficos (a grafia dos nomes, p. ex. etc.). [...] Esse resultado é bastante notável, o que demonstra uma concordância muito maior entre os textos gregos do Novo Testamento ao longo do século passado do que os especialistas dos textos teriam imaginado [...]. Por mais de 250 anos, os especialistas do Novo Testamento insistiram que nenhuma variante textual afetava qualquer elemento-chave da doutrina cristã" (Aland & Aland, 1995). Quanto às contradições nos Evangelhos, devemos lembrar que elas são relativamente frequentes sempre que um historiador procura reunir os testemunhos para escrever uma história. P. ex., Tucídides (c. 460-400 a.C.) em *A Guerra do Peloponeso*, 1,22 não deixa de enfatizar: "Esta pesquisa não foi fácil, porque aqueles que participaram dos eventos não os relatavam da mesma forma e falavam de acordo com os interesses de seu partido ou de acordo com suas recordações variáveis" (Tradução ao francês de Jean Voilquin, Paris, s.d. em acesso direto em remacle.org).

19 Como mostraram os trabalhos de pesquisadores como Jean Carmignac e Claude Tresmontant, cf. a bibliografia.

20 Cf., p. ex., Williams, 2004. O vídeo de uma de suas conferências sobre este tema, realizado em 2012, está disponível no Youtube, sob o título: "Lecture – Dr. Peter Williams – New Evidences the Gospels were Based on Eyewitness Accounts. Um resumo de seu trabalho foi publicado em *Les nouvelles de l'Association Jean Carmignac*, n. 58-64 jun./2013-dez./2014.

* * *

Na mesma ordem de ideias, por que admirar-se de que os politeístas tenham, desde muito cedo, conhecido os eventos que ocorreram na Palestina sob a prefeitura de Pôncio Pilatos e zombassem disso? É concebível que eles se preocupassem porque Jesus e seus apóstolos eram obscuros pregadores judeus, de reputação duvidosa? Vários autores examinaram este problema chegando a diferentes conclusões: Erwin Preuschen, Marie-Françoise Basilez, Glenn Bowersockou, Ilaria Ramelli, para citar apenas eles[21].

Recordando a má reputação de que padeciam os cristãos no início do século I[22], Ilaria Ramelli lança a hipótese de que Petrônio Níger (14-66), autor do *Satíricon*, parece demonstrar, em certos momentos, um conhecimento do fato cristão bem como do Evangelho segundo São Marcos. Retomando o estudo feito no início do século XX pelo erudito alemão Erwin Preuschen[23], a pesquisadora italiana evidencia o paralelismo marcante entre a passagem chamada de "a unção de Betânia" em Mc 14,3-9 e a do *Satíricon* (77,7-78,4) onde Trimálquio usa nardo em um contexto festivo e de convivência para prefigurar uma unção fúnebre: nos dois casos, explica Ilaria Ramelli, a cena acontece durante uma refeição, com um pequeno vaso de nardo sendo trazido e o conteúdo derramado e espalhado sobre ou pelo próprio protagonista (neste caso Jesus e Trimálquio) prefigurando sua unção fúnebre para a sepultura. Em outro lugar, Petrônio menciona o canto do galo (*Sat* 74,1-3), faz referência à instituição da Eucaristia por Jesus (*Sat* 141[24]) ou evoca a crucificação (*Sat.* 111,5; 112,3) e a acusação feita contra os apóstolos de que teriam furtado o corpo de Jesus (Mt 27,62-66; 28,11-15).

---

21 Preuschen, 1903; Baslez, 2007; Bowersock 2007; Ramelli, 1996; 1997; 1998; 1999; 2000; 2001a; 2001b; 2001c.

22 Tácito recorda que Nero "ofereceu outros culpados e fez sofrer as torturas mais refinadas a uma classe de homens odiados por suas abominações e que o vulgo chamava de cristãos. [...] Reprimida por um momento, esta superstição execrável estava voltando a aparecer, não só na Judeia, onde tinha sua origem, mas na própria Roma, onde tudo o que o mundo produz de infâmias e horrores desagua e encontra adeptos" (*Annales* 15,4). Esta hostilidade dos romanos em relação ao cristianismo provém de um *senatus*-consulte do ano 35 que, segundo Tertuliano, o considerava uma *supertitio illicita*. Foi a decisão do Imperador Tibério de não inquietar os cristãos que lhes permitiu viverem sua fé com relativa tranquilidade até que Nero, para desviar a fúria da multidão em seguida ao incêndio de Roma, fizesse deles bodes expiatórios perfeitos (cf. Sordi & Ramelli, 2004).

23 Preuschen, 1903, p. 88. Mas o estudioso alemão inverteu o significado da inspiração, pois, considerando o Evangelho segundo São Marcos como tardio, foi este último que teria copiado o *Satíricon*.

24 Esse impressionante paralelismo já havia sido destacado por Glen Bowersock, que considera como verdadeiramente "estranhas" as últimas vontades altamente inovadoras de Eumolpe no *Satíricon*: "Seria ainda mais estranho se a decisão ordenando seus legatários a comer seu corpo não fosse uma forte alusão ao relato evangélico da Ceia. A distinção que ele (Eumolpe) faz entre seu *corpus* e seu *spiritus* reflete perfeitamente a oposição de *sarx* (ou *sôma*) e *pneuma* nos Evangelhos. Em outras palavras, Petrônio nos deu o Novo Testamento de Eumolpe" (Bowersock, 2007, p. 169).

Trata-se, de fato, na época em que Petrônio escreveu – em meados do século I – de um contexto de violentas acusações anticristãs, em que os cristãos são injustamente acusados de antropofagia devido a um entendimento equivocado da Eucaristia[25]. E essa operação de subtração de cadáver lembra a acusação feita aos cristãos de terem roubado o corpo de Jesus com o objetivo de fazerem acreditar em sua ressurreição, acusação que parece estar na origem do Edito de Nazaré, que condenava à morte quem quer que removesse um cadáver de seu túmulo[26].

De acordo com Ilaria Ramelli, existem outros romancistas do século I que dão sinais de conhecimento dos relatos evangélicos a propósito de episódios específicos. O caso de Caritão de Afrodísia e sua novela Τὰ περὶ Χαιρέαν καὶ Καλλιρόην [As aventuras de Querea e Calliroe] é, a este respeito, exemplar. Alguns outros romancistas gregos e latinos conheciam suficientemente o cristianismo e as histórias do Evangelho para, pela ironia, denunciar seu absurdo e horror: crueldade, obstinação, embriaguez, ateísmo, devassidão, fornicação etc.[27] Mas e quanto ao público? Se considerarmos a hipótese de que romancistas possam ter feito referência a certos episódios da vida de Jesus, e, principalmente, à sua paixão, é necessário demonstrar que o público fosse capaz de reconhecê-los, sem o que a ironia ou zombaria não funcionam. O contexto histórico permite, parece, responder que, de fato, o público a quem se dirigiam esses romances podia captar a alusão porque tinha, também, algum conhecimento do cristianismo. Com efeito, quando Tácito faz referência explícita ao incêndio de Roma e à perseguição dos cristãos por parte de Nero, os romanos sabem do que se trata. A presença de cristãos na capital do Império é atestada, não apenas pelos autores antigos como Tácito e Suetônio, mas também por São Paulo que, em sua carta aos Filipenses (4,22) aborda a salvação de "todos os santos, especialmente os da casa de César", expressão que tem um significado muito amplo, porque pode designar o pessoal empregado a serviço do imperador em Roma e nas principais cidades do Império. Caritão de Afrodísia, originalmente de Cária, na Ásia Menor, certamente conheceu cristãos que foram evangelizados pelo mesmo São Paulo durante estas viagens e de quem Plínio, governador de uma província vizinha, atesta a presença em sua correspondência com o Imperador Trajano antes do final do século I.

* * *

---

25 Acusação muito real, mas bastante vaga quanto à vítima, p. ex. cf. Nagy, 2001.

26 Grzybek & Sordi, 1998.

27 Ilaria Ramelli dá também os exemplos de Apuleio em seus escritos como *Metamorfoses*, *De magia* ou *Apologia*; Filóstrato sobre os milagres de Apolônio de Tiana; Aquiles Tácio em seu romance *Leucipa e Clitofonte*; o Pseudo-Seneca, autor da tragédia *Hércules oetaeus* que possui diversos pontos em comum com o Evangelho de João (cf. Ramelli, 2001c, cap. 9; 2002; 1998; 1999; cf. ainda as *Nouvelles de l'Association Jean Carmignac*, n. 34 a 42 (jul./2007-set./2009).

Este tipo de pesquisa realizada em obras literárias antigas é, certamente, de difícil acesso ao não especialista, porque requer grande conhecimento na literatura greco-romana, em línguas antigas e filologia. Os paralelos que uma estudiosa como Ilaria Ramelli apresenta podem parecer um tanto sutis, ou mesmo levianos, e, portanto, facilmente emprestar o flanco às críticas de seus colegas. Um especialista como Marie-Françoise Baslez por exemplo – que trabalhou no mesmo tema – tem uma abordagem radicalmente diferente da feita pela pesquisadora italiana[28]. Assim, para a pesquisadora francesa, Ilaria Ramelli erra em considerar que o fundo comum da literatura politeísta e cristã atesta que os autores de romances pagãos conheceram o cristianismo e, portanto, que os eventos que eles "parecem" recuperar, como o cantar do galo, realmente aconteceram e podem ser considerados como eventos históricos. *A contrario*, de acordo com ela, pode-se considerar que os Evangelhos tomaram emprestado um modo de escrita, motivos, representações ao estilo da literatura romanesca anterior, e que isso demanda que esses episódios sejam fictícios e pertençam a um modo de escrever. Para a historiadora francesa, trata-se antes de um pano de fundo que não testemunha necessariamente leituras e relações diretas. Tudo está na questão da determinação do que é anterior e serve de modelo entre os Evangelhos e a literatura romanesca. O que, do seu ponto de vista, não pode ser estabelecido, considerando que a datação de todos esses textos, dos Evangelhos inclusive, permanece muito imprecisa, ao menos para o historiador[29]. *A contrario*, um cientista como Glen

---

28 Baslez, 2007. Aqui está o que ela nos escreveu sobre isso: "Neste livrinho [*Écrire l'histoire à l'époque du Nouveau Testament*, 2007], eu tento sugerir os limites e os pressupostos do percurso de G. Bowersock [que defende praticamente a mesma (hipó)tese que I. Ramelli], trabalhando não na historicidade dos fatos, mas nas representações, para enfatizar as diferenças de escrita dos Evangelhos e sugerir que eles não competem com os romances entre os mesmos leitores com o mesmo uso da ficção" [comunicação pessoal]. Neste livro de 2007, Marie-Françoise Baslez apresenta, de fato, muitos paralelos entre a literatura greco-romana e os escritos do Novo Testamento, mas entre estes, privilegia levemente mais os Atos dos Apóstolos do que os Evangelhos (cinco extratos daqueles contra três desses), o que pode distorcer de alguma forma o julgamento dos leitores. De fato, os Atos são uma continuação cronológica dos Evangelhos e contam, não a história de Jesus (que nos interessa aqui), mas a os seus apóstolos, especialmente Pedro e Paulo, e a Igreja nascente. Agora, este livro (At) na verdade tem semelhanças temáticas marcantes em relação aos romances greco-romanos (sem que se possa preconceber uma influência dos romances sobre os Atos por razões cronológicas evidentes); a armadilha seria então chegar a conclusões idênticas sobre a possível influência de romances politeístas sobre os Evangelhos esquecendo que o Novo Testamento é uma "biblioteca" composta de obras muito diferentes.

29 Comunicação pessoal. Mas isso vale para o *Satíricon*? C. Salles (2010, p. 241-242) não deixou de insistir que o trabalho de Petrônio "encontra-se à margem das formas literárias tradicionais e dos gostos do público. O *Satiricon* reivindica muitos gêneros literários (sátira, narrativa, elegia, épica, mímica), mas o poder criativo de Petrônio é forte demais para se dobrar às regras literárias de cada um desses gêneros. [...] Obra brilhante, mas completamente estranha aos critérios do mundo literário em que foi composta, o *Satiricon* continua a ser uma criação sem futuro na literatura romana". Essa problemática relativa ao lugar dos relatos evangélicos na literatura antiga é absolutamente fascinante porque levanta uma miríade de perguntas candentes às quais um dia será necessário oferecer uma resposta. P. ex., pode-se considerar os relatos dos Evangelhos como parte integrante da literatura greco-romana? Eles não teriam também a ver com a literatura oriental, persa ou mesopotâmica, e em caso afirmativo, em que proporção? Em outras palavras, eles deveriam ser estudados como escritos greco-romanos ou judaicos ou ambos? Se sim, com base em que: a linguagem da escrita, ou seja, grego? Mas o fato de que as cópias mais antigas foram escritas em grego autorizam a concluir que os originais também foram escritos nessa língua? Se se trata de escritos greco-romanos, sua datação pode ser tardia; o

W. Bowersock argumentou, particularmente em relação às passagens evangélicas sobre a ressurreição e a instauração da Eucaristia, que "seria sábio [...] considerar a possibilidade de que os próprios relatos evangélicos tenham dado, por primeiro, um impulso à emergência dessa ficção [os romances greco-romanos que aparecem justamente a partir do reinado de Nero]"[30].

Dito isto, e permanecendo extremamente vigilantes, não deixa de ser verdade que a hipótese de uma influência dos relatos evangélicos sobre a literatura greco-romana vale a pena ser considerada com a maior atenção. Uma pista de reflexão poderia ser a seguinte: durante os primeiros séculos da nossa era, os vários fatos que ocorreram em âmbito local ou provincial, ou até mais amplamente, constituíam uma fonte inesgotável de temas originais para contadores de histórias profissionais (*aretálogos*, *fabulatores* ou *circuladores*) que eram muito numerosos e apreciados pelo público, e que praticavam o gênero particular de *fabula* (*praetexta*): tratava-se de uma história oral popular abordando acontecimentos históricos ou políticos recentes[31]. Ora, os eventos surpreendentes ocorridos na Palestina sob o governo de Pôncio Pilatos podem ter tido certa ressonância junto a pessoas cultas da época. Por exemplo, podemos considerar como altamente verossímil que Sêneca estivesse em posse de informações sobre Jesus e que as usou para ilustrar uma de suas afirmações em seu livro dedicado à *Cólera*: ele menciona um indivíduo que aspirava ao reinado e que foi condenado a uma morte cruel na cruz[32]. Para um filósofo e dramaturgo como ele, ninguém duvida que encontrou no julgamento de Jesus matéria para inspiração.

---

que fazer então com os trabalhos de retroversão que tornam esses textos hebraico-aramaicos? Consequentemente, qual é a data de redação dos Evangelhos: precoce ou tardia? Se os Evangelhos retomam temas "clássicos" da historiografia greco-romana ou judaico-helenística, deve-se concluir, por isso, que os eventos que eles relatam não existiram? Etc.

30 Bowersock, 2007, p. 149.

31 Cf. Salles (2010, p. 218-236), que afirma a propósito da *fabula*: "Uma das maneiras mais seguras de os contadores de histórias públicas captarem a atenção de seu público é aterrorizá-los com contos sobrenaturais. As muitas crenças supersticiosas, a multidão perturbadora de espíritos malignos, a veneração que cerca os eventos prodigiosos fornecem aos *circuladores* um repertório constantemente renovado" (p. 223). Apuleio (*Metamorfoses* 6: 29,3) escreveu a respeito de uma história singular: "Será contada como uma *fabula* e os intelectuais a imortalizarão por escrito na forma de *historia* [...]" (apud Salles, 2010, 222). O mesmo mecanismo pode ter ocorrido na história de Jesus, também bastante incomum, relatada pelos Evangelhos: histórias e rumores (*fabula*) circulam oralmente entre os politeístas sobre Jesus e os cristãos (milagres de cura, crucificação, ressurreição, infanticídios, assassinatos, zombarias etc.), então são retomados e ridicularizados em narrativas fictícias (*historia*).

32 De fato, em seu *De ira* (1, II, 2), ele enumera seis personagens (sem nunca nomeá-los – provavelmente porque eles eram conhecidos por todos – mas em um contexto que sugere tratar-se de estrangeiros) que, sob a cólera, foram vítimas de uma morte atroz, principalmente o último, condenado ao suplício da cruz: "Contemplem todos esses grandes personagens, transmitidos a nossa memória "como exemplos de um destino fatal": a cólera atinge um em sua cama; a cólera abate o outro no lugar inviolável do banquete; ela imola um magistrado em pleno fórum, e perante as tábuas da lei, obriga um pai a entregar seu sangue pela adaga de um filho parricida, um rei a apresentar a garganta ao ferro de um escravo, outro a morrer com os membros estendidos em uma cruz" (cf. Stecchini & Sammer, 1996; Herrmann, 1970, esp. p. 41-43). A questão de saber se Sêneca pode ter ouvido falar de Jesus pode ter um princípio de resposta no fato

Por outro lado, a disseminação de escritos cristãos foi recentemente estudada por Harry Y. Gamble[33], e ele enfatiza que a mobilidade dos cristãos foi um fator determinante na difusão dos escritos do Novo Testamento, mobilidade devida a razões profissionais e pessoais. Além disso, o caráter singular dos Evangelhos leva a pensar que

> a composição particularmente refletida desses Evangelhos e o pequeno tamanho das comunidades cristãs no século I tornam improvável que nenhum deles tenha sido composto para uso estritamente local de uma única comunidade. Uma difusão mais ampla, nos círculos cristãos ou mesmo além, teve que ser considerada desde o início [...]. O Evangelho de Marcos, onde quer que tenha sido escrito, deve ter circulado amplamente nos dez a quinze anos que se seguiram à sua composição (p. 144).

E logo a seguir ele acrescenta:

> Mesmo no campo da literatura, a oferta reflete a demanda. A proliferação significativa de documentos evangélicos no final do século I e no início do século II em toda a sua variedade (canônica e apócrifa), reflete um interesse vivo pelas histórias relacionadas a Jesus. [...] Sem negar que essa literatura evangélica tenha tido funções importantes a cumprir nas comunidades cristãs, no entanto, chega-se a pensar hoje que os aspectos missionário e propagandista também são inerentes aos Evangelhos [...]. Vários apologistas do século II sugerem que não cristãos liam os livros das escrituras cristãs (p. 145)[34].

De repente, a hipótese de Ilaria Ramelli ganha um novo destaque, e não é incongruente pensar que os letrados romanos ou gregos podem ter tido contato com os relatos dos Evangelhos de maneira muito rápida e, sem entendê-los e confiando nos boatos, não se furtaram a zombar deles. O que há de mais normal?

* * *

Ainda existem muitos campos de estudo a serem explorados. É por isso que entendemos que pesquisas futuras serão promissoras apenas se forem feitas com calma, sem pressão de qualquer tipo, e no intuito de ultrapassar – ou melhor, integrar – esse grande obstáculo considerado injustificadamente como não científico: o sobrenatural! Uma das principais motivações do método histórico-crítico do Novo Testamento de-

---

de São Paulo ter tido que se defender das acusações levantadas contra ele pelos judeus ante Galião, o governador da Acaia, que era o irmão mais velho de Sêneca.

33 Gamble, 2012, p. 124-203.

34 P. ex., Aristides, 16,3,5; Justino, *Apologia* 1,18; Atenágoras, *Leg.* 9,3; Tertuliano, *Apologia* 31, apud Gamble. Podemos adicionar Talo (ou Thallus) e Flégon de Trales, dois escritores do séc. I, ambos dos quais falam do tremor de terra e da escuridão que se seguiram à crucificação de Jesus, o que poderia mostrar que a referência dos Evangelhos a esses fenômenos que seguiram a morte de Jesus era bem-conhecida entre os politeístas.

senvolvido nos séculos XVIII e XIX foi de erradicar dele tudo o que é "maravilhoso", ligado ao "invisível", ou seja, as profecias e os milagres: é a "demitologização" tão cara a Dibelius (1883-1947) e Bultmann (1884-1976), os pioneiros do *Formgeschichte* (a crítica das formas)[35]. É sobre esse ponto que existe um desacordo profundo entre a maioria dos exegetas e historiadores, por um lado, e a posição tradicional da Igreja e de "vozes discordantes" como Jean Carmignac, Claude Tresmontant, Philippe Roland, Pierre Perrier, Frédéric Guigain, Peter Williams e alguns outros, por outro. Os primeiros consideram o milagre como um fator desabonador para as narrativas evangélicas enquanto os segundos os usam como prova de autenticidade.

De acordo com a apologética cristã tradicional, a profecia e o milagre são os critérios da revelação ou os motivos para a credibilidade dela[36]. É um motivo direto de credibilidade que deve provar e exigir a verdade de uma revelação. O milagre é uma razão externa, positiva e direta da credibilidade do relato evangélico. A palavra "milagre" vem do latim *miraculum* que designa uma coisa extraordinária que suscita assombro. Então, é tudo que é maravilhoso e excita a surpresa, e isso devido à causa inexplicável ordinariamente. Em um sentido amplo, o milagre é um fenômeno incomum cuja causa é um agente sobre-humano. No sentido estrito, é um fato sensível e certo que foge às leis constantes e conhecidas da natureza e não é possível sem intervenção especial de Deus. Portanto, para preencher a função de sinal, o milagre deve ser *sensível*, isto é, constatado; deve ser *certo*, isto é, conhecido por muitas testemunhas, e examinado; e ser *extraordinário*, absoluta ou relativamente: de forma *absoluta*, quer dizer, *fora* das leis naturais e sobrenaturais, ou de forma *relativa*, isto é, que ordinariamente seria possível em outras condições apenas com as forças da natureza mas que, nas condições presentes, não o é[37]. É preciso, portanto, que o fato seja produzido por Deus! O milagre não é uma consequência da fé como se a fé fosse necessária para se acreditar no milagre ou como se a fé causasse o milagre,

---

35 Dibelius, 1919; Bultmann, 1921. A "forma" é uma unidade ou um elemento literário particular nos Evangelhos. Segundo Dibelius e Bultmann, o propósito da crítica das formas é redescobrir a origem e a história das unidades (i. é, pedaços isolados de tradição) para determinar a história da tradição pré-literária. Seu método de trabalho é baseado na comparação: p. ex., o massacre de Inocentes relatado em Mt 2,16 é colocado em paralelo com o relato da opressão dos israelitas (Ex 1,16) e assassinato dos filhos do sexo masculino dos hebreus; o nascimento de Jesus é comparado ao de Moisés etc. Este método comparativo leva à conclusão de que muitas passagens dos Evangelhos não têm fundamento histórico. São "mitos". Estas pequenas unidades que compõem os Evangelhos são produtos de comunidades cristãs da primeira geração, em grande parte nutridas pelo "mito de Cristo" criado por São Paulo. Essa posição radical, sustentada especialmente por Bultmann, endossa a separação entre o Jesus da história e o Cristo da fé. Os limites desse método foram expostos por vários exegetas, p. ex., de La Boullaye, 1938, p. 32ss.: "O método comparativo, também, é uma preciosa conquista da ciência moderna. Comparar os eventos para entendê-los melhor, discernir suas leis e, finalmente, explicá-los, pode ser da maior utilidade. Com a condição, no entanto, de que a individualidade de cada fenômeno ou de cada fato seja antes devidamente restituída e que se observem, ao mesmo tempo, analogias e diferenças".

36 Cf. Gouy, 1999, cap. 7.2: Les preuves de la révélation: le miracle et la prophétie.

37 Gouy dá o exemplo do Estáter na boca do peixe pescado por São Pedro, sob as ordens de Jesus (Mt 17,27).

tornando-se assim uma espécie de disposição subjetiva em que o espírito triunfaria sobre a matéria. O milagre não é um fato extraordinário proveniente de leis naturais ainda desconhecidas. Acreditar em milagre não depende de ingenuidade. Não é um falso pretexto. Em um livro recente, Lucien Daly, ex-diretor de pesquisa do CNRS, especializado em geomagnetismo (uma ciência chamada "exata" ou "dura"), dá seu ponto de vista como cientista:

> Um milagre é um fato ou um conjunto de fatos que a ciência jamais poderá explicar ou reproduzir por razões que possa especificar. Para os crentes em geral, é um ato de poder divino. Para os cristãos, é mais particularmente um sinal e um ato do amor de Deus[38].

"E o cientista prossegue esclarecendo que a ciência é, a um só tempo, explicativa (ela tem por objetivo fazer descobertas, explicar as leis da natureza), limitada (alguns fatos *jamais* poderão ser explicados: por exemplo, porque existe alguma coisa e não antes o nada?), e limitativa (existem casos em que não sabemos e para os quais sabemos a razão da nossa ignorância: por exemplo, sabemos 'por que' não é possível conhecer juntamente a posição e a velocidade de uma partícula subatômica; é por causa do princípio da incerteza): 'Esse aspecto da ciência nos coloca em face de uma ignorância irredutível'"[39]. Claramente, a ciência não tem resposta para tudo, e o fato de um evento ser "extraordinário" ou "inexplicável" (no estado atual dos conhecimentos, costuma-se acrescentar!) não o torna *ipso facto*, um fenômeno "impossível"[40]. Lucien Daly dá diversos exemplos de inédia, de bilocação ou levitação – fatos que têm sido observados, às vezes até estudados cientificamente – e para os quais a ciência não tem explicações a dar:

> A única posição que um cientista pode ter diante de um fato [...] que à primeira vista parece anormal, é verificar que a ciência pode ou não pode, poderá ou jamais poderá explicá-lo, e quais são as razões para isso"[41]

É a voz da sabedoria e da honestidade intelectual, nem mais nem menos. A presença de milagres nos Evangelhos não deve mais ser um obstáculo ao seu estudo enquanto documentos históricos: o Jesus da história pode encontrar o Cristo da fé sem que um traga prejuízo ao outro. Não é reconfortante pensar que Deus visitou seu povo? Não é tranquilizador perceber que Ele não deixou suas criaturas de lado? Em última

---

38 Daly, 2012, p. 54. Leia igualmente a obra coletiva *Projet Nouveau Regard*, 2015.

39 Daly, 2012, p. 17.

40 Chesterton, 1908, p. 239 resumiu bem o problema envolvido nesta espinhosa questão quando escreveu: "Aqueles que acreditam em milagres os aceitam (com ou sem razão) porque eles acolheram os testemunhos. Os que não acreditam neles os negam (com ou sem razão) porque eles possuem uma doutrina que rejeita milagres".

41 Daly, 2012, p. 51. O matemático Kurt Gödel demonstrou com seus dois teoremas da incompletude enunciados em 1931, que havia "verdades inacessíveis" (ele fala de lógica matemática).

análise, de que serviria inventar histórias para dormir em pé? Teria havido complô ou maquinação? *Cui bono? Is fecit cui prodest?* A quem tudo isso teria beneficiado?

* * *

Nosso trabalho consistiu em propor algumas linhas de reflexão oriundas de trabalhos recentes ou mais antigos, originais ou clássicos, a fim de dizer àqueles que escolheram acreditar em Jesus de Nazaré e no que dizem os Evangelhos que eles podem legitimamente fazê-lo, tanto de um ponto de vista histórico quanto espiritual, e para aqueles que adotaram uma posição contrária, que seus argumentos históricos devem ser ponderados e avaliados considerando todas as hipóteses de trabalho sérias: os dados de que dispõem os historiadores relacionados a Jesus e aos Evangelhos são complexos, certamente, mas não muito mais do que os de outros personagens do passado. É preciso apenas saber aceitar que existem coisas que nos ultrapassam, fenômenos que a ciência não é capaz de explicar, mas que deve reconhecer como tais. Além disso, o historiador enfrenta um desafio permanente, difícil de vencer, a saber, sua própria visão sobre os eventos: "A imparcialidade é um dever, objetividade total, uma ilusão", ensinou o grande medievalista e acadêmico Léopold Génicot[42]. É nesse espírito que nós frequentamos suas aulas na Universidade Católica de Louvaina, que escrevemos estas páginas.

Jesus de Nazaré marcou inegavelmente a história. Pode-se ser indiferente a Ele, oponente feroz ou seguidor apaixonado, não é essa a questão. Por outro lado, a honestidade científica exige que aqueles que se interessam pelo assunto façam-no sem preconceitos de qualquer tipo. O personagem é reconhecido por muitos, pela maioria até, como histórico. Sua mensagem, unanimemente apreciada, porque é universal. Esses dois pontos foram-nos transmitidos pelos Evangelhos. E, por eles, toda uma civilização foi moldada, que, ademais, não é apenas "ocidental". A dura realidade trouxe novamente ao primeiro plano do cenário geopolítico toda uma cultura e uma civilização cristã que tendemos a esquecer: a dos cristãos do Oriente. Cabe a nós fazer com que não desapareça. Isso passa, particularmente pelo (re)conhecimento da história.

---

42 Génicot, 1979, p. 61.

Anexo 1

Lista dos papiros mais antigos

• Papiro Paris 1120 ($\mathfrak{P}^{04}$), conservado na Biblioteca Nacional da França, datado de 125-150, que contém fragmentos de Lucas 1,58-59,62; 2,1.6-7; 3,8; 4,2.29-32.34-35; 5,3-8.

• O papiro de Rylands ($\mathfrak{P}^{52}$) conservado na Biblioteca John Rylands de Manchester: data de 125 d.C.[1] e contém um fragmento do Evangelho segundo São João (18,31-33 *recto* e 18,37-38 *verso*).

• O papiro de Rylands ($\mathfrak{P}^{32}$), dos anos 200, que contém a Carta a Tito (1 e 2).

• O papiro Chester Beatty ($\mathfrak{P}^{45}$) de Dublin, que inclui os quatro Evangelhos (na ordem Mt, Jo, Lc, Mc) e os Atos, em 30 folhas, datados no final do século II.

• O papiro Chester Beatty II ($\mathfrak{P}^{46}$) de Dublin, que contém várias cartas e remonta aos anos 200.

• O papiro Magdalen College ($\mathfrak{P}^{64}$) e Fundación Sant Lluc Evangelista ($\mathfrak{P}^{67}$) de Oxford e Barcelona, datado de 150-200, que contém passagens do Evangelho segundo São Mateus (26,7-8,10.14-15.22-23.31-33; 3,15; 5,20-22.25-28).

• O papiro Bodmer II ($\mathfrak{P}^{66}$), datado do ano 200, conservado em Cologny (Suíça), que contém o Evangelho segundo São João.

• O papiro Bodmer XIV e XV ($\mathfrak{P}^{75}$) da biblioteca apostólica vaticana (doação em 2007), datado de 175-225, que contém passagens dos Evangelhos segundo São Lucas (3-18 e 22-24) e segundo São João (1-15).

---

1 Como se considera que escriba conserve essencialmente a mesma escrita ao longo de sua atividade, um manuscrito pode ser datado em torno de 30/50 anos. O $\mathfrak{P}^{52}$, portanto, tem uma amplitude cronológica que vai de *c.* 75 a *c.*175. Cf., p. ex., Turner, 1987; Nongbr, 2005, p. 24; Laperrousaz, 1997, p. 89.

• O papiro Oxyrhynch 2683 ($\mathfrak{P}^{77}$), datado de 175-200, que contém Mt 23,30-39.

• O papiro Oxyrhynch 3523 ($\mathfrak{P}^{90}$), dos anos 150, preservado no Ashmolean Museum em Oxford, que contém passagens de Jo 18,36–19,7.

• O papiro Oxyrhynchus 4403 ($\mathfrak{P}^{103}$), datado de 175-200, preservado na Oxford Sackler Library, que contém passagens de Mt 13,55-57; 14,3-5.

• O papiro Oxyrhynic 4404 ($\mathfrak{P}^{104}$), datado de 100-150, preservado na Oxford Sackler Library, que contém fragmentos de Mt 21,34-37.43.45.

Lista das unciais mais antigas

• O 0189, datado dos anos 200; contém uma passagem de At 5,3-21, e é mantido nos museus nacionais de Berlim (P 11765).

• O 0312, dos anos 300; contém uma passagem de Lc 5,7, e é preservado na *De Hamel Collection* em Cambridge (Gk Ms 2).

Lista das unciais mais famosas

• 01, o *Codex Sinaiticus*, obra de três escribas do século IV; seu nome vem do Mosteiro de Santa Catarina do Monte Sinai, onde o cientista alemão Constantine Tischendorf o descobriu em 1844. Ele está repertoriado sob a letra א (alef) = 01; contém os Evangelhos, Paulo, Atos, Cartas Católicas, Apocalipse, e é mantido na British Library (Add 43725).

• O 02, *Codex Alexandrinus* (A), do século V; propriedade desde 1098 dos patriarcas de Alexandria, em seguida, trazido para Londres em 1628; contém os Evangelhos, Atos, Cartas Católicas, Cartas Paulinas, Apocalipse; é mantido na British Library (Royal 1D VIII).

• O 03, *Codex Vaticanus* (B), escrito por dois escribas por volta de 350; contém os Evangelhos, Atos, Cartas Católicas, Paulo; é mantido na Biblioteca apostólica vaticana (Gr. 1209), de onde tem seu nome.

• 04, o *Codex Ephraemi rescriptus* (C), do século V; contém os Evangelhos, Atos, Cartas Católicas, Cartas Paulinas, Apocalipse; é mantido na Biblioteca Nacional da França (Gr 9); trata-se de um palimpsesto[2] que incluía as obras do Pai da Igreja Siríaca Efrém.

• 05, o *Codex Bezae Cantabrigensis* (ou *Codex de Bèze*, Dea), dos anos 380-420; este manuscrito é a cópia fiel de um texto mais antigo já citado por Justino e Irineu de Lyon no século II. Este é presumivelmente o texto mais antigo dos Evangelhos que chegou até nós. Ele contém os Evangelhos (na ordem Mateus, João, Lucas e Marcos) e Atos, e pertencia ao reformador Lyonnais Theodore de Beze no século XVI; encontra-se hoje na University Library de Cambridge (Nn 2,41).

• O 06, *Codex Claromontanus* (DP) do século VI; contém Paulo, a lista de livros bíblicos em latim, Hebreus; é mantido na Biblioteca Nacional da França (Gr 107 AB).

---

2 Um palimpsesto é um pergaminho manuscrito cujo texto foi apagado para ser reaproveitado e escrito novamente. Técnicas de processamento de imagem permitem geralmente reconstituir o texto original subjacente.

Anexo 2
Nomes próprios e nomes geográficos nos Evangelhos

Segundo alguns críticos, os Evangelhos foram redigidos em grego por autores anônimos, provavelmente fora da Palestina, cerca de 35 a 65 anos após os eventos que eles relatam. Portanto, seu testemunho é fortemente suspeito[1]. Peter Williams, diretor da Tyndale House de Cambridge, questionou até que ponto os redatores dos Evangelhos conheciam o país de que estão falando: sua geografia, seus hábitos agrícolas, sua arquitetura, sua flora, seus ritos funerários, sua cultura. Seu problema é o seguinte: é possível falar corretamente de um país em que nunca vivemos?

Ele interessou-se particularmente pelos nomes próprios que aparecem nos Evangelhos de modo a avaliar sua plausibilidade em relação ao contexto histórico da Palestina na virada de nossa era. Na Antiguidade, assim como hoje, nota-se certa "moda" na escolha dos nomes: na França, muitas mulheres e homens nascidos na década de 1960 são chamados Isabelle ou Thierry; na década de 1980, Kevin era um nome popular etc. O mesmo acontecia no tempo de Jesus? Parece que podemos responder afirmativamente. Como isso é possível? Graças à arqueologia!

De fato, um pesquisador israelense, Tal Ilan, professor assistente na Universidade Livre de Berlim, listou em um livro recente todos os nomes judaicos que eram usados na Antiguidade, depois um inglês, Richard Bauckham, professor emérito da Universidade de St. Andrew, colocou essa lista em relação com os textos evangélicos na tentativa de ver se havia uma correlação entre a lista de Tal Ilan e os Evangelhos[2]. Daí se vê que o nome masculino mais comum no início da nossa era foi Simão/Simeão: é também o que permite concluir um estudo onomástico de Flávio Josefo e dos ossuários do século I a.C. ao século I d.C. Em seguida vêm José/Joset, Lázaro/

---

1 É, p. ex., a opinião de Erhman, 2011; 2012.

2 Ilan, 2002-2012, esp., t. 1, dedicado aos nomes próprics da Palestina entre 330 a.C. e 200 d.C.; Bauckham, 2006.

Eleazar, Judas/Judes, João/Joanam, Jesus/Josué etc. Nas mulheres, é Maria/Myriam que aparece em primeiro lugar, seguido por Salomé. A correlação entre os dados textuais e arqueológicos e os textos do Novo Testamento é perfeita. Isto é ainda mais impressionante quando se olha para os nomes dados no mesmo período no Egito, em Alexandria, por exemplo, onde viveu uma grande comunidade judaica. Eleazar vem na liderança, seguido por Sabataio, José, Dositeu, Pappus, Ptolomeu, Samuel. O *ranking* é muito diferente. Um judeu palestino escrevendo no Egito quase 40 ou 50 anos depois dos fatos, teria escolhido os nomes apropriados para escrever sua história? A pergunta merece ser feita. Portanto, é notável que os autores dos Evangelhos tenham dado lista certa dos nomes usados na época na Palestina, em uma proporção justa refletindo a frequência exata da época.

Mas como a escolha dos nomes era limitada, foi necessário estabelecer uma distinção entre os diferentes Simões, por exemplo. É o que Peter Williams chama de "desambiguação": Distingue-se uma pessoa com um primeiro nome de outra pessoa com o mesmo nome por meio de um qualificativo que traduz um estado, uma profissão, uma filiação: encontra-se, assim, um Simão "Pedro" ou "Cefas", um Simão o Zelota, um Simão o Cananeu, um Simão "leproso" ou um Simão Cireneu; o mesmo acontece com as Marias: Maria de "Magdala" se destaca de Maria "a mãe de Tiago e José" etc. Esse esclarecimento é um sinal de que os autores dos Evangelhos são testemunhas oculares de primeira qualidade.

Nos escritos apócrifos, é bem diferente. Encontram-se no Evangelho de Tomé os nomes Dídimo Judas Tomé, Tiago o Justo, Simão Pedro, Jesus, Mateus, Maria, Salomé; no Evangelho de Maria, os nomes mais frequentes são: o Salvador, Pedro, Maria, André, Levi; no Evangelho de Judas: Judas (Iscariotes), Jesus, bem como muitos personagens celestes como Barbélo, Sophia, Nebrô, Ialdabaôth, Saklas, Seth etc.

Voltando à lista dos doze apóstolos, Peter Williams salienta que ela corresponde totalmente aos primeiros nomes corrente da época[3]: Simão (1), chamado Pedro; André, seu irmão; Tiago (11), o filho de Zebedeu; João (5), seu irmão; Filipe (61); Bartolomeu (50); Tomé; Mateus (9) o publicano; Tiago (11), o filho de Alfeu; Tadeu (39); Simão (1), o cananeu; Judas (4) o Iscariotes.

Se os personagens tivessem sido inventados, haveria grandes chances de que tivessem recebido nomes diferentes, sem relação com o contexto histórico do séc. I. Ora, é evidente que os nomes utilizados nos Evangelhos estão de acordo com os usos da época.

---

3 Os números entre parêntesis correspondem à classificação dos nomes judeu-palestinos quando fazem parte dos 99 primeiros, seguidos de um qualificativo para distingui-los corretamente, em caso contrário, não consta nenhum qualificativo.

Isso é ainda mais evidente com o nome de Jesus. Os Evangelhos canônicos, bem como os Evangelhos apócrifos de Tomé e de Judas (datados do final do séc. I ou do começo do séc. II), todos atribuem, sem exceção, o nome de Jesus ao personagem principal. Por outro lado, no *Evangelho de Filipe* (escrito mais tarde, em meados ou no final do séc. II), ele é chamado "Cristo"; no de Pedro (*c.* 150 d.C.), de "Senhor", e no de Maria (séc. II, ou mesmo X), de "Salvador". Mas quando olhamos para o nome que é atribuído a Jesus nos escritos não cristãos como os de Tácito, Suetônio, Flávio Josefo etc., vemos que é usada a palavra "Cristo" e não Jesus, como no *Evangelho de Filipe*, por exemplo, quer dizer que nas obras mais tardias, ou seja, as do século II/III, o nome de Jesus desaparece para dar espaço para o de "Cristo", "Senhor" ou "Salvador". E entre os dois grupos (os Evangelhos canônicos, por um lado, e os Evangelhos apócrifos e os escritores não cristãos, por outro lado), encontra-se Paulo, que usa os dois nomes, Jesus e Cristo, separadamente ou de maneira composta como "Jesus-Cristo" ou "Cristo Jesus". Podemos, então, concluir que, muito rapidamente, o nome de Jesus desaparece em favor de "Cristo", que se torna tão indicativo que já não é mais necessário mencionar o nome de Jesus: O Cristo = Jesus![4]

O contraste é impressionante com os Evangelhos canônicos: em Mateus e Marcos, por exemplo, os nomes da família de Jesus são bastante típicos do ambiente judeu palestino da virada de nossa era: o nome de sua mãe é Maria, de seu pai, José, de seus "irmãos", Tiago (2), José, Simão (1) e Judas (4).

Podemos ir mais longe. Analisando a frequência de uso do nome de Jesus nos Evangelhos canônicos, Peter Williams observa que, proporcionalmente ao número de palavras de cada um dos Evangelhos, o nome de Jesus é mais frequentemente citado em João e o menos citado em Lucas, que geralmente usa "Ele" para designá-lo. Isso não demonstra que cada evangelista trabalhou de maneira independente em relação aos outros, ou seja, que não houve um acordo entre eles para tentar apresentar Jesus da mesma forma, mesmo que eles o nomeiem de maneira idêntica? E como o nome é muito comum, ele recebe um qualificativo de "desambiguação" como "Jesus de Naza-ré", "Jesus, o filho de Maria" etc., e isso, sempre que há risco de confusão com outro Jesus/Josué. Como enfatizado por Peter Williams, essa desambiguação somente seria necessária se os Evangelhos, de fato, foram redigidos muito cedo, para evitar qualquer erro sobre a pessoa. Cem anos depois, não faria mais sentido porque o contexto seria diferente. Se, como hoje é considerado certo, os quatro "autores" escreveram suas histórias em lugares completamente diferentes uns dos outros (Palestina, Antioquia,

---

4 Essa identificação de Jesus com o Cristo era altamente significativa durante a vida pública de Jesus como mostra claramente a passagem de Jo 10,24 onde os judeus lhe perguntam: "Se Tu és o Cristo, dize-nos claramente".

Éfeso, Acaia, Roma...), teriam eles sido tão geniais para combinar entre si algo que parece tão insignificante, ou seja, o uso dos mesmos nomes?

E quanto à geografia? Os autores conheciam os que lugares dos quais falavam? O nome da cidade mais citada, claro, é Jerusalém (66 vezes); vindo então Nazaré[5] (21 vezes) e Cafarnaum (16 vezes); depois Betânia, Belém, Betsaida, Jericó, Sidônia, Tiro (entre 5 e 12 vezes); finalmente Ainon, Arimateia, Betfagé, Cesareia de Filipe, Caná, Corazim, Dalmanuta, Emaús, Efraim, Magadã, Naim, Salim, Sicar (entre 1 e 4 vezes). Em suma, estamos falando de grandes cidades, bem como de aldeias desconhecidas[6]. Como um não judeu ou um Judeu da Síria, Ásia Menor, Grécia, Itália ou do Egito poderia ter conhecimento de todas essas aldeias, grandes ou pequenas, se não estivesse lá ou se não tivesse estado ao das pessoas originárias desses lugares? Esses lugares não são apenas mencionados, mas eles também são mencionados em relação à geografia circundante: assim Cafarnaum e Genesaré estão localizados à beira do mar (Mt 4,13; 6,53), Betânia "além do Jordão" (Jo 1,28), Ainon "não muito distante de Salim, onde as águas são abundantes" (Jo 3,23); Da mesma forma, ainda em João, o fato de descer de Caná a Cafarnaum corresponde à realidade, porque o pequeno vilarejo de Caná está de 300m acima do nível do Mar da Galileia, enquanto Cafarnaum fica a 200m abaixo! O mesmo para Jericó, na parábola do bom samaritano que ajuda um homem que estava descendo de Jerusalém a Jericó" (Lc 10,30), e que se encontra, de fato, abaixo de Jerusalém, cerca de 250m abaixo do nível do mar, quem poderia saber que Betfagé era perto de Jerusalém ou que Betânia ficava perto do Monte das Oliveiras, se não alguém familiarizado com os lugares? (Mc 11,1). E quem conhecia a pequena cidade de Naim, na Galileia, cerca de 8 léguas a sudoeste de Cafarnaum? (Lc 7,1-12). Como os escritores dos Evangelhos tiveram conhecimento de todos esses detalhes? E quando comparamos com os escritos apócrifos, as diferenças são ainda mais gritantes: se os Evangelhos canônicos citam um total de 23 cidades ou vilas de vários tamanhos, com uma média de doze a quatorze por Evangelho, o *Evangelho de Filipe*, por sua vez, cita apenas duas: Jerusalém e Nazaré (que ele entende, além de tudo, como o segundo nome de Jesus!). No *Evangelho de Pedro* ou do Salvador, apenas uma cidade é mencionada: Jerusalém, a capital, uma cidade que todos conhecem! E o mesmo se dá em relação aos demais Evangelhos apócrifos ou gnósticos. Em suma, não há nenhum dado geográfico, ou mesmo anedótico, que permita garantir alguma autenticidade a esses escritos não reconhecidos pela Igreja, diferentemente dos quatro Evangelhos. Então, podemos dizer que, em vez de serem

---

5 Cujos vestígios de habitações do séc. I d.C. estão vindo à tona neste momento (cf. p. 141ss.).

6 Citamos o exemplo de Dalmanuta, um estabelecimento desconhecido até 2013, que os arqueólogos da Universidade de Reading creem ter encontrado nas margens do Lago de Tiberíades.

argumentos contra a autenticidade dos escritos canônicos, os apócrifos, na verdade, dão consistência à realidade histórica dos Evangelhos, porque eles mostram apenas o que escritores de imaginação fértil teriam feito, ou seja, inventado ou, ao contrário, ficado calados. Uma última coisa ainda: Peter Williams constatou que nos Evangelhos canônicos, a proporção de nomes de lugares em relação ao conjunto de palavras de cada Evangelho é substancialmente a mesma: cerca de 4,5%. E conclui, ironicamente:

> Podemos explicar seriamente esse fenômeno? [uma proporção idêntica de nomes de lugar em cada um dos Evangelhos] alegando que Lucas pediu a Marcos para contar os nomes geográficos que ele estava usando em seu texto, que ele lhe perguntou qual a proporção desses nomes em relação às outras palavras e que, com essas informações, criou, então, um texto com a mesma proporção de nomes geográficos? E pode-se imaginar que Mateus e João, tendo ouvido falar sobre isso, decidiram aplicar as mesmas proporções?[7]

Parece-nos que tal precisão nos nomes próprios, nominativos ou geográfico, não se explicaria senão porque as narrativas evangélicas relatam os eventos como eles transcorreram. Todos eles contam a mesma história situando os nomes relevantes nos locais apropriados. Em todos esses quatro relatos, encontramos o mesmo interesse pela geografia em uma justa proporção. Os nomes dos personagens também são usados de maneira correta e na justa medida, tendo em conta os hábitos da época. A conclusão que se impõe é que os evangelistas descrevem pessoas reais e lugares reais que eles frequentavam e conheciam. Recusar admitir isso é negar as evidências.

---

7 *Les nouvelles de l'Association Jean Carmignac*, n. 64, dez./2014, p. 9.

Referências

AARON, R. (1986). *Introduction à la philosophie de l'histoire* – Essai sur les limites de l'objectivité historique. 15. ed. Paris: Gallimard [Bibliothèque des sciences humaines].

ALAND, K. & ALAND, B. (1995). *The Text of the New Testament*: An Introduction to the Critical Editions and to the Theory and Practice of Modern Textual Criticism. Grand Rapids: Eerdmans.

ALAND, K. (1989). *The Text of the New Testament*. Grand Rapids: Eerdmans.

_____ (1974). Neue Neutestamentliche Papyri III. *New Testament Studies* 20, p. 357-381.

ALAND, K.; WELTE, M.; KÖSTER, B. & JUNACK, K. (1994). *Kurzgefasste Liste der griechischen Handschriften des Neues Testaments*. Berlim/Nova York: Walter De Gruyter.

ALETTI, J.-N. (2010). *Le Jésus de Luc*. Paris: Mame/Desclée [Jésus et Jésus-Christ, 98].

ALEXANDRE, Y. (2012). Mary's Well, Nazareth: The Late Hellenistic to the Ottoman Periods. *Israel Antiquities Authority Report* 49 (Jerusalém).

ALFÖLDY, G. (1997). *Le iscrizioni dei cristiani in Vaticano*. Cidade do Vaticano, p. 199-208 [Inscr. S. Sedis. 2] [cf. AE, 1997, p. 20].

ALLIATA, E. (1992). La piscine probatique à Jérusalem. *Le monde de la Bible* n. 76, p. 25-33.

ALLISON, J.E. & CLOUD, J.D. (1962). The lex Julia Maiestatis. *Latomus*, tomo 21, fasc. 4, out.-dez., p. 711-731.

ANDRE, J.-M. & BASLEZ, M.-F. (1993). *Voyager dans l'Antiquité*. Paris: Fayard.

ANDREAU, J. (2012). Endettement privé et abolition des dettes dans la Rome antique. *Les annulations de dette au cours de l'histoire*. Parte 3 [publicado pelo Comitê para a anulação da dívida do Terceiro Mundo, nov.].

ARTZ-GRABNER, P. (2015). Neuigkeiten aus der Papyrologie. *Early Christianity* VI. 4, p. 561-569.

AVI-YONAH, M. (1940). Abbreviations in Greek Inscriptions (The Near East, 200 B.C.-A.D. 1100). *The Quarterly of the Department of Antiquities in Palestine*, suplemento ao vol. IX (Londres: Milford).

BAILLET, M.; MILIK, J.T. & De VAUX, R. (1962). "Les "Petites Grottes" de Qumrân". In: *Discoveries of the Judean Desert of Jordan*. Vol. III. Oxford: Clarendon/Oxford University Press.

BARDET, S. (2002). *Le Testimonium flavianum – Examen historique, Considérations historiographiques*. Paris: Cerf, 2002.

BARDY, G. & LEFÈVRE, M. (orgs.) (1941). *Hippolyte* – Commentaire sur Daniel. Paris: Cerf [Sources chrétiennes, 14].

BASLEZ, M.-F. (2016). *Les premiers bâtisseurs de l'Église* – Correspondances épiscopales (IIᵉ-IIIᵉ siècles). Paris: Fayard.

_____ (2011). *Comment notre monde est devenu chrétien*. Paris [Points Histoire].

_____ (2007). *Écrire l'Histoire à l'époque du Nouveau Testament*. Paris: Cerf [supl. *Cahiers Évangile*, n. 142, dez.].

_____ (2003a). Précarité et insécurité – À l'épreuve du voyage. *Périples antiques, Dossiers d'archéologie*, n. 285, jul.-ago., p. 64-69.

_____ (2003b). Saint Paul a-t-il inventé le voyage missionnaire? *Périples antiques, Dossiers d'archéologie*, n. 285, jul.-ago., p. 70-75.

_____ (1998). *Bible et Histoire* – Judaïsme, hellénisme, christianisme. Paris: Fayard.

_____ (1991). *Saint Paul*. Paris: Fayard.

BASLEZ, M.-F.; MAINVILLE, O. & MARGUERAT, D. (2001). *Résurrection*: l'après-mort dans le monde ancien et le Nouveau Testament. Genebra: Labor et Fides.

BASTIA, G. *Identificazione del frammento 7Q5* [Disponível na Internet].

BAUCKHAM, R. (2006). *Jesus and the Eyewitnesses* – The Gospels as Eyewitness Testimony. Grand Rapids: Eerdmans.

BAYET, J. (1976). *La religion romaine*. Paris: Payot.

BEAUDE, P.-M. (1993). "Sens de l'Écriture IV: De Divino Afflante Spiritu à nos jours". In: *Dictionnaire de la Bible*, suplemento 12, 68, p. 514-536.

_____ (1992). De Divino Afflante Spiritu à nos jours: un chemin pour l'exégèse. *Bulletin Dei Verbum* 24.

_____ (1983). *Jésus de Nazareth*. Paris [Bibliothèque d'histoire du christianisme].

BEDOUELLE, G. & ROUSSEL, B. (orgs.) (1989). *Le temps des réformes et la Bible*. Paris: Beauchesne.

BENOIST, A. (2006). *Jésus et ses frères, et autres écrits sur le christianisme, le paganisme et la religion*. Grèce, p. 9-67.

BENOÎT, P. (1958). Recension de A. Jaubert, La date de la Cène. *Revue biblique*, n. 65, p. 590-594.

BERGER, A. (1953). *Encyclopedic Dictionary of Roman Law*. Clark: The Lawbook Exchange [Transactions of the American Philosophical Society, New Series, vol. 43/2].

BERGÈSE, D. (1998). De Gethsémané à Golgotha – Le procès de Jésus, approche historique. *Revue de théologie de la faculté Jean Calvin*, n. 200 [Aix-en-Provence: Kerygma].

BERNHEIM, P.-A. (2003). *Jacques, frère de Jésus*. Paris: Albin Michel.

BICKERMAN, E.J. (1935). Utilitas crucis. *Revue de l'histoire des religions*, n. 112.

BIOUL, B. (2009). "Masada et Machéronte, forteresses hérodiennes". In: VILLENEUVE, E. (org.). La mer Morte, du Néolithique à la période byzantine. *Archéothéma*, n. 2, jun., p. 34-40.

_____ (2004). *Qumrân et les manuscrits de la mer Morte* – Les hypothèses, le débat. Paris: F.-X. de Guibert.

_____ (2001). "Les manuscrits de Qumrân – Un défi à relever". In: BIOUL, B. (org.). Les fabuleuses découvertes du XXᵉ siècle. *Dossiers d'archéologie*, n. 259, jan., p. 96-105.

_____ (2000). Jésus au regard de l'Histoire. *Dossiers d'archéologie*, n. 249, jan.

BIRAN, A. & NAVEH, J. (1993). An Aramaic Stele Fragment from Tel Dan. *Israel Exploration Journal*, n. 43.

BOND, H.K. (2004). *Caiaphas*: Friend of Rome and Judge of Jesus? Louisville.

BOORSTIN, D.J. (1960). *The Lost World of Thomas Jefferson*. Boston: Beacon.

BOULENGER, A. (1937). *Manuel d'apologétique*: Introduction à la doctrine catholique. 8. ed. Paris/Lyon: Emmanuel Vitte.

BOUWEN, F. & DAUPHIN, C. (orgs.) (2011). *La Piscine probatique de Jésus à Saladin* – Le projet Béthesda (1994-2010), [*Proche-Orient chrétien*, n. esp.].

BOVON, F. & GEOLTRAIN, P. (orgs.) (1997-2005). *Écrits apocryphes chrétiens*. Paris: Gallimard [La Pléiade].

BOVON, F. & GÉOLTRAIN, P. (orgs.) (2005). *Écrits apocryphes chrétiens*. Paris: Gallimard [La Pléiade].

BOVON, F. (1991). *L'évangile selon saint Luc (I,1–IX,50)*. Genebra: Labor et Fides.

_____ (1987). *L'œuvre de Luc*. Paris: Cerf [Lectio divina, 130].

BOWERSOCK, G. (2007). *Le mentir-vrai dans l'Antiquité* – La littérature païenne et les Évangiles. Paris: Bayard.

BRIEN, J. (org.) (2003). *Terre sainte, cinquante ans d'archéologie*. Paris: Bayard.

BROGLIE, A. (1885). *Problèmes et conclusions de l'histoire des religions*. Paris: Putois Cretté.

_____ (1857). *L'Église et l'Empire romain au IVᵉ siècle*. 2. ed. Vol. 1: Règne de Constantin. Paris.

BRUCE, F.F. (1975). *The New Testament* Documents: Are they Reliable? Grand Rapids: Eerdmans.

BUCKLER, W.H.; CALDER, W.M. & COX, C.W.M. (1926). Asia Minor, 1924. III. Monuments of Central Frigia. *Journal of Roman Studies*, 16, p. 73-74, n. 20.

BULTMANN, R. (1921). *Die Geschichte der synoptischen Tradition*. Göttingen.

BUNSON, M. (s.d.). "Maiestas". In: *Encyclopedia of the Roman Empire*.

BURNOUF, J.L. (1859). *Œuvres complètes de Tacite traduites en français avec une introduction et des notes*. Paris [Disponível no site *Itinera Electronica* da Universidade Católica de Louvaina].

BURRIDGE, R. (1992). *What are the Gospels?* A comparison with Graeco-Roman Biography. Cambridge.

CALAME, P. (2012). *Les Évangiles dans la langue de Jésus* – Présentés, traduits et annotés du texte araméen original de la Peshiṭta. Paris: F.-X. de Guibert.

CARLE, P.-L. (2004). *Les quatre frères de Jésus et la maternité virginale de Marie*. Paris: L'Emmanuel.

CARMIGNAC, J. (1984). *La naissance des Évangiles synoptiques*. Paris: F.-X. de Guibert.

CATALDO, S.; HEIMBURGER, T. & CASTEX, T. (2010). *Le Linceul de Turin* – Complément d'enquête, Docteur angélique.

CERFAUX, L. (1954). Le problème synoptique. *Nouvelle revue théologique*, n. 76, p. 495-505.

CERUTI-CENDRIER, M.-C. (1997). *Les Évangiles sont des reportages*. Paris: Pierre Téqui.

CHABERT D'HYÈRES, S. (2003a). "Le langage médical de saint Luc par W.K. Hobart". In: CHABERT D'HYÈRES, S.; MARGUERAT; D. & BIOUL, B. (orgs.). Saint Luc, évangéliste et historien. *Dossiers d'archéologie*, n. 279, jan., p. 128-133.

_____ (2003b). "Jésus, du gouvernement de Quirinius au principat de Tibère – Les dates de sa naissance et de son ministère. In: CHABERT D'HYÈRES, S.; MARGUERAT; D. & BIOUL, B. (orgs.). Saint Luc, évangéliste et historien. *Dossiers d'archéologie*, n. 279, jan.

CHARLESWORTH, J.H. (1995). *Jesus and the Dead Sea Scrolls*. Nova York: Doubleday [The Anchor Bible Reference Library].

CHESTERTON, G.K. [1908]. *Orthodoxie*. Londres, Bodley Head [edição consultada: Paris: Climats, 2010].

CHIARINI, L. (1831). *Le Talmud de Babylone traduit en langue française et complété par celui de Jérusalem et par d'autres monuments de l'Antiquité judaïque*. Vol. 1. Leipzig.

CHILDS, B. (1984). *The New Testament as Canon*: An Introduction. Londres, SCM.

CLIVAZ, C. (2011). Peut-on parler de posture littéraire pour un auteur antique. *ConTextes* 8 [online].

COHEN, S.J. (2002). *Josephus in Galilee and Rom*: His Vita and Development as a Historian. Brill: Academic.

_____ (1999). *The Beginnings of Jewishness*. Berkeley.

COMFORT, P.W. (2005). *Encountering the Manuscripts* – An Introduction to the New Testament Paleography & Textual Criticism. Nashville.

CONZELMANN, H. (1964). *Die Mitte der Zeit*. Tübingen: Mohr.

CONZELMANN, H. & LINDEMANN, A. (1999). *Guide pour l'étude du Nouveau Testament*. Genebra: Labor et Fides [Le monde de la Bible].

COUROUBLE, P. (2005). Le grec de Pilate selon l'évangile de saint Jean. *Le Cep*, n. 30, p. 73-75.

COUVERT, É. (2003). *La vérité sur les manuscrits de la mer Morte* – Qui étaient les Esséniens? 2. ed. Paris: du Chiré.

_____ (1995). Les judéo-chrétiens depuis Qumrân jusqu'aux origines de l'islam. *Bulletin de la Société Augustin Barruel*, n. 27.

CRAIG, W.L. (1994). *Reasonable Faith*. Wheaton: Crossway.

_____ (1985). *The Historical Argument for the Resurrection of Jesus during the Deist Controversy*. Toronto: Edwin Mellen.

CRONE, P. & COOK, M. (1977). *Hagarism* – The Making of the Islamic World. Cambridge University Press.

CROSSAN, J.D. (1994). *Jesus* – A Revolutionary Biography. São Francisco.

_____ (1991). *The Historical Jesus* – The Life of a Mediterranean Jewish Peasant. Edimburgo.

CUVILLIER, É. (2016). L'objectivité scientifique en exégèse biblique – Quelques réflexions actuelles à propos d'un vieux débat. *Cahiers d'études du religieux* – Recherches interdisciplinaires, 16 [disponível em: http://cerri.revues.org/1607].

_____ (1998). "La question du Jésus historique dans l'exégèse francophone. Aperçu historique et évaluation critique". In: MARGUERAT, D.; NORELLI, E. & POFFET, J.M. (orgs.). *Jésus de Nazareth* – Nouvelles approches d'une énigme. Genebra: Labor et Fides, p. 59-88 [Le monde de la Bible, 38].

DABROWA, E. (1998). *The governors of Roman Syria from Augustus to Septimius Severus*. Bonn.

DAGUET-GAGEY, A. (2001). Septime Sévère, un empereur persécuteur des chrétiens? *Revue des études augustiniennes*, 47, p. 13.

DALY, L. (2012). *Dieu, les miracles et la science* – Le secret du bonheur. Tatamis.

DANIN, A.; WHANGER, A.D.; BARUCH, U. & WHANGER M. (1990). *Flora of the Shroud of Turin*. Saint Louis: Missouri Botanical Garden.

DARK, K. (2015). Has Jesus' Nazareth House been Found? *Biblical Archaeology Review* 41 (2), mar.-abr., p. 54-63.

De LUBAC, H. (1966). *L'Écriture dans la Tradition*. Paris: Aubier.

De XIVREY, J.B. (1829). *Recherches sur les sources antiques de la littérature française*. Paris.

DELAUNAY, F. (1867). *Philon d'Alexandrie, Écrits historiques. Influence, luttes et persécutions des Juifs dans le monde romain*. Paris.

DELHEZ, C. & VERMEYLEN, J. (2006). *Le Jésus des chrétiens*. Namur: Fidélité.

DEVIVIERS, W. (1907). *Cours d'apologétique chrétienne*. Paris/Leipzig/Tournai.

DIBELIUS, M. (1919). *Die Formgeschichte des Evangeliums*. Tübingen.

DIESSMANN, A. (1923). *Licht von Osten:* das neue Testament und die neuentdeckten Texte der hellenistisch-römischen Welt. 4. ed. Tübingen [ed. orig.: 1908].

DODD, C.H. (1987). *La tradition historique du quatrième Évangile*. Paris: Cerf.

DUBOIS, J.-D. & KUNTZMANN, R. (2009). *Nag Hammadi/Évangile de Thomas* – Textes gnostiques aux origines du christianisme. 2. ed. Paris: Cerf [Supplément cahiers Évangile, 58].

DUBOURG, B. (1987-1989). *L'invention de Jésus*. 2 tomos. Paris: Gallimard [Infini].

DUBUISSON, M. (1999). Le "procurateur" de Judée. *Revue belge de philologie et d'histoire*, vol. 77, p. 131-136.

DUPONT-SOMMER, A. & PHILONENKO, M. (orgs.) (1987). *La Bible. Écrits intertestamentaires*. Paris: Gallimard [La Pléiade].

EDELMANN, É. (2000). *Jésus parlait araméen*. Gordes: du Relié.

EHRMAN, B.D. (2004). *The New Testament*: A Historical Introduction to the Early Christian Writings. Nova York: Oxford.

EILERS, C. (1996). C. Sentius Saturninus, Piso Pontifex, and the Titulus Tiburtinus: a Reply. *Zeitschrift für Papyrologie und Epigraphik* 110, p. 207-226 [disponível em: http://www.uni-koeln.de/phil-fak/ifa/zpe/downloads/1996/110pdf/110207.pdf].

ELIADE, M. (1969). *Le mythe de l'éternel retour* – Archétypes et répétition. Paris: Gallimard [Idées, 191] [revista e ampliada em 1969].

EPSTEIN, I. (1962). *Le judaïsme*. Paris: Payot.

ERHMAN, B.D. (2012). *Forgery and Counter forgery*: The Use of Literary Deceit in Early Christian Polemics. Nova York: Oxford University Press.

_____ (2011). *Forged:* Writing in the Name of God. Why the Bible's Authors Are Not who we Think they Are. Nova York: Harper Collins.

EVANS CRAIG, A. (2013). *Jesus and his world* – The Archaeological Evidences. Louisville: Westminster John Knox Press.

_____ (2006). *Fabricating Jesus* – How Modern Scholars Distort the Gospels. Downers Grove: IVP Books.

ÉVIN, J. (s.d.). *La datation du Linceul de Turin*: le point de vue d'un spécialiste du radiocarbone [Disponível em: http://carbon14.univ-lyon1.fr/kitSHS/l.htm].

FABER, R. (1987). L'églogue et l'Apocalypse. Virgile, Novalis et l'âge d'or. *Romantisme* – Revue du dix-neuvième siècle, vol. 17.

FAYAT, C. (2007-2008). La physicochimie du saint Suaire de Turin confirme l'antiquité de la sainte relique. *Nouvelles de l'Association Jean Carmignac* jun./2007; fev./2008 [n. esp.].

FINEGAN, J. (1992). *The Archaeology of the New Testament* – The Life of Jesus and the Beginning of the Early Church. Princeton: Princeton University Press.

_____ (1964). *Handbook of Biblical Chronology.* Princeton: Princeton University Press.

FLEG, E. (1956). *Anthologie juive des origines à nos jours.* Paris: Flammarion.

FLURY-LEMBERG, M. (2003). *Sindone 2002:* L'intervento conservativo – Preservation – Konservierung. Turin: ODPF.

FOCANT, C. (2000). "Aux sources de l'histoire de Jésus". In: BIOUL, B. (org.). Jésus au regard de l'Histoire. *Dossiers d'archéologie*, n. 249, jan., p. 78-79.

_____ (1992). "7Q5 = Mk6, 52-53: A Questionable and Questioning Identification?". In: MAYER, B. (org.). *Christen und Christliches in Qumran?* Regensburg: Friedrich Pustet, p. 11-26 [Eichstätter Studien, 32].

FOULON-PIGANIOL, C.-I. (1976). Le rôle du peuple dans le procès de Jésus – Une hypothèse juridique et théologique. *Nouvelle revue théologique*, n. 98/7, p. 627-637.

FRALE, B. (2009). *Le suaire de Jésus de Nazareth.* Paris: Bayard.

FRANCE, J. (2007). "Les catégories du vocabulaire de la fiscalité dans le monde romain". In: ANDREAU, J. & CHANKOWSKI, V. (orgs.). *Vocabulaire et expression de l'économie dans le monde antique.* Bordeaux, p. 349-352.

FREDJ, G. (2014). Israël – Archéologie: Bethléem, cité juive à l'époque du premier Temple. *Europe Israël News*, 30/jan. [Disponível em: https://www.europe-israel.org/2014/01/bethleem-cite-juive-a-lepoque-du-premier-temple/].

FREY, J.-B. (1930). La signification du terme πρώτοτοκος d'après une inscription juive. *Biblica*, n. 11, p. 373-390.

FROVA, A. (1961). L'iscrizione di Ponzio Pilato a Cesarea. *Rend. Ist. Lombardo, Accad. di scienze e lettere, Classe di lettere e scienze mor. e stor.*, n. 95, p. 419-434.

FRYE, R.N.; GILLIAM, J.-F.; INGHOLT, H. & WELLES, C.B. (1955). Inscrições de Dura-Europus. *Yale Classical Studies* 14.

FUENTES GONZÀLEZ, P.P. (2005). "S.v. 66. Lucien de Samosate". In: GOULET, R. (org.). *Dictionnaire des philosophes antiques*. Tomo IV. Paris: CNRS, p. 131-160.

FUSCO, V. (1998). "La quête du Jésus historique. Bilan et perspectives". In: MARGUERAT, D.; NORELLI, E. & POFFET, J.M. (orgs.). *Jésus de Nazareth* – Nouvelles approches d'une énigme. Genebra: Labor et Fides, p. 25-57 [Le monde de la Bible, 38].

GALLEZ, É.-M. (2005). *Le Messie et son prophète* – Aux origines de l'Islam. 2 vols. Paris [Studia Arabica].

GAMBLE, H.Y. (2012). *Livres et lecteurs aux premiers temps du christianisme* – Usage et production des textes chrétiens antiques. Genebra: Labor et Fides [Christianismes antiques].

GATIER, P.-L. (2003). "La principauté d'Abila de Lysanias dans l'Antiliban". In: CHABERT D'HYÈRES, S.; MARGUERAT; D. & BIOUL, B. (orgs.). Saint Luc, évangéliste et historien. *Dossiers d'archéologie*, n. 279, jan., p. 120-127.

GAUVIN, M.J. (1922). *Did Jesus really live?* [Disponível em: https://infidels.org/library/historical/marshall_gauvin/did_jesus_really_live.html].

GEERARD, M. (1992). *Clavis Apocryphi Novi Testamenti*. Brepols.

GELDSETZER, L. (2002). *"Sic et non" sive "Sic aut non"* – La méthode des questions chez Abélard et la stratégie de la recherche [Disponível em: http://www.phil-fak.uni-duesseldorf.de/philo/geldsetzer/sicetnon.html].

GENICOT, L. (1979). *Critique historique*. Louvain-la-Neuve.

GENOT-BISMUTH, J. & GENOT, J. (1992). *Jérusalem ressuscitée* – La Bible hébraïque et l'évangile de Jean à l'épreuve de l'archéologie. Paris: Albin Michel/F.-X. de Guibert.

GENOT-BISMUTH, J. (1995). *Un homme nommé Salut* – Genèse d'une "hérésie" à Jérusalem. 2. ed. Paris: F.-X. de Guibert.

GIBERT, P. (2010). *L'invention de la critique de la Bible, XVe-XVIIIe siècle*. Paris: Gallimard [Bibliothèque des histoires].

GOLDIN, S. (1999). Juifs et Juifs convertis au Moyen Âge: "Es-tu encore mon frère?" *Annales* – Histoire, sciences sociales, n. 54, p. 851-874.

GOODER, P. (org.) (2009). *Searching for Meaning* – An Introduction to Interpreting the New Testament. Louisville: Westminster John Knox Press.

GOUY, P.-H. (1999). *Cours d'apologétique*. Lyon.

GRANT, M. (2004). *Jesus*: An Historian's Review of the Gospels. 2. ed. Londres.

_____ (1995). *Greek and Roman Historians*: Information and Misinformation. Nova York: Routledge.

GREGORY, C.R. (1908). *Die griechischen Handschriften des Neuen Testaments*.

GRELOT, P. (1986). *L'origine des Évangiles* – Controverse avec J. Carmignac. Paris: Cerf.

GRIMAL, P. (1965). *La littérature latine*. Paris [Que sais-je?, 327].

GRZYBEK, E. & SORDI, M. (1998). L'édit de Nazareth et la politique de Néron à l'égard des chrétiens. *Zeitschrift für Papyrologie und Epigraphik*, n. 120, p. 279-291.

GUARDUCCI, M. (1962). La più antica iscrizione col nome dei cristiani. *Römische Quartalschrift*, n. 57, p. 116-125.

GUERILLOT, C. (2003). *Le témoin du Christ* – Une approche de l'évangile selon saint Jean. Paris: Véga.

GUIGAIN, F. (2012-2014). *La récitation orale de la Nouvelle Alliance*. Vol. 1: selon saint Marc (2012). Vol. 2: selon saint Luc (2013). Vol. 3: selon saint Jean (2013). Vol. 4: selon saint Matthieu (2014). Paris: Cariscript.

_____ (2012). *Exégèse d'oralité*. 2. ed. Paris: Cariscript.

_____ (2010). *La Torah de la Nouvelle Alliance selon la récitation orale des apôtres* – Textes des Évangiles et des Actes selon la version stricte d'Orient. Paris: Cariscript.

_____ (2008). *Évangéliaire selon la récitation des apôtres* – Texte des quatre Évangiles selon la Peshitta. Paris: Cariscript.

GUIGNEBERT, C. (1943). *Le Christ*. Paris: Albin Michel [Évolution de l'humanité].

GUIGNEBERT, C. (1943). *Le Christ*. Paris: Albin Michel, 1943 [Evolution de l'humanité].

GUILLAUMONT, A. (1959). La date de la Cène. Calendrier biblique et liturgie chrétienne. *Revue de l'histoire des religions*, vol. 155, n. 1, p. 94-95.

GUILLEMETTE, P. & BRISEBOIS, M. (1987). *Introduction aux méthodes histori-co-critiques*. Montréal: La corporation des éditions Fides.

GUITTENY, J.-L. (s.d.). *Eusèbe de Césarée, apologique ou historien?* [Disponível no site da Faculdade de Teologia, Universidade Católica do Oeste, Angers].

HADAS-LEBEL, M. (2009). *Rome, la Judée et les Juifs*. Paris: Picard.

_____ (2003). *Philon d'Alexandrie* – Un penseur en diaspora. Paris: Fayard.

HARTEL, G. (1876). De pascha computum. *CSEL* III/3, Viena.

HARWOOD, W. (1992). *Mythology's Last Gods*: Yahweh and Jesus.

HEAD, P.M. (2004). The Habits of New Testament Copyists. Singular Readings in the Early Fragmentary Papyri of John. *Biblica*, n. 85, p. 399-408.

_____ (1995). The date of the Magdalen Papyrus of Matthew (P. Magd. GR. 17 = $\mathfrak{P}^{64}$): A response to C.P. Thiede. *Tyndale Bulletin*, n. 46, p. 251-285.

HEIM, F. (1999). Solstice d'hiver, solstice d'été dans la prédication chrétienne du Ve siècle. Le dialogue des évêques avec le paganisme, de Zénon de Vérone à saint Léon. *Latomus* 58, p. 640-660.

HELLER, A. (2014). Domination subie, domination choisie: les cités d'Asie Mineure face au pouvoir romain, de la République à l'Empire. *Pallas – Revue des études antiques*, n. 96, p. 217-232 [Disponível em: http://pallas.revues.org/1263].

HEMPEL, J. (s.d.). Wichtige Aufsätze in Zeitschriften und Sammelwerken. *Zeitschrift für die alttestamentliche Wissenschaft*, 62, p. 273-274.

HENGEL, M. (1993). *Die Johanneische Frage* – Ein Lösungsversuch. Mit einem Beitrag zur Apokalypse von Jörg Frey. Tübingen: Mohr [WUNT, 67].

HÉRICHER, L.; LANGLOIS, M. & VILLENEUVE, E. (2010). *Qumrân* – Le secret des manuscrits de la mer Morte. Paris: Bibliothèque nationale de France.

HERRMANN, L. (1970). *Chrestos, Témoignages païens et juifs sur le christianisme du premier siècle*. Bruxelas [Latomus, 109].

_____ (1963). Pline l'Ancien a-t-il inventé les esséniens célibataires? *Revue belge de philologie et d'histoire*, vol. 41, fasc. 1, p. 80-91.

HERRMANN, P. (1965). Antiochos der Grosse und Teos. *Anadolu*, n. 9, p. 29-159.

HIJMANS, S. (2009). *So: the Sun in the Art and Religions of Rome.* Groningen: Université de Groningen.

_____ (2003). Sol Invictus, the Winter Solstice and the Origins of Christmas. *Mouseion*, n. 47/3, p. 277-298.

HOLTZMANN, H.J. (1863). *Die Synoptischen Evangelien.* Leipzig.

HOLZNER, J. (2000). *Paul de Tarse.* Paris: Pierre Téqui.

HOMO, L. (1941). *Histoire Romaine.* Tomo 3: Haut-Impaire. Paris: PUF.

HORBURY, W. & NOY, D. (1992). *Jewish Inscriptions of Greco-Roman Egypt.* Cambridge: Cambridge University Press [Inscrição n. 33, p. 69-74].

HORBURY, W. (2003). "The Depiction of Judeo-Christians in the *Toledot Yeshu*". In: TOMSON, P.J. & LAMBERS-PETRY, D. (orgs.). *The Image of the Judaeo-Christians in Ancient Jewish and Christian Literature.* Heidelberg: Mohr Siebeck, p. 280-285.

HUMBERT, J.-B. & VILLENEUVE, E. (2006). *L'affaire Qumran* – Les découvertes de la mer Morte. Paris: Découvertes Gallimard [Archéologie, 498].

HUMPHREY, I. (2006). Notes tironiennes. État de la question. In: *Colloquia Aquitana I –2005* – Études médiévales: Patrimoine matériel et immatériel. Paris: Le manuscrit.

HUNGER, H. (1992). "7Q5: Markus 6, 52-53–oder? Die meinung des Papyrologen". In: MAYER, B. (org.). *Christen und Christliches in Qumran?* Regensburg: Friedrich Pustet, p. 33-56 [Eichstätter Studien, 32].

HUNTER, A.-M. (1970). *Saint Jean, témoin du Jésus de l'histoire.* Paris: Cerf.

ILAN, T. (2002-2012). *Lexicon of Jewish Names in the Late Antiquity, (330 BC-650 CE).* 4 vols. Grand Rapids: Eerdmans.

IMBERT, J. (1984). *Le procès de Jésus.* Paris: Puf [Que sais-je, 1.896].

JAFFE, D. (2005). *Le judaïsme et l'avènement du christianisme.* Paris: Cerf.

JAUBERT, A. (1965). Les séances du sanhédrin et les récits de la Passion. *Revue de l'histoire des religions*, vol. 167, n. 1.

_____ (1957). *La date de la Cène* – Calendrier biblique et liturgie chrétienne. Paris.

JOLIVET, J. (1994). *Abélard ou la philosophie dans le langage.* Paris: Cerf.

JULIAN, C. (1883). Le Breviarium totius imperii de l'empereur Auguste. *Mélange d'archéologie et d'histoire*, vol. 3, p. 149-182.

KANE, J.-P. (1971). By no means "The Earliest Records of Christianity" – With an Emended Reading of the Talpioth Inscription ΙΗΣΟΥΣ ΙΟΥ. *Palestine Exploration Quaterly*, p. 103-108.

KÄSEMANN, E. (1972). *Le problème du Jésus historique* – Essais exégétiques. Neuchâtel: Delachaux et Nestlé.

KENNEDY GEORGE, A. (1984). *New Testament Interpretation through Rhetorical Criticism*. Chapel Hill: University of North Carolina Press.

KOKKINOS, N. (1995). The Honorand of the Titulus Tiburtinus: C. Sentius Saturninus? *Zeitschrift für Papyrologie und Epigraphik*, n. 105, p. 21-36 [Disponível em: http://www.uni-koeln.de/phil-fak/ifa/zpe/downloads/1995/105pdf/105021.pdf].

_____ (1989). "Crucifixion in AD 36: The Keystone for Dating the Birth of Jesus". In: VARDAMAN, J. & YAMAUCHI, E.M. *Chronos, Kairos, Christos*: Nativity and Chronological Studies presented to Jack Finegan. Winona Lake: Eisenbrauns, p. 133-163.

La BOULLAYE, E. (1938). *Jésus et l'Histoire* – Conférences de Notre-Dame de Paris (année 1929). 2. ed. Paris: Spes.

LAGRANGE, M.-J. (1924). *Évangile selon saint Marc*. 4. ed. Paris.

LAPERROUSAZ, E.M. (2007). *Les temples de Jérusalem*. Paris: Non Lieu.

_____ (1997). "Le cadre chronologique de l'existence à Qumrân de la communauté essénienne du Maître de Justice". In: LAPERROUSAZ, E.-M. (org.). *Qumran et les manuscrits de la mer Morte* – Un cinquantenaire. Paris: Cerf.

LATOURELLE, R. (1974). Critères d'authenticité historique des Évangiles. *Gregorianum*, n. 55, p. 609-637.

LAURENTIN, R. (1999). *Les Évangiles de Noël*. 2. ed. Paris: Desclée.

_____ (1996). *Vie authentique de Jésus Christ*. Vol. 2: Fondements, preuves et justification. Paris: Fayard.

_____ (1967). *Court traité sur la Vierge Marie*. Paris: Lethielleux.

Le TEUFF, B. (2014). Les recensements augustéens, aux origines de l'Empire. *Pallas*, n. 96 [Disponível em: http://pallas.revues.org/1179].

LECA-TSIOMIS, M. (2006). L'Encyclopédie. *Recherches sur Diderot et sur l'Encyclopédie*, 28/nov. [Disponível em: http://rde.revues.org/266].

LECOQ, P. (2017). *Les livres de l'Avesta* – Textes sacrés des Zoroastriens. Paris: du Cerf.

LEFEBVRE, S. (2011). *L'administration de l'Empire romain*: d'Auguste à Dioclétien. Paris: Armand Colin.

LEGASSE, S. (1999). Le procès de Jésus et l'antijudaïsme chrétien. *Cahiers Évangile*, n. 108, jun.

LEGRAS, B. (2015). *Jésus est-il vraiment ressuscité?* Paris: Pierre Téqui.

LEMAIRE, A. (2002). Jacob/James Son of Joseph, Brother of Jesus. *Biblical Archaeology Review*, n. 28/6, p. 24-33.

LÉMANN, A. & LÉMANN, J. (1877). *Valeur de l'assemblée qui prononça la peine de mort contre Jésus-Christ* [coed. Sainte Jeanne d'Arc-Tradiffusion, 1997].

LÉMONON, J.-P. (2007). *Ponce Pilate*. Paris: L'atelier.

LEON DUFOUR, X. (1999). "Évangiles". In: *Encyclopedia universalis*.

LEVEQUE, J. & PUGEAUT, R. *Le saint Suaire revisité*. Sarment: du Jubilé.

LEVESQUE, E. (1945). Le mot Judée dans le Nouveau Testament a-t-il parfois le sens élargi de Palestine. *Vivre et penser*, 3ᵉ série, p. 104-111.

LICHTENBERGER, A. (1999). *Die Baupolitik Herodes des Grossen*. Wiesbaden [ADPV, 26].

LISOWSKY, G. (1958). *Konkordanz zum hebräischen Alten Testament*. Stuttgart.

LOISY, A. (1910). *Jésus et la tradition évangélique*. Paris: Émile Nourry.

LOTH, A. (2003). *Jésus-Christ dans l'Histoire – L'ère chrétienne:* La date de la naissance de Jésus-Christ avec l'année de sa mort. 2. ed. Paris: F.-X. de Guibert.

LOUPAN, A. & NOËL, A. (2005). *Enquête sur la mort de Jésus*. Paris: la Renaissance.

MacCARTHY, J.F. (1987). New Light on the Genealogies of Jesus. *Living Tradition*, n. 11.

MAHE, J.-P. & POIRIER, P.-H. (2007). *Écrits gnostiques* – La bibliothèque de Nag Hammadi. Paris: Gallimard [La Pléiade].

MALET, A. (s.d.). "Bultmann". In: *Encyclopedia universalis*.

MALINA, B. (1981). *The New Testament World* – Insights from Cultural Anthropology. Atlanta: John Knox.

MARCOVICH, M. (1994). *Iustini Martyris Apologiae pro Christianis*. Berlim/Nova York: W. de Gruyter [Patristische Texte und Studien, 38].

MARGUERAT, D. (2007). *À la recherche du Jésus de l'Histoire* [Disponível em: biblique.fr].

_____ (1999). *La première histoire du christianisme (Les Actes des apôtres)*. Paris/Genebra: Cerf/Labor et Fides [Lectio divina, 180].

MARGUERAT, D. (org.). (2000). *Introduction au Nouveau Testament*. Genebra: Labor et Fides [Le monde de la Bible, 41].

MARGUERAT, D.; NORELLI, E. & POFFET, J.M. (orgs.) (1998). *Jésus de Nazareth* – Nouvelles approches d'une énigme. Genebra: Labor et Fides [Le monde de la Bible, 38].

MARION, A. & COURAGE, A.-L. (1997). *Nouvelles découvertes sur le Suaire de Turin*. Paris: Albin Michel.

MARION, A. & LUCOTTE, G. (2006). *Le linceul de Turin et la Tunique d'Argenteuil* – Le point sur l'enquête. Paris: la Renaissance.

MARION, A. (2000). *Jésus et la science*. Paris: la Renaissance.

MARION, F. (2005). *Les saints Évangiles*. Paris: F.-X. de Guibert.

MARROU, H.-I. (s.d.). "La théologie de l'Histoire". In: *Encyclopedia universalis*, "Histoire – La théologie de l'Histoire".

_____ (1964). *Histoire de l'éducation dans l'Antiquité*. Tomo 1: Le monde grec. 6. ed. Paris: Seuil [Points, H56].

_____ (1954). *De la connaissance historique*. Paris: Seuil [Points, H21].

MARTIN, J.-P. (2000). Sol Invictus: des Sévères à la tétrarchie d'après les monnaies. *Cahiers du Centre Gustave Glotz*, n. 11, p. 297-307.

_____ (1990). *Les provinces romaines d'Europe centrale et occidentale, 31 av. J.-C., 235 apr. J.-C*. Paris: Sedes.

MASSON, J. (1982). *Jésus, fils de David dans les généalogies de saint Matthieu et de saint Luc*. Paris: Pierre Téqui.

Mc DOWELL, J. (1994). *Christianity a ready defense*. San Bernardino: Here's Life.

McGOWAN, A. (2002). How December 25 Became Christmas. *Bible Review*.

McGRATH, J.F. (1996). Johannine Christianity: Jewish Christianity? *Koinonia*, p. 1-20.

McVEY, K. (1990). A Fresh Look at the Letter of Mara Bar Serapion to his Son. *V Symposium Syriacum* – R. Lavenant, OCA 236, Roma.

MEIER, J.P. (2005). *Un certain Juif Jésus* – Les données de l'histoire. Tomo 1: Les sources, les origines, les dates. Paris: Cerf.

MELEZE-MODRZEJEWSKI, J. (1991). *Les Juifs d'Égypte de Ramsès II à Hadrien*. Paris: Errance.

MELY, F. (1908). Le Christ à tête d'âne du Palatin. *Comptes rendus des séances de l'Académie des inscriptions et belles-lettres*, vol. 52, n. 2, p. 82-92.

MERCIER, A. (2009). La vraisemblance: état de la question historique et théorique. *Temps zéro*, n. 2 [Disponível em: http://tempszero.contemporain.info/document393].

MESSADIE, G. (2013). *Contradictions et invraisemblances dans la Bible*. Paris: L'archipel.

MESSORI, V. (1986). *Inchiesta sul cristianesimo*. Milão: Mondadori.

METZGER, B.M. (1977). *The Early Versions of the New Testament*. Oxford: Clarendon.

_____ (1963). *History of New Testament Textual Criticism*. Grand Rapids: Eerdmans.

MEYER, G.P. (1910). *Graeschische griechische Papyri im Museum des Oberscheinishen Gesekichtsvereins zu Giessen*. Leipzig-Berlim.

MIMOUNI, S.-C. (2009). "Sadducéens, esséniens et pharisiens en Palestine au Ier siècle de notre ère". In: SÉRANDOUR, A. (org.). Les judaïsmes au temps de Jésus. *Archéothéma*, n. 5, ncv.-dez., p. 12-19.

_____ (2004). *Les chrétiens d'origine juive dans l'Antiquité*. Paris: Albin Michel.

_____ (1995). *Dormition et assomption de Marie*: histoire des traditions anciennes. Paris: Beauchesne [Théologie historique, 98].

MOMMSEN, T. & DUQUESNE, J. (2014). *Droit pénal romain*. Vol. 2/3. Charleston: Nabu

MOMMSEN, T. (1883). *Res Gestae divi Augusti*. 2. ed. Berlim.

MONTEVECCHI, O. (1994). Intervista con S. Paci. *30Giorni*, 12,7/8, p. 75-77.

MORESCHINI, C. & NORELLI, E. (2000). *Histoire de la littérature chrétienne antique grecque et latine*. Vol. I: De Paul à l'ère de Constantin. Genebra: Labor et Fides.

MORISON, F. (1987). *Who moved the Stone?* A Skeptic Looks at the Death and Resurrection of Christ. Zondervan.

MOSSE, C. (1962). *La fin de la démocratie athénienne*. Paris: PUF.

MUNIER, C. (1995). Saint Justin – *Apologie pour les chrétiens*. Friburgo: Éditions Universitaires [Paradosis, 39].

MURO ERNEST, A. (1997). The Greek Fragments of Enoch from Qumran Cave 7 (7Q4, 7Q8, &7Q12 = 7QEn gr = Enoch 103:3–4, 7–8). *Revue de Qumran* 18, n. 70, p. 307-312.

MURPHY-O'CONNOR, J. (1997). *A Critical Life*. Oxford/Nova York: Oxford University Press.

NAGY, A.A. (2001). La forme originale de l'accusation d'anthropophagie contre les chrétiens. Son développement et les changements de sa représentation au IIᵉ siècle. *Revue des études augustiniennes*, n. 47, p. 223-249.

NESTLE, E. & ALAND, K. (2005). *Novum Testamentum Graece*. 28. ed. Deutsche Bibelgesellschaft.

NETZER, E. (2006). *The Architecture of Herod the Great Builder*. Tübingen [TSAJ, 117].

NICOLET, C. (1988). *L'inventaire du monde, Géographie et politique aux origines de l'Empire romain*. Paris: Fayard.

NISARD, M. (1865). *Quintilien et Pline le Jeune*. Paris [Disponível em: remacle.org].

NODET, É. (2000). "Appendice sur la version slavonne de la Guerre". In: THACKERAY, H.S.J. *Flavius Josèphe:* l'homme et l'historien. Paris, p. 170-174.

_____ (1985). Jésus et Jean-Baptiste selon Josèphe. *Revue biblique*, n. 92, p. 321-348 e 497-524.

NONGBR, B. (2005). The Use and Abuse of $\mathfrak{P}^{52}$: Papyrological Pitfalls in the Dating of the Fourth Gospel. *Harvard Theological Review*, n. 98.

NORELLI, E. (1998). "La question des sources". In: MARGUERAT, D.; NORELLI, E. & POFFET, J.M. (orgs.). *Jésus de Nazareth* – Nouvelles approches d'une énigme. Genebra: Labor et Fides, p. 570-571 [Le monde de la Bible, 38]

NOTLEY, R.S. (2014). "Non-Septuagintal Hebraisms in the Third Gospel: An Inconvenient Truth". In: BUTH, R. & NOTLEY, R.S. (orgs.). *The Language Environment of First Century Judaea, Jerusalem Studies in the Synoptic Gospels*. vol. 2. Leiden/Boston: Brill, p. 320-346.

O'CALLAGHAN, J. (1972). Papiros neotestamentarios en la cueva 7 de Qumrân? *Biblica*, n. 53, p. 91-100.

OEPKE, A. (1970). Auferstehung II (des Menschen). *Reallexikon für Antike und Christentum*, col. 931.

OGG, G. (1959). Review of A. Jaubert, La date de la Cène. *Novum Testamentum* 3, p. 149-160.

OLIVE, J.D. (1998-1999). "Field Director's Reports". In: EDWARDS, D.R. (org.). *Excavations at Khirbet Cana*. Preliminary Reports.

ONFRAY, M. (2017). *Décadence: De Jésus à Ben Laden* – Vie et mort de l'Occident. Paris: Flammarion.

OSHRI, A. (2005). Where was Jesus Born? *Archaeology*, vol. 58, n. 6, nov.-dez.

OVERBECK, F. (1882). Über die Anfänge der patristischen Literatur. *Historische Zeitschrift*, n. 48, p. 417-472.

PAUL, A. (2008). *Qumrân et les esséniens* – L'éclatement d'un dogme. Paris: Cerf.

_____ (1999). "Sadducéens". In: *Encyclopédia Universalis*.

_____ (s.d.). "Formes (méthode de critique des...)". In: *Encyclopedia universalis*.

PAUTIGNY, L. (1904). *"Première Apologie" de saint Justin*. Paris: A. Picard.

PELIKAN, J. (2000). *Jésus au fil de l'Histoire* – Sa place dans l'histoire de la culture. Paris: Hachette [Pluriel, 900].

PERGNIER, M. (2006). *La résurrection de Jésus de Nazareth* – Énigme, mystère et désinformation. Mônaco: Le Rocher [Désinformation].

PERRIER, P. (2013). *L'apôtre Thomas et le christianisme en Asie* – Recherches historiques et actualité. Issoudun: AED.

_____ (2006). *La transmission des Évangiles*. Sarment: du Jubilé.

_____ (2003). *Évangiles de l'oral à l'écrit*. Tomo 2: Les colliers évangéliques. Sarment: du Jubilé.

_____ (2000). *Évangiles de l'oral à l'écrit*. Sarment: du Jubilé.

_____ (1986). *Karozoutha, de la Bonne Nouvelle en araméen et évangiles gréco-latins*. Montréal: Médiaspaul/ Paulines.

PERROT, C. (1998). "La pluralité théologique du judaïsme au ier siècle de notre ère". In: MARGUERAT, D.; NORELLI, E. & POFFET, J.M. (orgs.). *Jésus de Nazareth* – Nouvelles approches d'une énigme. Genebra: Labor et Fides, p. 157-176 [Le monde de la Bible, 38]

PETITFILS, J.-C. (2011). *Jésus*. Paris: Fayard.

PILLIET, N. *L'Histoire est un mensonge... que personne ne conteste*. Paris: Unicomm.

PIXNER, B. (1992). "Observations archéologiques sur le quartier essénien de Jérusalem et sur la communauté primitive". In: MAYER, B. (org.). *Christen und Christliches in Qumran?* Regensburg: Friedrich Pustet, p. 89-113 [Eichstätter Studien, 32].

PONS, A. (1994). "Voltaire". In: *Dictionnaire philosophique*. Paris: Gallimard.

POSSEKEL, U. (1999). Evidence of Greek Philosophical Concepts in the Writings of Ephrem the Syrian. *Corpus Scriptorum Christianorum Orientalium*, vol. 580, T. 102, p. 29-30.

POUDERON, B. (2005). *Les apologistes grecs du IIe siècle*. Paris: Cerf.

PRÉAUX, C. (1978). *Le monde hellénistique* – La Grèce et l'Orient (323-146 av. J.-C.). Tomo 1. Paris: PUF [Nouvelle Clio].

PREUSCHEN, E. (1903). Die Salbung Jesu in Bethanien. *Zeitschrift für die neutestamentliche Wissenschaft*, n. 3, p. 252-253; e n. 4, p. 88.

PRICE, R. (1996). *Secrets of the Dead Sea Scrolls*. Eugene: Harvest House.

PRIGENT, P. (2010). *Jésus* – La foi au risque de l'histoire. Lyon: Olivétan.

PROJET NOUVEAU REGARD (2015). *Enquête sur les miracles* – Pour la nouvelle évangélisation. Sarment: du Jubilé.

PUECH, A. (1913). *Les apologistes grecs du IIᵉ siècle de notre ère*. Paris: Hachette.

PUECH, É. (1997a). "Les manuscrits de la mer Morte et le Nouveau Testament". In: LAPERROUSAZ, E.-M. (org.). *Qumran et les manuscrits de la mer Morte* – Un cinquantenaire. Paris: Cerf.

_____ (1997b). Sept Fragments grecs de la Lettre d'Hénoch (1 Hén 100,103 et 105) dans la Grotte 7 de Qumrân. *Revue de Qumrän*, n. 18/70, p. 313-323.

_____ (1996). Notes sur les fragments grecs du manuscrit 7Q4 = 1 Hénoch 103 e 105. *Revue biblique*, p. 592-600.

_____ (1995). Des fragments grecs de la Grotte 7 et le Nouveau Testament? 7Q4 e 7Q5, et le Papyrus Magdalen Grec 17 = P 64 11. *Revue biblique,* n. 102/4, p. 570-584.

QUENEL, M. (2008). *Jésus, l'Homme et le Fils de Dieu*. 2. ed. Paris: Flammarion [Champs/Essais, 774].

_____ (1983). *Écrits apocryphes*. Paris: Seuil [Points/Sagesses].

RAMELLI, I. (2009). The Letter of Mara Bar Serapion in Contex. *Hugoye*: Journal of Syriac Studies, n. 13 (1), p. 92-106 [Conference Report, Utrecht University, 10-12/dez.].

_____ (2004). La lettera di Mara bar Serapion: linee introduttive, traduzione e note essenziali. *Stylos*, p. 77-104.

_____ (2002). [Contribuição ao Congresso sobre "A contribuição das ciências históricas ao estudo do Novo Testamento"]. In: *Actes du congrès*. Cidade do Vaticano: Libreria Editrice Vaticana.

_____ (2001a). Possibili allusioni al Cristianesimo nel romanzo classico del tardo I sec. D.C.: i casi di Petronio e di Caritone. *Stylos*, n. 10, p. 67-81.

_____ (2001b). "Tristitia" – Indagine storica, filosofia e semantica su un'accusa antistoica e anticristiana del I secolo. *Invigilata Lucernis*, n. 23, p. 187-206.

_____ (2001c). *I romanzi antichi e il cristianesimo* – Contesto e contatti. Madri: Signifer.

_____ (2000). "Recensão de C.P. Thiede, Ein Fisch für den römischen Kaiser, Munique, 1998". *Rivista di storia della Chiesa in Italia*, n. 54, p. 211-216.

_____ (1999). Recensão de G.G. Gamba, Petronio arbitro e i cristiani. *Aevum*, n. 73, p. 207-210 [tb. em: *I romanzi antichi*, cap. 8].

_____ (1999). L'Hercules oetaeus e la conoscenza del cristianesimo da parte degli Stoici romani del I secolo. *Stylos*, n. 8, p. 7-46.

_____ (1998). La Chiesa di Roma e la cultura pagana: echi cristiani nell'Hercules oetaeus? *Rivista di storia della Chiesa in Italia*, n. 52, p. 11-31.

_____ (1997). "Il Satyricon di Petronio: tradizione, parodia, allusione". In: AICC (org.). Καίρια συγγελάσαι – Ciclo di lezioni di letteratura greca e latina. Del. della Brianza, n. 7, p. 27-41.

_____ (1996). Petronio e i cristiani: allusioni al Vangelo di Marco nel Satyricon? *Aevum*, n. 70, p. 75-80.

RATZINGER, J. (2007). *Jésus de Nazareth*. Paris: Flammarion.

RENAN, E. (1863). *La vie de Jésus*. Paris.

RENOUX, A. (1969). Introduction aux origines de la liturgie hiérosolymitaine. Lumières nouvelles. *Le Codex arménien Jérusalem* 121, vol. 1, p. 73-78 (PO 35/1, n. 163).

RICO, C. (2013). "Almâ et parthenos dans l'univers de la Bible: le point de vue d'un linguiste" [Disponível em: https://www.academia.edu/394556/almah_et_parthenos_dans_lunivers_de_la_Bible_le_point_de_vue_dun_linguiste].

_____ (s.d.). *Almâ et parthenos dans l'univers de la Bible*: le point de vue d'un linguiste [Disponível em: academia.com].

RICOEUR, P. (1994). Philosophies critiques de l'histoire: recherche, explication, écriture. *Philosophical Problems Today*, vol. I, p. 139-201 [Dordrecht/Boston/Londres: Kluwer Academic Publisher].

_____ (1991). *Temps et récit* – L'intrigue et le récit historique. 2. ed. Vol. I. Paris: Seuil [Points/Essais].

RIGATO, M.-L. (2005). *Il titolo della Croce di Gesù:* confronto tra i Vangeli e la Tavoletta reliquia della basilica Eleniana a Roma. Roma: PUG [Tesi Gregoriana, serie Teologia, 100].

ROBBINS, V. (1996). *Exploring the Texture of the Texts*: A Guide to Socio-Rhetorical Interpretation. Harrisburg: Trinity Press International.

ROBERTS, C. (1953). "An Early Papyrus". *The Harvard Theological Review*, n. 46, p. 233-237.

ROCA-PUIG, R. (1962). *Un papiro griego del Evangelio de San Mateo*. Barcelona: Grafos.

ROLL, S.K. (1995). *Toward the Origins of Christmas*. Kampen: Kok Pharos.

ROLLAND, P. (1998). *Jésus et les historiens*. Versailles: Éditions de Paris.

_____ (1994). *L'origine et la date des Évangiles*. Paris: Saint-Paul [reed. digital em 2001].

_____ (1984). *Les premiers Évangiles, un nouveau regard sur le problème synoptique*. Paris: Cerf.

ROSEN, K. (1995). Jesu Geburtsdatum, der Census des Quirinius und eine jüdische Steuererklärung aus dem Jahr 127 nC. *Jahrbuch für Antike und Christentum*, 38, p. 5-15.

ROUGIER, L. (1972). *La genèse des dogmes chrétiens*. Paris: Albin Michel.

ROURE, C. (2001). *Lettre à Jacques Duquesne sur la famille de Jésus*. Paris: F.-X. de Guibert.

_____ (2000). "La famille de Jésus. Entre exégèse et dogmatique". In: BIOUL, B. (org.). Jésus au regard de l'Histoire. *Dossiers d'archéologie*, n. 249, jan., p. 106-113.

ROUX, J.-P. (1989). *Jésus*. Paris: Fayard.

SABOURIN, L. (1992). *L'évangile de Luc*. Roma: PUG.

SACCI, A. (2011). *La guerra contro Gesù*. Milão: Rizzoli.

SACHOT, M. (1998). *L'invention du Christ*. Paris: Odile Jacob.

SALAMITO, J.-M. (2017). *Monsieur Onfray au pays des mythes* – Réponses sur Jésus et le christianisme. Paris: Salvator.

SALLES, C. (2010). *Lire à Rome*. 3. ed. Paris: Payot/Rivages.

_____ (1997). "Le culte de *Sol Invictus*". In: Le BOHEC, Y. (org.). *L'Empire romain de la mort de Commode au concile de Nicée*. Paris: du temps, p. 281-294.

SALM, R. (2013). *A Critique of Dr. Ken Dark's writing relative to the Sisters of Nazareth convent site.* Eugene, 2013 [Disponível em: http://www.academia.edu].

_____ (2007). *The Myth of Nazareth, the Invented Town of Jesus: Does it Really Matter?* [Disponível em: http://www.nazarethmyth.info/].

SANDERS, J.A. (1984). *Canon and Community*: A Guide to Canonical Criticism. Philadelphia: Fortress.

_____ (1972). *Torah and Canon.* Philadelphia: Fortress.

SANTELLI, S. & WEILL-ROCHANT, C. (1999). "Bethléem". In: TAHA, H.; BES-CHAOUCH, A. & DONCEEL-VOÛTE, P. (orgs.). (1999). L'archéologie palestinienne. *Dossiers d'archéologie*, n. 240, jan.-fev., p. 72-89.

SARTRE, M. (2014). Syrie romaine (70 av. J.-C.-73 apr. J.-C.). *Pallas*, n. 96 [Disponível em: http://pallas.revues.org/1284].

_____ (2003). *D'Alexandre à Zénobie* – Histoire du Levant antique, IVe s. av. J.-C.-IIIe s. apr. J.-C. 2. ed. Paris.

_____ (2002). *La Syrie antique.* Paris: Gallimard.

_____ (2000). "L'occupation romaine de la Palestine. Organisation et administration". In: BIOUL, B. (org.). Jésus au regard de l'Histoire. *Dossiers d'archéologie*, n. 249, jan.

_____ (1997). *Le Haut-Empire romain* – Les provinces de Méditerranée orientale d'Auguste aux Sévères (31 av. J.-C.-235 apr. J.-C.). Paris: Seuil [Nouvelle histoire de l'Antiquité, 9].

SAULNIER, C. (1984). Hérode Antipas et Jean Baptiste. *Revue biblique*, n. 91, p. 362-376.

SCHEIN, B.E. (1983). *Sur les routes de Palestine avec l'évangile de Jean.* Paris: Cerf.

SCHLOSSER, J. (1999). *Jésus de Nazareth.* Paris: Noésis.

SCHUBERT, K. (1993). Die Religion der Qumranleute. *Qumran* – Ein Symposium, Graz.

SCHÜRER, E. (1979). *The History of the Jewish People in the Age of Jesus Christ (175 B.C.-A.D. 135).* Edimburgo.

SCHWARTZ, D.R. (1992). "Pontius Pilatus". In: *Anchor Bible Dictionary*, n. 5.

SCHWEITZER, A. (1906). *Von Reimarus zu Wrede* – Geschichte der Leben Jesu Forschung. Tübingen.

SCHWENTZEL, C.-G. (2013). *Juifs et Nabatéens* – Les monarchies ethniques du Proche-Orient hellénistique et romain. Rennes: Presses Universitaires de Rennes.

_____ (2011). *Hérode le Grand*. Paris: Pygmalion.

SÉRANDOUR, A. (org.) (2009). Les judaïsmes au temps de Jésus. *Archéothéma*, n. 5, nov.-dez.

SHELDON, R.M. (2009). *Renseignement et espionnage dans la Rome antique*. Paris: Les belles-lettres.

SIEGEL, B. (2007). *I' d like to believe in Jesus, but...* Twin Falls: CSN.

SIMON, M. & BENOIT, A. (1994). *Le judaïsme et le christianisme antique d'Antiochus Épiphane à Constantin*. 4. ed. Paris: PUF [Nouvelle Clio].

SMALLWOOD, E.M. (1976). *The Jews under Roman Rule, from Pompey to Diocletian*. Leiden: Brill.

SORDI, M. & RAMELLI, I. (2004). Il senatoconsolto del 35 contro i cristiani in un frammento porfiriano. *Aevum*, n. 78, p. 59-67.

SORMAN, G. (1989). *Les vrais penseurs de notre temps*. Paris : Fayard.

SPARAVIGNA, A. (2009). *Digital Restoration of Ancient Papyri*, ArXiv e-prints [Disponível em: Academia.edu].

SPOTTORNO, M.V. (1992). Una nueva posible identificación de 7Q5. *Sefarad*, n. 52, p. 541-543.

STANTON, G. (1997). *Parole d'Évangile* – Un éclairage nouveau sur Jésus et les Évangiles. Paris/Montréal.

STAUFFER, E. (1961). Die Dauer des Census Augusti – Neue Beiträge zum lukanischen Schatzungsbericht. *Studien zum Neuen Testament und Patristik*, 77, p. 9-34.

STECCHINI, L.C. & SAMMER, J. (1996). *The Gospel according to Seneca* [obra com muitas reservas quanto à sua interpretação dos dados evangélicos].

STEGEMANN, H. (1992). Ein neues Bild des Judentums zurzeit Jesu? Zum Gegenwärtigen Stand der Qumran und Essener Forschung. *Herder Korrespondenz*, n. 4, p. 175-180.

STÖGER, A. (1963). *Das Evangelium nach Lukas.* Vol. 3/1: Geistliche Schriftlesung. Düsseldorf: Patmos.

STROBEL, K. (2000). "Les *V Macedonica et VII Claudia* et la Galatie". In: Le BOHEC, Y. & WOLFF, C. *Les légions de Rome sous le Haut-Empire.* Paris: De Boccard [Centre d'études romaines et gallo-romaines, nouvelle série, 20].

STROTHMANN, M. (2003). "Auguste, Empereur et Père de *l'oikouménè*". In: CHABERT D'HYÈRES, S.; MARGUERAT; D. & BIOUL, B. (orgs.). Saint Luc, évangéliste et historien. *Dossiers d'archéologie*, n. 279, jan., p. 88-101.

SUKENIK, E.L. (1947). The earliest records of Christianity. *American Journal of Archaeology*, n. 51, p. 351-365.

SU-MIN RI, A. (2000). *Commentaires de la Caverne des Trésors* – Études sur l'histoire du texte et des sources. Louvaina: Peeters, p. 419-449.

SZRAMKIEWWICZ, R. (1976). *Les gouverneurs de province à l'époque augustéenne.* 2 vols. Paris: Nouvelles éditions latines.

TABOR, J. (2007). *The Jesus Dynasty.* Nova York: Simon & Schuster.

TÁCITO (s.d.). Annales. In: *Itinera electronica.* Lovaina: Universidade Católica de Louvaina [Bibliotheca classica selecta].

TAHA, H.; BESCHAOUCH, A. & DONCEEL-VOÛTE, P. (orgs.). (1999). L'archéologie palestinienne. *Dossiers d'archéologie*, n. 240, jan.-fev.

TALMON, S. & KNOHL, I. (1995). "A Calendrical Scroll from Qumran Cave IV: MismarotBa (4Q321)". In: WRIGHT, D.P.; FREEDMAN, D.N. & HURVITZ, A. (orgs.). *Pomegranates and Golden Bells* – Studies in Biblical, Jewish and Near Eastern Ritual, Law and Literature in Honor of Jacob Milgrom. Winona Lake: Eisenbrauns, p. 267-301.

TALMON, S. (1971). The New Covenanters of Qumran. *Scientific American*, n. 225, p. 72-81.

TALMON, S.; BEN-DOV, J. & GLESSMER, U. (2001). *Calendrical Texts* – Discoveries in the Judean desert, XXI: Gruta de Qumrân 4 XVI. Oxford: Clarendon.

TARPIN, M. (org.) (2014). Moi, Auguste, empereur de Rome. *Archéothéma*, n. 33, mar.-abr.

THEISSEN, G. (1998). "Jésus et la crise sociale de son temps. Aspects socio-historiques de la recherche du Jésus". In: MARGUERAT, D.; NORELLI, E. & POFFET, J.M. (orgs.). *Jésus de Nazareth* – Nouvelles approches d'une énigme. Genebra: Labor et Fides, p. 125-155 [Le monde de la Bible, 38].

THIEDE, C.P. & D'ANCONA, M. (1996). *Témoin de Jésus* – Le papyrus d'Oxford et l'origine des Évangiles. Paris: Robert Laffont.

THIEDE, C.P. (1995a). Papyrus Magdalen Greek 17 (Gregory-Aland $\mathfrak{P}^{64}$): A Reappraisal. *Zeitschrift für Papyrologie und Epigraphik*, n. 105, p. 13-20.

_____ (1995b). Papyrus Magdalen Greek 17 (Gregory-Aland $\mathfrak{P}^{64}$): A Reappraisal. *Tyndale Bulletin*, n. 46, p. 29-42.

_____ (1992). "Papyrologische Anfragen an 7Q5 im Umfeld antiker Handschriften". In: MAYER, B. (org.). *Christen und Christliches in Qumran?* Regensburg: Friedrich Pustet, p. 57-72 [Eichstätter Studien, 32].

THOMASSON, B.E. (2009). *Laterculi Praesidium*. Vol. I: Ex parte retractatum. Göteborg: Bokförlaget Radius, p. 126, 33: 014.

TOLKIEN, J.R.R. (2005). *Lettres*. Paris: C. Bourgois.

_____ (1949). *Faërie, Du conte de fées*. Paris.

TRESMONTANT, C. (1994). *Enquête sur l'Apocalypse* – Auteur, datation, signification. Paris: F.-X. de Guibert.

_____ (1992). *Le Christ hébreu*. Paris: Albin Michel.

TURCAN, R. (2004). "Culte impérial et sacralisation du pouvoir dans l'Empire romain". In: RIES, J. (org.). *Les civilisations méditerranéennes et le sacré*. Brepols: Turnhout, p. 311-342 [Homo religiosus, II/4].

_____ (1998). *Rome et ses dieux*. Paris: Hachette [La vie quotidienne].

_____ (1992). *Les cultes orientaux dans le monde romain*. Paris: Les belles-lettres.

TURNER, E.G. (1987). *Greek Manuscripts of the Ancient World*. 2. ed. Londres: Institute of Classical Studies.

TURNER, J.D. & McGUIRE, A. (orgs.) (1997). *The Nag Hammadi Library after Fifty Years* – Proceedings of the 1995 Society of Biblical Literature Commemoration. Leiden/Nova York/Colônia: Brill.

VAGANAY, L. (1954). *Le problème synoptique* – Une hypothèse de travail. Tournai/Paris: DDB.

Van der VLIET, N. (1938). *La piscine probatique.* Jerusalém: Franciscan Press.

Van OOSTERWYCK-GASTUCHE, M.-C. (1999). *Le radiocarbone face au linceul de Turin* – Journal d'une recherche. Paris: F.-X. de Guibert.

Van UNNIK, W.C. (1979). "Luke's Second Book and the Rules of Hellenistic Historiography". In: KREMER, J. (org.). *Les Actes des apôtres – Traditions, rédaction, théologie* Gembloux-Lovaina: Duculot/Leuven University Press, p. 37-60 [BEThL, 48].

Van VOORST, R.E. (2000). *Jesus Outside the New Testament*: An Introduction to the Ancient Evidence. Grand Rapids: Eerdmans.

VERDAM, P.J. (1961). Sanhédrin and Gabbalha. *Free University Quarterly*, n. 7, p. 21-26.

VERMES, G. (2007). *Les énigmes de la Passion* – Une histoire qui a changé l'histoire du monde. Paris: Bayard.

VERMES, G. (1997). *The Complete Dead Sea Scrolls in English.* Nova York: Allen Lane/The Penguin.

_____ (1962). Essenes and Therapeutai. *Revue de Qumran* 12, vol. 3 fasc. 4, p. 495-503.

_____ (1960). The etymology of Essenes. *Review of Qumran* 7, vol. 2, fasc. 2, p. 427-444.

VEYNE, P. (1999). Païens et chrétiens devant la gladiature. *Mélanges de l'École française de Rome – Antiquité*, t. 111, n. 2.

_____ (1996). L'interprétation et l'interprète. *Enquête*, n. 3 [Disponível em: http://enquete.revues.org/623].

_____ (1971). *Comment on écrit l'histoire?* Paris: Seuil.

VILLENEUVE, E. (org.) (2009). La mer Morte, du Néolithique à la période byzantine. *Archéothéma*, n. 2, jun.

VISCHER, L. (1951). Le prétendu "culte de l'âne" dans l'Église primitive. *Revue de l'histoire des religions*, n. 139, p. 14-35.

VOTAW, C.H. (1970). *The Gospels and Contemporary Biographies in the Greco-Roman World*. Philadelphia: Fortress [orig.: 1915].

VOUGA, F. (1998). L'attractivité du christianisme primitif dans le monde antique. *Revue de théologie et de philosophie (RThPh)*, n. 130, p. 257-268.

WALLACE, D.B. (1994). 7Q5: The Earliest NT Papyrus? *Westminster Theological Journal*, n. 56.

WARTELLE, A. (1987). *Saint Justin* – Apologies. Paris: Études Augustiniennes.

WILLIAMS, P. (2004). *Early Syriac Translation Technique and the Textual Criticism of the Greek Gospels* – Texts and Studies. Nova Jersey: Gorgias.

WITHROW, W.H. (1888). *The Catacombs of Rome and their Testimony Relative to Primitive Christianity*. Londres: Hodder and Stoughton.

YADIN, Y. & GREENFIELD, J.C. (1989). *The Documents from the Bar Kokhba Period in the Cave of Letters Jerusalem*. Jerusalém: Israel Exploration Society.

ZIELINSKI, T. (1927). Pour reconstituer les tragédies perdues de la littérature grecque. *Revue belge de philologie et d'histoire*, vol. 6.

ZUMSTEIN, J. (2000). "L'évangile selon Jean". In: MARGUERAT, D. (org.). *Introduction au Nouveau Testament* – Son histoire, son écriture, sa théologie. Genebra: Labor et Fides, p. 345-347 [Le monde de la Bible, 41].

LEIA TAMBÉM:

Jesus, Paulo e os Evangelhos

James D.G. Dunn

Esta obra, escrita por um pesquisador amplamente respeitado, oferece uma visão panorâmica harmônica e esclarecedora sobre as origens do movimento inicial de Jesus e do início da comunidade cristã.

Além disso, aborda uma variedade de questões básicas do estudo do Novo Testamento, como as seguintes: *Onde*, *por que* e *como* os Evangelhos foram escritos e *o que* deveríamos esperar deles; A confiabilidade e a historicidade dos relatos dos evangelhos a respeito da vida e do ministério de Jesus; A significativa e perene importância do Apóstolo Paulo e de sua mensagem; Pontos de continuidade e descontinuidade entre o ensinamento de Jesus e o de Paulo – e como interligar os dois.

James D.G. Dunn é professor de teologia aposentado, detentor da Cátedra Lightfoot na Universidade de Durham na Inglaterra. Dentre seus muitos livros merecem destaque: *Jesus Remembered* [Jesus recordado] e *Beginning from Jerusalem* [Começando em Jerusalém] (volumes 1 e 2 de *Christianity in the Making* [Cristianismo em construção]) e os comentários a Romanos, Gálatas, Colossenses e Filêmon.

LEIA TAMBÉM:

Coleção
Iniciação à Teologia

A coleção *Iniciação à Teologia*, em sua nova reformulação, conta com volumes que tratam das Escrituras, da Teologia Sistemática, Teologia Histórica e Teologia Prática. Os volumes que estavam presentes na primeira edição serão reeditados; alguns com reformulações trazidas por seus autores e novos títulos serão publicados à medida que forem finalizados.

O objetivo é oferecer manuais às disciplinas teológicas, escritos por autores nacionais. Essa parceria da Editora Vozes com os teólogos brasileiros é expressão dos novos tempos da Teologia, que busca trazer o espírito primaveril para o ambiente de produção teológica, e consequentemente oferecer um material de qualidade para que estudantes de Teologia, bem como teólogos e teólogas, busquem aporte para seu trabalho cotidiano.

LEIA TAMBÉM:

Roteiro de leitura da Bíblia

Frei Fernando Ventura

Esse livro não é mais um trabalho bíblico científico, mas sim uma proposta de percorrer o Antigo e Novo Testamento à luz de textos-chave contextualizados nas épocas históricas em que os autores dos 73 livros que compõem a Bíblia os escreveram.

A Bíblia, mais do que um livro, mais do que um "código" ou um conjunto de normas, é uma "vida". Uma vida feita de tudo isso de que a vida é feita: sonhos e ilusões, alegrias e esperanças, lágrimas e sorrisos, encontros e de-sencontros, luzes e sombras, mais todo o resto que a nossa imaginação e experiência pessoal forem capazes de encontrar.

Tratada durante muitos séculos quase como o "livro proibido", vivemos ainda hoje o tempo de "pagar a fatura" desse divórcio que nos afastou das nossas origens, pelo menos durante os últimos quatro séculos e que abriu a porta para todo o tipo de comportamentos desencarnados e desenraizados de uma vivência adulta e esclarecida da fé, porque, também durante muitíssimos anos, nos habituamos a beber nos "riachos", com medo de nos afogarmos na fonte. Não vai muito longe o tempo em que a Bíblia parecia ser o "livro proibido aos católicos".

A Bíblia, que é a história de um povo e da sua relação com Deus, contém elementos que universalizam, fazendo de cada homem um potencial destinatário, como o percurso de leitura aqui apresentado o demonstra, "apenas" exigindo de quem lê um grande espírito de liberdade e abertura para poder sentir em toda a sua amplitude o convite que lhe é feito para descobrir a sua própria relação com Deus no aqui e agora da vida. O *Roteiro de leitura da Bíblia* destina-se a crentes e não crentes e tem uma força própria que de algum modo desafia o leitor a questionar-se em muitos sentidos.

Frei Fernando Ventura nasceu em Matosinhos, Portugal. É licenciado em Teologia pela Universidade Católica Portuguesa e licenciado em Ciências Bíblicas pelo Pontifício Instituto Bíblico de Roma, tendo sido professor da Sagrada Escritura no Instituto Superior de Ciências Religiosas de Aveiro. No âmbito do movimento de difusão bíblica promoveu encontros de formação nos cinco continentes e colabora como tradutor e intérprete para vários organismos internacionais, entre os quais a Ordem dos Capuchinhos, a Comissão Teológica Internacional no Vaticano, o Conselho Internacional da Ordem Franciscana Secular, a Federação Bíblica Mundial e ainda algumas ONG. Tem publicado vários artigos de temática bíblica em Portugal e no estrangeiro, e é autor do primeiro estudo sobre Maria no islamismo bem como de um estudo exegético sobre o capítulo 21 do Apocalipse.

CULTURAL
Administração
Antropologia
Biografias
Comunicação
Dinâmicas e Jogos
Ecologia e Meio Ambiente
Educação e Pedagogia
Filosofia
História
Letras e Literatura
Obras de referência
Política
Psicologia
Saúde e Nutrição
Serviço Social e Trabalho
Sociologia

CATEQUÉTICO PASTORAL
Catequese
Geral
Crisma
Primeira Eucaristia

Pastoral
Geral
Sacramental
Familiar
Social
Ensino Religioso Escolar

TEOLÓGICO ESPIRITUAL
Biografias
Devocionários
Espiritualidade e Mística
Espiritualidade Mariana
Franciscanismo
Autoconhecimento
Liturgia
Obras de referência
Sagrada Escritura e Livros Apócrifos

Teologia
Bíblica
Histórica
Prática
Sistemática

REVISTAS
Concilium
Estudos Bíblicos
Grande Sinal
REB (Revista Eclesiástica Brasileira)

VOZES NOBILIS
Uma linha editorial especial, com importantes autores, alto valor agregado e qualidade superior.

VOZES DE BOLSO
Obras clássicas de Ciências Humanas em formato de bolso.

PRODUTOS SAZONAIS
Folhinha do Sagrado Coração de Jesus
Calendário de mesa do Sagrado Coração de Jesus
Agenda do Sagrado Coração de Jesus
Almanaque Santo Antônio
Agendinha
Diário Vozes
Meditações para o dia a dia
Encontro diário com Deus
Guia Litúrgico

CADASTRE-SE
www.vozes.com.br

EDITORA VOZES LTDA.
Rua Frei Luís, 100 – Centro – Cep 25689-900 – Petrópolis, RJ
Tel.: (24) 2233-9000 – Fax: (24) 2231-4676 – E-mail: vendas@vozes.com.br

UNIDADES NO BRASIL: Belo Horizonte, MG – Brasília, DF – Campinas, SP – Cuiabá, MT
Curitiba, PR – Fortaleza, CE – Goiânia, GO – Juiz de Fora, MG
Manaus, AM – Petrópolis, RJ – Porto Alegre, RS – Recife, PE – Rio de Janeiro, RJ
Salvador, BA – São Paulo, SP